普通高等教育会计系列规划教材

国家级一流本科专业建设点

会计电算化

业财一体化

黄辉　编著

东北财经大学出版社

Dongbei University of Finance & Economics Press

大连

图书在版编目（CIP）数据

会计电算化：业财一体化 / 黄辉编著. —大连：东北财经大学出版社，2023.7

（普通高等教育会计系列规划教材）

ISBN 978-7-5654-4861-4

Ⅰ. 会…　Ⅱ. 黄…　Ⅲ. 会计电算化-高等学校-教材　Ⅳ. F232

中国国家版本馆CIP数据核字（2023）第108848号

东北财经大学出版社出版

（大连市黑石礁尖山街217号　邮政编码　116025）

网　　址：http://www.dufep.cn

读者信箱：dufep@dufe.edu.cn

大连日升彩色印刷有限公司印刷　东北财经大学出版社发行

幅面尺寸：185mm×260mm　字数：395千字　印张：16.25　插页：1

2023年7月第1版　　　　　　　　　2023年7月第1次印刷

责任编辑：王　莹　　　　　　　　　责任校对：何　群

封面设计：原　皓　　　　　　　　　版式设计：原　皓

定价：45.00元

教学支持　售后服务　联系电话：(0411) 84710309

版权所有　侵权必究　举报电话：(0411) 84710523

如有印装质量问题，请联系营销部：(0411) 84710711

自 1979 年至今，信息技术在我国会计领域的应用已有 40 多年。按照诺兰揭示的信息系统进化阶段模型，我国当前信息技术在会计领域的应用已经到了集成阶段，主要表现是业财一体化。如今，信息技术依然在按照摩尔定律飞速发展，会计与信息技术的结合也越来越紧密。

党的二十大报告提出，坚持把发展经济的着力点放在实体经济上，推进新型工业化，加快建设制造强国、质量强国、航天强国、交通强国、网络强国、数字中国。加快发展数字经济，促进数字经济和实体经济深度融合，打造具有国际竞争力的数字产业集群。数字经济的发展离不开微观企业信息化，而企业信息化的起点通常是会计电算化，为了帮助企业高效实现会计电算化，结合近期国家财税政策的变化，作者编写了本教材。本教材的主要特点如下：

1. 与时俱进。响应党的二十大报告中关于深化教育领域综合改革，加强教材建设和管理的要求，为建设教育强国、科技强国、人才强国贡献力量。坚持为党育人、为国育才，全面提高人才自主培养质量。

2. 由浅入深展开内容。本教材首先介绍了最简单的应用组合，即总账和报表模块的操作，然后拓展到较为复杂的业务财务一体化操作内容。

3. 遵循专业软件认知的基本规律。要掌握一个软件特别是专用软件的操作，首先需要了解业务流程，这样才能从总体上加以把握。

4. 账套数据设计合理。本教材以一个账套贯穿所有业务的操作，更加贴近实际业务情况，打通了业务之间的联系。

5. 通过截图和操作演示录屏方便参照。对于重点操作，本教材在进行理论分析的同时进行了截图，每一个图片既是针对账套的实际操作指导，又便于对操作结果进行验证。本教材还针对操作难点制作了操作演示录屏。

6. 实验平台选择了用友 U8 V10.0。与当前的最新版本 U8⁺相比，会计核算部分的操作相似，但是占用的系统资源明显降低，可以提高操作效率。

基于当前会计类专业学生的计算机应用水平，本教材推荐通过虚拟机（例如 VM VirtualBox、VMware）形式构建软件实验环境（详见第一章章末的二维码链接内容）。在虚拟机环境中，既可以选择由学生独立安装会计软件，也可以选择由教师先安装好，然后分发给学生。

本教材出版得到华东交通大学国家级一流本科专业建设点会计学专业的支持，是该建设点会计学系列教材的一部分。本教材由华东交通大学经济管理学院黄辉教授编著，胡雨晴、徐燕两位同学帮助整理了部分"认知塑造"内容，在编写过程中参考了相关文献资料，在参考文献部分有详细列示，实验部分使用了用友 ERP-U8 演示版软件，在此向所有版权拥有者致谢。

　　本教材可以作为高等院校本专科经管类各专业会计电算化以及会计信息系统课程的教材。

　　由于作者水平有限，书中难免存在不妥之处，敬请广大读者批评指正。

作　者

2023 年 5 月

目录

第一章

会计电算化概述

物质资料的生产是人类社会存在和发展的基础。长期的生产实践使人们认识到，要取得好的生产效果，就要对生产过程进行管理，要进行管理就要核算，要核算就需要会计。从以上逻辑线可以看出，会计是适应生产发展的需要而产生的。马克思在《资本论》中指出："过程越是按社会的规模进行，越是失去纯粹个人的性质，作为对过程的控制和观念总结的簿记就越是必要。"经过人们长期实践经验的积累，以及理论知识的归纳和演绎，会计由简单到复杂，由不完善到完善，逐渐形成了一套完整的体系。同时，随着经济管理对会计要求的日益提高和科学技术的进步，会计数据处理技术也在不断地发展变化，它经历了手工方式、机械化方式和电算化方式的发展历程。

1946年电子计算机在美国诞生，但直到1954年10月，美国通用电气公司才第一次在计算机上计算职工工资，这标志着电子计算机真正应用到会计领域，引起了会计处理技术的变革。它以模拟手工会计核算形式代替了部分手工劳动，提高了这些劳动强度较高的工作的效率。最初的处理内容仅限于工资计算、库存材料的收发核算、账务处理等数据处理量大、计算简单且重复次数多的独立经济业务，后面逐渐发展为ERP中以财务为主导的业财一体化，现在正向以业务为主导的业财融合方向发展。

在我国，计算机在会计中的应用最早开始于1979年财政部在长春第一汽车制造厂的试点。"会计电算化"一词是在1981年8月财政部和中国会计学会在长春市召开的"财务、会计、成本应用电子计算机专题讨论会"上被正式提出来的，在当时是电子计算机信息技术在会计工作中应用的简称。随着我国会计电算化事业的发展，会计电算化的概念也在发展，有狭义和广义之分。狭义的会计电算化，是指以电子计算机为主体的当代电子信息技术在会计工作中的应用，偏重会计账务核算；广义的会计电算化，是指与实现会计工作电算化有关的所有工作，包括业务和财务核算、会计电算化软件的开发和应用、会计电算化人才的培训、会计电算化的宏观规划、会计电算化的制度建设、会计电算化软件市场的培育与发展等。

"会计信息化"的概念在1999年4月深圳市财政局与深圳金蝶软件科技有限公司举办的"新形势下会计软件市场管理研讨会暨会计信息化理论专家座谈会"上被提出来。这个概念的内涵和外延基本上与广义的会计电算化一致，因此现在也有用"会计信息化"取代"会计电算化"的提法。2014年1月开始施行的《企业会计信息化工作规范》中指出："会计信息化，是指企业利用计算机、网络通信等现代信息技术手段开展会计核算，以及利用上述技术手段将会计核算与其他经营管理活动有机结合的过程。"

根据诺兰教授提出的信息技术应用发展阶段和规律，就当前我国绝大部分企业（特别是中小企业）而言，信息技术在会计中的应用水平处于集成阶段，偏重解决底层的业务数据处理和会计核算，实现了业务财务一体化，但距离数据管理阶段还有较大距离。因此，本教材的重点围绕基于会计软件进行业务财务一体化核算展开。

无论是狭义的会计电算化还是广义的会计电算化，会计软件和会计电算化规章制度都是其中重要的内容。

【认知塑造】会计核算工作要求全面、系统、可靠，同时也要处理好各方利益关系，包括国家、企业与个人之间的利益关系。既要维护国家利益，又要维护企业利益，还要维护职工个人利益。在处理各方面利益关系时，要公平正直，不倾斜于任何一方，更不能损人利己、损公肥私，需要严守法纪。基于软件的会计核算，可以固化部分流程，减少人为干预，提高会计核算的效率和质量，保障各方的利益。

▶▶▶▶▶▶ 第一节　会计软件

　　会计软件是指企业使用的，专门用于会计核算、财务管理的计算机软件、软件系统或者其功能模块。会计软件具有以下功能：为会计核算、财务管理直接采集数据；生成会计凭证、账簿、报表等会计资料；对会计资料进行转换、输出、分析、利用。会计软件按不同的适用范围可分为专用会计软件和通用会计软件。

　　专用会计软件也称为定点开发会计软件，是指由使用单位根据自身会计核算与管理的需要，自行开发或者委托其他单位开发，供本单位使用的会计软件。其特点是把使用单位的会计核算规则（如会计科目、报表格式、工资项目、固定资产项目等）固化到会计软件中。专用会计软件符合本单位的核算特点，使用起来更加方便，但因受到使用范围和时间的限制，仅适用于个别单位。

　　通用会计软件是指由专业软件公司研制，公开在市场销售，能适应不同行业、不同单位会计核算与管理基本需要的会计软件。通用会计软件的特点是设有初始化模块，对本单位的所有会计核算规则进行设置，从而把通用会计软件转化为符合本单位核算情况的专用会计软件。通用会计软件虽然有较强的适应性，但是在实际应用中也存在不足之处。一般来说，会计软件越通用，系统初始化的工作量就越大，计算机系统的资源占用和浪费就越严重，用户的某些特殊核算要求就越难以得到满足。

　　但是总体来说，与专用会计软件相比，通用会计软件具有软件质量高、成效快、成本较低、系统维护量小并且维护有保障等优点，所以中小企业甚至大型企业大多选择通用会计软件以迅速实现会计电算化。作为会计人员或者准会计人员，为了能够迅速适应信息化工作环境，应该掌握一些市场占有率较高的通用会计软件的基本操作方法及实现原理。

一、会计软件功能模块

　　在企业管理信息系统中，会计软件是其中非常重要的部分，需要处理的数据多、数据之间关系紧密，处理流程复杂，而且会计业务在数据处理上各有特点，因此会计软件内部还需要划分若干个功能相对独立的模块。会计软件的功能模块是指会计软件中能相对独立地完成会计数据输入、处理和输出功能的各个部分，通常可以划分为以下功能模块：

　　1.总账。总账模块是整个会计软件的核心。它以会计凭证为原始数据，通过凭证的输入和处理完成记账、算账、转账、对账、结账等功能。

　　2.报表。企业事先确认好报表格式，通过定义报表项目计算公式，由计算机根据公式自动从账务处理系统中的账簿数据库提取数据，完成报表的编制与汇总工作。企业会计报表编制要求发生变动时，只需要修改或重新定义报表格式和取数公式。

　　3.工资。工资模块用来计算职工应发和实发工资，并根据部门对工资进行分配。

　　4.固定资产。固定资产模块用来核算企业固定资产增减变动及折旧计提情况，进行固定资产的业务及账务处理。

5. 应收款、应付款。应收款、应付款模块用来处理企业生产经营过程中发生的单位与单位、单位与个人业务往来所形成的债权、债务。

6. 供应链管理。供应链管理模块用来完成采购管理、销售管理、库存管理、存货核算等方面的业务处理以及相应的财务处理工作。

7. 成本核算。成本核算模块用来归集和分配各种成本费用，及时计算产品总成本和单位成本，计算和结转成本差异，输出成本核算的有关信息。

一套完整的会计软件是一个大系统，可以分解为若干个子系统，各子系统之间相互作用，共同完成会计软件的总体工作目标。

二、会计软件的基本要求

（一）总体要求

1. 会计软件设计应当符合我国法律、法规、规章的规定，保证会计数据合法、真实、准确、完整，有利于提高会计核算工作效率。

2. 会计软件应当按照国家统一会计制度的规定划分会计期间，分期结算账目和编制会计报表。会计软件应当具有可以根据用户需要，按照其他会计年度生成参考性会计资料的功能。

3. 会计软件中的文字输入、屏幕提示和打印输出必须采用中文，也可以同时提供少数民族文字或者外国文字对照。

（二）会计数据的输入

1. 会计软件的会计数据输入采用键盘手工输入、网络传输等形式。

2. 会计软件具备的初始化功能，主要应当包括以下内容：

① 输入会计核算所必需的期初数据及有关资料，包括总分类会计科目和明细分类会计科目名称、编号、年初数、累计发生额及有关数量指标等。

② 输入需要在本期进行对账的未达账项。

③ 选择会计核算方法，包括记账方法、固定资产折旧方法、存货计价方法、成本核算方法等。

④ 定义自动转账凭证（包括会计制度允许的自动冲回凭证等）。

⑤ 输入操作人员岗位分工情况，包括操作人员姓名、操作权限、操作密码等。

上述初始化功能也可以在程序中加以固定。

3. 初始化功能运行结束后，会计软件必须提供必要的方法对初始数据进行正确性校验。

4. 会计软件中采用的总分类会计科目名称、编号方法，必须符合国家统一会计制度的规定。

5. 会计软件应当提供输入记账凭证的功能，输入项目包括：填制凭证日期、凭证编号、经济业务内容摘要、会计科目或编号、金额等。输入的记账凭证的格式和种类应当符合国家统一会计制度的规定。

6.记账凭证的编号可以手工输入，也可以由会计软件自动产生。会计软件应当对记账凭证编号的连续性进行控制。

7.在输入记账凭证过程中，会计软件必须提供以下提示功能：

① 正在输入的记账凭证编号是否与已输入的机内记账凭证编号重复；

② 以编号形式输入会计科目的，应当提示该编号所对应的会计科目名称；

③ 正在输入的记账凭证中的会计科目借贷双方金额不平衡，或没有输入金额时，应予以提示并拒绝执行；

④ 正在输入的记账凭证有借方会计科目而无贷方会计科目或者有贷方会计科目而无借方会计科目的，应予以提示并拒绝执行；

⑤ 正在输入的收款凭证借方科目不是"库存现金"或"银行存款"科目、付款凭证贷方科目不是"库存现金"或"银行存款"科目的，应予以提示并拒绝执行。

8.会计软件应提供对已经输入但未登记会计账簿的机内记账凭证（不包括会计核算软件自动产生的机内记账凭证）进行修改的功能。

9.会计软件应当提供对已经输入但未登账的记账凭证的审核功能，审核通过后不能直接修改机内凭证。会计软件应当分别提供对审核功能与输入、修改功能的使用权限控制。

10.发现已经输入并审核通过或者登账的记账凭证有错误的，可以采用红字凭证冲销法或者补充凭证法进行更正；记账凭证输入时，红字可用"－"号或者其他标记表示。

11.会计软件对需要输入的原始凭证可以按照以下方法进行处理：

① 输入记账凭证的同时，输入相应原始凭证；输入的有关原始凭证汇总金额与输入的记账凭证相应金额不等，软件应当给予提示并拒绝通过；在对已经输入的记账凭证进行审核的同时，应对输入的所附原始凭证进行审核；输入的记账凭证审核通过或登账后，对输入的相应原始凭证不能直接进行修改。

② 记账凭证未输入前，直接输入原始凭证，由会计核算软件自动生成记账凭证；会计核算软件应当提供对已经输入但未予审核的原始凭证进行修改和审核的功能，审核通过后，即可生成相应的记账凭证；记账凭证审核通过或登账后，对输入的相应原始凭证不能直接进行修改。

③ 在已经输入的原始凭证审核通过或者相应记账凭证审核通过或登账后，原始凭证确需修改，会计核算软件在留有痕迹的前提下，可以提供修改和对修改后的机内原始凭证与相应记账凭证是否相符进行校验的功能。

12.会计软件提供的原始凭证输入项目应当齐全，主要项目有：填制凭证日期、填制凭证单位或填制人姓名、接受凭证单位名称、经济业务内容、数量、单价和金额等。

13.会计软件一个功能模块中所需的数据，可以根据需要从另一功能模块中取得，也可以根据另一功能模块中的数据生成。

14.适用于外国货币核算业务的会计软件，应当提供输入有关外国货币凭证的功能。通用会计软件还可以在初始化功能中提供选择记账本位币的功能。

15.采用统账制核算外国货币的会计软件，应当提供在当期外国货币业务发生期初和业务发生时，输入期初和当时的外汇牌价的功能。记账凭证中外国货币金额输入后，会计核算软件应当立即自动折合为记账本位币金额。

（三）会计数据的处理

1. 会计软件应当提供根据审核通过的机内记账凭证及所附原始凭证登记账簿的功能。在计算机中，账簿文件或者数据库可以设置一个或者多个。

2. 根据审核通过的机内记账凭证或者计算机自动生成的记账凭证或者记账凭证汇总表登记总分类账。

3. 根据审核通过的机内记账凭证和相应机内原始凭证登记明细分类账。

4. 总分类账和明细分类账可以同时登记或者分别登记，可以在同一个功能模块中登记或者在不同功能模块中登记。

5. 会计软件可以提供机内会计凭证审核通过后直接登账或成批登账的功能。

6. 机内总分类账和明细分类账登记时，应当计算出各会计科目的发生额和余额。

7. 会计软件应当提供自动进行银行对账的功能，根据机内银行存款日记账与输入的银行对账单及适当的手工辅助，自动生成银行存款余额调节表。

8. 通用会计软件应当同时提供国家统一会计制度允许使用的多种会计核算方法，以供用户选择。会计软件对会计核算方法的更改过程，在计算机内应有相应的记录。

9. 会计软件应当提供符合国家统一会计制度规定的自动编制会计报表的功能。通用会计核算软件应当提供会计报表的自定义功能，包括定义会计报表的格式、项目、各项目的数据来源、表内和表间的数据运算和核对关系等。

10. 会计软件应当提供机内会计数据按照规定的会计期间进行结账的功能。结账前，会计软件应当自动检查本期输入的会计凭证是否全部登记入账，全部登记入账后才能结账。机内总分类账和明细分类账可以同时结账，也可以由处理明细分类账的功能模块先结账、处理总分类账的功能模块后结账。机内总分类账结账时，应当与机内明细分类账进行核对，如果不一致，总分类账不能结账。结账后，下一会计期间的会计凭证才能输入，而上一会计期间的会计凭证即不能再输入。

11. 会计软件可以提供当本会计年度结束但仍有一部分转账凭证需要延续至下一会计年度第一个月或者第一个季度进行处理而没有结账时，输入下一会计年度第一个月或者第一个季度会计凭证的功能。

（四）会计数据的输出

1. 会计软件应当提供对机内会计数据的查询功能：

① 查询机内总分类会计科目和明细分类会计科目的名称、编号、年初余额、期初余额、累计发生额、本期发生额和余额等项目；

② 查询本期已经输入并登账和未登账的机内记账凭证、原始凭证；

③ 查询机内本期和以前各期的总分类账和明细分类账簿；

④ 查询往来账款项目的结算情况；

⑤ 查询到期票据的结算情况；

⑥ 查询出来的机内数据如果已经结账，屏幕显示应给予提示。

2. 会计软件应当提供机内记账凭证的打印输出功能，打印输出的记账凭证的格式和内容应当符合国家统一会计制度的规定。

3. 会计软件可以提供机内原始凭证的打印输出功能，打印输出的原始凭证的格式和内容应当符合国家统一会计制度的规定。

4.会计软件必须提供会计账簿、会计报表的打印输出功能，打印输出的会计账簿、会计报表的格式和内容应当符合国家统一会计制度的规定。

① 会计软件应当提供日记账的打印输出功能；

② 会计软件应当提供三栏账、多栏账、数量金额账等各种会计账簿的打印输出功能；

③ 在机内总分类账和明细分类账的直接登账依据完全相同的情况下，总分类账可以用总分类账户本期发生额对照表替代；

④ 在保证会计账簿清晰的条件下，计算机打印输出的会计账簿中的表格线条可以适当减少；

⑤ 会计软件可以提供机内会计账簿的满页打印输出功能；

⑥ 打印输出的机内会计账簿、会计报表，如果是根据已结账数据生成的，则应当在打印输出的会计账簿、会计报表上打印一个特殊标记，以示区别。

5.对根据机内会计凭证和据以登记的相应账簿生成的各种机内会计报表数据，会计软件不能提供直接修改功能。

6.会计年度终了进行结账时，会计软件应当提供对数据磁带、可装卸硬磁盘等存储介质的强制备份功能。

（五）会计数据的安全

1.会计软件具有按照初始化功能中的设定防止非指定人员擅自使用的功能和对指定操作人员实行使用权限控制的功能。

2.会计软件遇有以下情况时，应予提示，并保持正常运行：

① 会计软件在执行备份功能时，存储介质无存储空间、数据磁带或者软磁盘未插入、软磁盘贴有写保护标签；

② 会计软件执行打印时，打印机未连接或未打开电源开关；

③ 会计软件操作过程中，输入了与软件当前要求输入项目不相关的数字或字符。

3.对存储在磁性介质或者其他介质上的程序文件和相应的数据文件，会计软件应当有必要的加密或者其他保护措施，以防止被非法篡改。一旦发现程序文件和相应的数据文件被非法篡改，应当能够利用标准程序和备份数据，恢复会计软件的正常运行。

4.会计软件应当具有在计算机发生故障或者由于强行关机及其他原因引起内存和外存会计数据被破坏的情况下，利用现有数据恢复到最近状态的功能。

▶▶▶▶▶▶ **第二节　会计电算化规章制度**

会计信息化的推进过程不是简单地将会计软件应用于会计业务，而是有领导、有目标、有计划、有组织推进的技术革命。在此过程中，会计信息系统规章制度的制定和执行是这场技术革命能否成功的重要方面。

美国注册会计师协会（AICPA）于1976年发布了《管理咨询服务公告第4号——计算机应用系统开发和实施指南》。国际会计师联合会（IFAC）分别于1984年2月、1984年10

月、1985年6月公布了3个有关会计电算化的国际审计准则。

《中华人民共和国会计法》规定，"使用电子计算机进行会计核算的，其软件及其生成的会计凭证、会计账簿、财务会计报告和其他会计资料，也必须符合国家统一的会计制度的规定"，"使用电子计算机进行会计核算的，其会计账簿的登记、更正，应当符合国家统一的会计制度的规定"。财政部先后制定并发布了《会计电算化管理办法》（1994，已废止）、《商品化会计核算软件评审规则》（1994，已废止）、《会计核算软件基本功能规范》（1994，已不适用于企业及其会计软件）、《会计电算化工作规范》（1996，已不适用于企业及其会计软件）、《财政部关于全面推进我国会计信息化工作的指导意见》（2009）、《企业会计信息化工作规范》（2013）、《会计档案管理办法》（2015）、《会计改革与发展"十四五"规划纲要》（2021）等一系列相关的规章制度，这些制度对单位使用会计核算软件、软件生成的会计资料、采用电子计算机替代手工记账、电子会计档案保管等工作做出了具体规范。

【认知塑造】战国·邹·孟轲《孟子·离娄上》："离娄之明，公输子之巧，不以规矩，不能成方圆。""无规矩不成方圆"揭示了一个重要的道理：做任何事情都要有规矩，懂规矩，守规矩。社会是由人集合而成的，社会活动是人的活动，人们活动的动机、目的往往不同。如果没有一个规矩来约束，各行其是，社会就会陷入无秩序的混乱中。大到国家间的交流合作、小到邻里间的日常相处，无时无刻不是这样。所以，要建设和谐社会，既要坚持依法治国，通过完善法律制度建设来规范人们的行为，也要提高人们的思想道德素质，要求公民自觉遵守社会公德，做到文明诚信。只有把法律和自律结合起来，才能形成良好的社会风气，社会才会正常运转。

一、会计信息化管理

财政部主管全国企业会计信息化工作，主要职责包括：拟定企业会计信息化发展政策；起草、制定企业会计信息化技术标准；指导和监督企业开展会计信息化工作；规范会计软件功能。

县级以上地方人民政府财政部门管理本地区企业会计信息化工作，指导和监督本地区企业开展会计信息化工作。

企业应当充分重视会计信息化工作，加强组织领导和人才培养，不断推进会计信息化在本企业的应用。企业应当指定专门机构或者岗位负责会计信息化工作。未设置会计机构和配备会计人员的企业，由其委托的代理记账机构开展会计信息化工作。

二、会计信息化工作规范

会计信息化工作规范具体包括如下内容：

1.企业开展会计信息化工作，应当根据发展目标和实际需要，合理确定建设内容，避免投资浪费，应当注重信息系统与经营环境的契合，通过信息化推动管理模式、组织架构、业务流程的优化与革新，建立健全适应信息化工作环境的制度体系。

2.大型企业、企业集团开展会计信息化工作，应当注重整体规划，统一技术标准、编码规则和系统参数,实现各系统的有机整合,消除信息孤岛。

3.企业配备会计软件,应当根据自身技术力量以及业务需求,考虑软件功能、安全性、稳定性、响应速度、可扩展性等要求,合理选择购买、定制开发、购买与定制开发相结合等方式。定制开发包括企业自行开发、委托外部单位开发、企业与外部单位联合开发。企业通过委托外部单位开发、购买等方式配备会计软件,应当在有关合同中约定操作培训、软件升级、故障解决等服务事项,以及软件供应商对企业信息安全的责任。

4.企业应当促进会计信息系统与业务信息系统的一体化,通过业务的处理直接驱动会计记账,减少人工操作,提高业务数据与会计数据的一致性,实现企业内部信息资源共享。企业应当根据实际情况,开展本企业信息系统与银行、供应商、客户等外部单位信息系统的互联,实现外部交易信息的集中自动处理。

5.企业进行会计信息系统前端系统的建设和改造,应当安排负责会计信息化工作的专门机构或者岗位参与,充分考虑会计信息系统的数据需求。

6.企业应当遵循企业内部控制规范体系要求,加强对会计信息系统规划、设计、开发、运行、维护全过程的控制,将控制过程和控制规则融入会计信息系统,实现对违反控制规则情况的自动防范和监控,提高内部控制水平。对于信息系统自动生成且具有明晰审核规则的会计凭证,可以将审核规则嵌入会计软件,由计算机自动审核。未经自动审核的会计凭证,应当先经人工审核再进行后续处理。

7.处于会计核算信息化阶段的企业,应当结合自身情况,逐步实现资金管理、资产管理、预算控制、成本管理等财务管理信息化。处于财务管理信息化阶段的企业,应当结合自身情况,逐步实现财务分析、全面预算管理、风险控制、绩效考核等决策支持信息化。

8.分公司、子公司数量多、分布广的大型企业、企业集团应当探索利用信息技术促进会计工作的集中,逐步建立财务共享服务中心。实行会计工作集中的企业以及企业分支机构,应当为外部会计监督机构及时查询和调阅异地储存的会计资料提供必要条件。

9.外商投资企业使用的境外投资者指定的会计软件或者跨国企业集团统一部署的会计软件,应当符合要求。

10.企业会计信息系统数据服务器的部署应当符合国家有关规定。数据服务器部署在境外的,应当在境内保存会计资料备份,备份频率不得低于每月一次。境内备份的会计资料应当能够在境外服务器不能正常工作时,独立满足企业开展会计工作的需要以及外部会计监督的需要。

11.企业会计资料中对经济业务事项的表述应当使用中文,可以同时使用外国或者少数民族文字对照。

12.企业应当建立电子会计资料备份管理制度,确保会计资料的安全、完整和会计信息系统的持续、稳定运行。

13.企业不得在非涉密信息系统中存储、处理和传输涉及国家秘密、关系国家经济信息安全的电子会计资料;未经有关主管部门批准,不得将其携带、寄运或者传输至境外。

14.企业内部生成的会计凭证、账簿和辅助性会计资料,同时满足下列条件的,可以不输出纸面资料:

① 所记载的事项属于本企业重复发生的日常业务;

② 由企业信息系统自动生成;

③ 可及时在企业信息系统中以人类可读形式查询和输出；

④ 企业信息系统具有防止相关数据被篡改的有效机制；

⑤ 企业对相关数据建立了电子备份制度，能有效防范自然灾害、意外事故和人为破坏的影响；

⑥ 企业对电子和纸面会计资料建立了完善的索引体系。

15.企业获得的需要外部单位或者个人证明的原始凭证和其他会计资料，同时满足下列条件的，可以不输出纸面资料：

① 会计资料附有外部单位或者个人的、符合《中华人民共和国电子签名法》的可靠的电子签名；

② 电子签名经符合《中华人民共和国电子签名法》的第三方认证；

③ 满足第14条第①项、第③项、第⑤项和第⑥项规定的条件。

16.实施企业会计准则通用分类标准的企业，应当按照有关要求向财政部报送 XBRL 财务报告。

17.建立会计信息化岗位责任制，要明确各个工作岗位的职责范围，切实做到事事有人管、人人有专责、办事有要求、工作有检查。工作岗位可分为基本会计岗位和会计信息化岗位。基本会计岗位包括会计机构负责人或者会计主管人员、出纳、会计核算各岗（财产物资核算、工资核算、成本费用核算、财务成果核算、资金核算、往来结算、总账报表）、稽核、档案管理等工作岗位。会计信息化岗位包括直接管理、操作、维护计算机及会计软件系统的工作岗位。会计信息化岗位和工作职责一般可划分如下：

① 会计信息化主管：负责协调计算机及会计软件系统的运行工作，要求具备会计和计算机知识，以及相关的会计信息化组织管理的经验。

② 软件操作：负责输入记账凭证和原始凭证等会计数据，输出记账凭证、会计账簿、报表和进行部分会计数据处理工作，要求具备会计软件操作知识，达到会计信息化初级知识培训的水平。

③ 审核记账：负责对输入计算机的会计数据（记账凭证和原始凭证等）进行审核，操作会计软件登记机内账簿，对打印输出的账簿、报表进行确认，要求具备会计和计算机知识，达到会计电算化初级知识培训的水平，可由主管会计兼任。

④ 会计信息化维护：负责保证计算机硬件、软件的正常运行，管理机内会计数据，要求具备计算机和会计知识，经过会计信息化中级知识培训。

⑤ 会计信息化审查：负责监督计算机及会计软件系统的运行，防止利用计算机进行舞弊，要求具备会计和计算机知识，达到会计电算化中级知识培训的水平。

⑥ 数据分析：负责对计算机内的会计数据进行分析，要求具备计算机和会计知识，达到会计电算化中级知识培训的水平。

实施会计信息化过程中，各单位可根据内部牵制制度的要求和本单位的工作需要，对会计信息化岗位的划分进行调整，设立必要的工作岗位。基本会计岗位和会计信息化岗位可在保证会计数据安全的前提下交叉设置，各岗位人员要保持相对稳定。由本单位人员进行会计软件开发的，还可设立软件开发岗位。

三、会计档案管理办法

会计档案是指单位在进行会计核算等过程中接收或形成的，记录和反映单位经济业务事项的，具有保存价值的文字、图表等各种形式的会计资料，包括通过计算机等电子设备形成、传输和存储的电子会计档案。

1.会计档案范围

（1）以下会计资料应纳入归档范围：

① 会计凭证：原始凭证、记账凭证。

② 会计账簿：总账、明细账、日记账、固定资产卡片及其他辅助性账簿。

③ 财务会计报告：月度、季度、半年度、年度财务会计报告。

④ 其他会计资料：银行存款余额调节表、银行对账单、纳税申报表、会计档案移交清册、会计档案保管清册、会计档案销毁清册、会计档案鉴定意见书及其他具有保存价值的会计资料。

（2）单位可以利用计算机、网络通信等现代信息技术手段管理会计档案。

（3）同时满足下列条件的，单位内部形成的属于归档范围的电子会计资料可仅以电子形式保存，形成电子会计档案：

① 形成的电子会计资料来源真实有效，由计算机等电子设备形成和传输。

② 使用的会计核算系统能够准确、完整、有效接收和读取电子会计资料，能够输出符合国家标准归档格式的会计凭证、会计账簿、财务会计报表等会计资料，设定了经办、审核、审批等必要的审签程序。

③ 使用的电子档案管理系统能够有效接收、管理、利用电子会计档案，符合电子档案的长期保管要求，并建立了电子会计档案与相关联的其他纸质会计档案的检索关系。

④ 采取有效措施，防止电子会计档案被篡改。

⑤ 建立电子会计档案备份制度，能够有效防范自然灾害、意外事故和人为破坏的影响。

⑥ 形成的电子会计资料不属于具有永久保存价值或者其他重要保存价值的会计档案。

（4）满足（3）规定条件，单位从外部接收的电子会计资料附有符合《中华人民共和国电子签名法》规定的电子签名的，可仅以电子形式归档保存，形成电子会计档案。

2.会计档案归档

单位的会计机构或会计人员所属机构（以下统称单位会计管理机构）按照归档范围和归档要求，负责定期将应当归档的会计资料整理立卷，编制会计档案保管清册。

当年形成的会计档案，在会计年度终了后，可由单位会计管理机构临时保管一年，再移交单位档案管理机构保管。因工作需要确需推迟移交的，应当经单位档案管理机构同意。单位会计管理机构临时保管会计档案最长不超过三年。临时保管期间，会计档案的保管应当符合国家档案管理的有关规定，且出纳人员不得兼管会计档案。

单位会计管理机构在办理会计档案移交时，应当编制会计档案移交清册，并按照国家档案管理的有关规定办理移交手续。纸质会计档案移交时应当保持原卷的封装。电子会计档案移交时应当将电子会计档案及其元数据一并移交，且文件格式应当符合国家档案管理的有关规定。特殊格式的电子会计档案应当与其读取平台一并移交。单位档案管理机构接收电子会计档案时，应当对电子会计档案的准确性、完整性、可用性、安全性进行检测，符合要求的才能接收。

3.会计档案利用

单位应当严格按照相关制度利用会计档案，在进行会计档案查阅、复制、借出时履行登记手续，严禁篡改和损坏。单位保存的会计档案一般不得对外借出。确因工作需要且根据国家有关规定必须借出的，应当严格按照规定办理相关手续。会计档案借用单位应当妥善保管和利用借入的会计档案，确保借入会计档案的安全完整，并在规定时间内归还。

4.会计档案保管

会计档案的保管期限分为永久、定期两类。定期保管期限一般分为10年和30年。会计档案的保管期限，从会计年度终了后的第一天算起。

5.会计档案销毁

会计档案鉴定工作应当由单位档案管理机构牵头，组织单位会计、审计、纪检监察等机构或人员共同进行。单位应当定期对已到保管期限的会计档案进行鉴定，并形成会计档案鉴定意见书。经鉴定，仍需继续保存的会计档案，应当重新划定保管期限；对保管期满，确无保存价值的会计档案，可以销毁。经鉴定可以销毁的会计档案，应当按照以下程序销毁：

① 单位档案管理机构编制会计档案销毁清册，列明拟销毁会计档案的名称、卷号、册数、起止年度、档案编号、应保管期限、已保管期限和销毁时间等内容。

② 单位负责人、档案管理机构负责人、会计管理机构负责人、档案管理机构经办人、会计管理机构经办人在会计档案销毁清册上签署意见。

③ 单位档案管理机构负责组织会计档案销毁工作，并与会计管理机构共同派员监销。监销人在会计档案销毁前，应当按照会计档案销毁清册所列内容进行清点核对；在会计档案销毁后，应当在会计档案销毁清册上签名或盖章。

电子会计档案的销毁还应当符合国家有关电子档案的规定，并由单位档案管理机构、会计管理机构和信息系统管理机构共同派员监销。电子会计档案的鉴定销毁应当符合国家有关规定。

保管期满但未结清的债权债务会计凭证和涉及其他未了事项的会计凭证不得销毁，纸质会计档案应当单独抽出立卷，电子会计档案单独转存，保管到未了事项完结时为止。单独抽出立卷或转存的会计档案，应当在会计档案鉴定意见书、会计档案销毁清册和会计档案保管清册中列明。

6.终止经营的会计档案管理

单位因撤销、解散、破产或其他原因而终止的，在终止或办理注销登记手续之前形成的会计档案，按照国家档案管理的有关规定处置。

7.分立后的会计档案管理

单位分立后原单位存续的，其会计档案应当由分立后的存续方统一保管，其他方可以查阅、复制与其业务相关的会计档案。

单位分立后原单位解散的，其会计档案应当经各方协商后由其中一方代管或按照国家档案管理的有关规定处置，各方可以查阅、复制与其业务相关的会计档案。单位分立中未结清的会计事项所涉及的会计凭证，应当单独抽出由业务相关方保存，并按照规定办理交接手续。

单位因业务移交其他单位办理所涉及的会计档案，应当由原单位保管，承接业务单位可以查阅、复制与其业务相关的会计档案。对其中未结清的会计事项所涉及的会计凭证，应当单独抽出由承接业务单位保存，并按照规定办理交接手续。

8.合并后的会计档案管理

单位合并后原各单位解散或者一方存续其他方解散的，原各单位的会计档案应当由合并后的单位统一保管。单位合并后原各单位仍存续的，其会计档案仍应当由原各单位保管。

9.建设期的会计档案管理

建设单位在项目建设期间形成的会计档案，需要移交给建设项目接受单位的，应当在办理竣工财务决算后及时移交，并按照规定办理交接手续。

10.会计档案交接

单位之间交接会计档案时，交接双方应当办理会计档案交接手续。移交会计档案的单位，应当编制会计档案移交清册，列明应当移交的会计档案名称、卷号、册数、起止年度、档案编号、应保管期限和已保管期限等内容。交接会计档案时，交接双方应当按照会计档案移交清册所列内容逐项交接，并由交接双方的单位有关负责人负责监督。交接完毕后，交接双方经办人和监督人应当在会计档案移交清册上签名或盖章。电子会计档案应当与其元数据一并移交，特殊格式的电子会计档案应当与其读取平台一并移交。档案接受单位应当对保存电子会计档案的载体及其技术环境进行检验，确保所接收电子会计档案的准确、完整、可用和安全。

11.境外机构会计档案管理

单位的会计档案及其复制件需要携带、寄运或者传输至境外的，应当按照国家有关规定执行。

12.代理记账会计档案管理

单位委托中介机构代理记账的，应当在签订的书面委托合同中，明确会计档案的管理要求及相应责任。

13.会计信息化档案管理制度

① 会计信息化档案，包括存储在计算机硬盘中的会计数据以及其他磁性介质或光盘存储的会计数据和计算机打印出来的书面等形式的会计数据。会计数据是指记账凭证、会计账簿、会计报表（包括报表格式和计算公式）等数据。

② 会计信息化档案管理是重要的会计基础工作，要严格按照财政部有关规定的要求对会计档案进行管理，由专人负责。

③ 对会计信息化档案的管理要做好防磁、防火、防潮和防尘工作，重要会计档案应准备双份，存放在两个不同的地点。采用磁性介质保存会计档案，要定期进行检查，定期进行复制，防止由于磁性介质损坏而使会计档案丢失。

④ 通用会计软件、定点开发会计软件、通用与定点开发相结合会计软件的全套文档资料以及会计软件程序，视同会计档案保管，保管期截止到该软件停止使用或有重大更改之后的 5 年。

四、《会计改革与发展"十四五"规划纲要》中相关内容

《会计改革与发展"十四五"规划纲要》中与会计信息化相关的内容包括：

1.积极推动会计工作数字化转型

做好会计工作数字化转型顶层设计。修订《企业会计信息化工作规范》，将会计信息化工作规范的适用范围从企业扩展至行政事业单位，实现会计信息化对单位会计核算流程和管理的全面覆盖。加强会计数据标准体系建设，研究制定涵盖输入、处理和输出等会计核算和管理全流程、各阶段的统一的企业会计数据标准。进一步健全对企业业务全流程数据的收集、治理、分析和利用机制，推动统一的企业会计数据标准应用。探索建立跨平台、结构化的会计数据共享机制。制定、试点并逐步推广电子凭证会计数据标准，推动电子会计凭证开具、接收、入账和归档全程数字化和无纸化。推动企业将内控制度和流程嵌入信息系统，推动行政事业单位借助信息化手段确保内部控制制度有效实施，推动地方试点乡镇街道等基层行政单位借助信息化手段提升内部控制。研究信息化新技术应用于会计基础工作、管理会计实践、财务会计工作和单位财务会计信息系统建设。

2.积极推动审计工作数字化转型

鼓励会计师事务所积极探索注册会计师审计工作数字化转型。大力推进函证数字化工作，加快推进函证集约化、规范化、数字化进程。积极推进函证数字化试点工作，制定、完善函证业务、数据等标准，加快函证电子化平台建设并规范、有序、安全运行，利用信息技术手段解决函证不实等问题，以提升审计效率效果、防范金融风险。研究制定注册会计师审计数字化转型相关指引，鼓励会计师事务所依法依规利用数字化审计技术。

3.积极推动会计管理工作数字化转型

优化全国统一会计人员管理服务平台，持续采集更新会计人员信息，完善会计人员信用信息，有效发挥平台社会服务功能，提高会计人员管理效率。完善财政会计行业管理系统，加大会计师事务所信息披露力度，满足企事业单位选聘会计师事务所信息需求。升级全国代理记账机构管理系统，积极探索依托信息化手段，实现对行业发展状况的实时动态跟踪，完善对代理记账机构的信用信息公示，提升事中事后监管效能。稳步推进会计行业管理信息化建设，发挥会计数据标准的作用，打通不同平台之间的数据接口，运用会计管理大数据，为提升国家治理体系和治理能力现代化提供数据支撑。

会计软件运行环境构建

第二章

建账及基础设置

新设企业或原有企业在新年度开始时，会计人员应根据核算工作的需要来设置和启用账簿，通常称之为建账。建账基准日应以企业成立日即营业执照签发日或营业执照变更日为准，由于会计核算以年度、季度、月度进行分期核算，实际工作中，一般以企业成立当月月末或下月月初为基准日。如果企业设立之日是在月度中的某一天，一般以下一月份的月初作为建账基准日。建账的本质是为企业的原始数据、中间数据、最终数据以及它们之间的钩稽关系准备存放的容器。从具体形式来看，在手工会计中，"账"是以纸张作为保存介质的，在会计电算化中"账"是以电子文件的形式存放在计算机硬盘等介质上。此外，建账以后还需要进行基础设置，主要包括设置企业的基本信息和录入基础档案等数据，既为后续业务处理做好准备，也可以保持会计核算的连续性。

【认知塑造】俗话说：万丈高楼平地起，一砖一瓦皆根基。建账及基础设置作为核算的基础工作，涉及面广、工作量大，一旦出现差错，直接影响后续正常业务的处理，因而需要耐心、细致的工作态度，科学、严谨的工作作风，需要很强的责任意识，要求会计人员严格按照流程和规范进行操作。

▶▶▶▶▶▶ 第一节　账套数据及基础档案数据

华智服饰制造股份有限公司是一家从事服装生产的制造企业，主要从事单品种服装的大批量生产，使用品种法进行成本计算，存货出入库采用实际成本核算，具体方法由所在仓库决定。公司属于增值税一般纳税人，适用增值税税率13%。公司创立于2015年11月，手工账向计算机账转换日期是2019年11月。

一、建账数据

1.用户信息及分工：
001 王剑：账套主管，负责公用目录设置、审核、记账、结账。
002 原梅：出纳，负责凭证出纳签字、出纳管理。
003 赵萍：会计，公共单据、总账及其他模块。
2.账套信息：
账套号：666。
账套名称：华智服饰制造股份有限公司。
账套语言：简体中文。
账套路径：系统默认。
启用会计期：2019年11月。
该账套为非集团账套，不需要建立专家财务评估数据库。
3.单位信息：
单位名称：华智服饰制造股份有限公司。
单位简称：华智服饰。
邮政编码：331100。

税号：988755433980650999。

4.核算类型：

记账本位币：人民币。

企业类型：工业。

行业性质：2007年新会计制度。不按行业性质预置科目。

5.基础信息：该企业有外币核算业务，需要对存货、客户、供应商分类。

6.编码方案：科目编码级次4-2-2，其余项目编码方案为系统默认值。

7.数据精度：全部按系统默认值。

8.启用模块：总账（GL）、应收款管理（AR）、应付款管理（AP）、固定资产管理（FA）、销售管理（SA）、采购管理（PU）、库存管理（ST）、存货核算（IA）、薪资管理（WA）、计件工资管理（PR）。启用自然日期均为2019-11-01。

二、基础档案数据

1.部门档案（见表2-1）。部门成立日期均为2015-11-01。

表2-1　　　　　　　　　　　　　　部门档案

部门编码	部门名称
1	管理中心
101	办公室
102	财务部
2	供销中心
201	采购部
202	销售部
3	生产中心
301	一车间
302	二车间
4	仓库
401	原材料库
402	成品库

2.人员类别（见表2-2）。

表2-2　　　　　　　　　　　　　　人员类别

在职人员档案编码	在职人员档案名称
101	企业管理人员
102	经营人员
103	车间管理人员
104	生产人员

3. 人员档案（见表 2-3）。

表 2-3　　　　　　　　　　　　　　　　人员档案

人员编码	人员姓名	性别	人员类别	是否操作员	是否业务员	生效日期	业务或费用部门
000	雷俊	男	企业管理人员		是	2015-11-01	办公室
001	王剑	男	企业管理人员	是	是	2015-11-01	财务部
002	原梅	女	企业管理人员	是	是	2015-11-01	财务部
003	赵萍	女	企业管理人员	是	是	2015-11-01	财务部
004	夏天	男	经营人员		是	2015-11-01	采购部
005	覃强	男	经营人员		是	2015-11-01	销售部
006	黄月	女	生产人员		是	2015-11-01	一车间
007	洪岩	男	车间管理人员		是	2015-11-01	二车间
008	朱周强	男	企业管理人员		是	2015-11-01	原材料库
009	庄青	女	企业管理人员		是	2015-11-01	成品库

4. 供应商和客户分类编码方案（见表 2-4）。

表 2-4　　　　　　　　　　　供应商和客户分类编码方案

类别名称	一级分类编码和名称
供应商	01 纽扣供应商
	02 布匹供应商
	03 缝纫线供应商
客户	01 批发商
	02 代销商

5. 供应商档案（见表 2-5），所有企业开户行币种都是人民币。

表 2-5　　　　　　　　　　　　　　供应商档案

供应商编码	供应商名称	简称	所属分类码	税号	开户银行	银行账号
001	北京纽扣厂	北京纽扣	01	910103322191919191	中国工商银行	21118899
002	上海布匹厂	上海布匹	02	920215588992929292	中国建设银行	02106688
003	天津丝线公司	天津丝线	03	930225599893939393	中国建设银行	11055899

6. 客户档案（见表 2-6）。

表 2-6 　　　　　　　　　　　　　　**客户档案**

客户编码	客户名称	简称	所属分类码	税号	开户银行	银行账号
001	江苏百货公司	江苏百货	01	940691332294949494	招商银行南通分行	21033366（默认）
002	浙江服饰百货公司	浙江百货	01	950531222895959595	中国银行西湖支行	45210009（默认）
003	福建百货公司	福建百货	02	960999888396969696	民生银行福州支行	98000123（默认）

7.存货信息。

①存货分类编码方案（见表2-7）。

表 2-7 　　　　　　　　　　　　　　**存货分类编码方案**

一级编码和名称	二级编码和名称
01产成品	0101服装
02原材料	0201服装材料
03采购费用	0301运费

②计量单位信息：

01：自然单位，无换算率，包括：米、粒、卷、次。

02：服装计量，固定换算率，1袋=20件，1包=10袋=200件。

③存货档案（见表2-8）。参考售价为含税价。

表 2-8 　　　　　　　　　　　　　　**存货档案**　　　　　　　　　　　金额单位：元

存货编码和名称	存货分类	计量单位组	主计量单位	税率	存货属性	参考成本	参考售价
01 A服装	0101	服装计量	件	13%	内销、外销、自制	300	452
02 B服装	0101	服装计量	件	13%	内销、外销、自制	100	226
03布匹	0201	自然单位	米	13%	外购、生产耗用	22	
04纽扣	0201	自然单位	粒	13%	外购、生产耗用	3	
05缝纫线	0201	自然单位	卷	13%	外购、生产耗用	5	
08材料采购费用	0301	自然单位	次	9%	外购、外销、应税劳务		

8.外币设置：美元（USD）（2019年11月记账汇率6.9，调整汇率6.92）、港元（HKD）。

9.会计科目表（见表2-9）。

表 2-9 　　　　　　　　　　　　会计科目表

一级科目 编码和名称	二级科目 编码和名称	三级科目 编码和名称	方向	辅助核算
1001 库存现金			借	日记账
1002 银行存款	01 工行		借	日记账、银行账
	02 中行		借	日记账、银行账、外币核算（美元）
1012 其他货币资金			借	
1121 应收票据			借	客户往来/受控应收系统
1122 应收账款			借	客户往来/受控应收系统
1123 预付账款			借	供应商往来/受控应付系统
1221 其他应收款			借	个人往来
1231 坏账准备			贷	
1402 在途物资			借	
1403 原材料	01 布匹		借	数量核算（米）
	02 纽扣			数量核算（粒）
	03 缝纫线			数量核算（卷）
1405 库存商品	01 A 服装		借	数量核算（件）
	02 B 服装			
1601 固定资产			借	
1602 累计折旧			贷	
1603 固定资产减值准备			贷	
1606 固定资产清理			借	
1701 无形资产			借	自定义项："类别""截止有效日期"
1702 累计摊销			贷	
2201 应付票据			贷	供应商往来/受控应付系统
2202 应付账款	01 一般应付款		贷	供应商往来/受控应付系统
	02 暂估应付款			供应商往来
2203 预收账款			贷	客户往来/受控应收系统
2211 应付职工薪酬			贷	

一级科目 编码和名称	二级科目 编码和名称	三级科目 编码和名称	方向	辅助核算
2221应交税费	01应交增值税	01进项	贷	
		02销项	贷	
	02应交消费税		贷	
4001实收资本			贷	
4002资本公积			贷	
4103本年利润			贷	
4104利润分配	01未分配利润		贷	
5001生产成本	01基本生产成本	01服装生产	借	项目核算
	02辅助生产成本			
5101制造费用	01差旅费		借	
	02工资			
	03折旧费			
6001主营业务收入	01 A服装		收入	数量核算（件）
	02 B服装			
6301营业外收入			收入	
6401主营业务成本	01 A服装		支出	数量核算（件）
	02 B服装			
6601销售费用	01广告费		支出	
	02工资			
	03折旧费			
6602管理费用	01差旅费		支出	部门核算
	02工资			
	03折旧费			
	04无形资产摊销			
6603财务费用	01利息支出		支出	
	02汇兑损益			
6701资产减值损失			支出	
6702信用减值损失			支出	
6711营业外支出			支出	

10.凭证类别：凭证分为收、付、转三类。设置限制类型：收（借方必有1001、1002）；付（贷方必有1001、1002）；转（凭证必无1001、1002）。

11.项目目录：

新项目大类名称：产品生产（普通项目）。

定义项目级次：2。

定义项目栏目：默认。

项目分类定义：01服装生产。

项目目录：001 A服装；002 B服装。

核算科目：生产成本——基本生产成本——服装生产（50010101）。

12.结算方式：

1 转账。

101 现金支票。

102 转账支票（要求票据管理）。

103 商业承兑汇票。

104 银行承兑汇票。

105 电汇。

13.付款条件（见表2-10）。

表2-10 　　　　　　　　　　　　　付款条件

付款条件编码	信用天数	优惠天数1	优惠率1	优惠天数2	优惠率2	优惠天数3	优惠率3
01	30	10	4	20	2	30	0
02	60	20	2	40	1	60	0

14.本单位开户银行：

① 编码：01。银行账号：100010195588。账户名称：结算账户。开户银行：中国工商银行先锋支行。币种：人民币。所属银行编码：01。

② 编码：02。银行账号：100010195566。账户名称：外币账户。开户银行：中国银行前进支行。币种：美元。所属银行编码：00002。机构号：5824。联行号：17。

15.仓库档案：

01：原材料库，计价方式采用先进先出法。

02：成品库，计价方式采用全月平均法。

16.收发类别（见表2-11）。

表2-11 　　　　　　　　　　　　　收发类别

一级编码和名称	二级编码和名称	一级编码和名称	二级编码和名称
1入库	11采购入库	2出库	21销售出库
	12盘盈入库		22盘亏出库
	13调拨入库		23调拨出库
	14其他入库		24其他出库
	15采购退货		25销售退货

17.采购类型和销售类型（见表2-12）。

表 2-12　　　　　　　　　　　　　采购类型和销售类型

采购类型		销售类型	
编码及名称	入库类别	编码及名称	出库类别
01厂商采购	采购入库	01批发销售	销售出库
02代理商进货	采购入库	02经销商批发	销售出库
03采购退回	采购退货	03销售退回	销售退货

18.费用项目分类（见表2-13）。

表 2-13　　　　　　　　　　费用项目分类

费用项目分类编码	费用项目名称
1	直接费用
2	间接费用

19.费用项目（见表2-14）。

表 2-14　　　　　　　　　费用项目

费用项目编码	费用项目名称	费用项目分类
01	运输费	间接费用
02	安装费	间接费用
03	包装费	间接费用

▶▶▶▶▶▶ 第二节　建账及账套管理

　　建账是一项重要的基础工作，必须由专门的用户来完成，具体是由系统内置用户admin通过"系统管理"模块进行。系统管理员通过该模块对系统进行管理，从而及时掌握系统的运行状况。执行"系统管理"模块菜单中的"系统"—"注册"功能（如图2-1所示）。

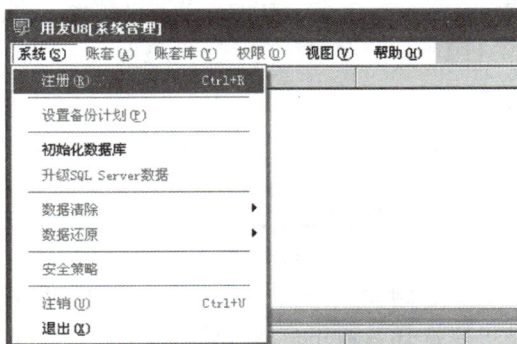

图 2-1　系统管理注册

　　　　　　　　　　　　　　　　第二章　建账及基础设置

在操作员文本框中输入admin，该用户是管理员类用户，通常也把该用户称为系统管理员。系统管理员初始的登录密码为空，选中"修改密码"复选框，可以进行admin的密码设置，"登录到"下拉列表框选择数据库服务器，"账套"下拉列表框选择默认的default数据源（如图2-2所示）。登录以后才能开始建账工作。

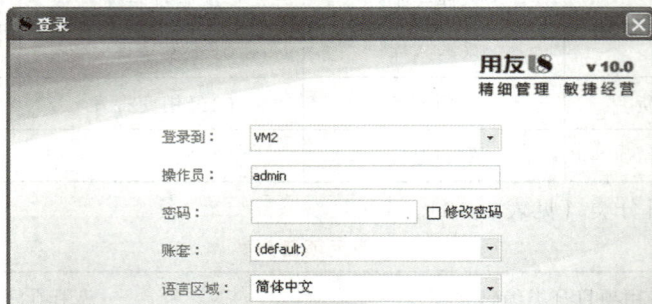

图2-2 系统管理员登录

一、建账

建账的内容主要包括用户管理、建立账套、用户授权。

（一）用户管理

系统管理员登录以后，可以通过"系统管理"模块中"权限"菜单项中的"用户"功能实现对用户的日常管理，这里的"用户"是指将来要承担某一个或几个账套中相关职能的具体操作人员（如图2-3所示）。

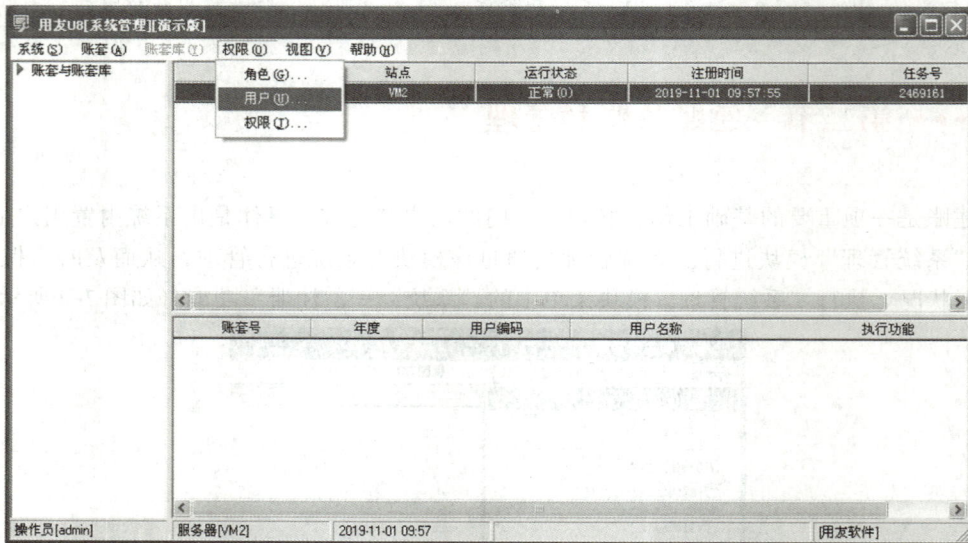

图2-3 执行"用户"功能

系统管理员可以通过增加、删除、修改、转授等功能进行用户信息维护。根据用户将来的工作内容，用户类型可以选择普通用户或者管理员用户。本账套的"用户管理"最终结果如图2-4所示。

图2-4 用户管理

（二）建立账套

账套是用来存放独立核算单位的一系列相关数据的容器，账套对应着计算机中的数据库文件。系统管理员可以分别为多个独立核算的单位建立账套，这些账套之间不会相互影响。在用友U8软件中，最多可以建立999个账套，不同账套用账套号来区分，账套号取值区间为1～999。建立账套的过程是系统引导下的人机交互过程。通过人机交互，系统在收集到足够的信息以后就可以在硬盘上把账套文件建好。建立核算账套的过程如下：

1.选择建账方式（如图2-5所示）。初次建账只能选择"新建空白账套"方式；在系统中至少有一个账套以后，如果新建的账套与已有账套信息相似，也可选择"参照已有账套"方式。

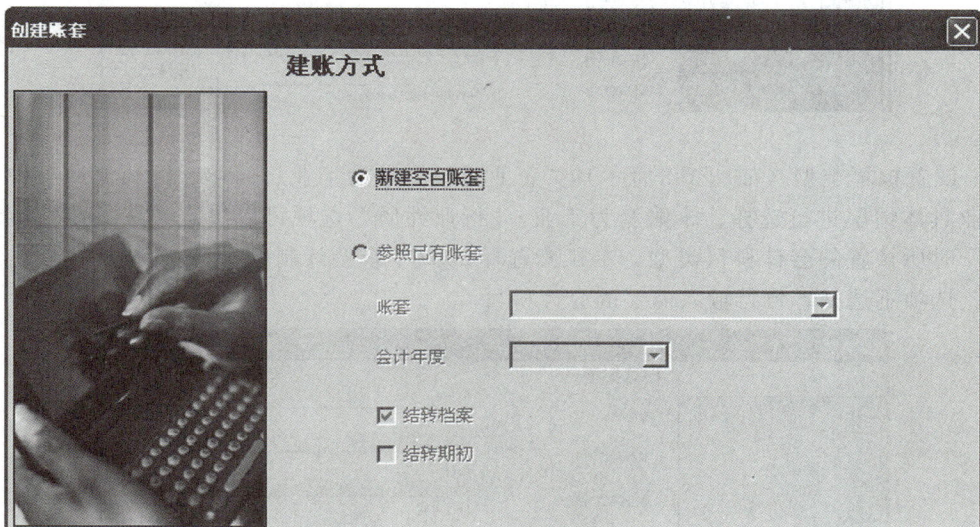

图2-5 建账方式

2.输入账套信息（如图2-6所示）。"已存账套"下拉列表框中会显示已经在系统中建立的账套信息，比如账套号、账套名称，这些信息供参照；"账套号"选项输入1至999之间未被已建账套占用的账套号；"账套名称"选项输入不超过40个字符的账套名称；"账套路径"选项选择账套文件的存放位置；"启用会计期"选项输入账套启用的会计期间，通常是手工会计与电算化会计的交接期。

　　　　　第二章　建账及基础设置

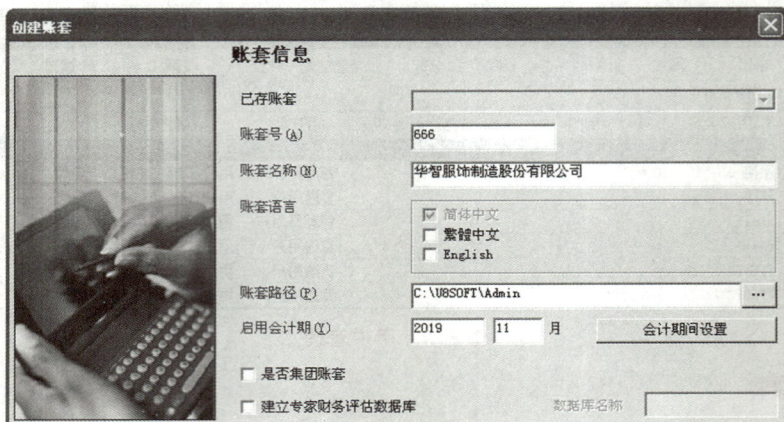

图2-6　账套信息

3.输入单位信息（如图2-7所示）。"单位名称"输入单位全称，单位对外往来时将使用该信息，例如单位对外销售业务发生后，打印销售发票时会使用到单位信息。

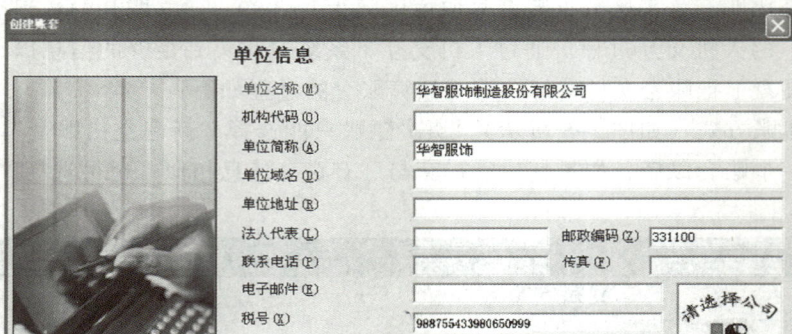

图2-7　单位信息

4.设置核算类型（如图2-8所示）。"企业类型"分为工业、商业、医药流通三种，根据企业具体情况进行选择，本账套为工业。"行业性质"选项可以决定"按行业性质预置科目"时所预置的会计科目类型，本账套选择2007年新会计制度科目。"按行业性质预置科目"选项不选择，自行输入需要的会计科目。

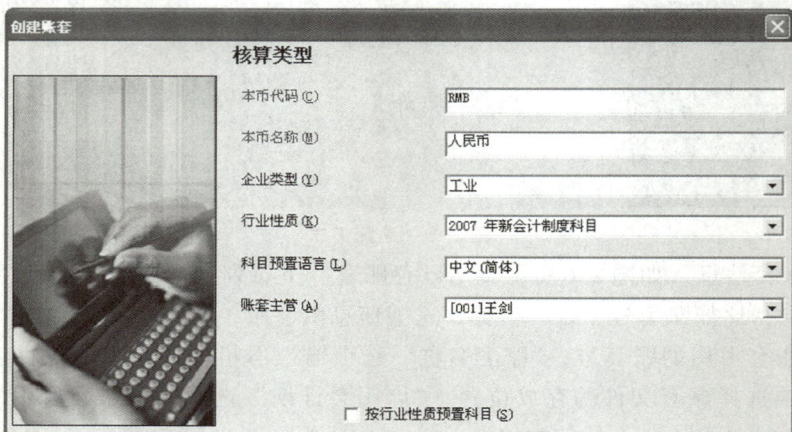

图2-8　核算类型

5.设置基础信息（如图2-9所示）。根据企业具体核算要求，选择存货、客户、供应商是否需要分类，有无外币核算。本账套要求都选择。

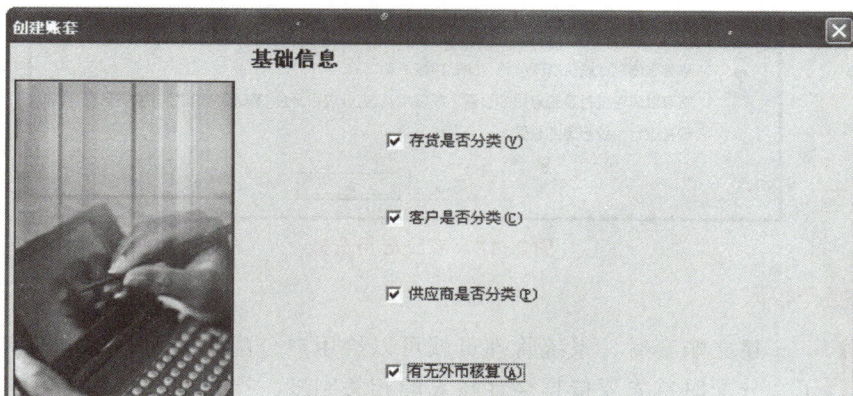

图2-9　基础信息

6.设置编码方案（如图2-10所示）。对所有需要编码的核算项目，事先要设置编码方案。根据要求，将科目编码级次设为4-2-2，其余按系统默认值。

项目	最大级数	最大长度	单级最大长度	第1级	第2级	第3级	第4级	第5级	第6级	第7级	第8级	第9级
科目编码级次	13	40	9	4	2	2						
客户分类编码级次	5	12	9	2	3	4						
供应商分类编码级次	5	12	9	2	3	4						
存货分类编码级次	8	12	9	2	2	2	2	3				
部门编码级次	9	12	9	1	2							
地区分类编码级次	5	12	9	2	3	4						
费用项目分类	5	12	9	1	2							
结算方式编码级次	2	3	3	1	2							
货位编码级次	8	20	9	2	3	4						
收发类别编码级次	3	5	1	1	1	1						
项目设备	8	30	9	2	2							
责任中心分类档案	5	30	9	2	2							
项目要素分类档案	6	30	9	2	2							
客户却限级次	5	12	9	2	3	4						

图2-10　编码方案

7.设置数据精度（如图2-11所示）。对涉及数量和金额的项目设置数据精度。根据要求，全部选择默认值。

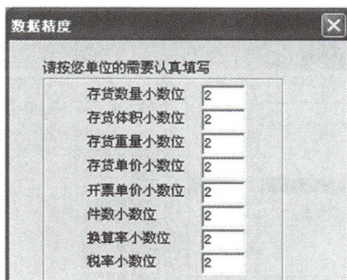

图2-11　数据精度

8.系统启用选择（如图2-12所示）。在建账完成后系统会提示是否启用相关的子系统，这里选择"否"。因为账套主管对子系统的启用情况最清楚，可以在后续操作中由账套主管从企业应用平台进入系统启用功能进行设置。

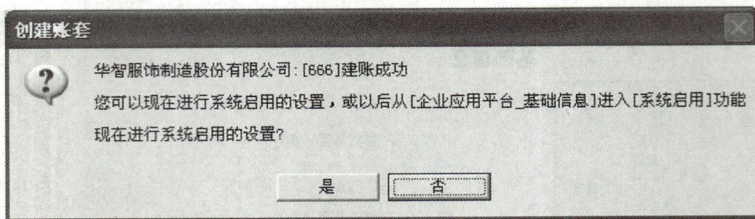

图 2-12　系统启用选择

（三）分配操作权限

建立账套后，系统管理员就可以给用户分配事先划分好的账套操作权限了。分配时首先要依据会计核算的相关制度，严格区分不相容的会计操作业务，然后根据工作量合理分配各操作内容。

执行"权限"菜单项的权限功能，然后分别给各用户授权。授权窗口分左右两部分，左边是待授权的用户（或角色），右边是左边指定用户在某账套中拥有的权限，如图 2-13 所示。

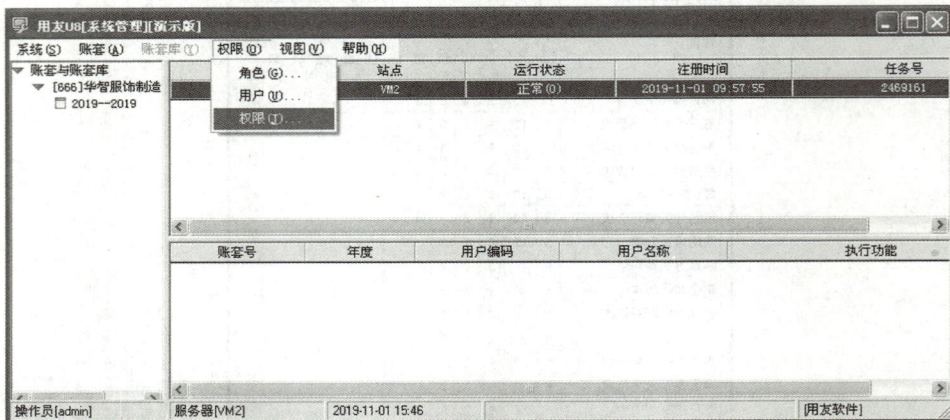

分配操作权限
操作演示

图 2-13　执行权限功能

1.用户"王剑"权限设置（如图 2-14 所示）。由于用户"王剑"在账套中是账套主管，因此需要授予账套主管操作权限。对于这类权限的授权操作，只需将 666 号账套对应的"账套主管"复选框选中即可。

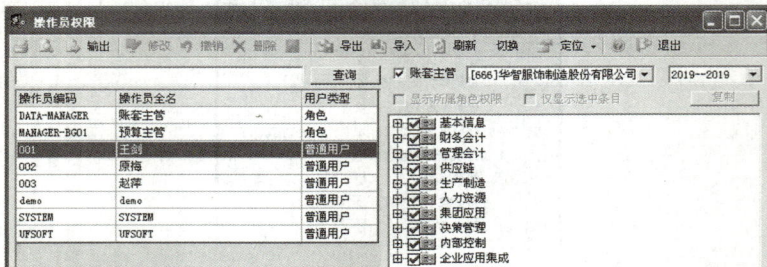

图 2-14　用户"王剑"权限设置

2.用户"原梅"权限设置（如图2-15所示）。用户"原梅"在账套中需要授予出纳操作权限。在窗口左边选择需要授权的"原梅"用户，在右边窗口先选择账套，然后点击菜单栏"修改"功能，从右边窗口权限列表中选择属于出纳的权限，即"出纳签字""出纳"。

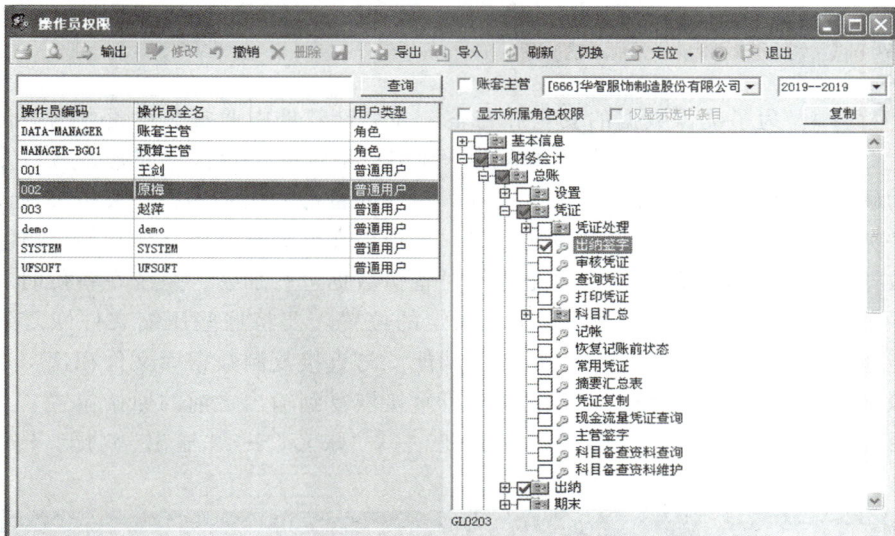

图2-15 用户"原梅"权限设置

3.用户"赵萍"权限设置（如图2-16所示）。用户"赵萍"在账套中需要授予会计权限。为了方便授权，可以先将"财务会计"权限全部选择，然后将其中不属于该用户的权限删除，例如"出纳签字""审核凭证""记账""恢复记账前状态" "主管签字""出纳""结账"等。

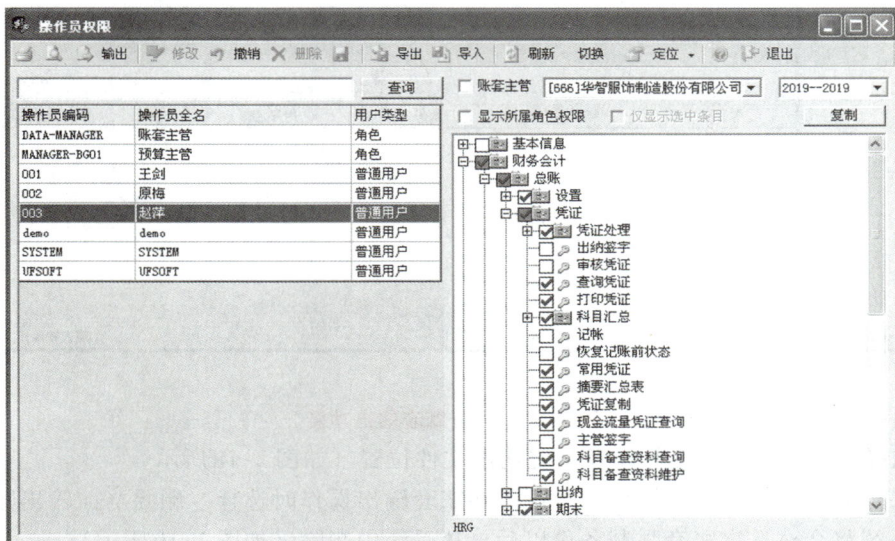

图2-16 用户"赵萍"权限设置

在授权操作中，如果需要对多个用户或者多个账套进行授权，例如对一个用户在多个账套中授予相同的操作权限，或者对多个用户在一个账套中授予相同的操作权限，可以使用"角色"功能来完成。

二、账套管理

（一）备份和恢复账套数据

为了确保数据的安全和完整，在会计软件中通常会设置数据备份和恢复功能。备份是指将数据"输出"到用户指定的位置保存起来，可以是本地硬盘、移动硬盘或者网络上的另外一个节点等。一般的备份方法是先在计算机本地硬盘建立一个文件夹，将账套文件先输出到该文件夹，再把该文件夹复制到其他存储介质。为了减少备份数据占用的存储空间，同时也是为了对备份数据进行加密，系统在备份时通常会对数据库中的数据压缩打包以后输出到用户指定的位置。要将这些压缩文件恢复到数据库中，只能通过系统管理模块提供的"引入"功能。与直接复制数据库文件相比，这种方式还能将数据库文件的路径备份出来，引入时可直接恢复到输出之前的原始位置。

1.系统管理员（admin）执行"系统管理"—"账套"—"输出"功能（如图2-17所示）。

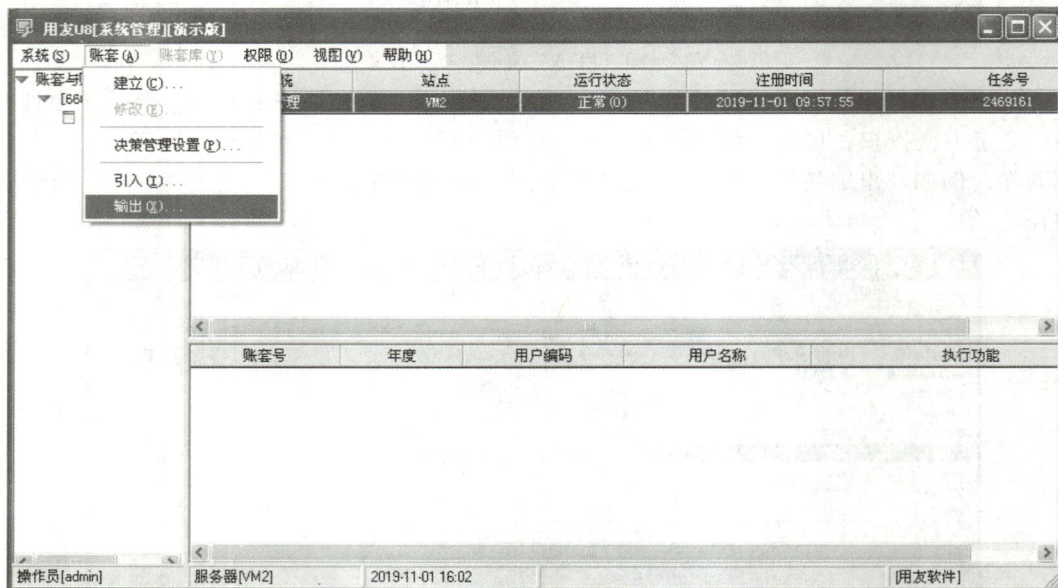

图2-17　执行账套输出功能

2.选择需要输出的账套号以及指定输出文件位置（如图2-18所示）。

如果需要将系统中的账套删除，可以在账套输出操作时选择"删除当前输出账套"复选框，系统将会对选定账套强制备份以后再从系统中删除（如图2-19所示）。

与账套输出对应的操作是"账套引入"，它的主要作用是，如果系统中账套被破坏了，可以通过该功能将事先备份好的账套恢复到系统中，尽可能降低破坏造成的损失。由系统管理员执行"系统管理"—"账套"—"引入"功能即可完成。

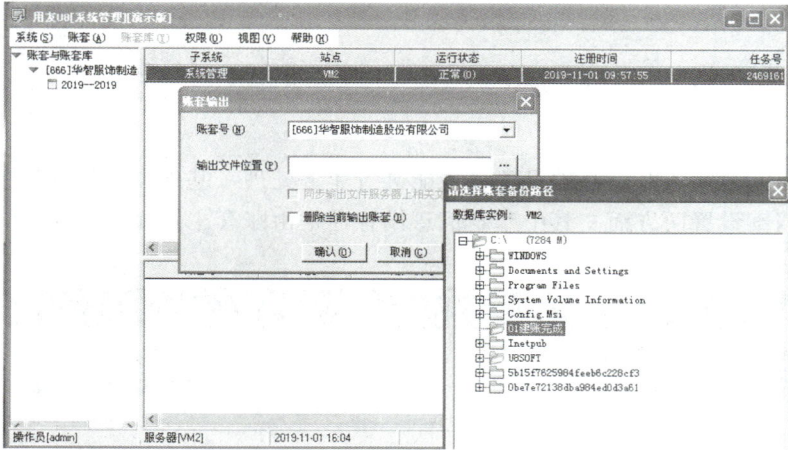

图 2-18　账套输出选择

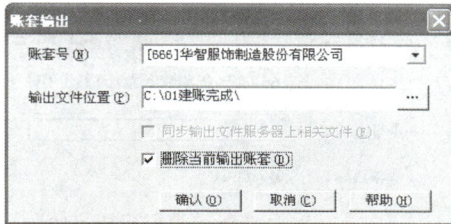

图 2-19　删除账套

（二）修改账套

建账以后如果发现账套参数有错误，则只能由账套主管在系统管理中使用修改账套功能完成（如图 2-20 所示）。需要注意的是，使用该功能可以修改的只是账套的部分参数，例如账套名称、单位信息、行业性质等；还有部分账套参数是不可以修改的，例如账套号、企业类型等。

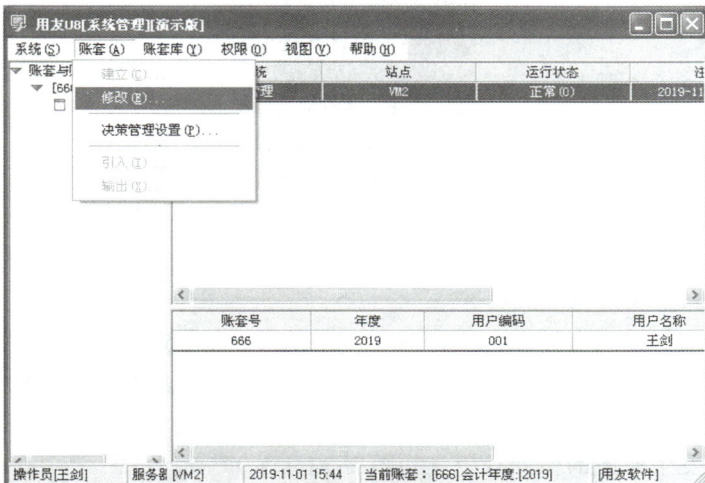

图 2-20　执行账套修改功能

▶▶▶▶▶▶ 第三节　基本信息

建账以后需要完成账套基础设置，才能进行业务处理。基础设置的内容包括基本信息设置和基础档案设置两方面。其中基本信息设置通常由账套主管完成，注册"企业应用平台"（如图2-21所示）。

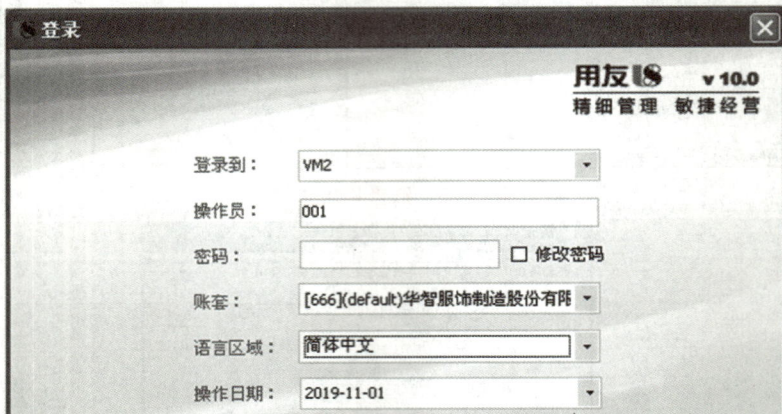

图2-21　注册"企业应用平台"

在基础设置中展开"基本信息"，可以看到基本信息设置包括"会计期间""系统启用""编码方案""数据精度"四方面内容（如图2-22所示）。其中"系统启用"功能只能由账套主管使用。

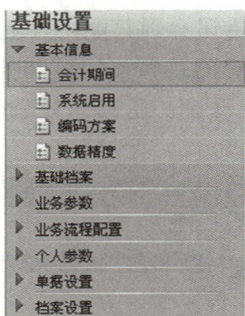

图2-22　基本信息

一、会计期间设置

企业的实际核算期间可能和自然日期不一致，为了便于进行数据查询，系统支持在一个账套库中保存连续多年的业务数据。通过会计期间设置，系统支持不同年度定义各自的会计月历，也可以调整尚未发生业务的会计期间的起止日期，或者手工新增整年会计月历或删除整年尚未发生业务的会计月历（如图2-23所示）。

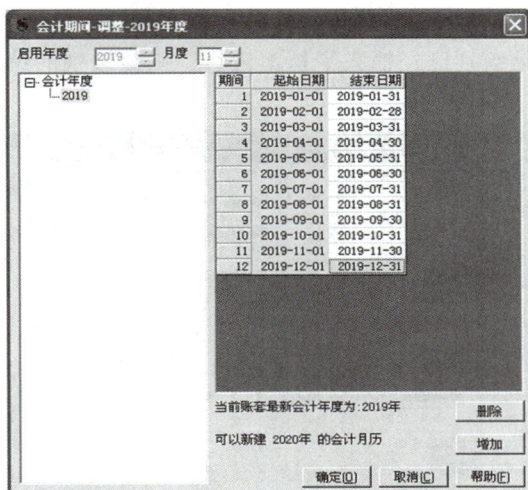

图2-23 会计期间设置

二、系统启用设置

系统启用设置操作演示

为了保证系统使用的安全，实现对各子系统应用的控制，在子系统应用之前，需要进行系统启用。系统启用可以在建账时由系统管理员完成，也可以在账套建立完成后由账套主管完成。子系统的启用自然日期均为2019-11-01（如图2-24所示）。

图2-24 系统启用设置

三、编码方案设置

编码方案设置是对企业核算对象（项目）进行分类级次以及各级编码长度的指定，以便用户进行分级核算、统计和管理。分类级次是指编码共分几级，各级编码长度即为级长。在前面建账的时候，编码方案已经按要求设置好了，如果后续有变化，可以在此进行调整（如图 2-25 所示）。需要注意的是，项目的编码方案调整一定要在该项目的档案输入之前完成，如果项目的某级别已经输入了档案内容，则该级别的编码方案就会呈现置灰状态，不允许修改。

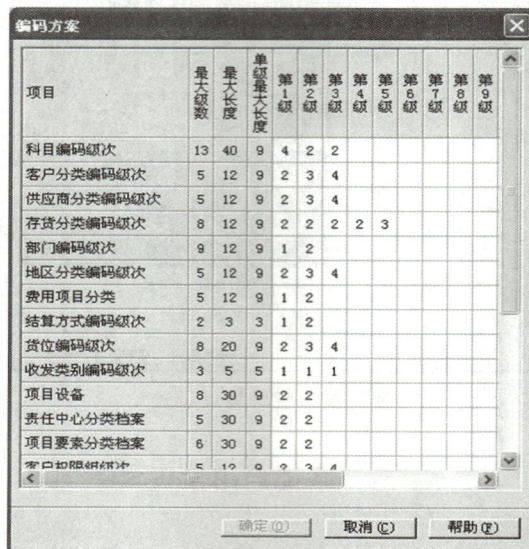

编码方案

项目	最大级数	最大长度	单级最大长度	第1级	第2级	第3级	第4级	第5级	第6级	第7级	第8级	第9级
科目编码级次	13	40	9	4	2	2						
客户分类编码级次	5	12	9	2	3	4						
供应商分类编码级次	5	12	9	2	3	4						
存货分类编码级次	8	12	9	2	2	2	2	3				
部门编码级次	9	12	9	1	2							
地区分类编码级次	5	12	9	2	3	4						
费用项目分类	5	12	9	1	2							
结算方式编码级次	2	3	3	1	2							
货位编码级次	8	20	9	2	3	4						
收发类别编码级次	3	5	5	1	1	1						
项目设备	8	30	9	2								
责任中心分类档案	5	30	9	2	2							
项目要素分类档案	6	30	9	2	2							
客户权限组档案	5	13	9	2	3	4						

确定(O)　取消(C)　帮助(F)

图 2-25　编码方案设置

四、数据精度设置

由于各企业对核算对象数量、单价的核算精度要求不一致，用户可以根据自己的需求自定义数据精度。在前面建账的时候，数据精度已经按要求设置好了，如果后续需要改变，可以在此进行调整（如图 2-26 所示）。

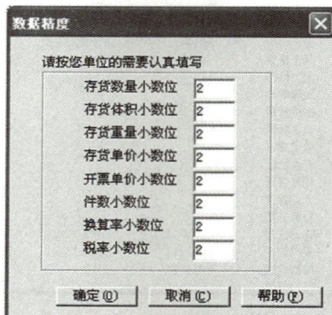

数据精度

请按您单位的需要认真填写

存货数量小数位	2
存货体积小数位	2
存货重量小数位	2
存货单价小数位	2
开票单价小数位	2
件数小数位	2
换算率小数位	2
税率小数位	2

确定(O)　取消(C)　帮助(F)

图 2-26　数据精度设置

▶▶▶▶▶▶ 第四节　基础档案

基础档案是依据编码方案对核算对象的属性进行具体设置的结果，基础档案是否全面和完整对后续核算有重要影响。通过基础档案设置，企业可以提高核算效率，减少核算差错。

基础档案的设置需要遵循自上而下的原则，即先设置上级的基础档案，然后才能设置下级的基础档案。在"基础设置"—"基础档案"功能完成各类核算对象的设置（如图2-27所示）。

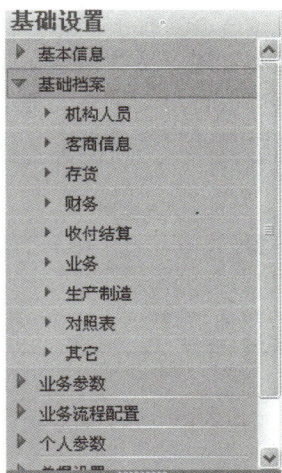

图2-27　基础档案

一、部门档案设置

企业可以对各职能部门的信息进行部门档案设置。部门是指具有财务核算或业务管理要求的单元体，可以是实际的部门机构，也可以是虚拟的核算单元。用户可以按照已经定义的部门编码级次输入部门档案信息（如图2-28所示）。

部门档案设置
操作演示

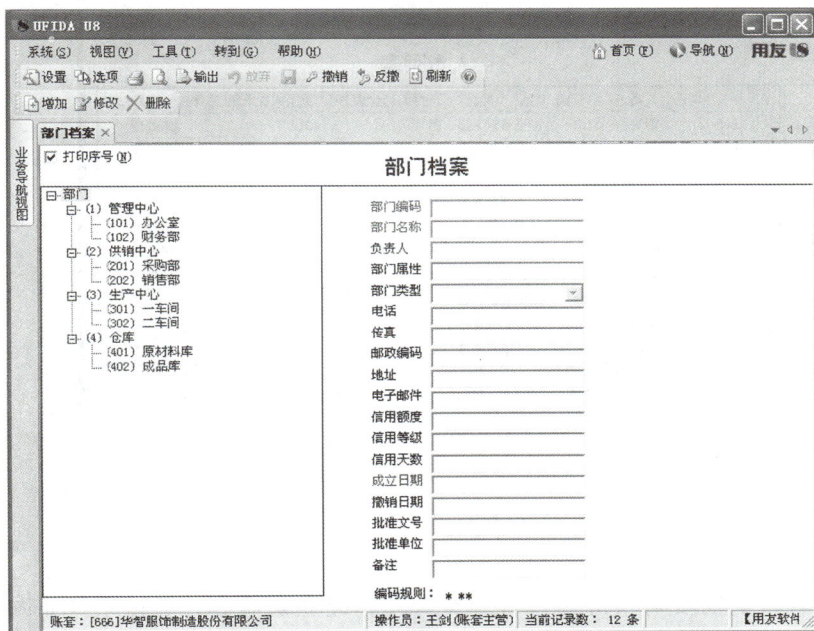

图2-28　部门档案

二、人员类别设置

企业可以对人员类别进行设置和管理。系统预置在职人员、离退人员、离职人员和其他四类不可修改的顶级类别，用户可以自定义扩充人员子类别（如图2-29所示）。

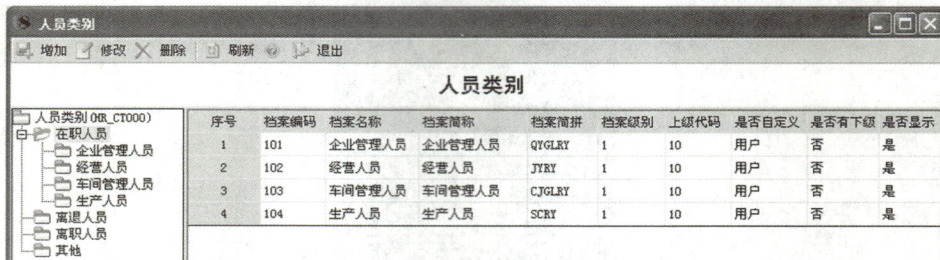

图2-29　人员类别

三、人员档案设置

企业可以设置各职能部门中需要进行核算和业务管理的职员信息（如图2-30所示）。必须先设置好部门档案，才能在这些部门下设置相应的人员档案。

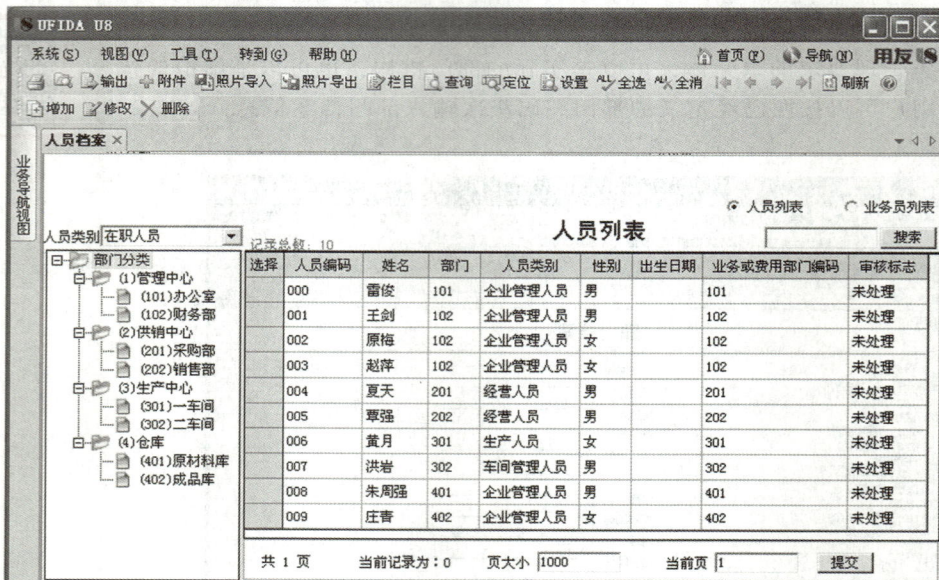

图2-30　人员档案

四、供应商分类档案设置

企业可以根据自身管理的需要对供应商进行分类管理，建立供应商分类体系（如图2-31所示）。

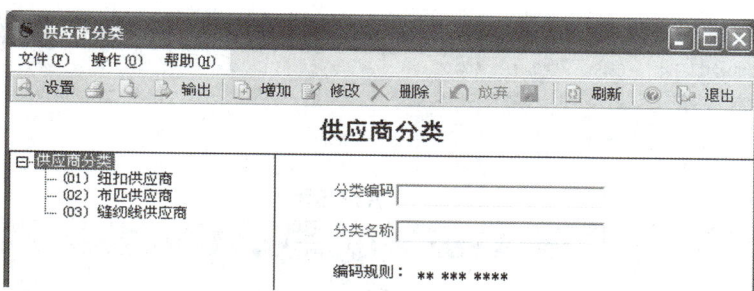

图2-31 供应商分类档案

五、供应商档案设置

企业可以设置供应商的档案信息，以便对供应商资料进行管理，对与供应商相关的业务数据进行录入、统计、分析（如图2-32所示）。

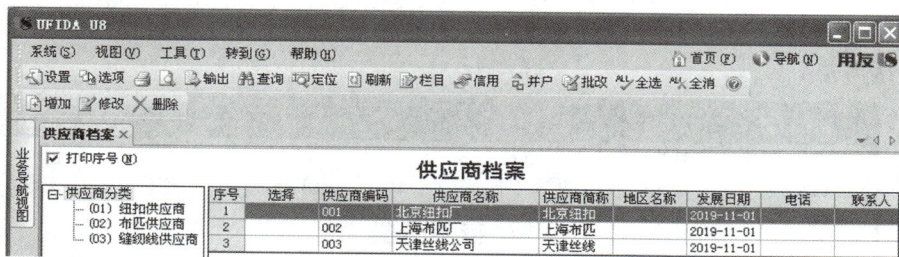

图2-32 供应商档案

六、客户分类档案设置

企业可以根据自身管理的需要对客户进行分类管理，建立客户分类体系（如图2-33所示）。

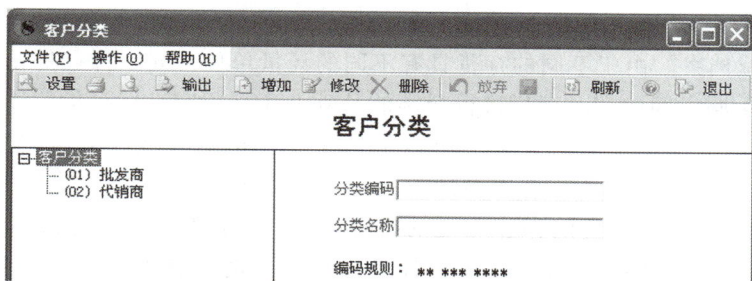

图2-33 客户分类档案

七、客户档案设置

企业可以设置往来客户的档案信息，以便对客户资料进行管理，录入、统计、分析与客户相关的业务数据（如图2-34所示）。

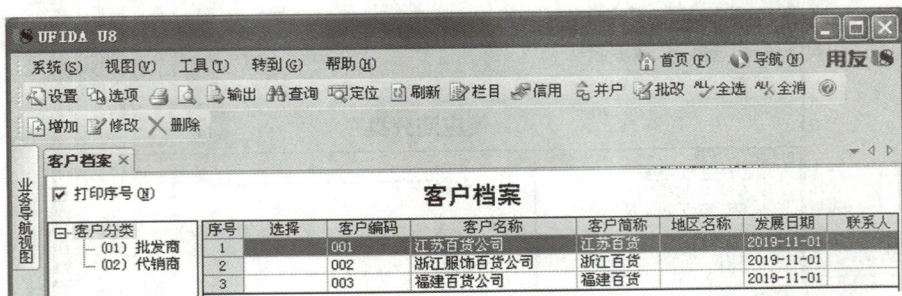

图2-34　客户档案

八、存货档案设置

存货是供应链管理系统处理的主要对象，其种类和数量较多，流转程序涉及供应链的各个方面，科学分类是管理好存货的前提。

1.存货分类档案。企业可以对存货进行分类管理，便于对业务数据进行统计和分析（如图2-35所示）。

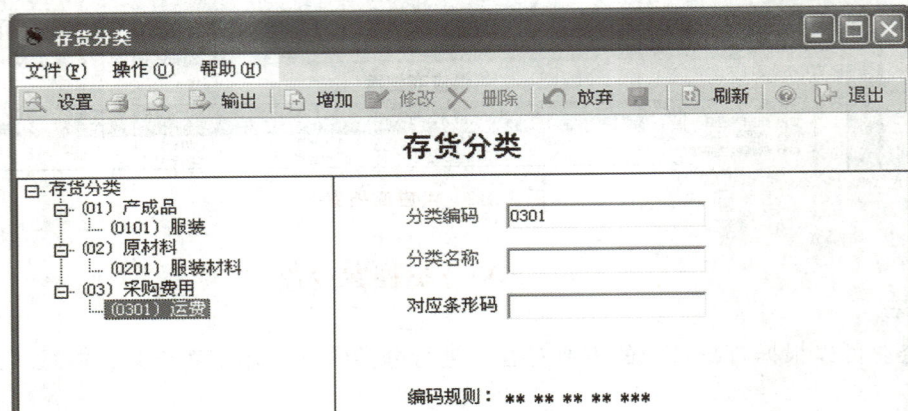

图2-35　存货分类档案

2.计量单位档案。由于不同的存货具有不同的计量单位，同一种存货在不同环节其计量单位也可以不同，因此在对存货进行分类的基础上还必须定义好存货的计量单位。

根据存货计量单位之间的关系，可以把计量单位分为"无换算"、"固定换算"和"浮动换算"三类。"无换算"是指各计量单位是独立的，相互之间没有任何关系；"固定换算"是指各计量单位之间存在不变的换算比率；"浮动换算"是指各计量单位之间存在浮动换算关系。这些关系都需要在计量单位定义时设定好，以便后续存货核算时使用。

计量单位的设置分两步完成，首先定义计量单位组，其次在每组中设置具体的计量单位以及它们之间的关系。

（1）选择计量单位页面菜单项"分组"功能，完成计量单位分组设置（如图2-36所示）。

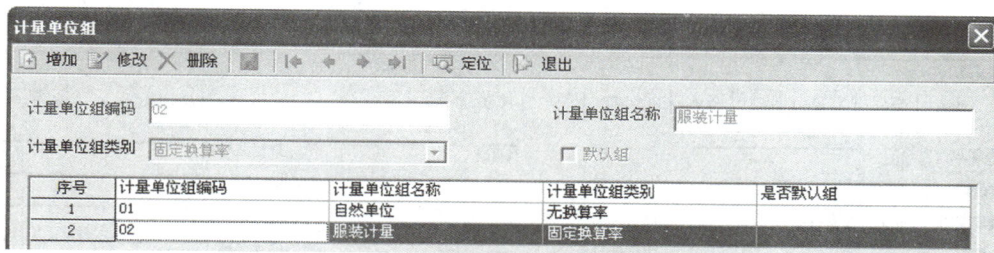

图2-36　计量单位分组设置

（2）在计量单位操作界面，选择"自然单位"组，执行计量单位页面菜单项"单位"功能，完成组内无换算计量单位设置（如图2-37所示）。

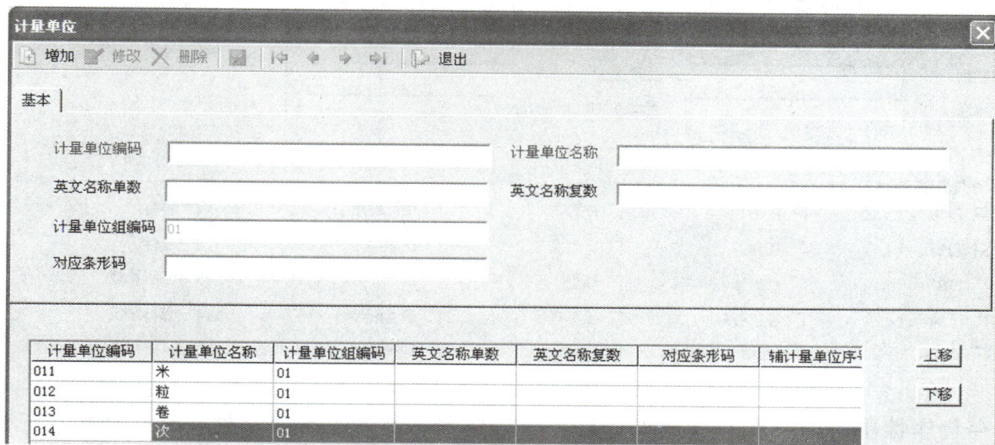

图2-37　组内无换算计量单位设置

（3）在计量单位操作界面，选择"服装计量"组，执行计量单位页面菜单项"单位"功能，完成组内计量单位设置。其中最小的计量单位"件"被设为主计量单位（如图2-38所示）。

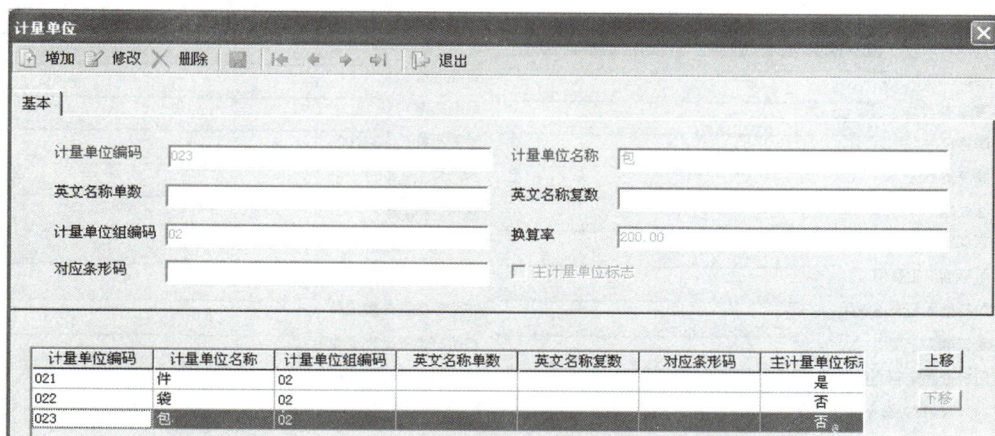

图2-38　组内主计量单位设置

3.存货档案。企业可以设置在生产经营中使用到的各种存货信息，以便对这些存货进行资料管理、实物管理和业务数据的统计、分析。

（1）输入存货档案基本信息（如图2-39所示）。

存货编码 01		存货名称 A服装	

基本　成本　控制　其它　计划　质量　MPS/MRP　图片　附件

存货编码	01	存货名称	A服装	规格型号	
存货分类	服装　…	存货代码		助记码	
计量单位组	02 - 服装计量　…	计量单位组类别	固定换算率	英文名	
主计量单位	021 - 件　…	生产计量单位	022 - 袋　…	通用名称	

采购默认单位 022 - 袋　　销售默认单位 022 - 袋
库存默认单位 022 - 袋　　成本默认辅计量 022 - 袋
零售计量单… 022 - 袋　　海关编码
海关计量单位　　　　　海关单位换算率 1.00
销项税率% 13.00　　　进项税率% 13.00
生产国别　　　　　　　生产企业
生产地点　　　　　　　产地/厂牌

编码	名称	换算率
022	袋	20.00
023	包	200.00

存货属性
☑ 内销　　☑ 外销　　☐ 外购　　☐ 生产耗用　　☐ 委外
☑ 自制　　☐ 在制　　☐ 计划品　　☐ 选项类　　☐ 备件
☐ PTO　　☐ ATO　　☐ 模型　　☐ 资产　　☐ 工程物料
☐ 计件　　☐ 应税劳务　☐ 服务项目　☐ 服务配件　☐ 服务产品
☐ 折扣　　☐ 受托代销　☐ 成套件　　☐ 保税品

图2-39　存货档案基本信息

存货属性中有部分属性（比如"是否受托代销"及"是否成套件"等）现在还无法进行选择，需要等供应链系统初始设置完成以后才能进行设置。

（2）输入存货档案成本信息（如图2-40所示）。

存货编码 01		存货名称 A服装	

基本　成本　控制　其它　计划　质量　MPS/MRP　图片　附件

计价方式　　　　　　　　费用率%
计划价/售价　　　　　　　最高进价
参考成本 300.00　　　　　最新成本
最低售价　　　　　　　　参考售价 452.00
主要供货单位　　　　…　采购员　　　　…
默认仓库　　　　　　…　零售价格
销售加成率%

本阶标准人工费用　　　　本阶标准变动制造费用
本阶标准固定制造费用　　本阶标准要外加工费
前阶标准人工费用　　　　前阶标准变动制造费用
前阶标准固定制造费用　　前阶标准要外加工费
☐ 投产推算关键子件

图2-40　存货档案辅助信息增加

（3）存货档案列表（如图2-41所示）。

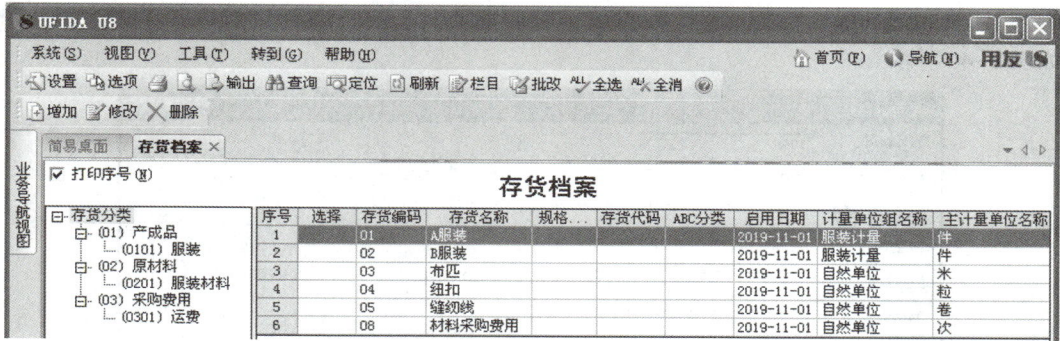

图 2-41　存货档案

九、外币及汇率设置

外币及汇率设置内容是为企业外币业务做准备的，主要作用是减少录入汇率的次数和差错，也可以避免在汇率发生变化时出现错误。此处仅供用户录入固定汇率与浮动汇率（如图 2-42 所示），并不决定在制单时使用固定汇率还是浮动汇率；在选项中的"汇率方式"的设置决定制单时使用固定汇率还是浮动汇率。

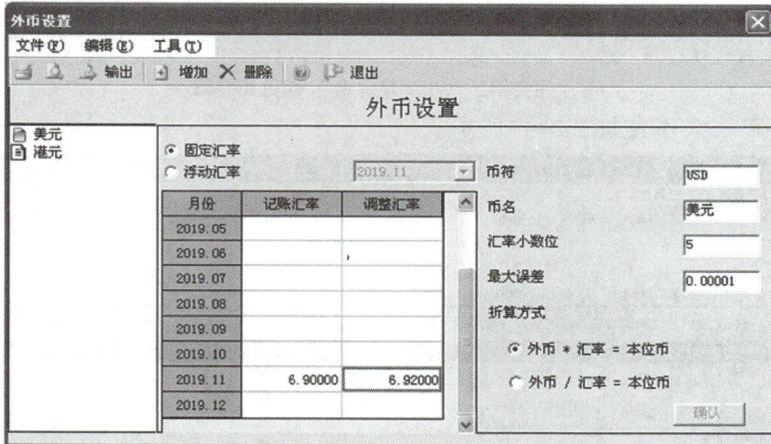

图 2-42　外币及汇率设置

十、会计科目设置

会计科目是对会计对象具体内容进行分类核算的项目，它是填制会计凭证、登记会计账簿、编制会计报表的基础。会计科目设置的层次影响会计核算的深度，会计科目属性设置的完整情况影响核算的广度。

如果建账时选择了"按行业性质预置科目"，则系统会根据建账时选择的行业性质自动生成会计科目表。否则，用户需要将会计科目逐级逐个手工录入系统。

新增会计科目时，需要按照会计科目的编码方案要求，输入一级科目相关信息。如果该一级科目还有下级科目，再依次进行设置。

以库存现金科目为例，科目属性选择"日记账"，表明该科目后续需要登记日记账（如图2-43所示）。

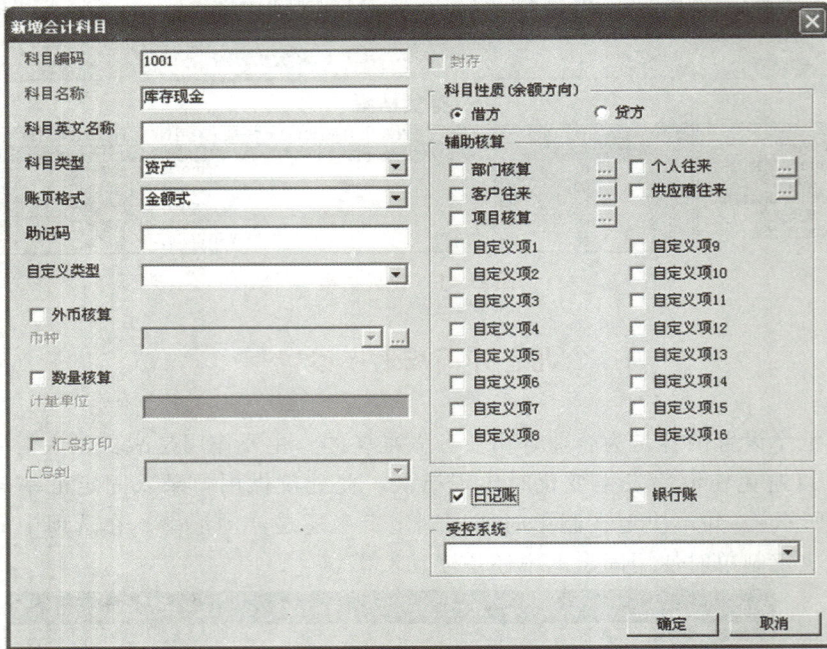

图2-43　"库存现金"科目属性设置

会计科目档案列表如图2-44所示。

图2-44　会计科目档案列表

会计科目的核算属性通常包括"外币核算""数量核算""部门核算""个人往来""客户往来""供应商往来""项目核算"等。除此以外，若有特殊的属性设置要求，可以进行自定义设置，以扩展会计科目的核算内容。以"无形资产"科目为例，该科目需要增设"类别"和"截止有效日期"两个自定义项。

执行"基础档案"—"其他"—"自定义项"—"单据头"功能（如图2-45所示）。

图2-45　自定义项

（1）进行项目定义。从自定义项档案16个项目中，选择一个文本数据类型项目，输入项目名称"类别"，长度10，其余按默认值；选择一个日期数据类型项目，输入项目名称"截止有效日期"，其余按默认值。完成自定义项定义（如图2-46所示）。

图2-46　自定义项定义

（2）在"会计科目"的辅助核算中选择自定义属性，该科目就可以进行自定义项核算（如图2-47所示）。

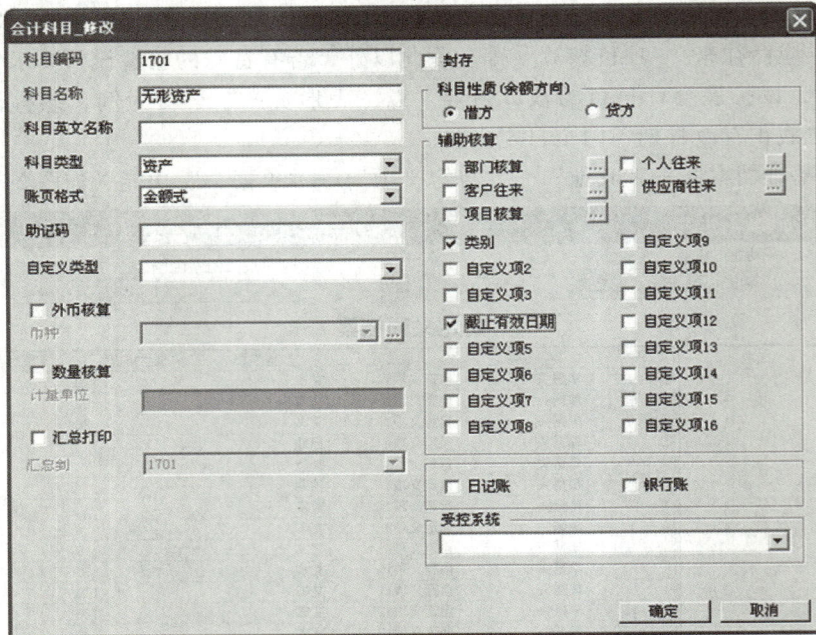

图 2-47　科目选择自定义项

此外，会计科目属性设置完成以后，还需要进行"指定科目"操作，确定出纳专管科目，以便后续进行出纳签字、库存现金日记账、银行存款日记账查询等操作。由于系统不会默认指定出纳科目，并且在该部分未操作的情况下，系统也不会提示，因此很容易遗漏，需要特别注意。在"会计科目"中的"编辑"菜单中执行"指定科目"完成该项工作，分别指定现金科目（即库存现金总账科目）和银行科目（即银行存款总账科目），如图 2-48 和图 2-49 所示。

指定出纳科目
操作演示

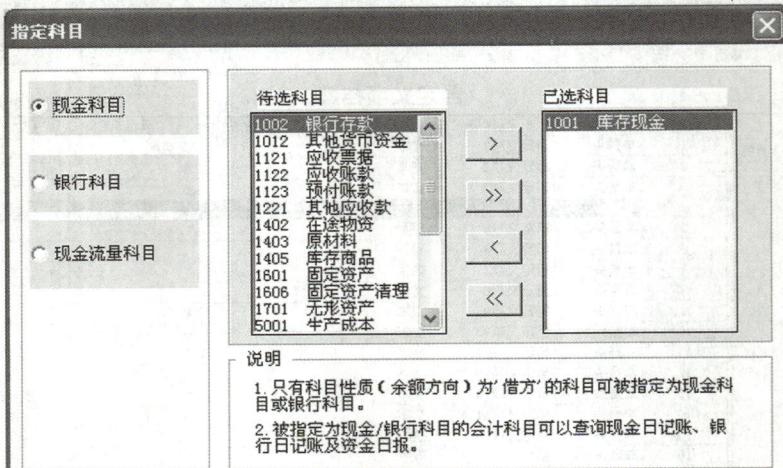

图 2-48　指定现金科目

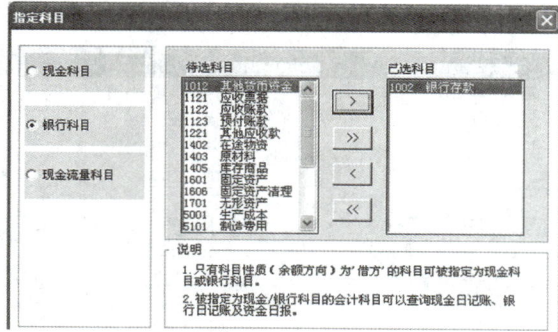

图2-49　指定银行科目

十一、凭证类别设置

会计核算时，为了明确经济业务的类别，通常对记账凭证进行分类编制。为了满足各单位不同的应用要求，系统提供了多种凭证的分类方式。在凭证分类的基础上，通过设置凭证类别和相应的限制条件，使凭证类别和凭证内容之间建立起一种对应关系，可以更好地保证输入凭证内容的正确性（如图2-50所示）。

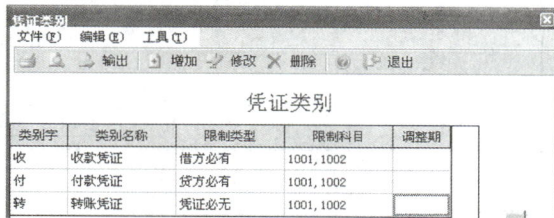

图2-50　凭证类别设置

十二、项目目录（档案）设置

为了便于企业在业务处理中对多种类型的项目（例如在建工程、技术改造项目、项目成本管理、合同等）进行核算和管理，可以使用项目核算管理的功能。将具有相同特性的一类项目定义成一个项目大类，一个项目大类可以核算多个项目。进行项目核算与管理的首要步骤是设置项目档案，具体包括：设置项目大类名称；定义项目级次；定义项目栏目；定义项目分类；增加项目档案；选择核算科目。

1.设置项目大类名称（如图2-51所示）。

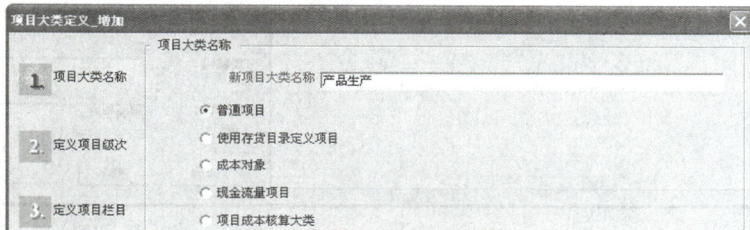

图2-51　设置项目大类名称

2.定义项目级次（如图2-52所示）。

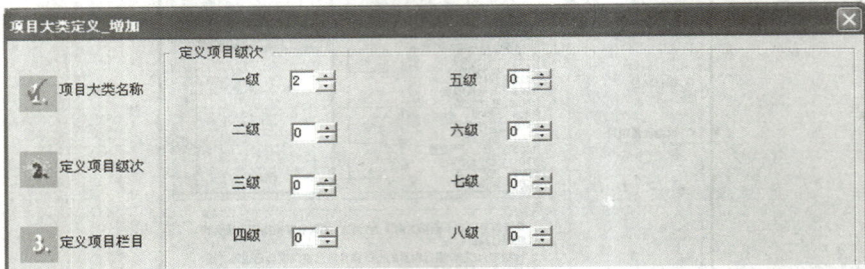

图2-52　定义项目级次

3.定义项目栏目（如图2-53所示）。

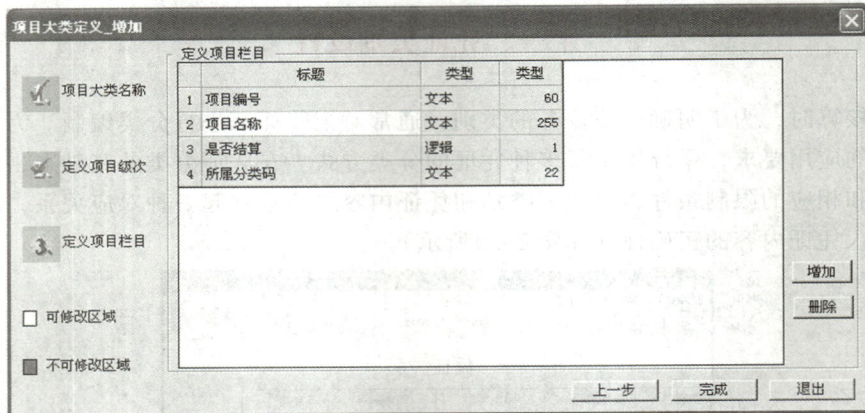

图2-53　定义项目栏目

4.定义项目分类（如图2-54所示）。

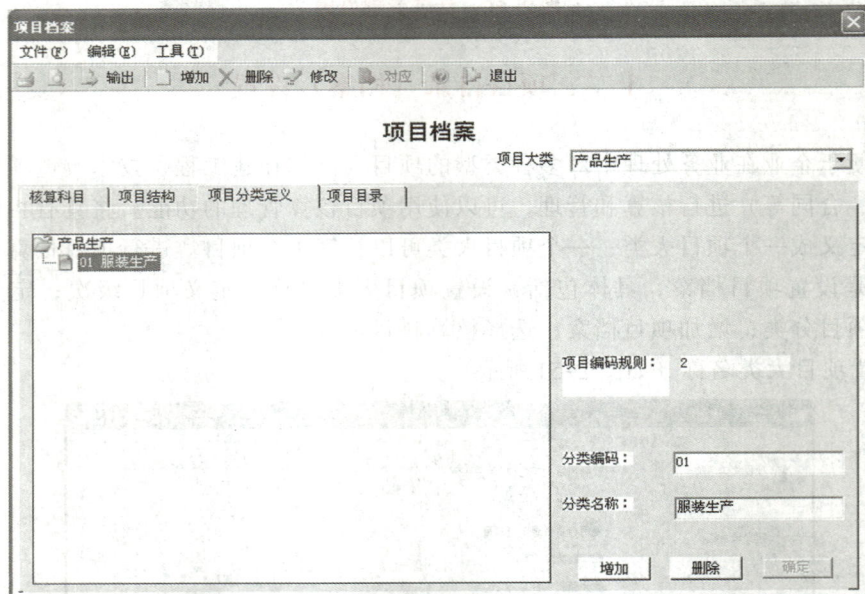

图2-54　定义项目分类

5.增加项目档案（如图2-55所示）。

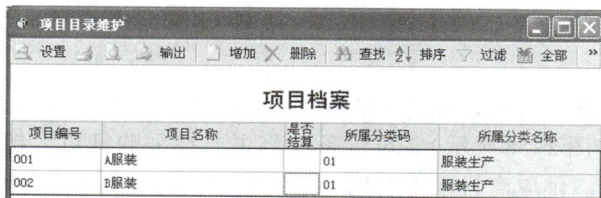

图2-55　增加项目档案

6.选择核算科目（如图2-56所示）。只有在会计科目设置中设置项目辅助核算属性的科目，才能作为项目大类核算科目。这些核算科目将作为该项目大类的数据输入、计算汇总时的依据。

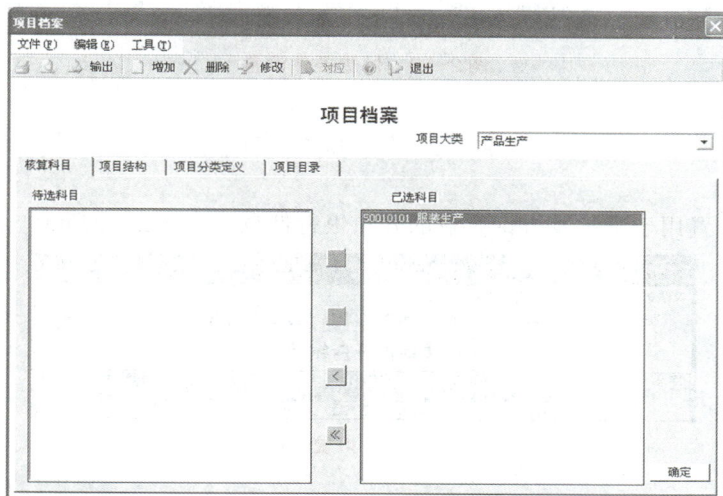

图2-56　选择核算科目

十三、结算方式设置

建立和管理企业在经营活动中所涉及的结算方式，与手工结算方式一致，主要用于银行对账（如图2-57所示）。

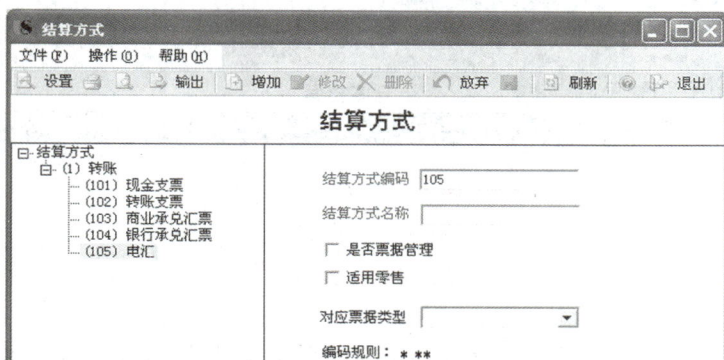

图2-57　结算方式设置

十四、付款条件设置

付款条件也称为现金折扣，是指企业为了鼓励客户尽快偿还货款而允诺在一定期限内给予的折扣优待（如图2-58所示）。付款条件将主要在采购订单、销售订单、采购结算、销售结算、客户目录、供应商目录中引用。系统最多同时支持4个时间段的折扣。

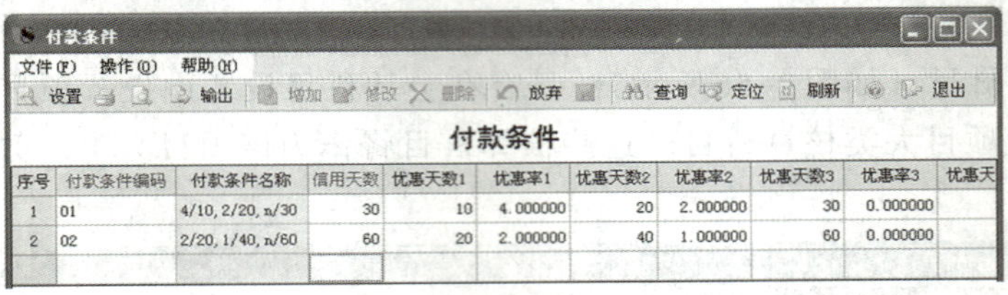

序号	付款条件编码	付款条件名称	信用天数	优惠天数1	优惠率1	优惠天数2	优惠率2	优惠天数3	优惠率3	优惠天
1	01	4/10, 2/20, n/30	30	10	4.000000	20	2.000000	30	0.000000	
2	02	2/20, 1/40, n/60	60	20	2.000000	40	1.000000	60	0.000000	

图2-58 付款条件设置

十五、开户银行设置

开户银行设置用于维护及查询企业的开户银行信息（如图2-59所示）。

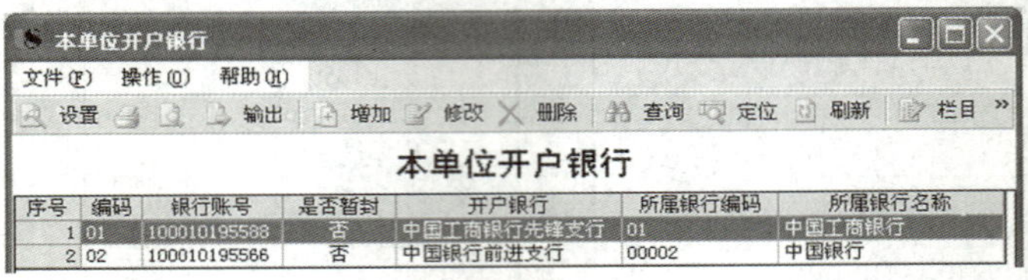

序号	编码	银行账号	是否暂封	开户银行	所属银行编码	所属银行名称
1	01	100010195588	否	中国工商银行先锋支行	01	中国工商银行
2	02	100010195566	否	中国银行前进支行	00002	中国银行

图2-59 开户银行设置

十六、仓库档案

由于存货一般是在仓库中保存的，因此，对存货进行管理，首先应对仓库进行管理。进行仓库档案设置是重要的基础准备工作之一（如图2-60所示）。

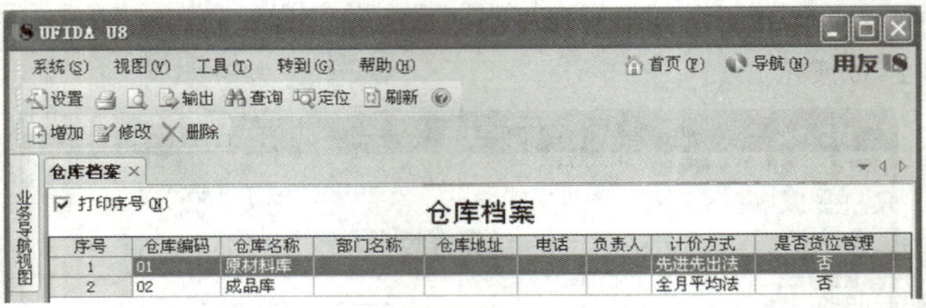

序号	仓库编码	仓库名称	部门名称	仓库地址	电话	负责人	计价方式	是否货位管理
1	01	原材料库					先进先出法	否
2	02	成品库					全月平均法	否

图2-60 仓库档案

十七、收发类别档案

为了对存货的出入库情况进行分类汇总统计，企业可以设置收发类别档案（如图2-61所示）。

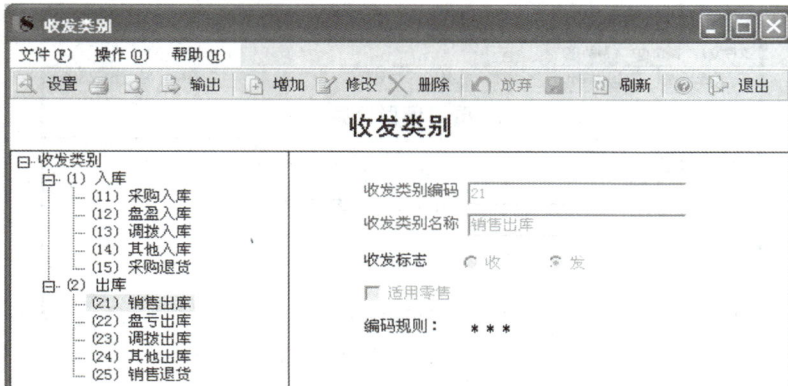

图2-61 收发类别档案

十八、采购类型档案

在处理采购业务时，企业可以根据自身的实际情况自定义采购类型，以便按采购类型对采购业务数据进行统计和分析（如图2-62所示）。

图2-62 采购类型档案

十九、销售类型档案

在处理销售业务时，企业可以根据自身的实际情况自定义销售类型，以便按销售类型对销售业务数据进行统计和分析（如图2-63所示）。

图2-63 销售类型档案

二十、费用项目分类档案

企业可以将属性相同的费用归集成一类，以便对它们进行统计和分析（如图2-64所示）。

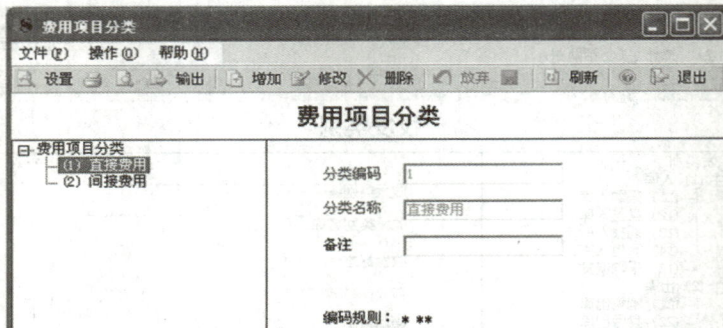

图 2-64　费用项目分类档案

二十一、费用项目档案

企业可以对费用项目进行设置和管理（如图 2-65 所示）。

图 2-65　费用项目档案

第三章

总账

总账系统又称账务处理系统，是会计软件的核心子系统，它的主要功能是完成记账凭证处理、对账、结账等账务处理工作，进而反映出企业的财务状况、经营成果、现金流量等信息。总账系统可以单独使用，也可以与其他业务系统配合使用，实现业务和财务的一体化操作，从而提高业务决策科学性以及会计信息质量。总账单独使用时，业务单据通常在线下进行处理，最后根据业务单据在总账填制记账凭证。总账与业务系统一起使用时，业务单据在业务模块线上处理，然后自动生成记账凭证传递到总账。

【认知塑造】在进行账务处理时，会计人员要始终坚守"诚信为本、操守为重、坚持原则、不做假账"十六字价值观，秉持良好的职业道德。

▶▶▶▶▶▶ 第一节　总账数据

一、总账选项设置

总账选项设置如下：不启用制单序时控制，启用支票控制；可以使用应收受控科目，可以使用应付受控科目，可以使用存货受控科目；启用出纳凭证必须经由出纳签字。

二、总账期初余额

华智服饰公司总账 2019 年 11 月 1 日期初余额见表 3-1。

表 3-1　　　　　　　　　　期初余额

一级科目	二级科目	三级科目	方向	期初余额		辅助核算
				外币或数量	人民币（元）	
1001 库存现金			借		6 000	
1002 银行存款	01 工行		借		20 000	
	02 中行		借	1 000 美元	6 900	
1122 应收账款			借		12 000	江苏百货公司 10 月 3 日货款
1221 其他应收款			借		500	2019 年 10 月 12 日采购部夏天预借差旅费
1231 坏账准备			贷		200	
1403 原材料	01 布匹		借	300 米	6 600	
	02 纽扣		借	2 000 粒	6 000	
	03 缝纫线		借	1 000 卷	5 000	
1405 库存商品	01 A 服装		借	100 件	30 000	
	02 B 服装		借	80 件	8 000	
1601 固定资产			借		70 000	

一级科目	二级科目	三级科目	方向	期初余额		辅助核算
				外币或数量	人民币（元）	
1602 累计折旧			贷		13 712	
2202 应付账款	01 一般应付款		贷		2 000	北京纽扣厂 2019 年 10 月 11 日采购款
2221 应交税费	01 应交增值税	01 进项	借		1 000	
	02 应交消费税		贷		5 300	
4001 实收资本			贷		120 000	
4002 资本公积			贷		30 788	

三、总账日常业务

1. 1 日开出现金支票，从工行提取 2 000 元备用，票据号 xj01。

2. 2 日采购员夏天预借差旅费 1 000 元，以现金付讫，借据号 hz01。

3. 5 日从供应商北京纽扣厂购入纽扣 1 000 粒，单价 2 元/粒，适用增值税税率 13%，价款和增值税共计 2 260 元，取得增值税专用发票，货款未付。产品合格，已经验收入库。

4. 5 日接受华人公司以商标权向公司投资，评估价 10 000 元，其中 8 000 元作为注册资本。

5. 6 日委托工行电汇 3 500 元给外地银行开立采购专户，票据号 dh01。

6. 7 日从仓库中领用布匹 50 米（单位成本 22 元/米），纽扣 200 粒（单位成本 3 元/粒），缝纫线 50 卷（单位成本 5 元/卷），用于 20191101 批次 10 件 A 服装生产；领用布匹 15 米，纽扣 60 粒，缝纫线 10 卷，用于 20191102 批次 5 件 B 服装生产。

7. 10 日支付一车间差旅费 1 000 元，使用转账支票付讫，支票号 zz01。

8. 12 日向客户浙江百货销售 A 服装 20 件，每件含税售价 452 元，B 服装 10 件，每件含税售价 226 元，价款及增值税共计 11 300 元，增值税税率 13%。商品已出库并开出销售发票，货款尚未收到。

9. 13 日用工行转账支票支付广告费 2 000 元，票据号 zz02。

10. 16 日计算本月应付职工工资，其中：A 服装生产工人 2 000 元，B 服装生产工人 1 000 元，销售人员 300 元，企业管理人员 400 元，车间管理人员 500 元。

11. 18 日购入不需要安装的设备一台，取得增值税专用发票标明价款为 2 000 元，按 13% 税率计算增值税为 260 元，运杂费为 40 元，全部款项已通过工行转账支付，支票号 zz03。

12. 30 日计提当月无形资产摊销。

13. 30 日将制造费用结转至生产成本，A、B 产品分配比例为 0.6：0.4。

14. 30 日本月投产的 10 件 A 服装 6 件完工入库、5 件 B 服装 3 件完工入库。未完工产品约当比例均为 0.5。

15. 30 日结转销售成本。

16. 30 日结转汇兑损益，汇率为 6.92。

17. 30 日期间损益结转。

▶▶▶▶▶▶ 第二节　总账初始化

首次使用一个新建账套的总账系统时，通常需要先对总账系统的控制功能进行设置，也称初始化。总账初始化的内容主要包括总账的选项设置和总账期初余额录入。主要目的是建立符合企业自身特点的应用环境，使总账系统从通用系统转为专用系统，同时也使总账的核算保持连续性。

一、总账选项设置

通常来看，每个企业具体核算的要求是不一样的，这是企业个性的反映。为了在系统中反映出个性化的核算要求，需要进行选项设置。总账选项设置就是实现此项功能的。

登录总账模块，进入"选项"设置界面，总账选项设置分为凭证、账簿、会计日历、其他等多个页签（如图3-1所示）。需要点击"编辑"按钮才能进行设置。

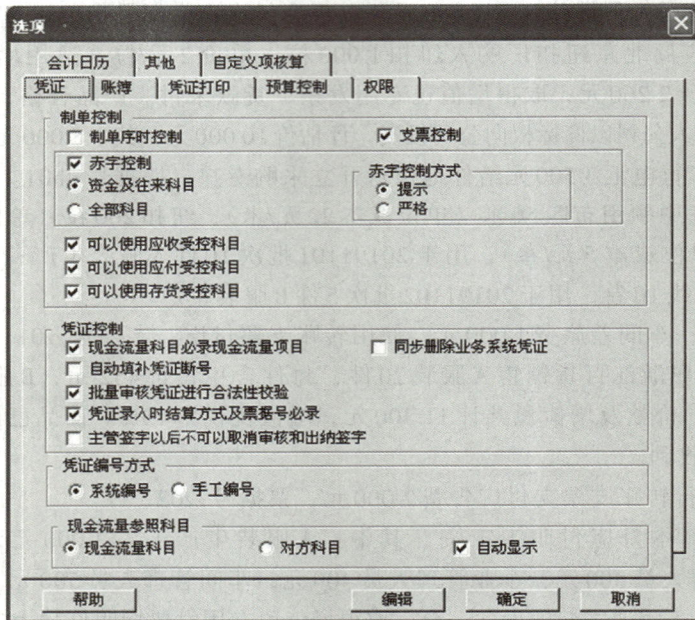

图 3-1　总账选项设置

凭证页签中主要包括如下内容，根据核算要求进行设置：

1. 制单序时控制：可以决定填制凭证时凭证号与凭证填制日期之间是否有对应关系。

2. 支票控制：使用银行科目编制凭证时，系统自动针对银行科目的票据管理结算方式进行登记。如果输入的支票号在支票登记簿中已存在，系统提供登记支票报销的功能；否则，系统提供登记支票登记簿并进行报销的功能。

3. 赤字控制：在制单时，当"资金及往来科目"或"全部科目"的最新余额出现负数时，系统将予以提示或者控制。

4.可以使用应收受控科目：这个选项用来指定在总账系统中能否使用应收系统的受控科目（会计科目的属性之一）制单。若不选择，在总账系统中就不能使用有受控属性的应收科目制单，这样可以避免重复填制相关凭证。如果希望在总账系统中也能使用这些科目填制凭证，则应选择此项。可以使用应付受控科目、可以使用存货受控科目的含义与此类似。

二、总账期初余额录入

在首次使用总账系统时，由于更换了核算平台，需要将预先整理好的手工核算方式下的会计科目余额数据录入新系统，使总账核算保持连续性。余额数据包括年初余额、启用当月期初余额、年初到启用月之前累计借方和贷方数据。如果企业在年初建账，则期初余额就是年初数；如果企业在年中启用总账，则应先将各账户此时的余额和年初到此时的借贷方累计发生额计算清楚。

根据会计科目的属性不同，期初余额的录入可以采用不同方法。

1.科目有外币核算属性，应先录入本币余额，再录入外币余额。

2.科目有数量核算属性，应先录入金额，再录入数量。

3.科目有辅助核算属性，不能直接录入总账期初数，必须双击该栏，调出辅助核算账，再进行录入。以1122应收账款科目余额为例，该科目有客户往来辅助核算属性，则录入期初余额的具体步骤如下：

①在打开的二级页面中先录入"期初往来明细"余额详细信息（如图3-2所示）。

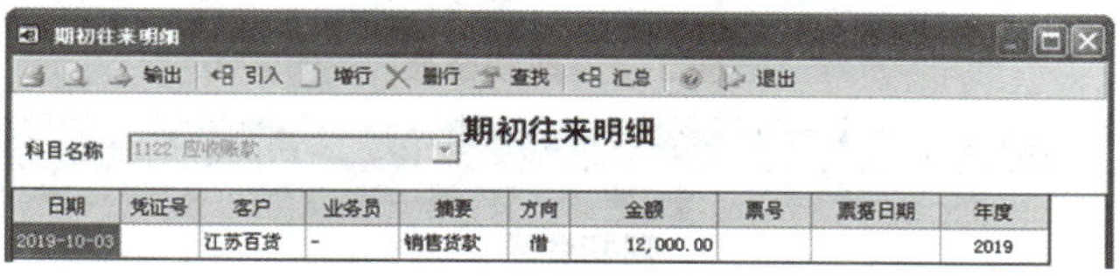

图3-2　期初往来明细

②然后在"辅助期初余额"界面录入余额数，如图3-3所示。

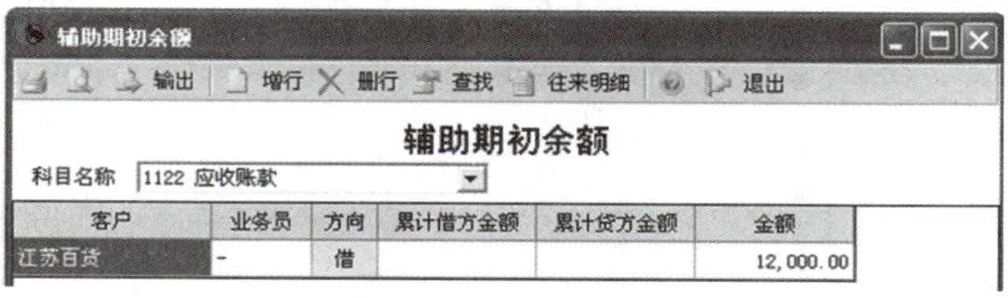

图3-3　辅助期初余额

4.如果科目没有以上属性，则直接在"期初余额"栏录入该科目期初余额即可。

5.如果科目实际余额方向与科目默认余额方向不一致，可区分不同情况进行处理：

① 如果是一级科目，则可以通过"方向"功能调整该科目的余额方向。

② 如果不是一级科目，则不能调整科目余额方向，而是以负号形式录入。例如"应交税费——应交增值税（进项税额）"科目余额，该科目默认余额方向是贷方，而实际余额是借方，所以应该以负号形式录入。

6.如果在录入科目余额以后，在未删除该科目余额之前修改了该科目辅助核算属性，从而导致该科目期初余额出现异常，可使用"清零"功能解决，或者先在"会计科目"档案中将该会计科目的辅助核算属性取消，消除异常后再将该辅助核算属性选回。

本账套期初余额录入结果如图3-4和图3-5所示。

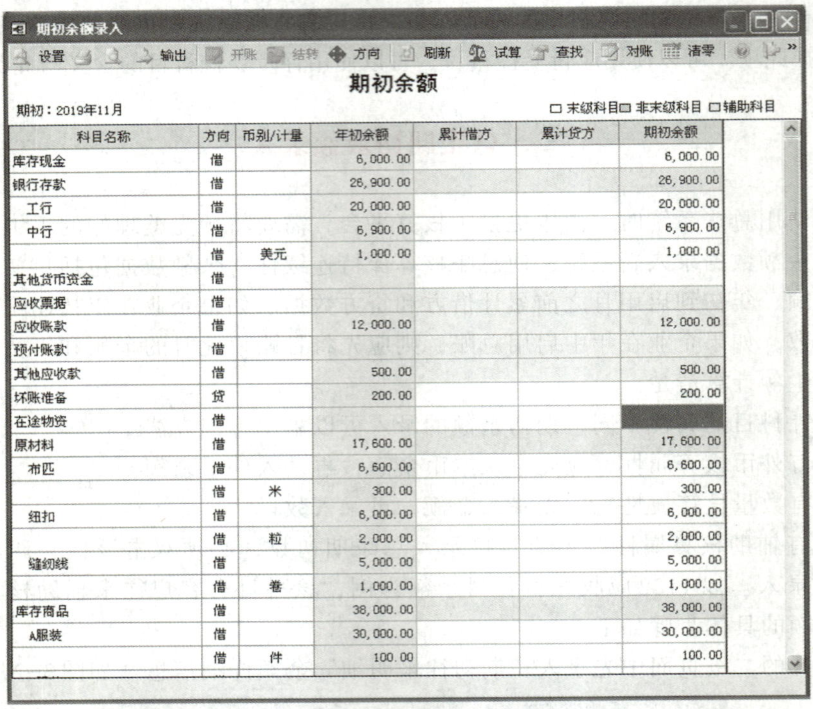

科目名称	方向	币别/计量	年初余额	累计借方	累计贷方	期初余额
库存现金	借		6,000.00			6,000.00
银行存款	借		26,900.00			26,900.00
工行	借		20,000.00			20,000.00
中行	借		6,900.00			6,900.00
	借	美元	1,000.00			1,000.00
其他货币资金	借					
应收票据	借					
应收账款	借		12,000.00			12,000.00
预付账款	借					
其他应收款	借		500.00			500.00
坏账准备	贷		200.00			200.00
在途物资	借					
原材料	借		17,600.00			17,600.00
布匹	借		6,600.00			6,600.00
	借	米	300.00			300.00
纽扣	借		6,000.00			6,000.00
	借	粒	2,000.00			2,000.00
缝纫线	借		5,000.00			5,000.00
	借	卷	1,000.00			1,000.00
库存商品	借		38,000.00			38,000.00
A服装	借		30,000.00			30,000.00
	借	件	100.00			100.00

图3-4　期初余额

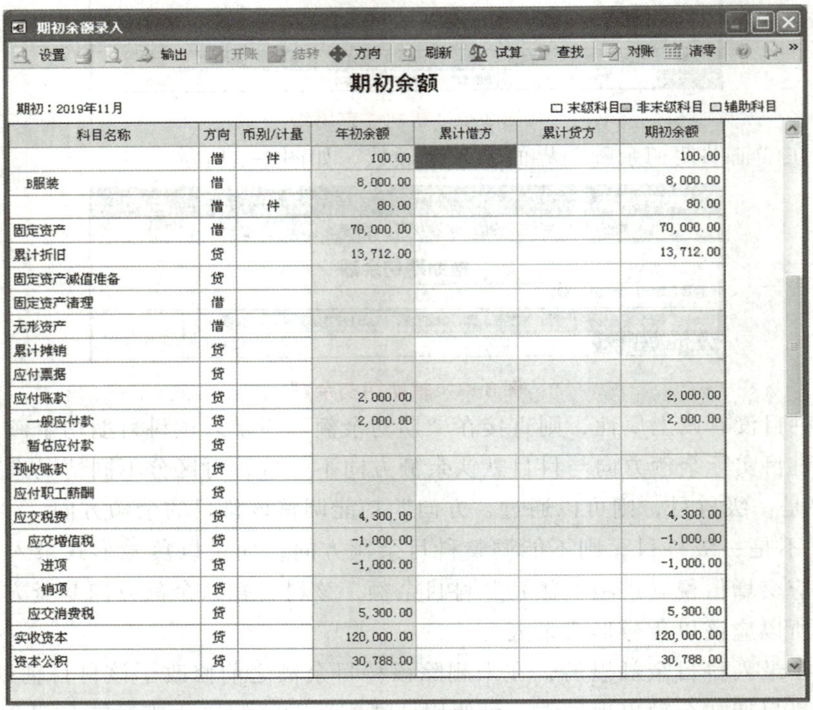

科目名称	方向	币别/计量	年初余额	累计借方	累计贷方	期初余额
	借	件	100.00			100.00
B服装	借		8,000.00			8,000.00
	借	件	80.00			80.00
固定资产	借		70,000.00			70,000.00
累计折旧	贷		13,712.00			13,712.00
固定资产减值准备	贷					
固定资产清理	借					
无形资产	借					
累计摊销	贷					
应付票据	贷					
应付账款	贷		2,000.00			2,000.00
一般应付款	贷		2,000.00			2,000.00
暂估应付款	贷					
预收账款	贷					
应付职工薪酬	贷					
应交税费	贷		4,300.00			4,300.00
应交增值税	贷		-1,000.00			-1,000.00
进项	贷		-1,000.00			-1,000.00
销项	贷					
应交消费税	贷		5,300.00			5,300.00
实收资本	贷		120,000.00			120,000.00
资本公积	贷		30,788.00			30,788.00

图3-5　期初余额（续）

期初余额录入完成以后，可以调用"试算"功能检查录入是否平衡（如图3-6所示），但这种检查只能查出借贷不平的错误，其他错误无法查出。

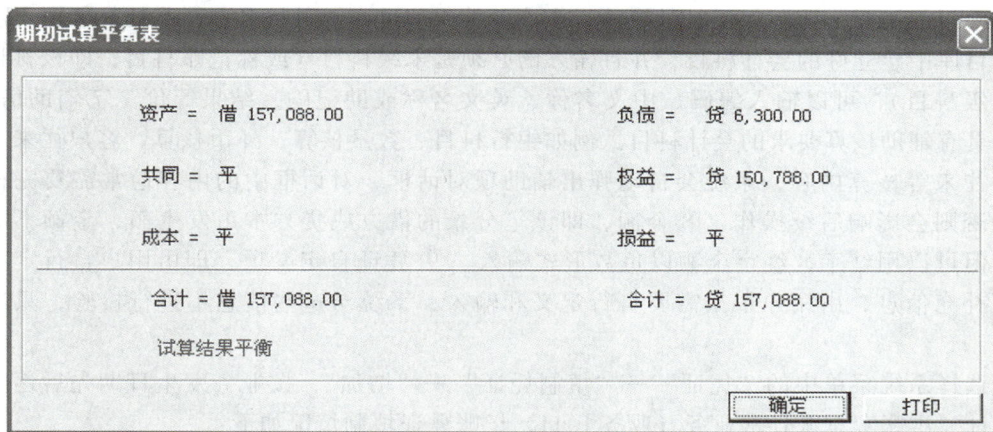

期初试算平衡表

资产 = 借 157,088.00   负债 = 贷 6,300.00

共同 = 平   权益 = 贷 150,788.00

成本 = 平   损益 = 平

合计 = 借 157,088.00   合计 = 贷 157,088.00

试算结果平衡

确定   打印

图3-6   期初余额试算平衡

▶▶▶▶▶▶ 第三节 记账凭证处理

记账凭证处理是总账的重要工作内容，也是总账日常业务的起点，具体包括填制凭证、查询凭证、出纳签字、审核凭证、记账等操作。

一、填制凭证

由于记账凭证是登记账簿的依据，且计算机信息处理具有"垃圾进垃圾出"的特点，所以在实行计算机处理账务以后，电子账簿的准确与完整完全依赖于记账凭证的准确和完整。确保记账凭证的准确和完整十分重要，软件中需要使用很多手段，以尽可能地保证输入凭证内容的准确和完整。实际操作时，可以直接根据原始凭证内容输入记账凭证，也可以在纸质记账凭证上先做好，然后成批输入计算机。

记账凭证的内容一般包括两部分：一是凭证头部分；二是凭证正文部分。各部分内容填制的具体要求如下：①凭证类别，此处只能输入事先在凭证类别档案中设定的凭证类别。②凭证编号。如果总账选项中选择了系统自动编号，则系统分凭证类别按月自动编制，即每类凭证每月都从1号开始编号。对于网络用户，如果是多人同时制单，在凭证的左上角，系统先提示一个参考凭证号，真正的凭证编号只有在凭证保存时才给出。如果只有一个人制单或使用单用户版本软件，凭证左上角的凭证号就是正在填制的凭证的编号。系统同时也自动管理凭证页号，系统规定每页凭证有5条记录，当某凭证内容较多，超过1页时，系统将自动在凭证号后面标上分单号。如果在初始设置时选择了手工编号，则用户可在左上角手工录入凭证编号。当采用系统编号时，凭证一旦保存，凭证类别、凭证编号就不能再修改；当采用手工编号时，凭证一旦保存，凭证类别就不能再修改，而凭证编号可以修改。③制单日期，即填制凭证的日期。系统自动取进入账务系统时的业务日期为记账凭证的制单日期，可以根据需要修改。④附单据数，此处输入原始单据张数。⑤摘要，此处必须输入业务的简要说明，不能为空。为了提高输入效率，可建立摘要库，事先输入常用的摘要，填制凭证时只需输入该摘要编码即可。⑥科目名称，此处只能输入事先在科目库中建立好的会计科目，并且输入的必须是末级科目（或称记账科目，即该科目没有下级科目），可以输入编码、中文名称、英文名称或助记码，结果等价。⑦辅助信息。对于具有辅助核算要求的会计科目，例如银行科目、数量核算、外币核算、客户往来、供应商往来等核算内容，系统会自动弹出辅助项对话框，对话框中的内容通常需要完整输入，否则会影响后续操作。⑧金额，即该笔分录的借方或贷方本币发生额，金额不能为零，但可以用红字，红字金额以负数形式输入。⑨凭证自定义项，即由用户自行定义的凭证补充信息，由用户根据需要自行定义和输入，系统对这些信息不进行校验，只进行保存。

选择系统菜单中的"凭证"—"填制凭证"—"增加"，按业务发生日期先后逐张填制凭证。本账套总账日常业务（业务 1~11）记账凭证填制情况如下：

1. 1 日开出现金支票，从工行提取 2 000 元备用，票据号 xj01。填制凭证如图 3-7 所示。

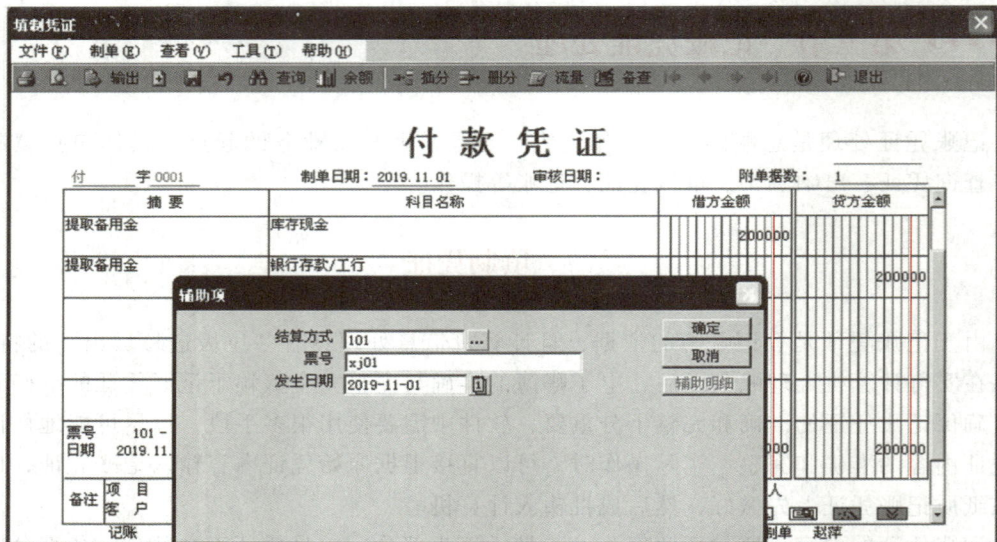

图 3-7　业务 1 记账凭证

2. 2 日采购员夏天预借差旅费 1 000 元，以现金付讫，借据号 hz01。填制凭证如图 3-8 所示。

3. 5 日从供应商北京纽扣厂购入纽扣 1 000 粒，单价 2 元/粒，适用增值税税率 13%，价款和增值税共计 2 260 元，取得增值税专用发票，货款未付。产品合格，已经验收入库。填制凭证如图 3-9 所示。

4. 5 日接受华人公司以商标权向公司投资，评估价 10 000 元，其中 8 000 元作为注册资本。填制凭证如图 3-10 所示。

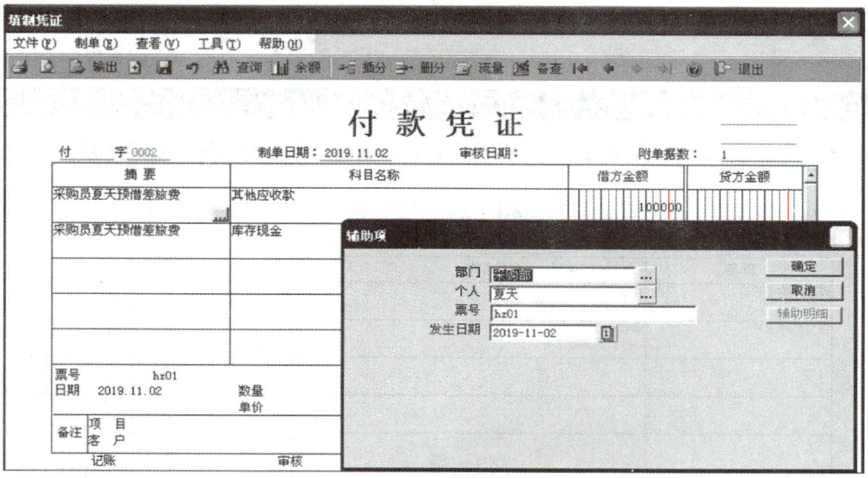

图 3-8　业务 2 记账凭证

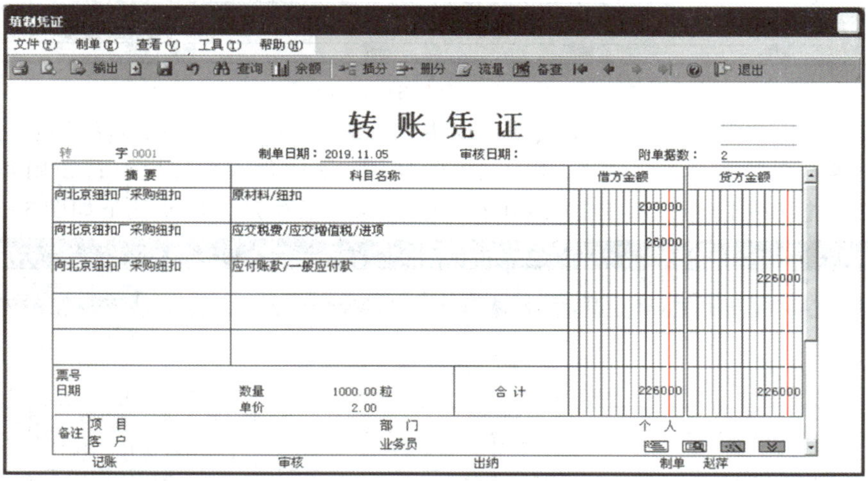

图 3-9　业务 3 记账凭证

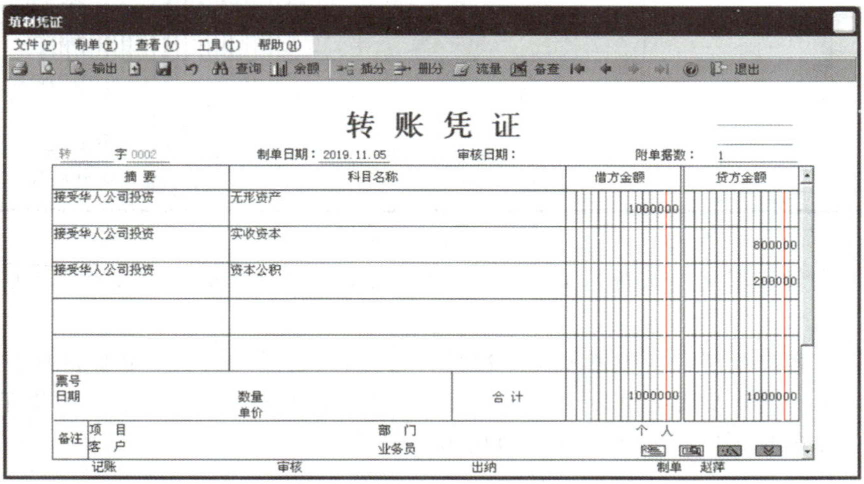

图 3-10　业务 4 记账凭证

5.6 日委托工行电汇 3 500 元给外地银行开立采购专户，票据号 dh01。填制凭证如图 3-11 所示。

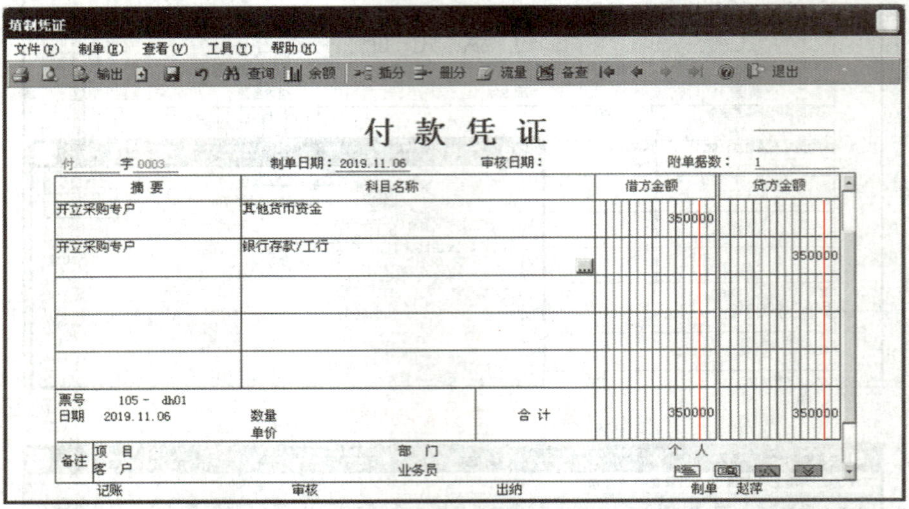

图 3-11　业务 5 记账凭证

6.7 日从仓库中领用布匹 50 米（单位成本 22 元/米），纽扣 200 粒（单位成本 3 元/粒），缝纫线 50 卷（单位成本 5 元/卷），用于 20191101 批次 10 件 A 服装生产；领用布匹 15 米，纽扣 60 粒，缝纫线 10 卷，用于 20191102 批次 5 件 B 服装生产。填制凭证如图 3-12 所示。

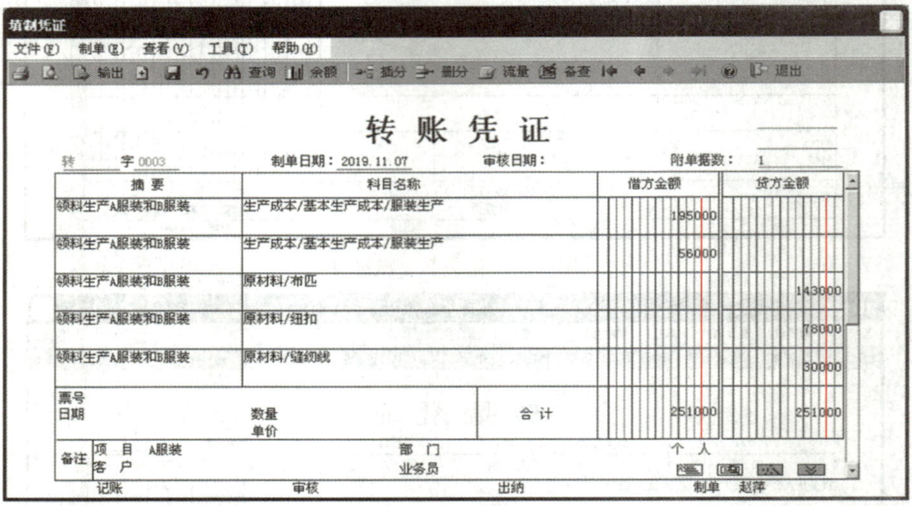

图 3-12　业务 6 记账凭证

7.10 日支付一车间差旅费 1 000 元，使用转账支票付讫，支票号 zz01。填制凭证如图 3-13 所示。

8.12 日向客户浙江百货销售 A 服装 20 件，每件含税售价 452 元，B 服装 10 件，每件含税售价 226 元，价款及增值税共计 11 300 元，增值税税率 13%。商品已出库并开出销售发票，货款尚未收到。填制凭证如图 3-14 所示。

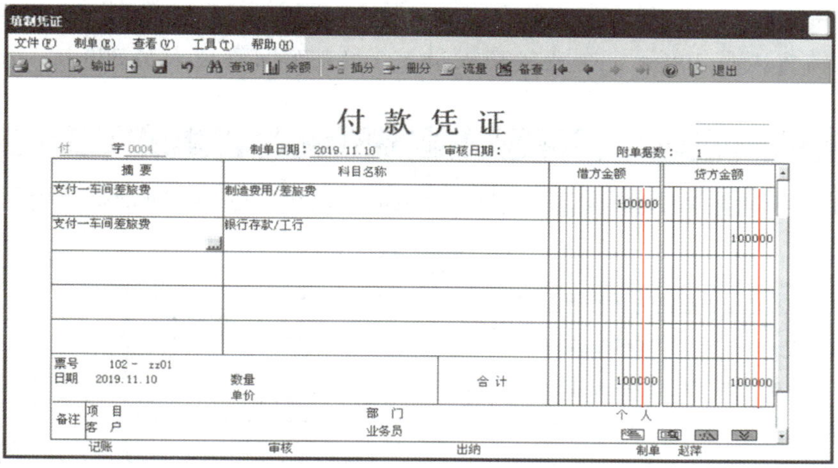

图 3-13　业务7记账凭证

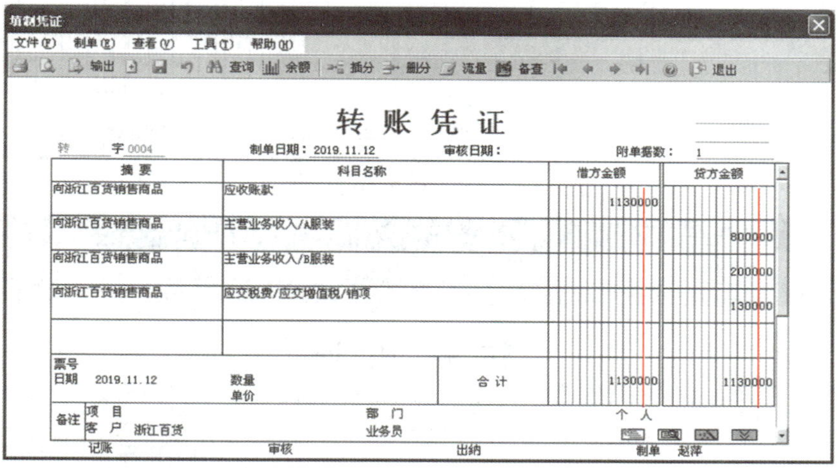

图 3-14　业务8记账凭证

9.13日用工行转账支票支付广告费2 000元，票据号zz02。填制凭证如图3-15所示。

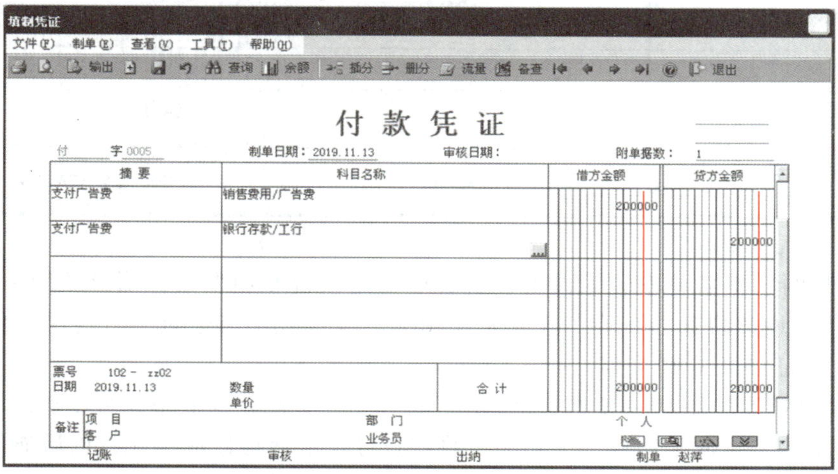

图 3-15　业务9记账凭证

10.16 日计算本月应付职工工资，其中：A 服装生产工人 2 000 元，B 服装生产工人 1 000 元，销售人员 300 元，企业管理人员 400 元，车间管理人员 500 元。填制凭证如图 3-16（1）、图 3-16（2）所示。

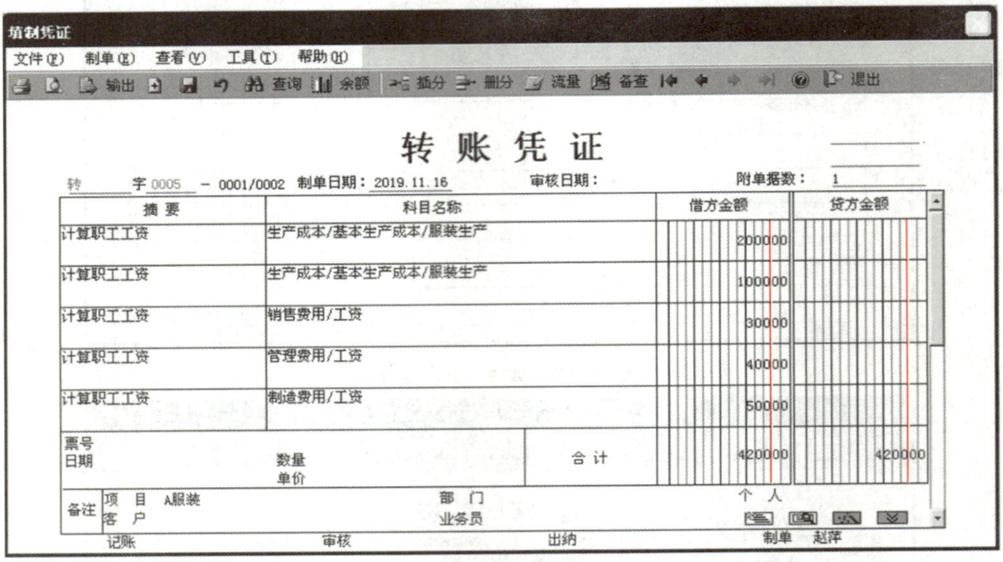

图 3-16（1）　业务 10 记账凭证 1

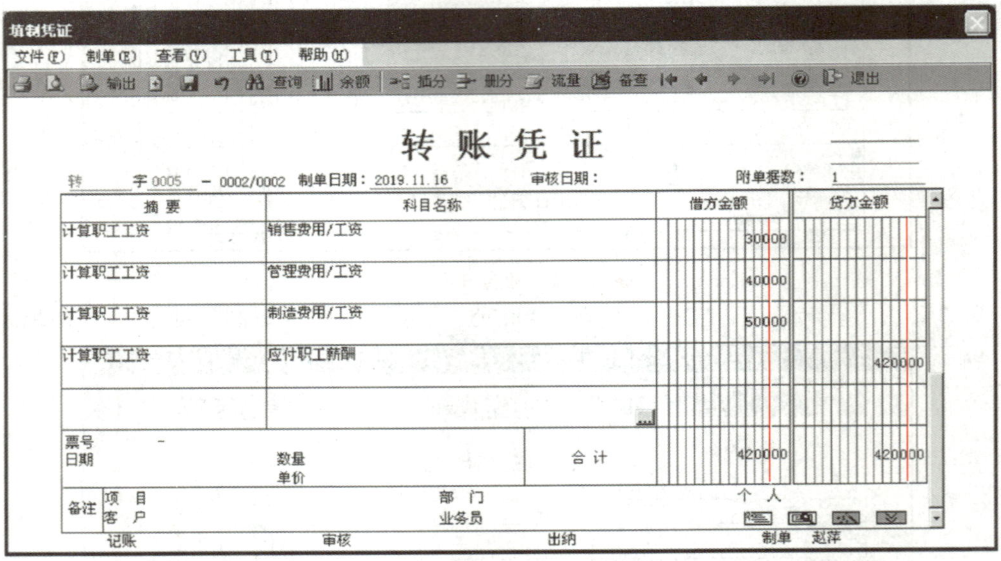

图 3-16（2）　业务 10 记账凭证 2

11.18 日购入不需要安装的设备一台，取得增值税专用发票标明价款为 2 000 元，按 13% 税率计算增值税为 260 元，运杂费为 40 元，全部款项已通过工行转账支付，支票号 zz03。填制凭证如图 3-17 所示。

如果经常需要填制某一类业务的记账凭证，为了提高输入效率，可以通过填制凭证中"制单"菜单的"生成常用凭证"功能，将该业务记账凭证做成模板，以后通过"调用常用凭证"功能快速生成需要的凭证。

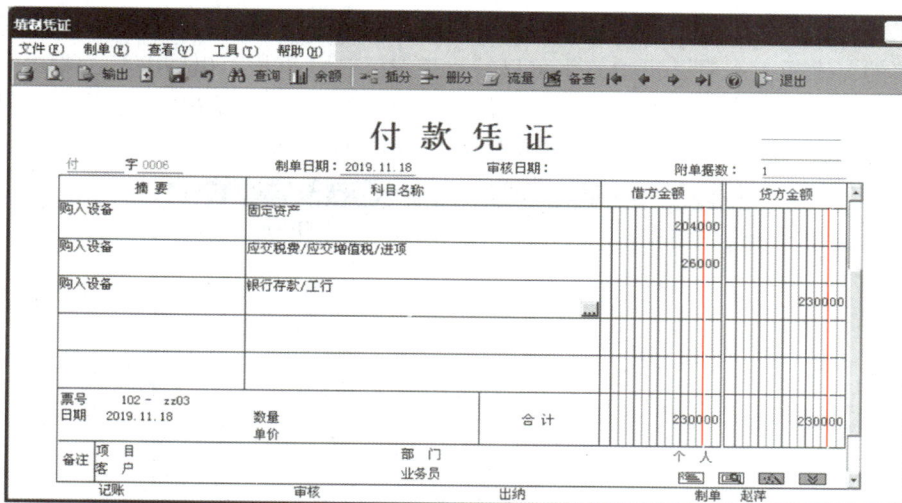

图3-17　业务11记账凭证

如果填制记账凭证以后发现记账凭证错误，可以直接将错误的部分修改，然后将修改后的凭证存盘即可，也可以调用"制单"菜单中的"作废/恢复"功能，将错误凭证盖上"作废"戳记，以作废该凭证。需要注意的是，被作废的凭证还是保留在数据库中，如果需要，可以再次执行"作废/恢复"功能，取消"作废"戳记，变回正常凭证。如果需要把作废的凭证从数据库中清除，需要在作废的基础上执行"整理凭证"功能，将它永久删除。

二、查询凭证

对于已经填制完成的凭证可以通过"查询凭证"功能来查询（如图3-18所示），既可以采用模糊查询，也可以设定组合条件进行精确查询。

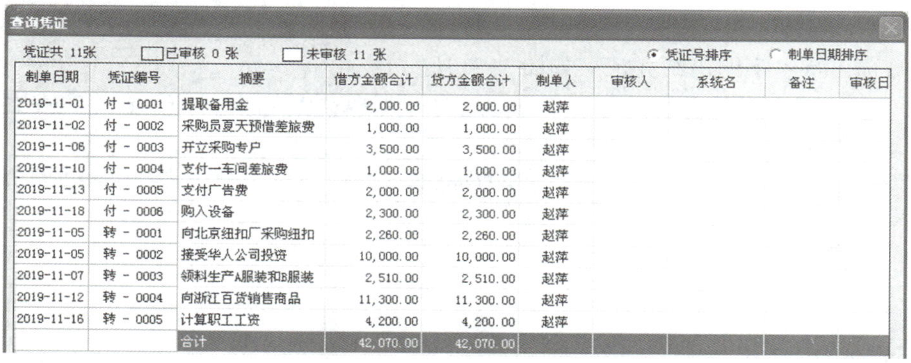

图3-18　查询凭证

三、出纳签字

为了加强对现金收支业务的监控，系统提供了出纳签字功能，可以根据需要选择使用。出纳凭证是指包含出纳科目的凭证，包括收款凭证和付款凭证，也就是涉及现金或银行存款的收入或支出的凭证。非出纳凭证不需要进行出纳签字，因此，转账凭证是不需要进行出纳签字的。本质上来看，出纳签字可以被看做对凭证的审核。出纳签字主要检查出纳科目的金额是否正确。对于审查认为有错误或有异议的凭证，应交给填制人员修改后再签字。

1.出纳人员（002）登录"企业应用平台"（如图3-19所示）。

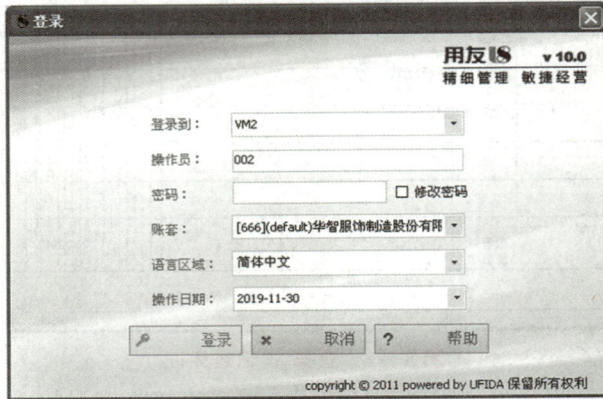

图3-19   出纳人员登录系统

2.选择系统菜单中的"凭证"—"出纳签字"功能，如图3-20所示。

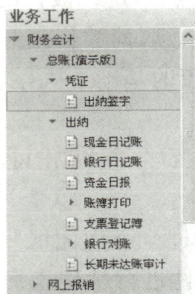

图3-20   选择出纳签字功能

3.筛选出待签字的出纳凭证（如图3-21所示）。

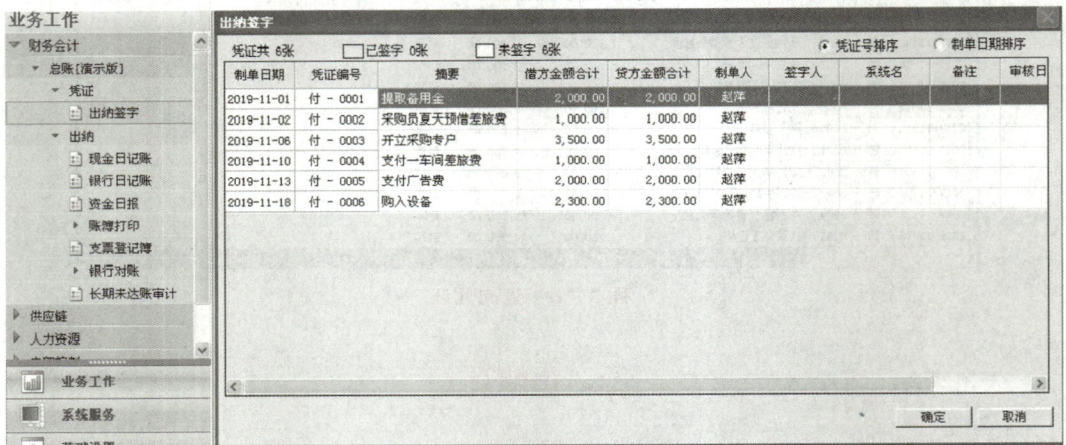

制单日期	凭证编号	摘要	借方金额合计	贷方金额合计	制单人	签字人	系统名	备注	审核日
2019-11-01	付 - 0001	提取备用金	2,000.00	2,000.00	赵萍				
2019-11-02	付 - 0002	采购员夏天预借差旅费	1,000.00	1,000.00	赵萍				
2019-11-06	付 - 0003	开立采购专户	3,500.00	3,500.00	赵萍				
2019-11-10	付 - 0004	支付一车间差旅费	1,000.00	1,000.00	赵萍				
2019-11-13	付 - 0005	支付广告费	2,000.00	2,000.00	赵萍				
2019-11-18	付 - 0006	购入设备	2,300.00	2,300.00	赵萍				

图3-21   筛选出纳凭证

4.选择"出纳签字"或者"成批出纳签字"，完成所有签字（如图3-22所示）。

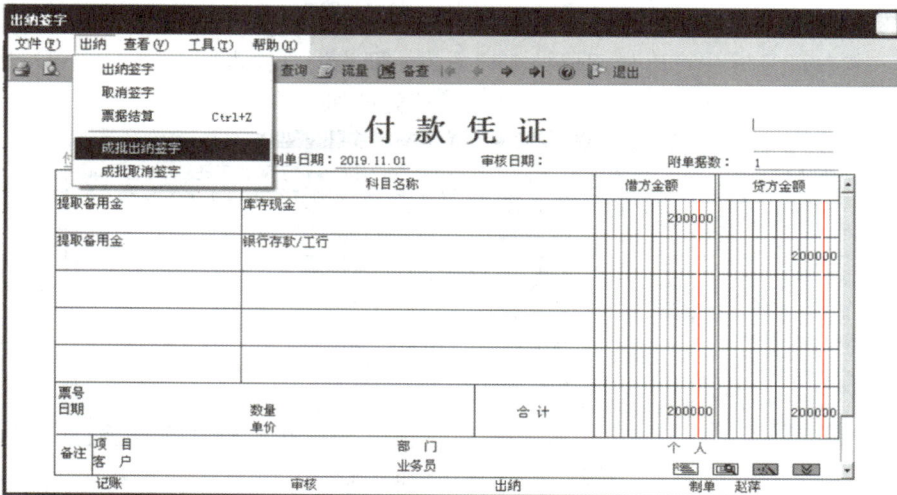

图 3-22　出纳签字

如果出纳签字以后发现凭证有错误，可以进行取消签字操作，由签字人在"出纳签字"界面执行"取消"功能即可（如图 3-23 所示）。

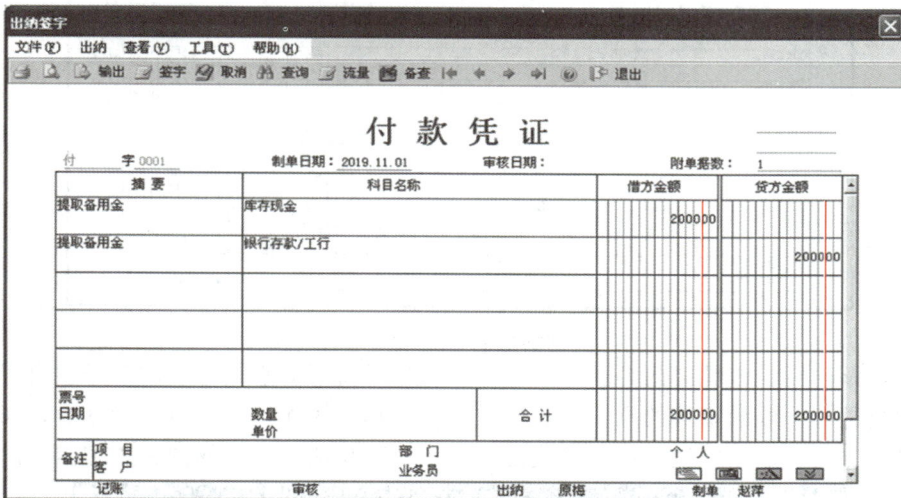

图 3-23　取消出纳签字

四、审核凭证

为了确保凭证形式和凭证内容的准确可靠，财务制度规定，制单人员填制的每一张记账凭证（作废凭证除外）都必须经过审核员的审核，才可以进行后续处理。根据规定，审核与制单不能为同一人，系统已将该规则嵌入内部。因此，即便是账套主管，也不能审核自己填制的记账凭证。

与手工会计流程中的凭证审核一样，该功能主要审核记账凭证是否与原始凭证相符、会计分录是否正确、相关项目是否完整等。本账套中，由于审核凭证是由账套主管负责的，所以审核凭证之前需要由账套主管登录系统进行审核操作。

以账套主管的身份登录"企业应用平台",执行"凭证"—"审核凭证"。为了提高工作效率,在审核凭证时,可以使用成批审核方式,即先浏览检查所有凭证,确认无误后再成批审核。筛选待审核凭证如图3-24所示,审核凭证如图3-25所示。

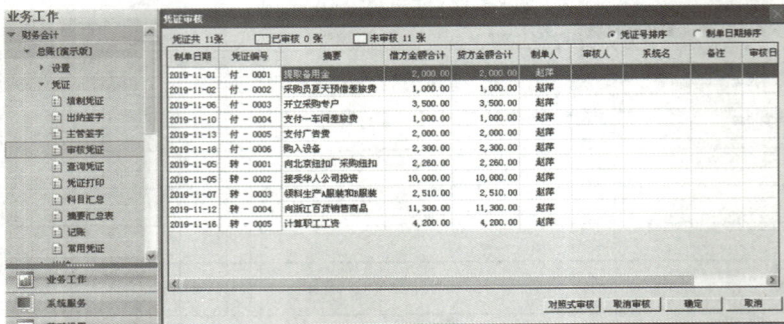

图3-24 筛选待审核凭证

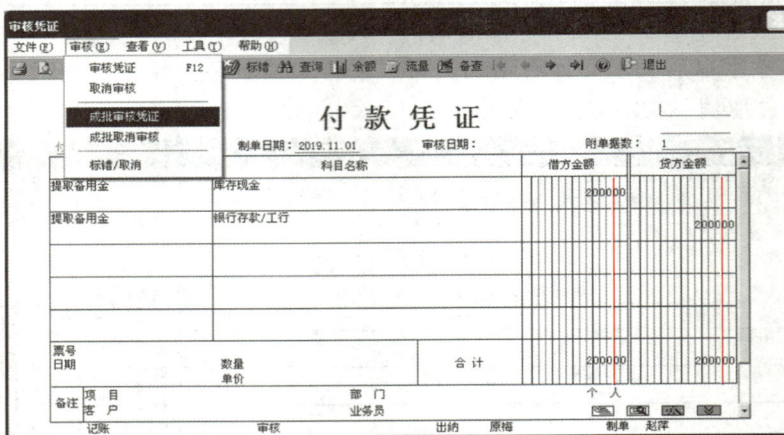

图3-25 审核凭证

凭证审核以后,该凭证内容就不能被修改。如果需要对它进行修改,必须由审核人取消签名才能进行。取消审核的操作与审核类似,以相应操作员的身份注册登录,在审核凭证操作界面点击"取消审核"或者"成批取消审核"功能即可(如图3-26所示)。

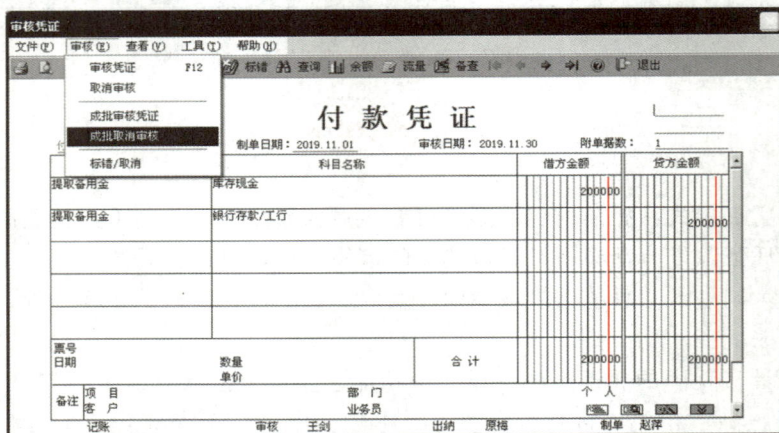

图3-26 取消审核

五、记账

记账凭证在通过审核以后就可以登记相关账簿，包括总账、明细账、日记账、部门账、辅助账等各类账簿。在手工会计中，这项工作非常烦琐，但在计算机里，这项工作则很简单。

记账需要逐月进行，不允许跨月记账。期末总账结账以后，才能结下个月的账。系统提供向导方式分三步完成记账工作。

第一步，输入记账范围。根据系统列示的各期间未记账凭证和已审核凭证，在记账范围中输入需要记账的凭证号，若编号不连续，则用逗号分隔；也可以不输入记账范围，则系统默认所有符合条件的凭证均参与记账（如图3-27所示）。

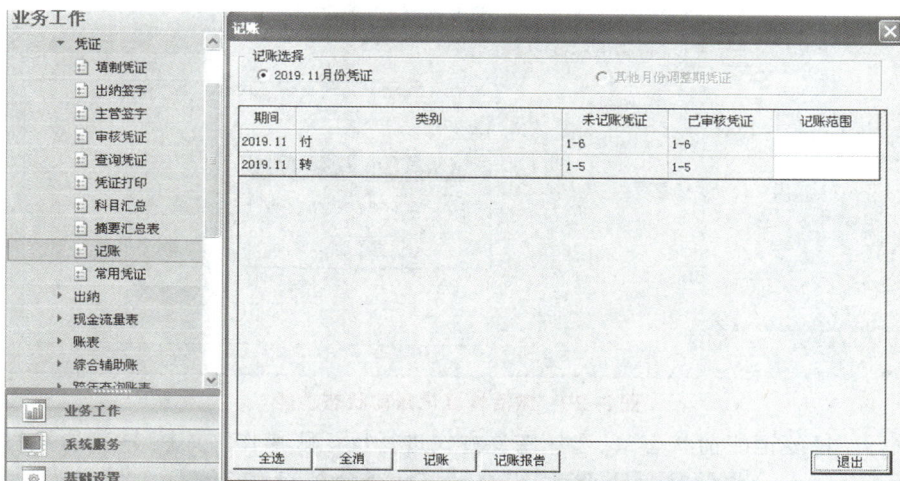

图3-27　输入记账范围

第二步，显示记账报告，这是经过合法性检验后的提示信息。

第三步，当以上工作都确认无误后，单击"记账"按钮，系统开始登录有关的总账和明细账，也包括数量总账与明细账、外币总账与明细账、项目总账与明细账、部门总账与明细账、个人往来总账与明细账、银行往来账等有关账簿。记账完毕如图3-28所示。

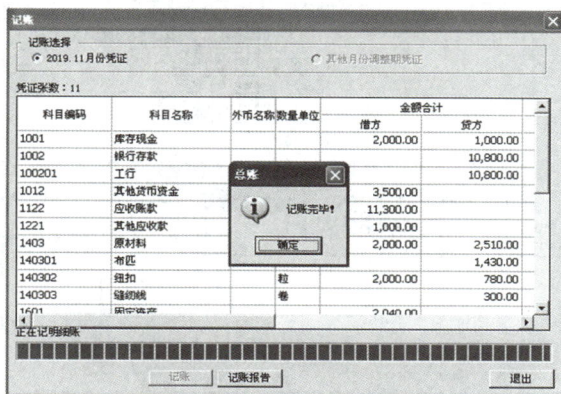

图3-28　记账完毕

完成记账以后，如果发现已记账的凭证有错误，则需要采用错账更正方法进行修改。此时，由于记账凭证和账簿都有错误，所以，需要调用填制凭证的"冲销凭证"功能，将凭证错误和账簿错误一起修改。具体操作如下：执行"制单"菜单项中的"冲销凭证"功能；选择需要冲销的凭证月份、凭证类别及凭证号信息；系统自动生成一张红字的冲销凭证；完成冲销凭证的后续处理（如出纳签字、审核、记账等）。

如果在记账过程中出现断电或其他原因造成记账中断，系统将自动调用"恢复记账前状态"恢复数据，然后可以重新记账。记账以后，也可以手动激活"恢复记账前状态"功能，进行撤销记账（反记账）操作。具体步骤如下：

1. 由账套主管打开"对账"功能界面，然后按 Ctrl+H 组合键，出现"恢复记账前状态功能已被激活"（如图 3-29 所示）。

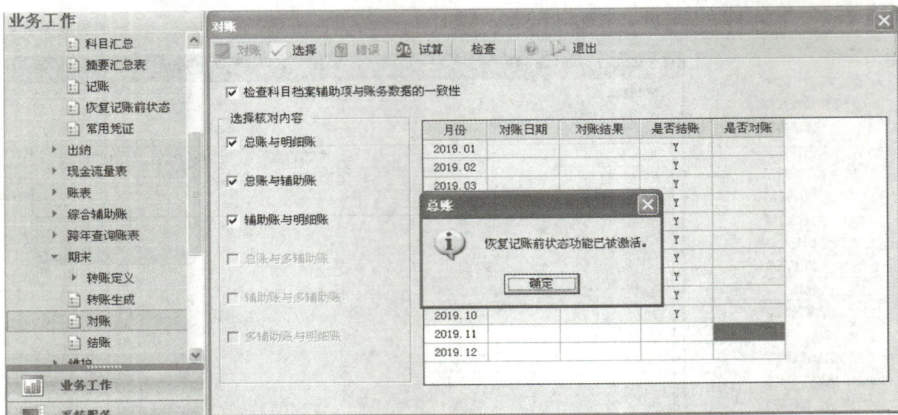

总账反记账
操作演示

图 3-29 激活恢复记账前状态功能

2. 执行"恢复记账前状态"，选择恢复方式进行反记账操作（如图 3-30 所示）。

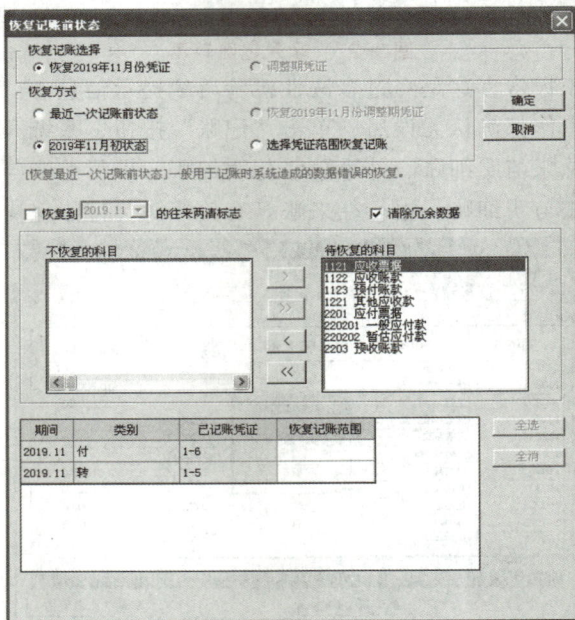

图 3-30 恢复记账选择

3.输入账套主管口令，完成恢复记账（如图3-31所示）。

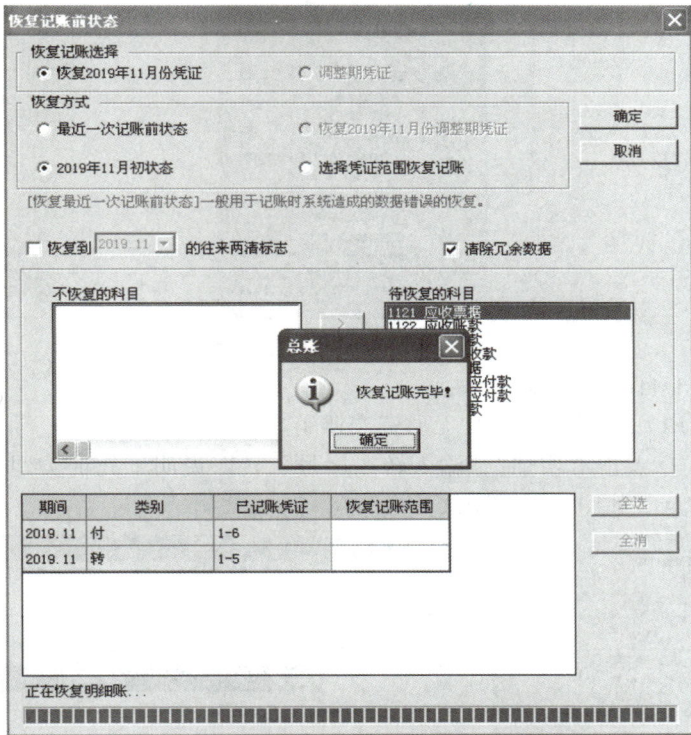

图3-31　恢复记账完毕

六、转账定义

在计算机处理方式下，填制记账凭证的方式通常有三种：一是在总账中通过"填制凭证"功能完成；二是由其他的业务系统（如薪资管理、固定资产管理、存货核算、应收款、应付款等）生成后传递到总账系统；三是在总账中利用转账定义和生成功能完成。后两类记账凭证在存储时，系统会在记账凭证上盖"已生成"红色戳记，表示是由系统自动生成的凭证。第一种方法前已述及，第二种方法将在以后业务系统应用时讲述，下面介绍第三种方法。

按照经济业务的内容不同，通常可以把经济业务分为独立业务和相关业务两种。独立业务是指该业务与会计期或者其他业务没有联系；相关业务是指该业务与会计期或者其他业务在逻辑上有密切联系。对于独立业务的凭证，通常使用第一种方法填制。对于相关业务的凭证，既可以使用第一种方法填制，也可以使用第三种方法填制。当相关业务具备如下两个特点时，使用第三种方法的输入效率和准确性更高：一是该业务在每个会计期间都有；二是业务的科目对应关系可以事先确定，金额的计算是有规律可遵循的。在会计业务中，可以采用转账定义生成的业务包括固定资产折旧计提、无形资产摊销等类似业务，以及销售成本结转、汇兑损益结转、期间损益结转。

在总账的期末菜单中，执行"转账定义"相关功能，完成业务12~17的记账凭证定义

（如图3-32所示）。

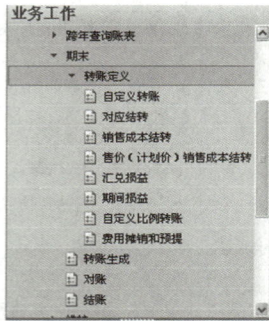

图3-32　执行转账定义功能

1. 自定义转账。

（1）30日计提当月无形资产摊销。

① 点击"增加"，输入转账序号、转账说明、凭证类别等自定义转账常规信息（如图3-33所示）。

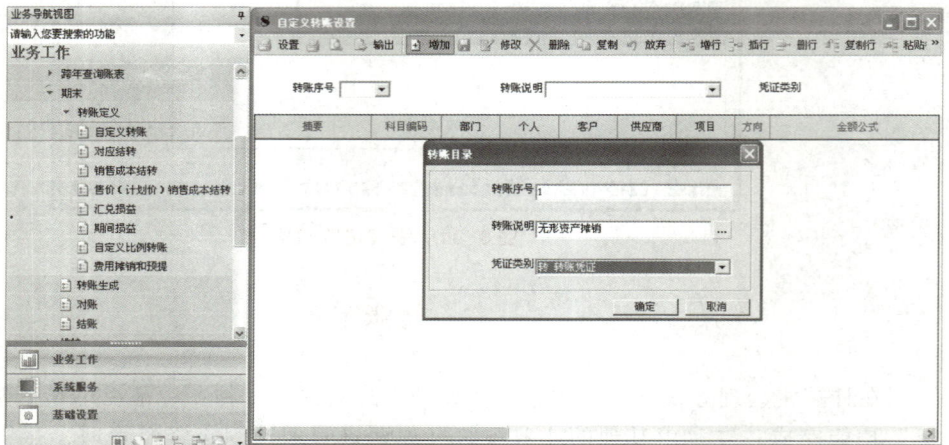

自定义转账
操作演示

图3-33　转账目录

② 输入无形资产摊销业务的摘要、科目编码、借贷方向、金额公式等记账凭证信息并保存。其中的函数QM（）可以自动从账套中取会计科目的期末余额，函数JG（）自动取对方科目的计算结果（如图3-34所示）。

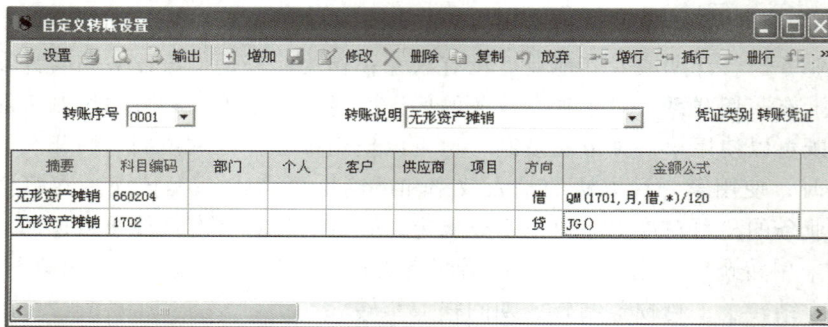

图3-34　无形资产摊销定义

（2）30日将制造费用结转至生产成本，A、B产品分配比例为0.6∶0.4。

① 点击"增加"，输入转账序号、转账说明、凭证类别等自定义转账常规信息。

② 输入制造费用结转业务的摘要、科目编码、借贷方向、金额公式等记账凭证信息（如图3-35所示）。

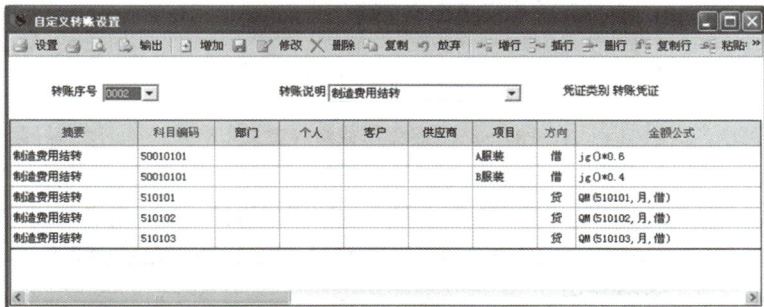

图3-35　制造费用结转定义

（3）30日本月投产的10件A服装6件完工入库、5件B服装3件完工入库。未完工产品约当比例均为0.5。

① 点击"增加"，输入转账序号、转账说明、凭证类别等自定义转账常规信息。

② 执行"增行"功能，输入生产费用分配业务的摘要、科目编码、借贷方向、金额公式等记账凭证信息（如图3-36所示）。

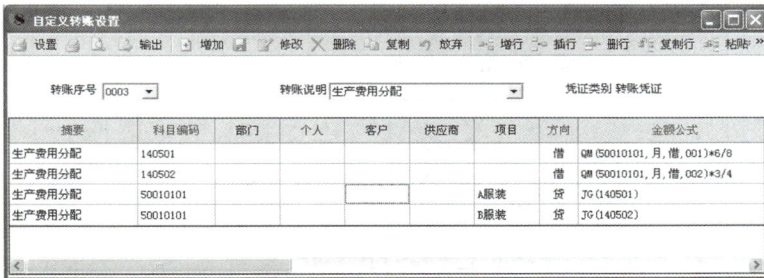

图3-36　生产费用分配定义

2.30日结转销售成本。

在销售成本结转设置中，选择凭证类别，输入库存商品科目编码、主营业务收入科目编码、主营业务成本科目编码，完成定义（如图3-37所示）。

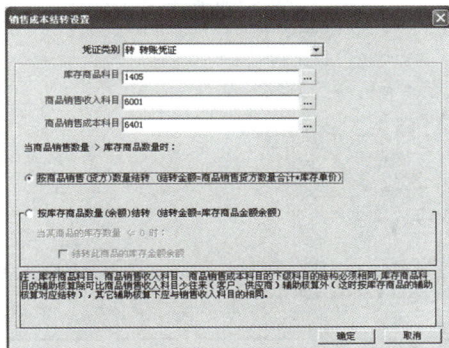

图3-37　销售成本结转定义

3. 30日结转汇兑损益，汇率为6.92。

在汇兑损益结转设置中，选择凭证类别，输入汇兑损益入账科目，确定是否计算汇兑损益，完成定义（如图3-38所示）。

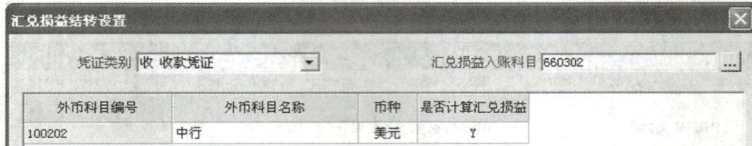

图3-38　汇兑损益结转定义

4. 30日期间损益结转。

在期间损益结转设置中，选择凭证类别，输入本年利润科目，完成定义（如图3-39所示）。

图3-39　期间损益结转定义

七、转账生成

完成凭证定义以后，执行转账生成功能（如图3-40所示）。

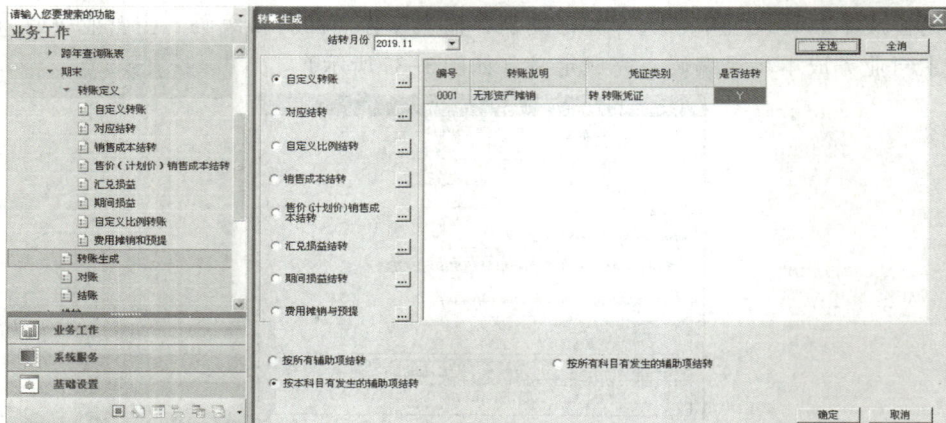

图3-40　转账生成

依次生成各业务的记账凭证（如图3-41至图3-48所示）。

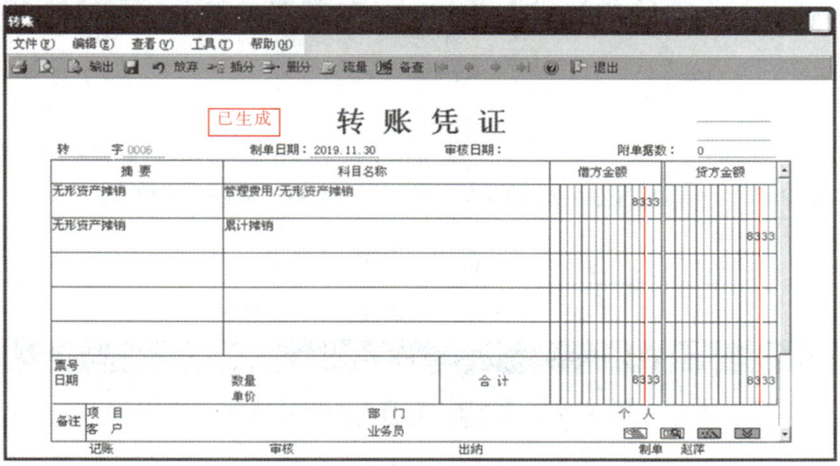

转账

文件(F) 编辑(E) 查看(V) 工具(T) 帮助(H)

已生成　**转 账 凭 证**

转　字 0006　制单日期：2019.11.30　审核日期：　附单据数：0

摘要	科目名称	借方金额	贷方金额
无形资产摊销	管理费用/无形资产摊销	8333	
无形资产摊销	累计摊销		8333
票号 日期	数量 单价 合计	8333	8333

备注　项目　部门　个人　客户　业务员

记账　审核　出纳　制单　赵萍

图3-41　业务12无形资产摊销记账凭证

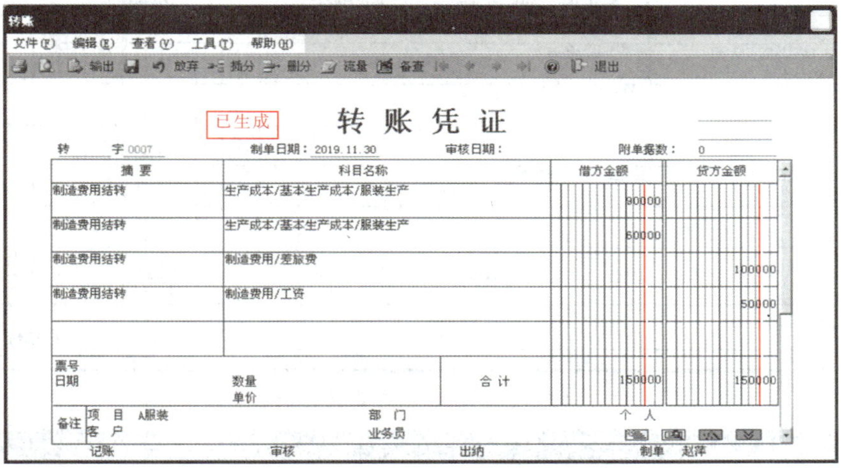

转账

文件(F) 编辑(E) 查看(V) 工具(T) 帮助(H)

已生成　**转 账 凭 证**

转　字 0007　制单日期：2019.11.30　审核日期：　附单据数：0

摘要	科目名称	借方金额	贷方金额
制造费用结转	生产成本/基本生产成本/服装生产	90000	
制造费用结转	生产成本/基本生产成本/服装生产	60000	
制造费用结转	制造费用/差旅费		100000
制造费用结转	制造费用/工资		50000
票号 日期	数量 单价 合计	150000	150000

备注　项目　A服装　部门　个人　客户　业务员

记账　审核　出纳　制单　赵萍

图3-42　业务13制造费用结转记账凭证

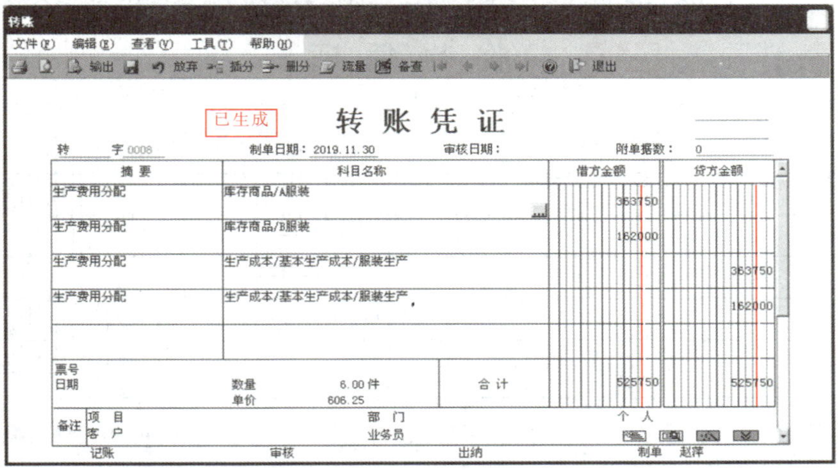

转账

文件(F) 编辑(E) 查看(V) 工具(T) 帮助(H)

已生成　**转 账 凭 证**

转　字 0008　制单日期：2019.11.30　审核日期：　附单据数：0

摘要	科目名称	借方金额	贷方金额
生产费用分配	库存商品/A服装	363750	
生产费用分配	库存商品/B服装	162000	
生产费用分配	生产成本/基本生产成本/服装生产		363750
生产费用分配	生产成本/基本生产成本/服装生产		162000
票号 日期	数量 6.00件 单价 606.25 合计	525750	525750

备注　项目　部门　个人　客户　业务员

记账　审核　出纳　制单　赵萍

图3-43　业务14生产费用分配记账凭证

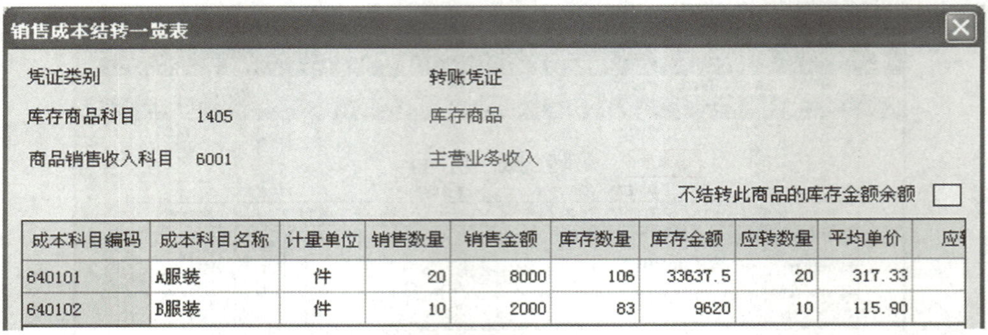

销售成本结转一览表

凭证类别						转账凭证			
库存商品科目	1405					库存商品			
商品销售收入科目	6001					主营业务收入			

不结转此商品的库存金额余额 ☐

成本科目编码	成本科目名称	计量单位	销售数量	销售金额	库存数量	库存金额	应转数量	平均单价	应转
640101	A服装	件	20	8000	106	33637.5	20	317.33	
640102	B服装	件	10	2000	83	9620	10	115.90	

图 3-44　业务 15 销售成本结转一览表

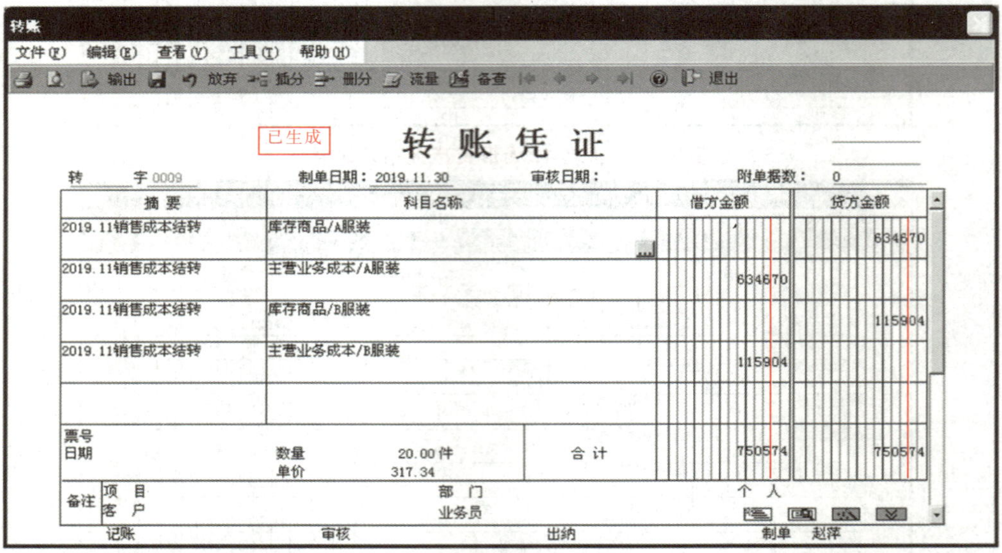

图 3-45　业务 15 销售成本结转记账凭证

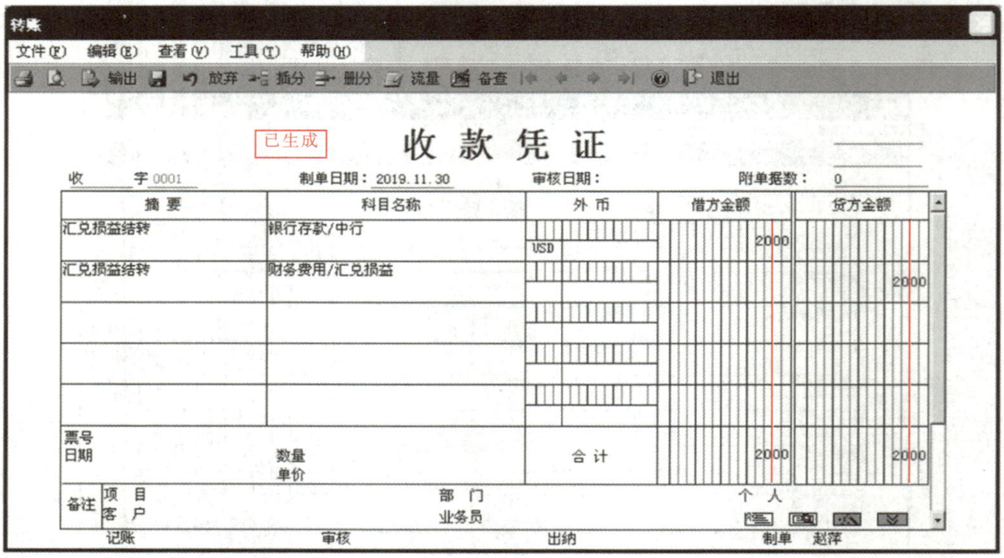

图 3-46　业务 16 汇兑损益结转记账凭证

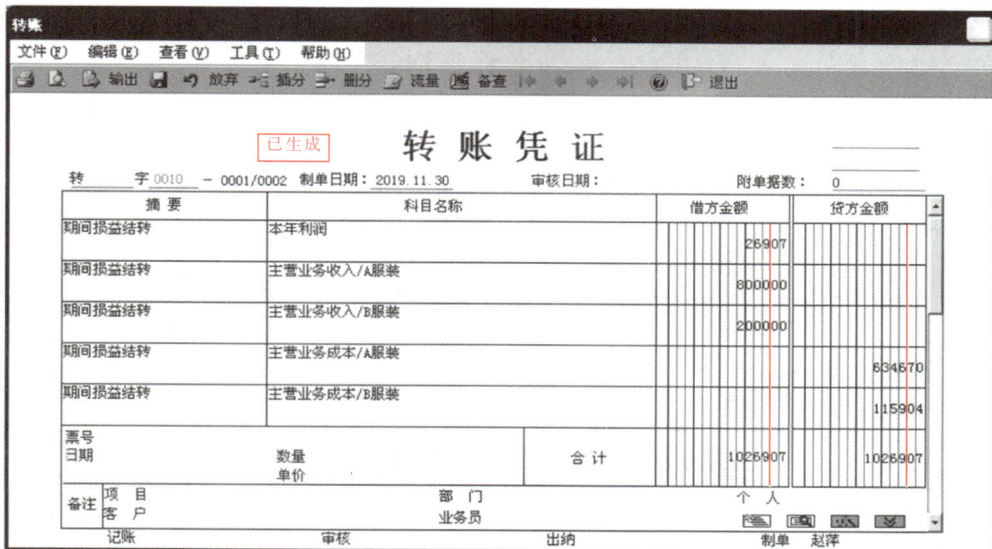

图 3-47　业务 17 期间损益结转记账凭证 1

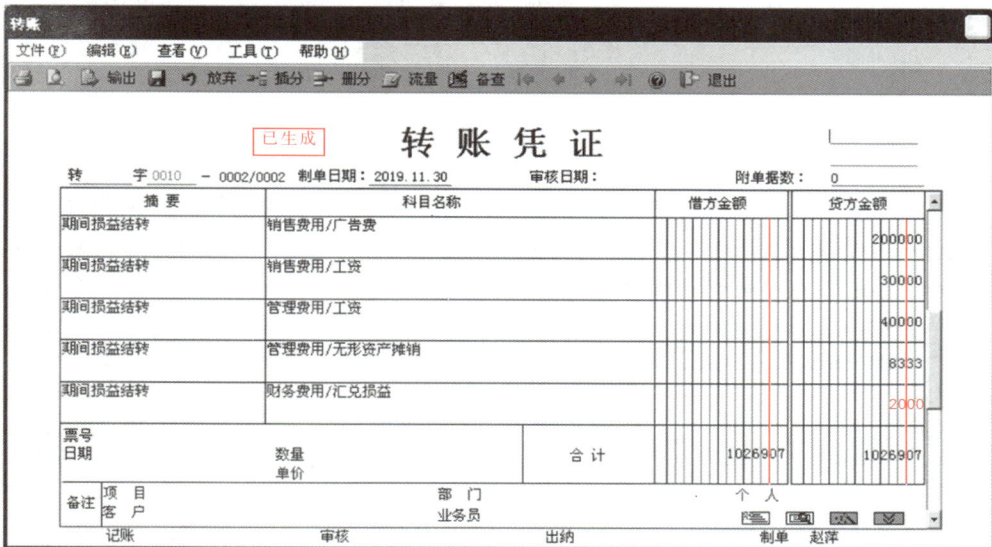

图 3-48　业务 17 期间损益结转记账凭证 2

　　需要注意，以上转账生成各类记账凭证是有先后顺序的，并且前面生成的记账凭证需要完成出纳签字、审核凭证、记账等处理，才能生成后面的凭证，这样数据才能完整。

▶▶▶▶▶▶　第四节　账簿管理

　　凭证记账工作完成以后，就可以对账簿进行查询利用。系统提供了丰富的账簿查询功能，可以满足各类账簿的查询输出。在总账的"账表"功能中查找到相关的账簿，设置好查询条件，就可以查找相应的账簿数据。

一、总账查询

总账用于查询各总账科目的年初余额、各月发生额合计和月末余额，还用于查询所有二级至六级明细科目的年初余额、各月发生额合计和月末余额。查询总账时，标题显示为“所查科目的一级科目名称+总账”，如库存现金总账（如图3-49所示）。

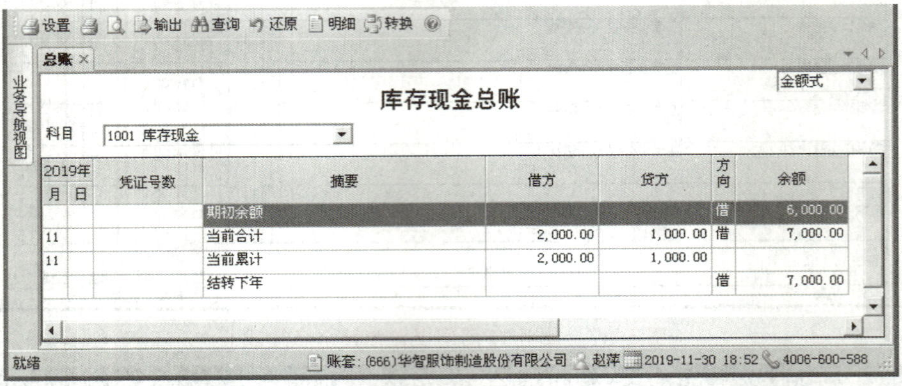

库存现金总账

科目 1001 库存现金

2019年 月	日	凭证号数	摘要	借方	贷方	方向	余额
			期初余额			借	6,000.00
11			当前合计	2,000.00	1,000.00	借	7,000.00
11			当前累计	2,000.00	1,000.00		
			结转下年			借	7,000.00

图3-49　库存现金总账

二、发生额及余额表查询

发生额及余额表用于查询统计各级科目的期初余额、本期发生额、期末余额等（如图3-50所示）。传统的总账是以总账科目分页设账，而发生额及余额表则可输出某月或某几个月的所有总账科目或明细科目的期初余额、本期发生额、累计发生额、期末余额。

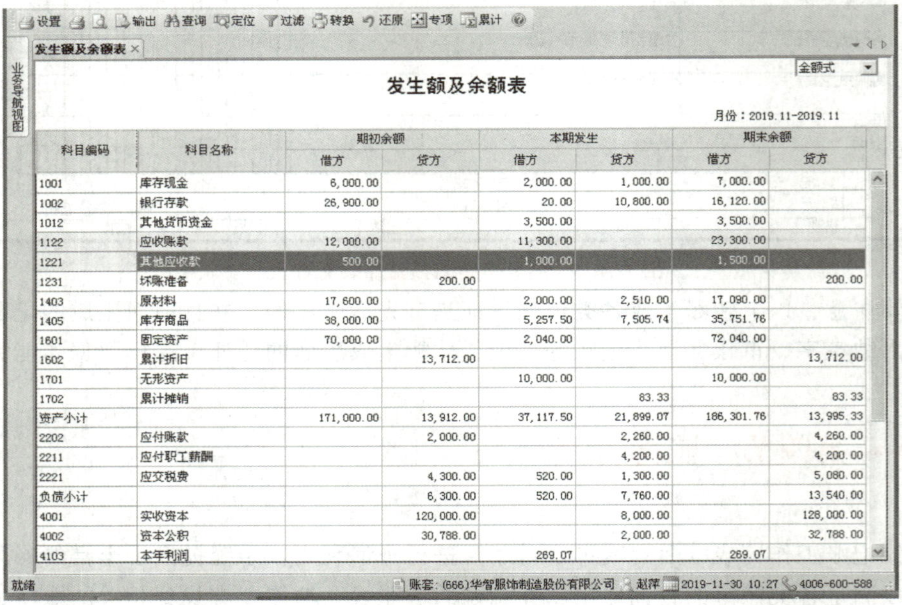

发生额及余额表

月份：2019.11-2019.11

科目编码	科目名称	期初余额		本期发生		期末余额	
		借方	贷方	借方	贷方	借方	贷方
1001	库存现金	6,000.00		2,000.00	1,000.00	7,000.00	
1002	银行存款	26,900.00		20.00	10,800.00	16,120.00	
1012	其他货币资金			3,500.00		3,500.00	
1122	应收账款	12,000.00		11,300.00		23,300.00	
1221	其他应收款	500.00		1,000.00		1,500.00	
1231	坏账准备		200.00				200.00
1403	原材料	17,600.00		2,000.00	2,510.00	17,090.00	
1405	库存商品	38,000.00		5,257.50	7,505.74	35,751.76	
1601	固定资产	70,000.00		2,040.00		72,040.00	
1602	累计折旧		13,712.00				13,712.00
1701	无形资产			10,000.00		10,000.00	
1702	累计摊销				83.33		83.33
资产小计		171,000.00	13,912.00	37,117.50	21,899.07	186,301.76	13,995.33
2202	应付账款		2,000.00		2,260.00		4,260.00
2211	应付职工薪酬				4,200.00		4,200.00
2221	应交税费		4,300.00	520.00	1,300.00		5,080.00
负债小计			6,300.00	520.00	7,760.00		13,540.00
4001	实收资本		120,000.00		8,000.00		128,000.00
4002	资本公积		30,788.00		2,000.00		32,788.00
4103	本年利润			269.07		269.07	

图3-50　发生额及余额表

三、明细账查询

明细账用于反映各账户的明细发生情况。用户可以按任意条件组合查询明细账。明细账在查询过程中可以包含未记账凭证。

本功能提供了三种明细账的查询格式：普通明细账、按科目排序明细账、月份综合明细账。普通明细账是按科目查询、按发生日期排序的明细账；按科目排序明细账是按非末级科目查询、按其发生的末级科目排序的明细账；月份综合明细账是按非末级科目查询，包含非末级科目总账数据及末级科目明细数据的综合明细账，对各级科目的数据关系一目了然。例如，应收账款明细账如图3-51所示。

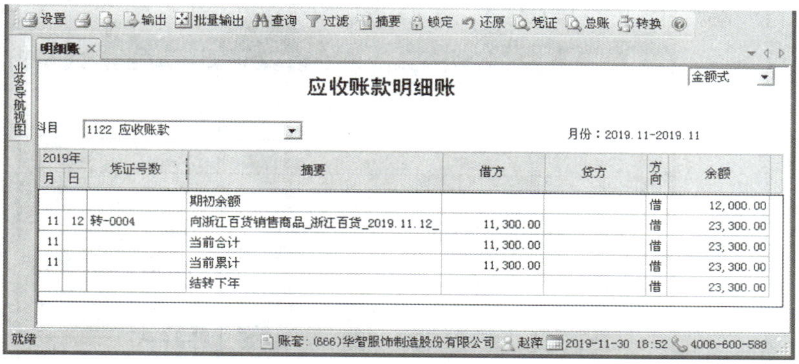

应收账款明细账

科目 1122 应收账款　　月份：2019.11-2019.11

2019年 月	日	凭证号数	摘要	借方	贷方	方向	余额
			期初余额			借	12,000.00
11	12	转-0004	向浙江百货销售商品_浙江百货_2019.11.12_	11,300.00		借	23,300.00
11			当前合计	11,300.00		借	23,300.00
11			当前累计	11,300.00		借	23,300.00
			结转下年			借	23,300.00

图3-51　应收账款明细账

四、序时账查询

序时账用于按时间顺序排列每笔业务的明细数据（如图3-52所示）。

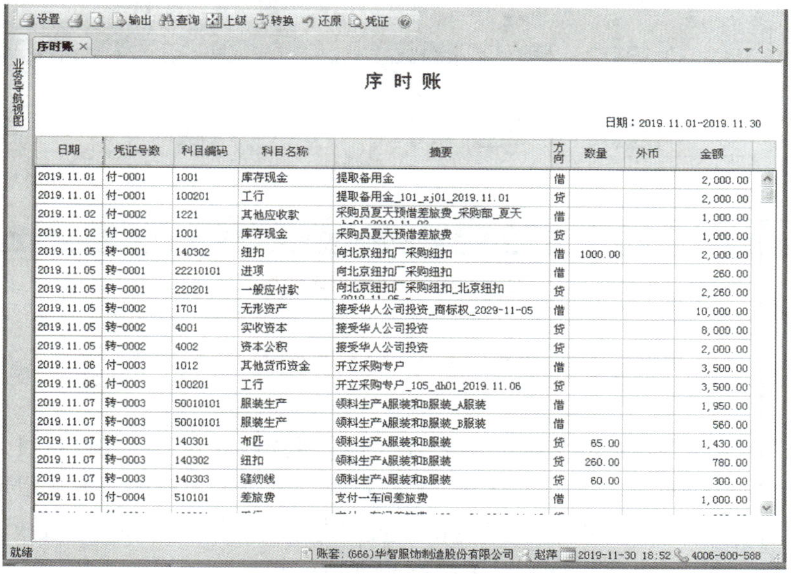

序 时 账

日期：2019.11.01-2019.11.30

日期	凭证号数	科目编码	科目名称	摘要	方向	数量	外币	金额
2019.11.01	付-0001	1001	库存现金	提取备用金	借			2,000.00
2019.11.01	付-0001	100201	工行	提取备用金_101_xj01_2019.11.01	贷			2,000.00
2019.11.02	付-0002	1221	其他应收款	采购员夏天预借差旅费_采购部_夏天	借			1,000.00
2019.11.02	付-0002	1001	库存现金	采购员夏天预借差旅费	贷			1,000.00
2019.11.05	转-0001	140302	纽扣	向北京纽扣厂采购纽扣	借	1000.00		2,000.00
2019.11.05	转-0001	22210101	进项	向北京纽扣厂采购纽扣	借			260.00
2019.11.05	转-0001	220201	一般应付款	向北京纽扣厂采购纽扣_北京纽扣	贷			2,260.00
2019.11.05	转-0002	1701	无形资产	接受华人公司投资_商标权_2029-11-05	借			10,000.00
2019.11.05	转-0002	4001	实收资本	接受华人公司投资	贷			8,000.00
2019.11.05	转-0002	4002	资本公积	接受华人公司投资	贷			2,000.00
2019.11.06	付-0003	1012	其他货币资金	开立采购专户	借			3,500.00
2019.11.06	付-0003	100201	工行	开立采购专户_105_dh01_2019.11.06	贷			3,500.00
2019.11.07	转-0003	50010101	服装生产	领料生产A服装和B服装_A服装	借			1,950.00
2019.11.07	转-0003	50010101	服装生产	领料生产A服装和B服装_B服装	借			560.00
2019.11.07	转-0003	140301	布匹	领料生产A服装和B服装	贷	65.00		1,430.00
2019.11.07	转-0003	140302	纽扣	领料生产A服装和B服装	贷	260.00		780.00
2019.11.07	转-0003	140303	缝纫线	领料生产A服装和B服装	贷	60.00		300.00
2019.11.10	付-0004	510101	差旅费	支付一车间差旅费	借			1,000.00

图3-52　序时账

五、多栏账查询

企业可以使用本功能设计多栏明细账，按明细科目保存为不同的多栏账名称，在以后的查询中只需要选择多栏明细账直接查询即可。企业可按明细科目自由设置不同样式的多栏账（如图3-53和图3-54所示）。

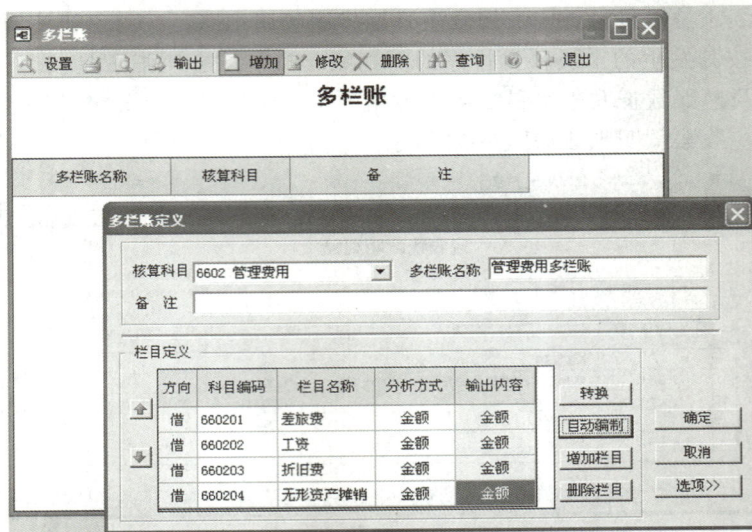

图3-53　定义管理费用多栏账

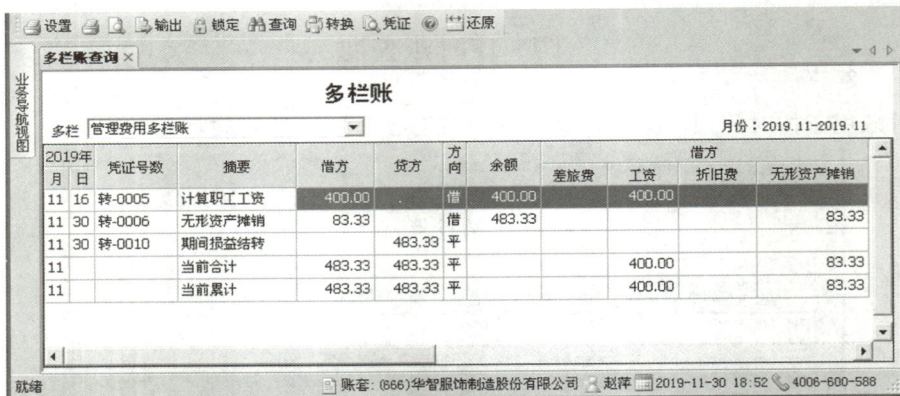

图3-54　管理费用多栏账

六、综合多栏账查询

综合多栏账是在多栏账的基础上新增的一个账簿查询方式，既能以科目为分析栏目查询明细账，也能以辅助项及自定义项为分析栏目查询明细账，还能完成多组借贷栏目在同一账表中的查询。其目的主要是完成商品销售、库存、成本明细账的横向联合查询，并提供简单的计算功能，以方便用户及时了解商品进销存状况。

七、日记账查询

日记账查询主要用于查询除库存现金日记账、银行存款日记账以外的其他日记账。先要在会计科目中将需要查询日记账的科目设置为"日记账"。库存现金日记账、银行存款日记账在出纳管理中查询。如果某日的凭证已填制完毕但尚未登记入账，可以选择"包含未记账凭证"进行查询（如图3-55所示）。

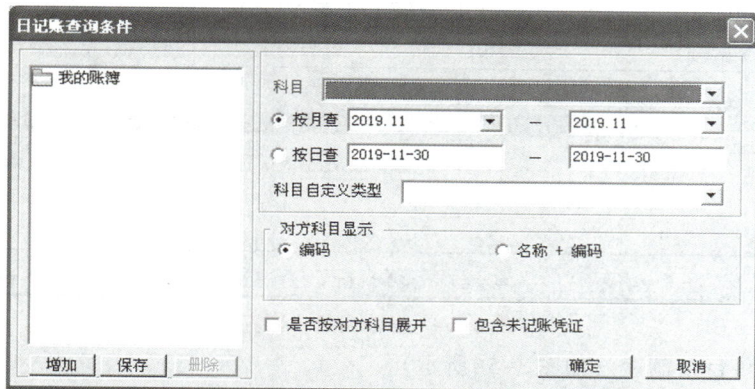

图3-55　日记账查询

八、日报表查询

日报表查询用于查询输出某日所有科目的发生额及余额情况（不包括库存现金、银行存款科目）（如图3-56所示）。

图3-56　日报表

九、辅助账查询

对于设置了辅助核算的会计科目，可以通过辅助账输出辅助核算的详细内容。

1.客户科目余额表（如图 3-57 所示）。

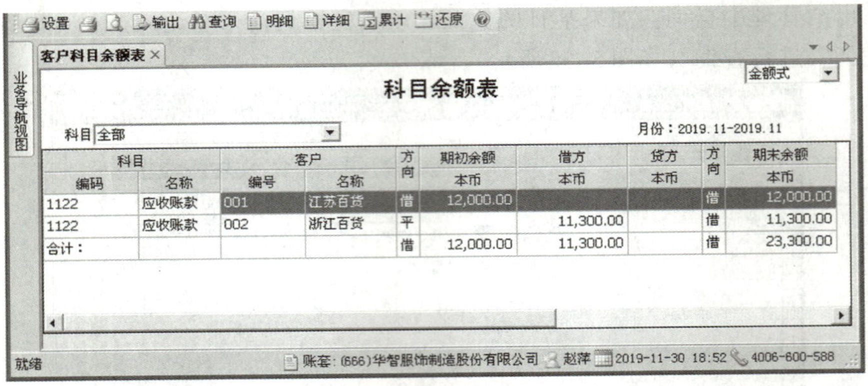

科目		客户		方向	期初余额	借方	贷方	方向	期末余额
编码	名称	编号	名称		本币	本币	本币		本币
1122	应收账款	001	江苏百货	借	12,000.00			借	12,000.00
1122	应收账款	002	浙江百货	平		11,300.00		借	11,300.00
合计：				借	12,000.00	11,300.00		借	23,300.00

图 3-57　客户科目余额表

2.供应商科目余额表（如图 3-58 所示）。

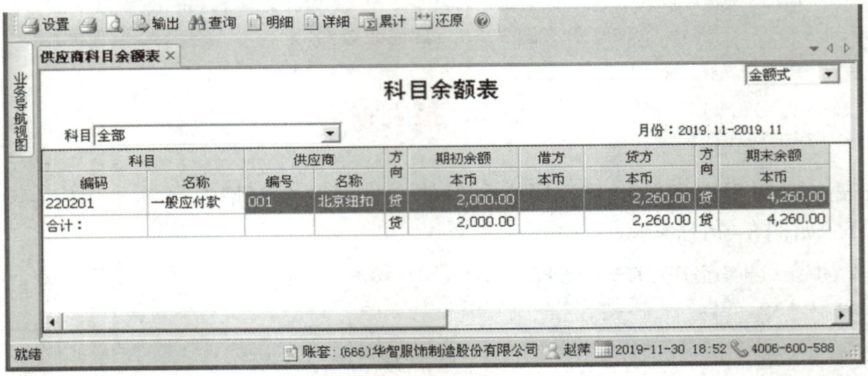

科目		供应商		方向	期初余额	借方	贷方	方向	期末余额
编码	名称	编号	名称		本币	本币	本币		本币
220201	一般应付款	001	北京纽扣	贷	2,000.00		2,260.00	贷	4,260.00
合计：				贷	2,000.00		2,260.00	贷	4,260.00

图 3-58　供应商科目余额表

3.个人往来余额表（如图 3-59 所示）。

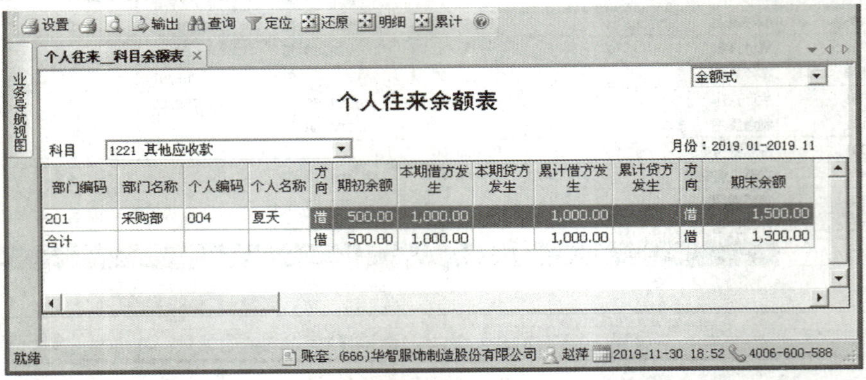

部门编码	部门名称	个人编码	个人名称	方向	期初余额	本期借方发生	本期贷方发生	累计借方发生	累计贷方发生	方向	期末余额
201	采购部	004	夏天	借	500.00	1,000.00		1,000.00		借	1,500.00
合计				借	500.00	1,000.00		1,000.00		借	1,500.00

图 3-59　个人往来余额表

4.部门辅助账查询（如图3-60所示）。

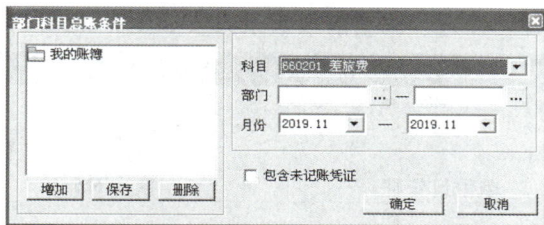

图3-60　部门辅助账查询

5.项目总账（如图3-61所示）。

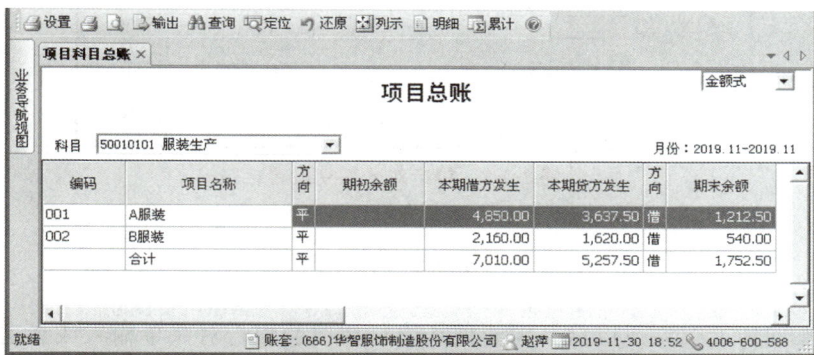

图3-61　项目总账

银行对账是出纳的一项重要工作，实际就是对银行存款的清查。通过将银行存款日记账的记录与银行对账单记录进行逐笔核对，在排除未达账项的基础上查出可能存在的银行存款记账错误。

从开户银行获取的银行对账单的内容见表3-2。

表3-2　　　　　　　　　　　　　　工商银行对账单　　　　　　　　　　　　　　　　单位：元

日期	票号	摘要	借方金额	贷方金额	借或贷	余额
11月1日		期初余额			贷	20 000
11月1日	xj01	提现	2 000		贷	
11月6日	dh01	开采购户	3 500		贷	
11月30日	zz07	转支	1 500		贷	
		期末余额			贷	13 000

一、银行对账期初录入

银行对账之前，首先要进行"银行对账期初设置"，相当于银行对账的初始化。这项工作在初次使用计算机进行对账时做一遍即可。银行对账期初设置主要工作包括对账单余额方向调整、对账启用日期设定、调整前余额录入（如图3-62所示）。

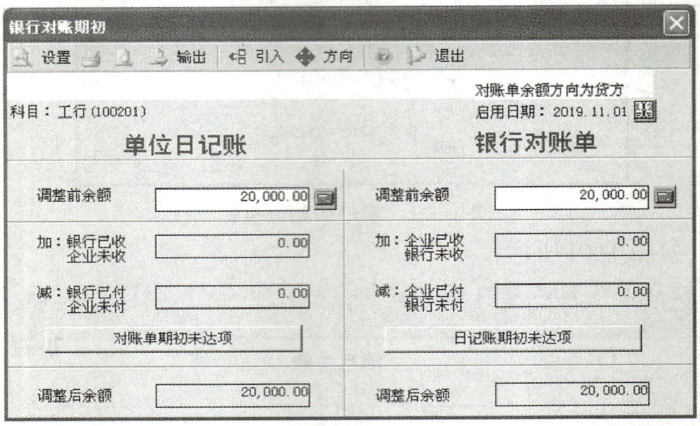

图 3-62　银行对账期初设置

二、银行对账单输入

银行对账期初设置完成以后，需要把从银行获取的银行对账单输入或者引入计算机，以便与企业的银行存款日记账进行核对（如图3-63所示）。

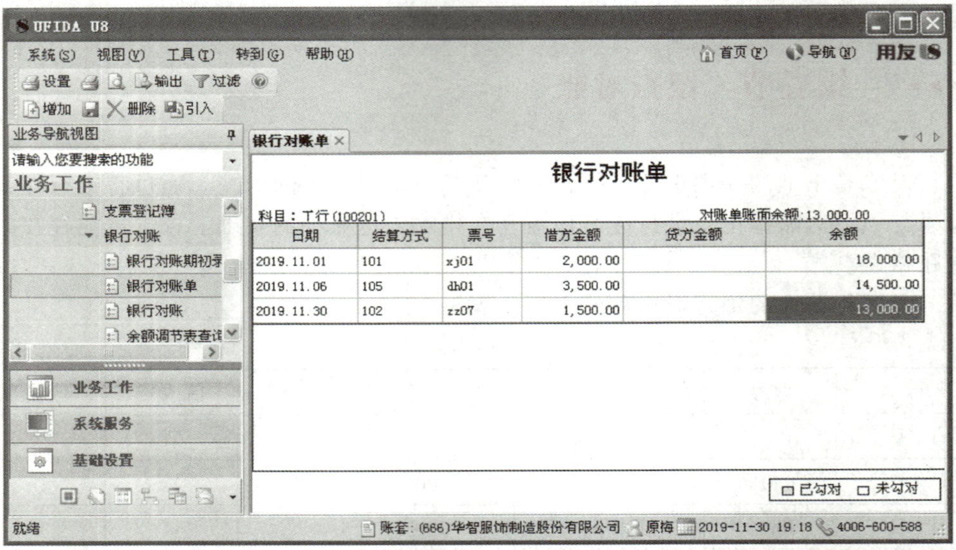

图 3-63　银行对账单输入

三、银行对账

对账单输入完成以后，就可以开始进行银行自动对账，对账时首先选择对账银行及对账期间，然后点击"对账"功能，选择"对账条件"，计算机就可以自动开始对账了。若存在对同一笔业务因企业和银行记录不一样而导致自动对账无法对上，可以再辅助以手工对账来解决，具体在双方的"两清"栏内双击鼠标即可。

1.选择对账科目及对账期间（如图3-64所示）。

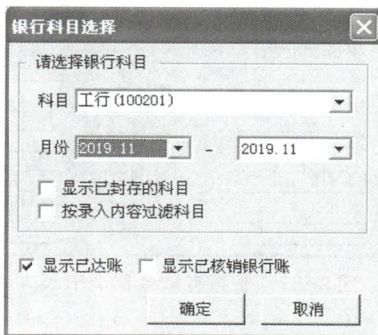

图 3-64 银行对账科目及期间选择

2.确定自动对账的截止日期及对账条件（如图3-65所示）。

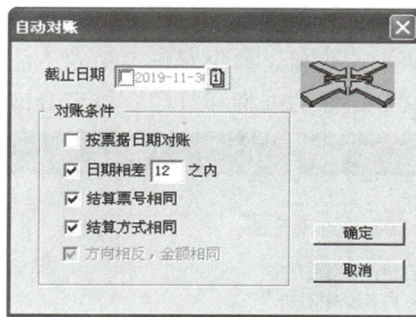

图 3-65 自动对账的截止日期及对账条件选择

3.生成对账结果（如图3-66所示）。

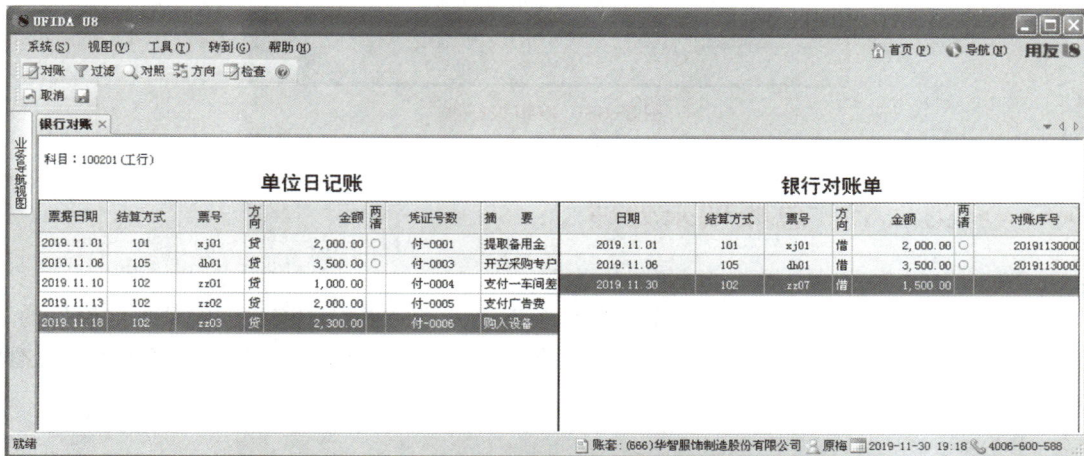

图 3-66 银行自动对账结果

4.银行存款余额调节表查询。银行对账完成以后系统会自动生成银行存款余额调节表（如图3-67所示），可以查询利用。

图 3-67　银行存款余额调节表

四、核销银行账

银行对账的最后操作是核销已达账项（如图 3-68 所示）。在银行对账正确后，可将核对正确的已达账项删除只保留未达账项。如果对账不平则不能核销，否则将造成以后对账错误。本操作不影响银行存款日记账的查询和打印。按组合键 ALT+U 可以进行反核销。

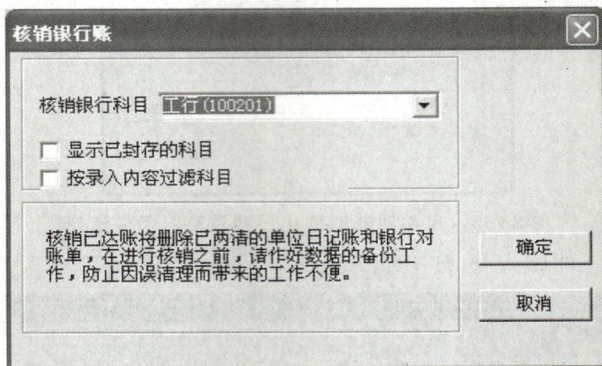

图 3-68　核销银行账

▶▶▶▶▶▶ 第六节　总账期末处理

总账期末处理是指每个会计期末总账系统需要完成的工作。该项工作是承前启后的，首先对当期的总账业务进行最后的检查和总结，然后结转至下一个会计期。总账期末处理主要包括对账和结账。

一、对账

对账是对账簿中的数据与登记账簿的依据或者其他相关账簿报表等进行核对，以检查记账是否正确。账账核对的主要工作是核对总账与明细账、总账与辅助账数据。

实行计算机记账后，只要记账凭证输入正确，记账以后各账簿都应该是正确和平衡的，但由于非法操作、计算机病毒或其他原因，有时可能会造成数据库中某些数据被破坏，因而引起账账不符。为确保相关数据相符，可使用对账功能进行检查，并且由于计算机对账速度很快，对账不会对系统效率造成很大影响，因此在大部分软件中还保留了这项功能（如图3-69所示）。

图3-69　对账

二、结账

结账是总账处理的最后一步，意味着总账在这个会计期间的结束。由于结账只是对核算期间的人为划分，并没有很强的技术要求，因此，这步工作通常都是采用向导方式进行的。

如果系统提示不能结账，需要仔细阅读月度工作报告（如图3-70所示），特别是其中有关凭证记账和其他系统结账状态的信息。具体检查如下内容：如果上月未结账，那本月也不能结账；本月还有未记账凭证时，不能结账；与总账有数据传递关系的子系统未结账，总账不能结账。在本账套中，由于启用了固定资产管理、薪资管理等与总账有数据传递关系的子系统，当这些子系统都没有结账时，总账是不能结账的，需要将这几个子系统先取消启用才能结账。

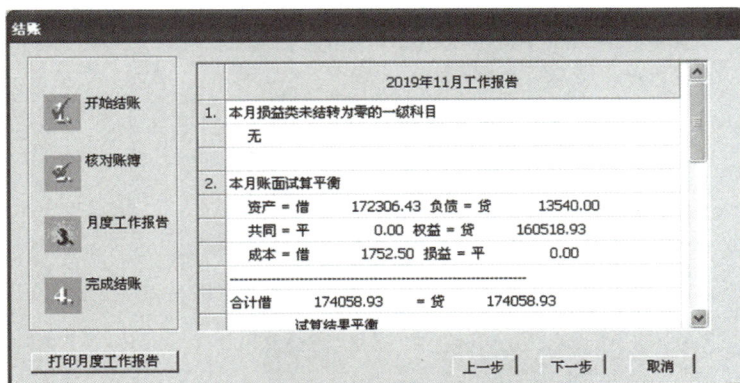

图3-70　结账

三、反结账

如果总账结账以后发现前面的处理存在问题，也可以调用系统提供的反结账功能将结账标记去除，从而为修改错误提供可能。具体操作如下：以账套主管的身份登录总账，在已经结账的最后一个月份按组合键"Ctrl+Shift+F6"，然后输入主管口令，即可完成该月份的反结账工作。

【认知塑造】会计人员在进行会计核算时应当遵章操作、诚信做账，能自主学习会计信息化新知识、新技术，具有较强的语言表达、会计职业判断、沟通和协调能力，具有踏实肯干的工作作风和主动、热情、耐心的服务意识，具有良好的心理素质，具有严谨的工作态度和诚实守信的职业道德，具有强烈的社会责任感、团队精神和协作精神，能够自觉践行《会计人员职业道德规范》所要求的"坚持诚信，守法奉公；坚持准则，守责敬业；坚持学习，守正创新"。

第四章

报表

会计报表是对企业日常核算的资料按一定的表格形式进行综合反映的报告文件。由于日常核算资料具有零星、分散、量大等特点，为了便于各级管理人员一目了然地掌握企业一定时期的经济活动情况及其效益，必须将日常核算资料按统一规定的格式和口径进行汇总和综合。

会计报表是由企业的会计人员根据一定时期（例如月、季、年）的会计记录，按照既定的格式和种类编制的系统的报告文件。随着企业经营活动的扩展，会计报表的使用者对会计信息的需求不断增加，仅仅依靠几张会计报表提供的信息已经不能满足需求，需要通过报表以外的附注等提供更多的信息。

【认知塑造】会计信息是投资决策的支撑因素，信息失真将严重影响决策，会给国家、集体、个人造成重大损失。会计人员在报表编制、信息披露过程中需要融入责任意识，在对外进行财务报告时要满足会计信息质量要求，明确会计目标，在实践中应秉持"不做假账"的基本行为准则，具备主人翁担当、遵纪守法意识、诚信的职业操守以及审慎的专业态度。

用友财务软件的报表管理系统是报表事务处理的工具，称为UFO（user friend office）模块。与其他模块不同的是，它是一个独立于系统数据库的模块，但通过事先定义的各种函数又与系统数据库保持着密切的联系。该系统也可以独立运行，作为一个电子表格软件用于处理日常办公事务。

报表的编制主要有两个步骤：一是设计报表格式；二是生成报表数据。总体来看，计算机方式下报表的编制流程与手工方式下相似，只是侧重点有变化。

▶▶▶▶▶▶ 第一节　报表数据

1.编制2019年11月指标一览表（见表4-1）。

表4-1　　　　　　　　　　　　　　指标一览表

编制单位：　　　　　　　　　　　年　　月　　　　　　　　　　　金额单位：元

项　目	行次	期初数量与金额		期末数量与金额		变化情况	
		数量	金额	数量	金额	数量	金额
库存商品——A服装	1						
银行存款——中行	2						
实收资本	3						
合　计	4						

2.编制2019年11月30日的资产负债表，在报表中定义审核公式和舍位平衡公式。

3.编制2019年11月的利润表。

▶▶▶▶▶▶ 第二节　报表格式设计

由具有操作权限的用户登录企业应用平台，执行财务会计中的 UFO 报表模块，如图 4-1 所示。

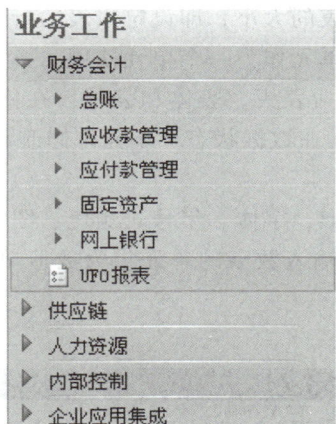

图 4-1　执行 UFO 报表功能

运行 UFO 报表模块后，可以打开一张已有的报表进行编辑，也可以新增一张报表。新增报表时，系统默认进入格式状态，在格式状态下进行报表格式定义（如图 4-2 所示）。通过单击左下角的"格式"按钮可以切换到"数据"状态，进行报表数据的填制。

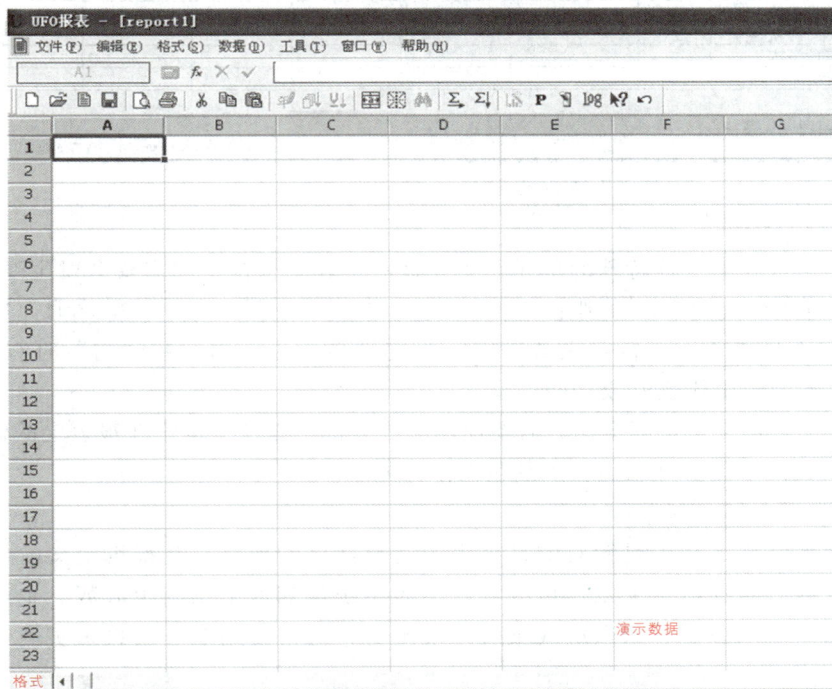

图 4-2　格式状态

一、报表基本格式设计

报表的基本格式是指报表中没有任何数据时报表呈现的形式。基本设计内容如下：

1.报表外观定义

报表外观定义主要针对的是报表中固定不变的项目，具体包括：

① 设置报表尺寸：定义报表的大小，即设定报表的行数和列数。

② 定义组合单元：把几个单元作为一个单元使用。

③ 输入报表中的项目，包括表头、表体和表尾。在格式状态下定义的单元内容为默认表样型，定义为表样型的单元在数据状态下不允许修改和删除。

④ 定义行高和列宽。

⑤ 设置单元风格，包括字形、字体、字号、颜色、图案、折行显示等。

⑥ 设置单元属性：把需要输入数字的单元定为数值单元；把需要输入字符的单元定为字符单元。

报表外观定义如图4-3所示。

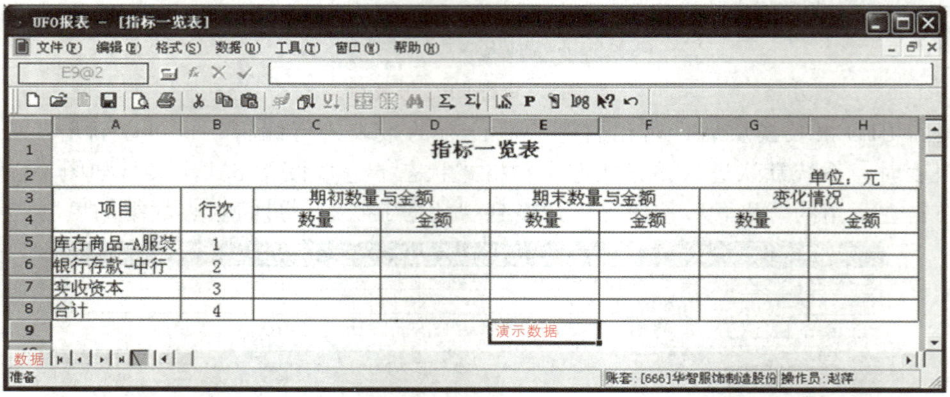

图4-3　外观定义

2.报表关键字定义

关键字是报表中一种特殊的单元，主要针对报表中根据不同需要会发生变化的项目。UFO共提供了6种关键字，分别是"单位名称""单位编号""年""季""月""日"。除此之外，UFO还增加了一个自定义关键字，当定义名称为"周"和"旬"时有特殊意义，可以用于业务函数中代表取数日期。

报表关键字定义是指确定报表需要使用哪些关键字以及关键字在报表上的位置（如图4-4所示），关键字设置好以后会以红色的字体显示。

3.报表计算公式定义

报表计算公式定义主要针对的是报表中需要计算的项目，是报表定义的核心。它确定了报表数据之间的运算关系，可以实现报表系统从其他子系统中取数。企业常用的财务报表数据一般来源于总账系统或报表系统本身，通常使用账务函数来实现数据的自动获取。

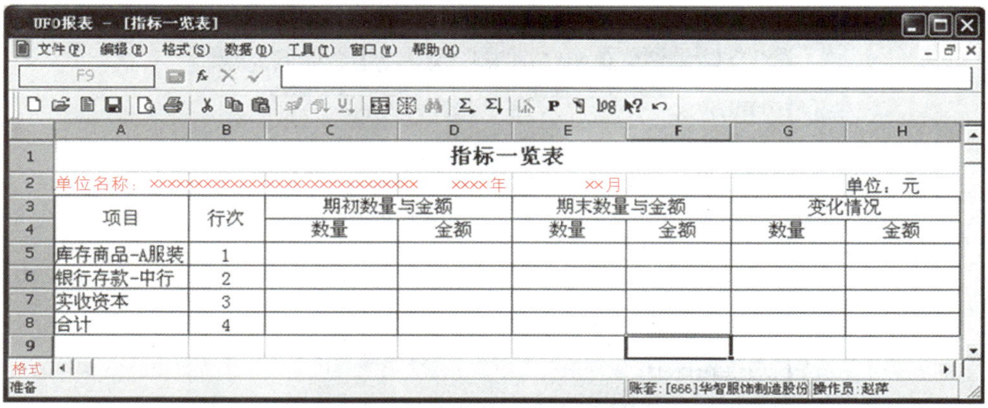

图4-4 关键字定义

账务函数的基本格式为：函数名（<科目编码>，<会计期间>，[方向]，[账套号]，[会计年度]，[编码1]，[编码2]，[截止日期]）。其中，科目编码也可以是科目名称，且必须用双引号标记；会计期间可以是"年""季""月"等变量，也可以是具体表示"年""季""月"的数字；方向即"借"或"贷"，可以省略；账套号为数字；会计年度即数据取数的年度，可以为具体的值，可以定义为关键字"年"，也可以省略；编码1和编码2与科目编码的核算账类有关，可以取科目的辅助账，如职员编码、项目编码等，如无辅助核算则省略。

下面以"库存商品——A服装"科目的期末金额为例，说明项目计算公式的定义方法。

（1）选择需要定义公式的单元格，按"="号，调出定义公式对话框（如图4-5所示）。

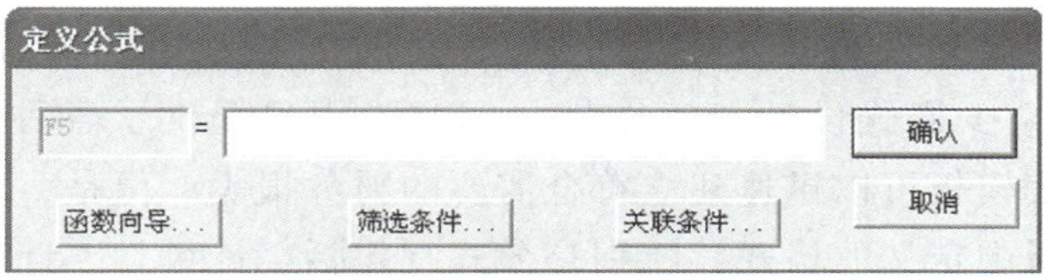

图4-5 定义公式

（2）通过函数向导，根据项目计算要求选择函数（如图4-6所示）。

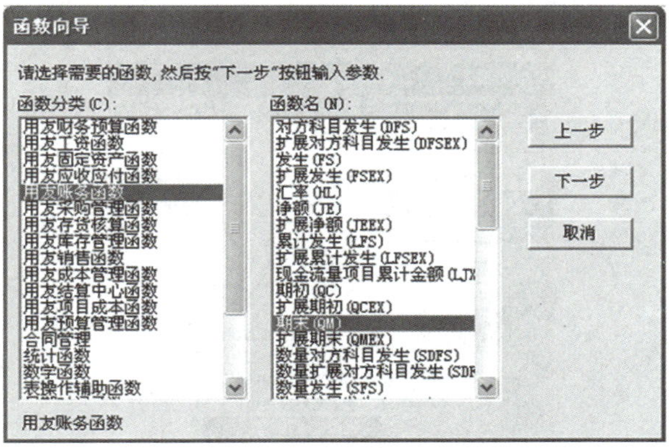

图4-6 选择各项参数内容

（3）确定函数中的参数（如图4-7所示）。

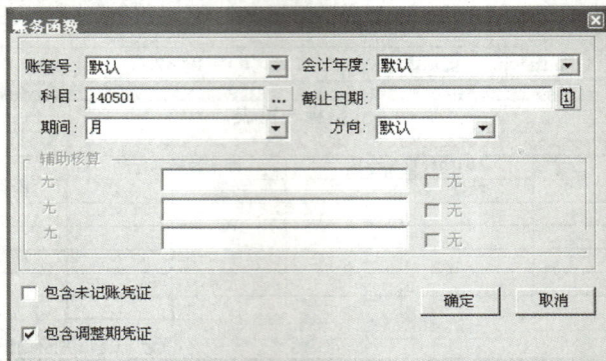

图4-7　库存商品期末金额取数公式参数

（4）完成项目的计算公式定义（如图4-8所示）。

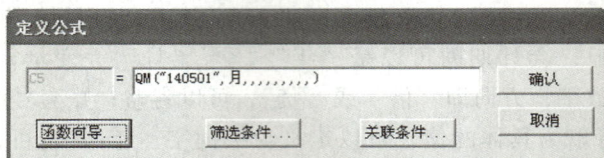

图4-8　库存商品期末金额取数公式

账务函数主要有三类，即取金额的函数、取数量的函数（以S开头）、取外币的函数（以W开头），根据项目计算要求进行选择。

二、报表模板应用

通过报表格式定义和公式定义可以设置个性化的自定义报表。除此之外，对于一些通用会计报表，为了减少格式设计的工作量，UFO为用户提供了各种标准财务报表格式，利用这些预置的报表模板可以迅速建立符合需要的财务报表。但是，使用报表模板时也要注意，必须检查模板中定义的格式，特别是公式（包括会计科目、计算规则等）是否与本单位的要求完全一致，对于不一致的部分需要自己进行调整。下面以资产负债表为例，说明调用模板的操作。

1.在格式菜单中，执行报表模板功能（如图4-9所示）。

图4-9　执行报表模板功能

2.选择资产负债表（如图4-10所示）。

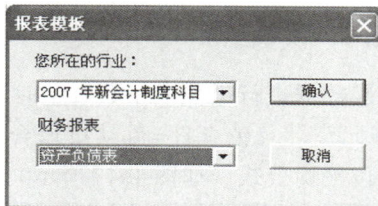

图4-10 选择资产负债表

3.根据企业实际使用情况，对报表模板进行修改完善（如图4-11所示）。

图4-11 资产负债表报表模板

三、定义报表审核公式

如果报表内项目之间或者不同报表的项目之间存在钩稽关系，可以通过定义审核公式，审核这些钩稽关系是否满足，从而发现报表可能存在的错误。例如资产负债表中期初资产合计数与期初权益合计数应该相等，可以定义审核公式以及提示信息（如图4-12所示）。

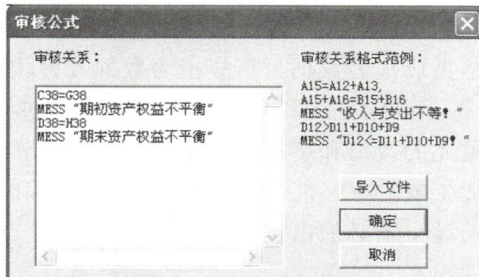

图4-12 定义审核公式

四、定义舍位平衡公式

定义舍位平衡公式用于报表数据进行进位或小数取整时调控数据平衡。例如将资产负债表计量单位"元"改为"万元","负债合计=流动负债合计+非流动负债合计"计算公式应该保持平衡,可以定义舍位平衡公式(如图4-13所示)。

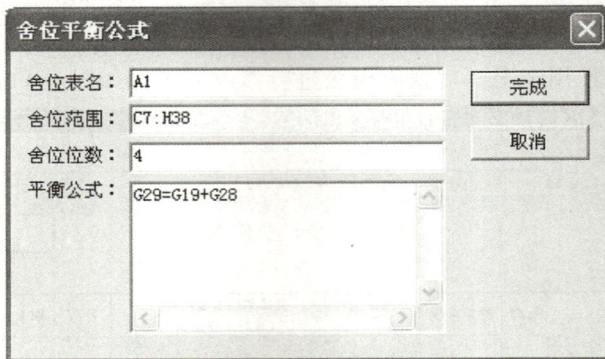

图4-13 定义舍位平衡公式

▶▶▶▶▶▶ 第三节 报表数据处理

在报表的数据状态下可以管理报表的数据,如输入数据、审核、舍位平衡、制作图形、汇总、合并报表等。在数据状态下不能修改报表的格式,所看到的是报表的全部内容,包括格式和数据。报表数据处理一般是针对某一特定表页进行的,因此在数据处理时还涉及表页的操作,如增加、删除、插入、追加表页等。

【认知塑造】习近平总书记指出,诚信是结交天下的根本。这既是中国文化的精髓,也是人类社会进步发展的要义。在实现中华民族伟大复兴的新征程上,我们要以此为遵循,切实推动全方位对外开放,更好实现中国与世界的共同发展。会计报表编制的基本要求是真实可靠,会计人员应当树立诚信观念,讲信用、讲信誉、信守承诺,以真实可靠的交易、事项等会计资料为依据进行报表编制。

一、基本数据处理

报表数据处理主要包括生成报表数据、审核报表数据和舍位平衡等工作,处理时计算机将根据已定义的单元公式、审核公式和舍位平衡公式自动进行取数、审核及舍位等操作。报表的数据包括报表单元的数值和字符以及游离于单元之外的关键字,数值单元只能生成数字,而字符单元既能生成数字又能生成字符。数值单元和字符单元既可以由公式生成,也可以由键盘输入,关键字则必须由键盘输入。

1.录入报表关键字(如图4-14所示)。

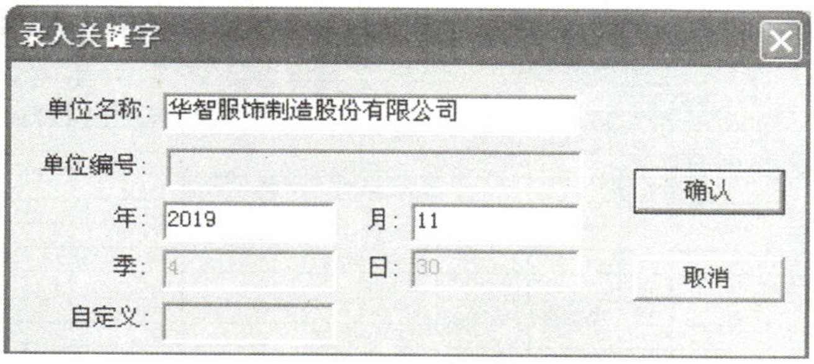

图 4-14　录入报表关键字

2. 指标一览表的输出结果（如图 4-15 所示）。

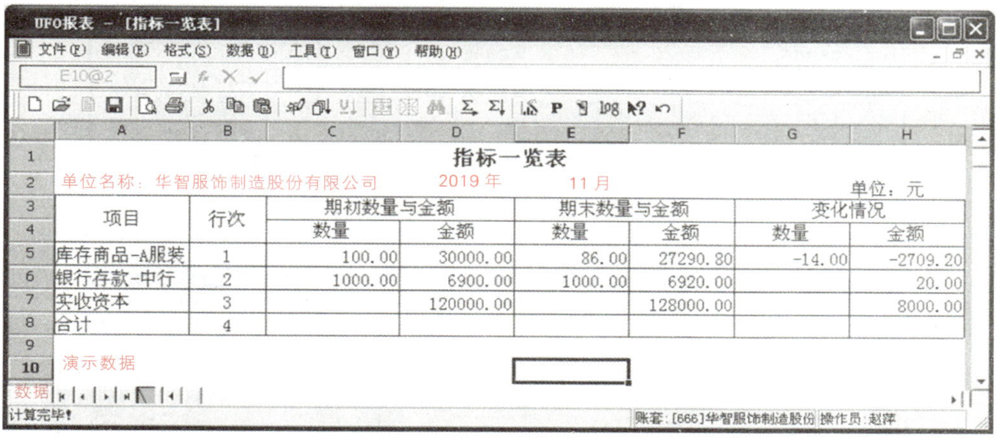

指标一览表

单位名称：华智服饰制造股份有限公司　2019 年　11 月　单位：元

项目	行次	期初数量与金额		期末数量与金额		变化情况	
		数量	金额	数量	金额	数量	金额
库存商品-A服装	1	100.00	30000.00	86.00	27290.80	-14.00	-2709.20
银行存款-中行	2	1000.00	6900.00	1000.00	6920.00		20.00
实收资本	3		120000.00		128000.00		8000.00
合计	4						

演示数据

图 4-15　指标一览表输出结果

3. 资产负债表的输出结果（如图 4-16、图 4-17 所示）。

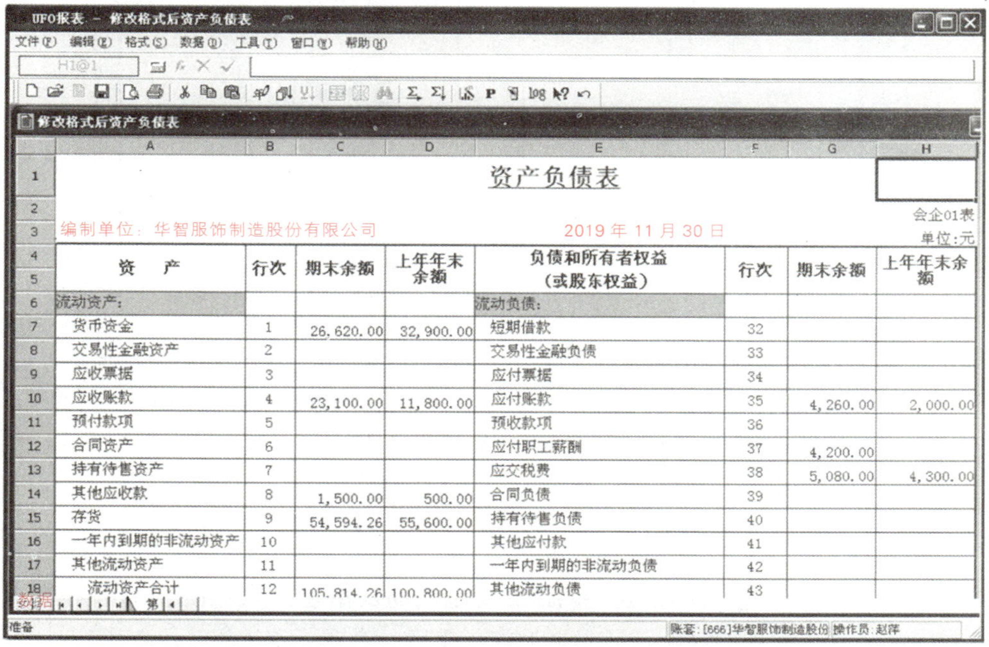

资产负债表

会企01表

编制单位：华智服饰制造股份有限公司　2019 年 11 月 30 日　单位：元

资　产	行次	期末余额	上年年末余额	负债和所有者权益（或股东权益）	行次	期末余额	上年年末余额
流动资产：				流动负债：			
货币资金	1	26,620.00	32,900.00	短期借款	32		
交易性金融资产	2			交易性金融负债	33		
应收票据	3			应付票据	34		
应收账款	4	23,100.00	11,800.00	应付账款	35	4,260.00	2,000.00
预付款项	5			预收款项	36		
合同资产	6			应付职工薪酬	37	4,200.00	
持有待售资产	7			应交税费	38	5,080.00	4,300.00
其他应收款	8	1,500.00	500.00	合同负债	39		
存货	9	54,594.26	55,600.00	持有待售负债	40		
一年内到期的非流动资产	10			其他应付款	41		
其他流动资产	11			一年内到期的非流动负债	42		
流动资产合计	12	105,814.26	100,800.00	其他流动负债	43		

图 4-16　资产负债表输出结果 1

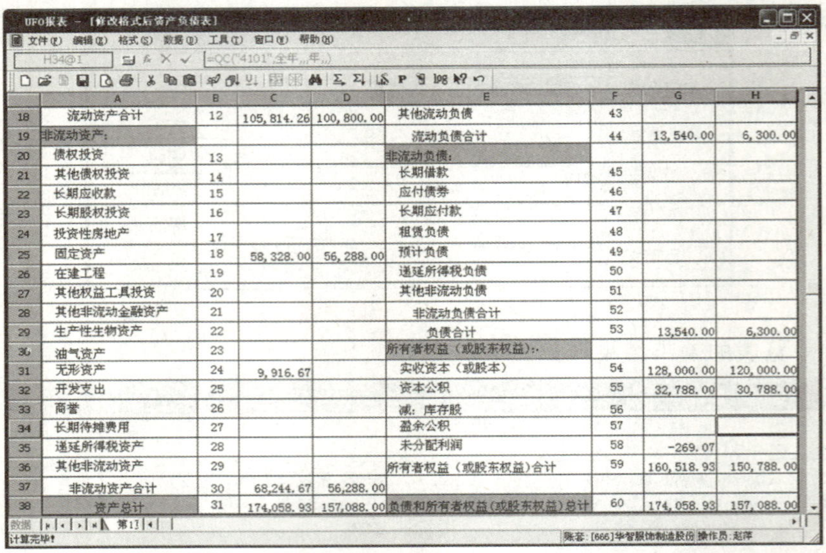

UFO报表 － [修改格式后资产负债表]

	A	B	C	D	E	F	G	H
18	流动资产合计	12	105,814.26	100,800.00	其他流动负债	43		
19	非流动资产:				流动负债合计	44	13,540.00	6,300.00
20	债权投资	13			非流动负债:			
21	其他债权投资	14			长期借款	45		
22	长期应收款	15			应付债券	46		
23	长期股权投资	16			长期应付款	47		
24	投资性房地产	17			租赁负债	48		
25	固定资产	18	58,328.00	56,288.00	预计负债	49		
26	在建工程	19			递延所得税负债	50		
27	其他权益工具投资	20			其他非流动负债	51		
28	其他非流动金融资产	21			非流动负债合计	52		
29	生产性生物资产	22			负债合计	53	13,540.00	6,300.00
30	油气资产	23			所有者权益（或股东权益）:			
31	无形资产	24	9,916.67		实收资本（或股本）	54	128,000.00	120,000.00
32	开发支出	25			资本公积	55	32,788.00	30,788.00
33	商誉	26			减：库存股	56		
34	长期待摊费用	27			盈余公积	57		
35	递延所得税资产	28			未分配利润	58	-269.07	
36	其他非流动资产	29			所有者权益（或股东权益）合计	59	160,518.93	150,788.00
37	非流动资产合计	30	68,244.67	56,288.00				
38	资产总计	31	174,058.93	157,088.00	负债和所有者权益（或股东权益）总计	60	174,058.93	157,088.00

图 4-17　资产负债表输出结果 2

4. 利润表的输出结果（如图 4-18 所示）。

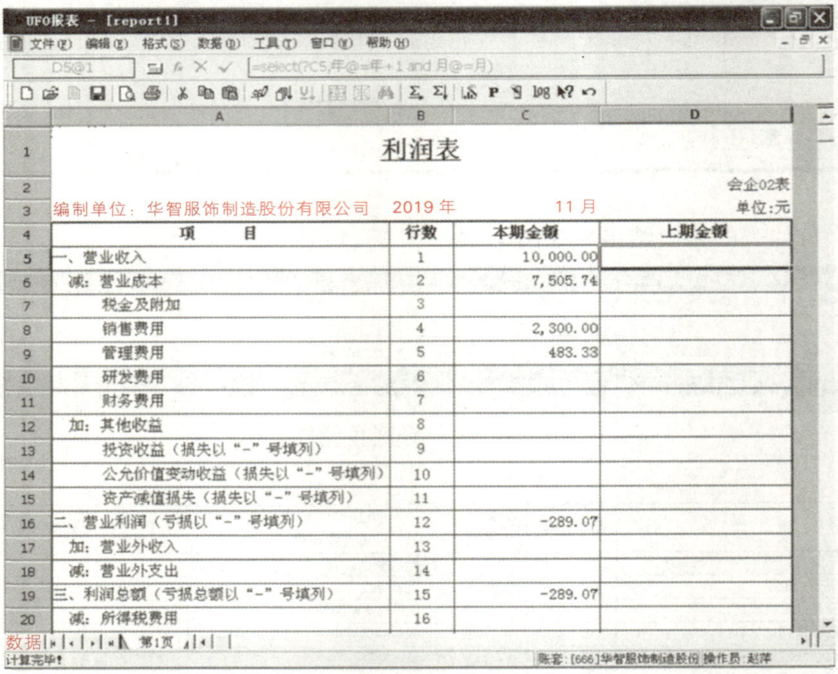

UFO报表 － [report1]

利润表

会企02表

编制单位：华智服饰制造股份有限公司　2019 年　11 月　单位:元

项　目	行数	本期金额	上期金额
一、营业收入	1	10,000.00	
减：营业成本	2	7,505.74	
税金及附加	3		
销售费用	4	2,300.00	
管理费用	5	483.33	
研发费用	6		
财务费用	7		
加：其他收益	8		
投资收益（损失以"-"号填列）	9		
公允价值变动收益（损失以"-"号填列）	10		
资产减值损失（损失以"-"号填列）	11		
二、营业利润（亏损以"-"号填列）	12	-289.07	
加：营业外收入	13		
减：营业外支出	14		
三、利润总额（亏损总额以"-"号填列）	15	-289.07	
减：所得税费用	16		

图 4-18　利润表输出结果

二、表页管理

表页是指在同一张报表中格式相同而数据不同的数据表，用友U8支持每张报表管理99999张表页。表页管理的操作包括表页追加、排序、查找、透视等。

在"数据"状态下，执行"编辑"—"追加"—"表页"功能。输入需要追加的表页数，在当前表页后面追加空白表页（如图4-19、图4-20所示）。

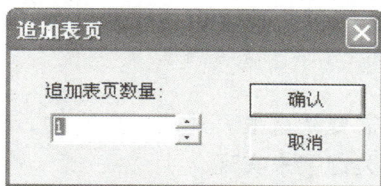

图4-19　执行追加表页功能

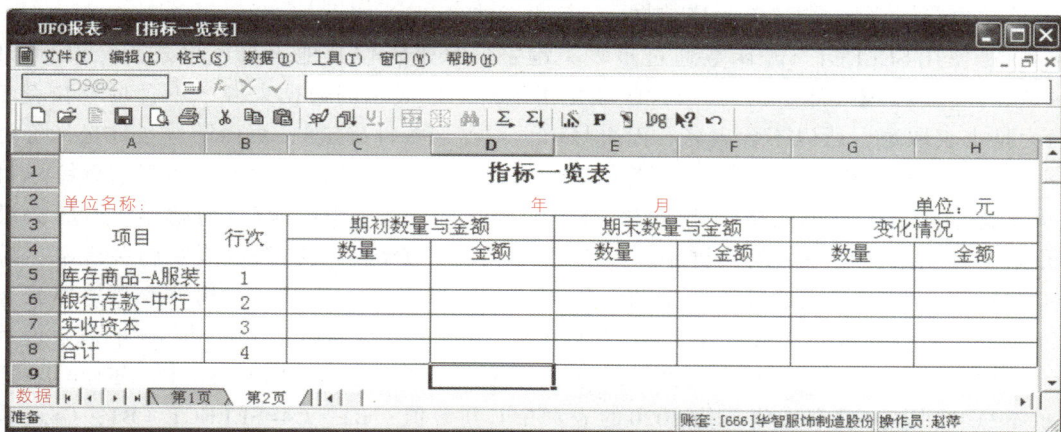

图4-20　表页管理

▶▶▶▶▶▶ # 第四节　报表其他操作

一、报表取数方法

一张报表中单元格数据可以有以下几种来源：在数据状态下直接输入、通过函数从账套中取数、从报表本表页或其他表页取数、根据其他报表表页取数。

（一）本表页取数

在报表中，要引用某一个数据，则需要确定该数据的位置。如果只有一张报表的一张表页，则通过该表页的行（横轴）和列（纵轴）就可以确定某一个数据，即单元格名称。

单元格可以相对引用，也可以绝对引用。如果进行了行列的增删，相对引用公式中数据源区域的首尾将自动调整为新位置，而绝对引用公式中的数据源区域不改变。也就是说，对绝对引用公式进行移动或复制时，系统将精确地复制初始公式中的绝对引用，而相对引用公式自动调整为新位置，所以相对引用公式移动或复制后将指向不同的单元格，而不是初始公式中引用的位置。这些单元格与包含公式备份的单元格之间的关系等同于原始公式中引用的单元格与包含公式本身的单元格之间的关系。

相对引用的方法是在数据源单元前加上问号"?"。例如相对引用单元 A1，可以写为 ? A1，相对引用区域 A1：C2，可以写为? A1:? C2。

（二）跨表页取数

如果某报表有多张表页，需要从该报表其他表页取数，就要加上表页信息，表页信息的唯一性可以通过表页号或者关键字来实现。

一是直接使用表页号，如 A1@1，表示取该报表第一张表页 A1 单元格数据，C5@3 表示取该报表第三张表页 C5 单元格数据。

二是使用 SELECT（）函数通过报表关键字信息来定位其他表页，格式为：SELECT（区域，[页面筛选条件]）。其中，区域是指绝对地址表示的数据来源，不含页号和表名（因为是本表取数，所以不含表名，而页号由页面筛选条件确定）；页面筛选条件是指确定数据源所在表页，格式为：<目标页关键字@|目标页单元格@|变量|常量><关系运算符><目标页关键字@|目标页单元格@|变量|常量>。对公式的理解："@"符号前的年、月等关键字是取数当前表页所录入的关键字，"@"符号后面的关键字是被取数表页的关键字，后面的关键字依据"关系运算符"由前面的关键字计算得出，从而定位到被取数的那张表页。例如，若当前表页中关键字"年"为 2019，此时，B=SELECT（B，年@=年+1）表示本页 B 列取本表关键字"年"为 2018 的表页中 B 列的数值；B=SELECT（C，年@=年-1）表示本页 B 列取关键字"年"为 2020 的表页中 C 列数值；B1：C4=SELECT（B1：C4，单位编号="10"）表示本页 B1：C4 取关键字"单位编号"为"10"的表页中 B1：C4 的数值；B=SELECT（C，单位="华智公司"）表示本页 B 列取关键字"单位"为"华智公司"的表页的 C 列数值。

（三）跨报表取数

如果跨报表取数，需要在前面三维表达方式定位（行、列、表页）的基础上再增加报表名字，例如某张报表单元格需要引用报表名为"资产负债表"的第3张表页 C6 单元格，可以写为"资产负债表"->C6@3。例如，财务指标计算表的公式定义见表4-2。

表 4-2   财务指标计算表

项目	计算公式	结果
流动比率	流动资产/流动负债	"资产负债表"->C18@1/"资产负债表"->G19@1
资产负债率	负债总额/资产总额	"资产负债表"->G29@1/"资产负债表"->C38@1
销售净利率	净利润/营业收入	"利润表"->C21@1/"利润表"->C5@1
资产净利率	净利润/总资产	"利润表"->C21@1/"资产负债表"->C38@1
应收账款周转率	产品销售收入/[（期初应收账款+期末应收账款）÷2]	"利润表"->C5@1/（"资产负债表"->D10@1+"资产负债表"->C10@1）*2

因此，在 UFO 中要确定一个数据的所需要素为：表名、表页、行、列。

二、固定区及可变区

如果一张报表中的行或列的数目会根据不同的情况发生变化，即事先无法准确知道行或列的数量，可以通过设置报表的可变区来适应这些不同数量要求。

可变区是指屏幕显示一个区域的行数或列数的数量是不固定的数目，与之相对应的就是固定区，固定区是指组成一个区域的行数和列数的数量是固定的数目。

可变区的最大行数或最大列数是在格式设计中设定的，在一个报表中只能设置一个可变区，或者是行可变区，或者是列可变区。有可变区的报表称为可变表，没有可变区的报表称为固定表。

设置可变区后，屏幕只显示可变区的第一行或第一列，其他可变行列隐藏在表体内。在以后的数据操作中，可变行列数随着需要可以进行增减（如图4-21、图4-22所示）。

图4-21　设置可变区功能

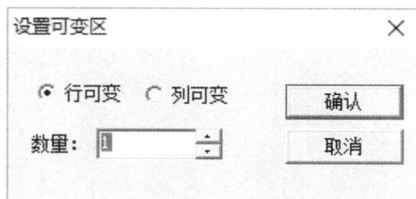

图4-22　设置可变区

三、图表功能

报表数据生成之后，为了对报表数据进行直观的分析和了解，方便对数据进行对比、趋势和结构分析，可以利用图形对数据进行直观显示。UFO图表格式提供了直方图、圆饼图、折线图、面积图四大类共十种格式的图表。图表是利用报表文件中的数据生成的，图表与报表数据存在着密切的联系。报表数据发生变化时，图表也随之变化；报表数据删除后，图表也随之消失（如图4-23所示）。

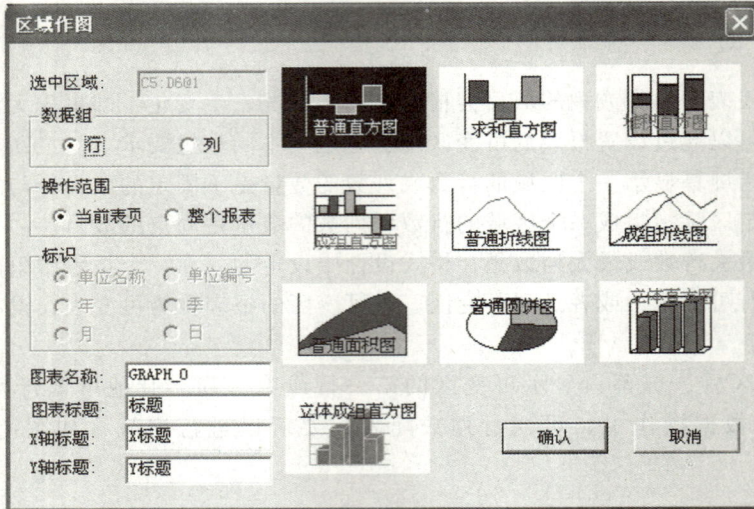

图4-23　图表格式

第五章

薪资管理

薪资管理是指企业依据国家劳动法规和政策，对职工薪资的发放实行计划、组织、协调、指导和监督。薪资的范围包括应发给职工个人的劳动报酬和按国家规定发放的津贴、补贴等。薪资管理是企业管理的重要组成部分，它影响到企业的发展，涉及每一位员工的切身利益，不同的薪资决策会给企业带来不同的结果。符合市场规律、符合企业实际、具有激励机制的薪资方案，可以极大地调动员工的工作积极性，有效地降低薪资成本，更好地提高生产效率。薪资管理工作主要由企业的人力资源管理部门负责，但薪资管理中涉及薪资的计算以及账务处理等内容，需要财务部门根据人力资源管理部门提供的原始数据进行处理。

【认知塑造】薪资关乎国计民生，影响社会稳定。薪资核算要准确，薪资发放要及时，不得拖欠。从组织角度看，企业要树立高度的社会责任意识；从个人角度看，依法纳税是公民应尽的义务。

▶▶▶▶▶▶ 第一节　薪资管理数据

一、薪资管理初始化数据

（一）薪资账套参数

1. 薪资类别个数为多个。
2. 核算计件工资。核算币种为人民币。
3. 要求代扣个人所得税。
4. 不进行扣零处理。

（二）薪资项目

除系统预置的项目以外，其他薪资项目见表5-1。

表 5-1　　　　　　　　　　　　　薪资项目

项目名称	类型	长度	小数位	增减项
基本工资	数字	8	2	增项
奖金	数字	8	2	增项
交通补贴	数字	8	2	增项
事假天数	数字	2	0	其他
事假扣款	数字	8	2	减项
养老保险	数字	8	2	减项
医疗保险	数字	8	2	减项
失业保险	数字	8	2	减项

项目名称	类型	长度	小数位	增减项
住房公积金	数字	8	2	减项
子女教育专项	数字	8	2	其他
继续教育专项	数字	8	2	其他
大病医疗专项	数字	8	2	其他
住房贷款专项	数字	8	2	其他
住房租金专项	数字	8	2	其他
赡养老人专项	数字	8	2	其他
个税缴纳基数	数字	8	2	其他

（三）个人所得税税率表

从2018年10月1日起，工资、薪金所得基本减除费用为5 000元/月，外籍人员不再享受附加减除费用，适用新的个人所得税税率（见表5-2）。自2019年1月1日起，将劳务报酬、稿酬、特许权使用费等三项所得与工资、薪金合并起来计算纳税，并实行专项附加扣除。

表5-2　　　　　　　**个人所得税税率表（工资、薪金所得适用）**　　　　　　金额单位：元

级数	全月应纳税所得额下限	全月应纳税所得额上限	税率（%）	速算扣除数
1	0	3 000	3	0
2	3 000	12 000	10	210
3	12 000	25 000	20	1 410
4	25 000	35 000	25	2 660
5	35 000	55 000	30	4 410
6	55 000	80 000	35	7 160
7	80 000		45	15 160

应纳个人所得税额=应纳税所得额×适用税率-速算扣除数

（四）工资类别建立（正式员工）

工资类别名称：正式员工，11月1日启用。

1.部门选择：所有部门。

2.工资项目：基本工资、奖金、交通补贴、事假天数、事假扣款、养老保险、医疗保险、失业保险、住房公积金、子女教育专项、继续教育专项、大病医疗专项、住房贷款专项、住房租金专项、赡养老人专项、个税缴纳基数。

3.正式员工档案（见表5-3），代发工资银行均为中国工商银行。

表 5-3   **正式员工档案**

人员编码	姓名	所在部门	人员类别	账号	是否为中方人员	是否计税	是否核算计件工资
000	雷俊	办公室	企业管理人员	20090080001	是	是	是
001	王剑	财务部	企业管理人员	20090080002	是	是	是
002	原梅	财务部	企业管理人员	20090080003	是	是	是
003	赵萍	财务部	企业管理人员	20090080004	是	是	是
004	夏天	采购部	经营人员	20090080005	是	是	是
005	覃强	销售部	经营人员	20090080006	是	是	是
006	黄月	一车间	生产人员	20090080007	是	是	是
007	洪岩	二车间	车间管理人员	20090080010	是	是	是

4.正式员工工资项目计算公式（见表5-4）。

表 5-4   **正式员工工资项目计算公式**

工资项目	公 式
事假扣款	事假天数*基本工资/30
交通补贴	iff（人员类别="企业管理人员"，80，iff（人员类别="经营人员"，100，90））
养老保险	基本工资*0.08
医疗保险	基本工资*0.02
失业保险	基本工资*0.005
住房公积金	基本工资*0.12
个税缴纳基数	应发合计-养老保险-医疗保险-失业保险-住房公积金-子女教育专项-继续教育专项-大病医疗专项-住房贷款专项-住房租金专项-赡养老人专项

（五）工资类别建立（临时员工）

工资类别名称：临时员工，11月1日启用。

1.部门选择：仓库。

2.工资项目：基本工资、养老保险、医疗保险、失业保险、住房公积金、子女教育专项、继续教育专项、大病医疗专项、住房贷款专项、住房租金专项、赡养老人专项、个税缴纳基数。

3.临时员工档案（见表5-5），代发工资银行均为中国工商银行。

表 5-5   **临时员工档案**

人员编号	姓名	所在部门	人员类别	账号	是否为中方人员	是否计税	是否核算计件工资
008	朱周强	原材料库	企业管理人员	20060080008	是	是	是
009	庄青	成品库	企业管理人员	20060080009	是	是	是

4.临时员工工资项目计算公式（见表5-6）。

表5-6　　　　　　　　　　　　　　临时员工工资项目计算公式

工资项目	公　式
养老保险	（计件工资+基本工资）*0.08
医疗保险	（计件工资+基本工资）*0.02
失业保险	（计件工资+基本工资）*0.005
住房公积金	（计件工资+基本工资）*0.12
个税缴纳基数	应发合计-养老保险-医疗保险-失业保险-住房公积金-子女教育专项-继续教育专项-大病医疗专项-住房贷款专项-住房租金专项-赡养老人专项

（六）计件工资设置

1.计件要素设置（见表5-7）。

表5-7　　　　　　　　　　　　　　计件要素

名　称	类型	数据类型	长度	小数位	启用
工时	标准	字符型	10	0	是
白班工时	数量	数值型	12	2	是
晚班工时	数量	数值型	12	2	是
白班工价	单价	数值型	12	4	是
晚班工价	单价	数值型	12	4	是

2.计件工价设置（见表5-8）。

表5-8　　　　　　　　　　　　　　计件工价　　　　　　　　　　　　单位：元

工　时	白班工价	晚班工价
白班工时	20	0
晚班工时	0	40

3.计件公式设置。

计件工资=白班工时*白班工价+晚班工时*晚班工价

计件工资=isnull（计件工资明细表.白班工时，0）* isnull（计件工资明细表.白班工价，0）+ isnull（计件工资明细表.晚班工时，0）* isnull（计件工资明细表.晚班工价，0）

二、薪资管理日常业务

1.根据11月份正式员工基本工资等数据（见表5-9），进行工资变动。

表 5-9　　　　　　　　　　　　　　　　　　正式员工工资数据　　　　　　　　　　金额单位：元

姓　名	基本工资	奖金	事假天数	子女教育专项	继续教育专项	大病医疗专项	住房贷款专项	住房租金专项	赡养老人专项
雷俊	11 000	500	1	1 000					1 000
王剑	9 000	300		1 000			1 000		2 000
原梅	8 000	200		1 000					1 000
赵萍	8 500	200							2 000
夏天	8 000	200	1				1 000		
覃强	9 000	300					1 000		
黄月	10 500	450		1 000				1 000	1 000
洪岩	9 000	300	2	1 000			1 000		

2. 根据 11 月份临时员工工时统计（见表 5-10），计算计件工资。

表 5-10　　　　　　　　　　　临时员工计件工时统计表　　　　　　　　　　　单位：小时

姓　名	白班工时	晚班工时
朱周强	160	80
庄青	150	90

3. 根据 11 月份临时员工基本工资等数据（见表 5-11），进行工资变动。

表 5-11　　　　　　　　　　　　　临时员工工资数据　　　　　　　　　　　　单位：元

姓名	基本工资	子女教育专项	继续教育专项	大病医疗专项	住房贷款专项	住房租金专项	赡养老人专项
朱周强	6 800	1 000			1 000		1 000
庄青	7 000	1 000			1 000		2 000

4. 进行工资类别汇总。

5. 根据汇总工资类别进行工资分摊。应付工资总额等于工资项目"应发合计"，工会经费、职工教育经费以此为计提基数。各类费用分配的转账分录见表 5-12。

6. 原材料库临时员工朱周强月底调动至办公室，转为正式员工。

表 5-12　　　　　　　　　　　各类费用分配的转账分录

工资分摊部门及人员类别		应付工资（100%）		工会经费（2%）、职工教育经费（2.5%）	
		借方	贷方	借方	贷方
办公室、财务部、原材料库、成品库	企业管理人员	管理费用	应付职工薪酬	管理费用	应付职工薪酬
采购部、销售部	经营人员	销售费用	应付职工薪酬		
一车间、二车间	车间管理人员	制造费用	应付职工薪酬		
	生产人员	基本生产成本——服装生产（产品生产——A 服装）	应付职工薪酬		

▶▶▶▶▶▶ 第二节 薪资管理初始化

一、数据权限控制设置

由于系统默认工资权限受控制，因此在进行薪资管理操作前需要进行数据权限控制设置，否则会导致相关操作人员无法进行薪资管理操作。

【认知塑造】薪资业务处理有着规范的流程，如计算、分摊、月末处理等。如果流程出现差错，结果将是不可逆的。因而，在业务处理过程中，会计人员要具有科学、严谨的工作作风，严格按照流程操作，避免因流程差错影响业务处理结果。与此同时，期末业务有严格的先后处理顺序，顺序颠倒将直接影响会计信息质量结果，造成会计信息失真，因而要注重培养会计人员的责任意识，加强分工协作。

1.以账套主管的身份登录企业应用平台，选择"系统服务"—"权限"菜单，执行"数据权限控制设置"功能（如图5-1所示）。

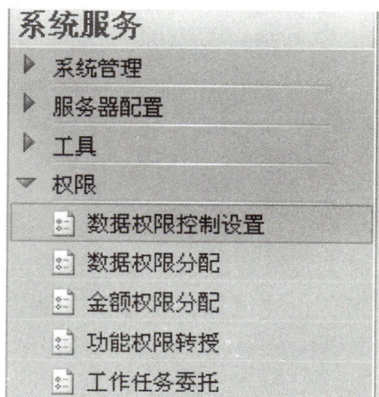

图5-1 执行数据权限控制设置功能

2.在记录级页框中将"部门""工资权限"业务对象选项前默认的"√"去除，这样不具备账套主管权限的会计人员才能完整地进行工资业务操作，否则需要进入"数据权限分配"给操作员授予相应部门和工资权限才能进行薪资业务操作（如图5-2所示）。

二、建立工资账套

第一次使用薪资管理系统时，必须建立工资账套，实际上就是对薪资管理系统进行初始化，使它能够满足使用单位的核算要求。具体步骤如下：

1.选择"业务工作"—"人力资源"—"薪资管理"（如图5-3所示）。

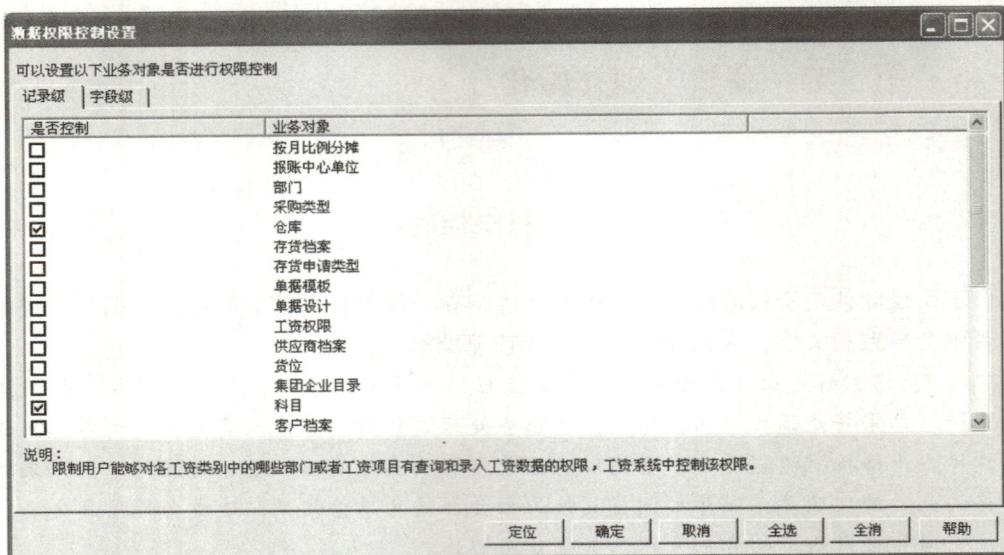

图5-2　选择控制对象

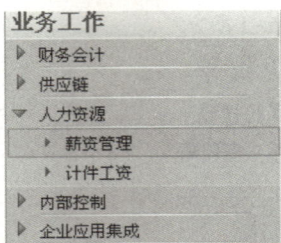

图5-3　执行薪资管理功能

2.在"参数设置"中，工资类别个数（也称工资核算方案）通常选择"多个"。即使目前企业只有一种工资核算方案，也建议选择"多个"而不是"单个"，这样便于将来进行扩展。由于本账套中有计件工资核算内容，因此"是否核算计件工资"选项也勾选（如图5-4所示）。

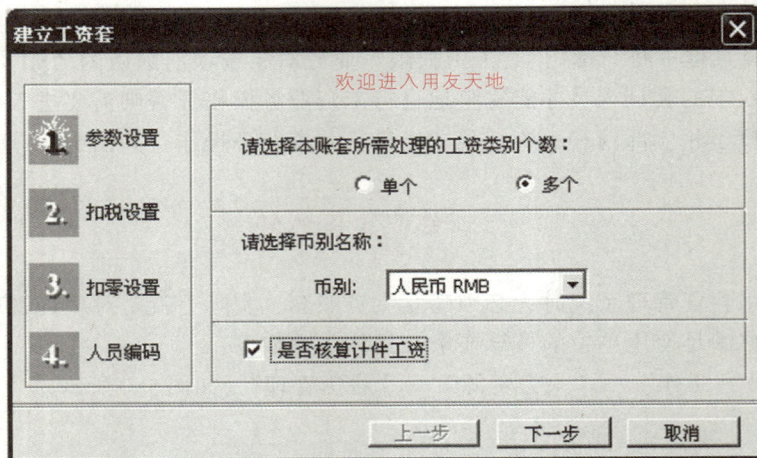

图5-4　参数设置

3.在"扣税设置"中，根据单位实际情况，决定是否勾选"是否从工资中代扣个人所得税"选项。本账套核算要求勾选该选项（如图5-5所示）。

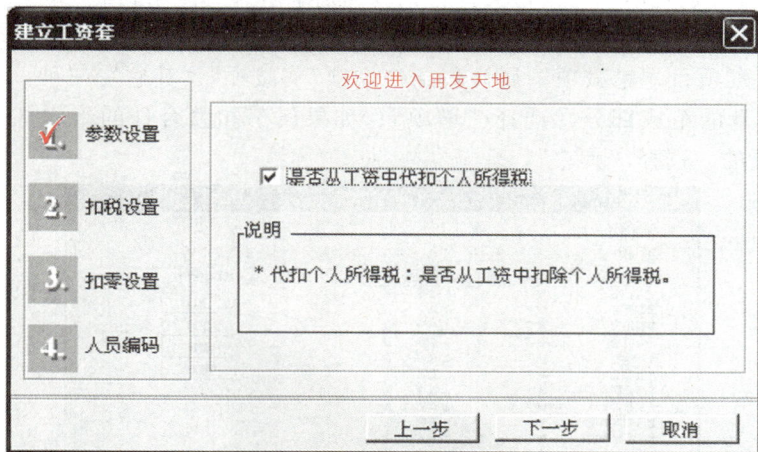

图5-5　扣税设置

4.在"扣零设置"中，如果采取银行代发工资形式，则通常不选择扣零设置；如果采取现金发放工资形式，则需要选择扣零设置，这样便于工资的发放。本账套核算要求不选择该选项。

5.在"人员编码"中，编码要与公共平台的人员编码保持一致。

三、基础信息设置

在建立工资账套的基础上对其他与工资核算相关的信息进行设置，包括人员附加信息设置、工资项目设置。

（一）人员附加信息设置

如果在工资核算的同时想了解人员的其他信息，可以选择附加信息。例如，要了解人员的身份证号、民族、技术职称等，可在此进行选择（如图5-6所示）。

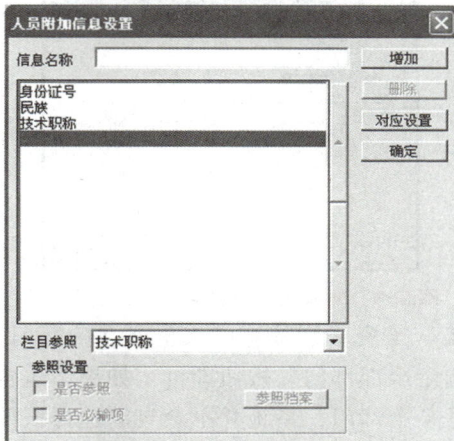

图5-6　人员附加信息设置

（二）工资项目设置

在建立工资类别之前，需要定义好各工资类别中所有可能用到的工资项目，供工资类别建立后进行选择，每个工资项目包括名称、类型、长度、小数、增减项等参数（如图5-7所示）。工资项目"增减项"属性包括"增项""减项""其它"三种。该工资项目如果属于应发合计的组成部分，选择"增项"；如果属于扣款合计的组成部分，选择"减项"；除此以外的，选择"其它"。

图5-7　工资项目设置

四、工资类别建立（正式员工）

工资类别的建立是薪资管理操作的重要步骤，是实现人员工资分类管理的前提。具体操作步骤如下：

（一）建立工资类别

1.在工资类别菜单中选择"新建工资类别"，输入工资类别名称"正式员工"（如图5-8所示）。

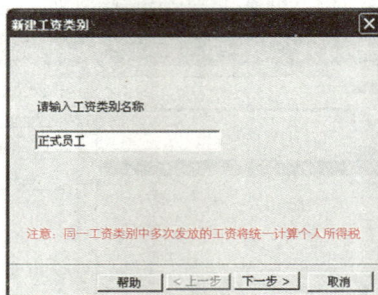

图5-8　输入工资类别名称"正式员工"

2.选择纳入"正式员工"工资类别核算的人员所在的部门（如图5-9所示）。如果包含所有部门，只要单击"选定全部部门"按钮即可。如果不包含全部部门，则需要手动选择。需要注意，手动选择了某个部门，系统并不会自动选择该部门的下级单位，该部门的下级单位还需要手动逐个勾选。

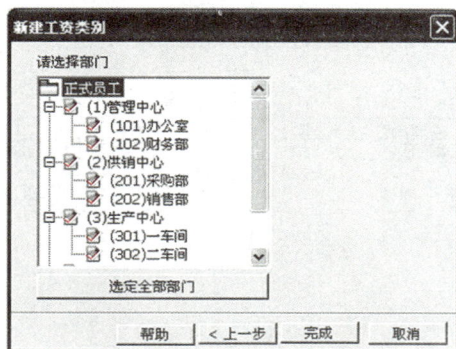

图5-9 选择"正式员工"所在部门

3.确定该工资类别的启用日期（如图5-10所示）。该日期与系统登录日期一致，若要修改工资类别的启用日期，必须以需要的启用日期重新登录系统。

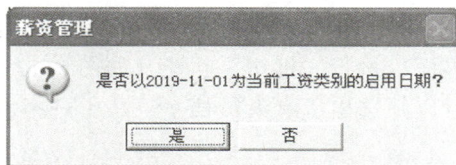

图5-10 确定启用日期

建好一个新的工资类别时，系统会自动打开该工资类别，工资类别的信息会在状态栏上显示。除此以外，要进入该工资类别，需要手动打开。针对一个工资类别的具体操作一定要在打开该工资类别的情况下进行才有效。工资类别不使用时可以关闭或者删除。

如果一个工资类别存在多次发放工资的情况，则需要进行发放次数管理，即对发放次数进行增加、删除、修改、停用等操作（如图5-11所示）。如果企业中每个月发放工资、薪金的次数不止一次，就要建立新的发放次数，比如周薪、补发以前期间工资、年终奖等都要用到多次发放。工资类别的发放次数管理要在退出工资类别的情况下才能进行。

通过执行"升级多次"功能，将单次发放转变为多次发放，然后执行"增加次数"功能加入其他发放次数，系统会将每一个发放次数当做一个工资类别来处理（如图5-12所示）。

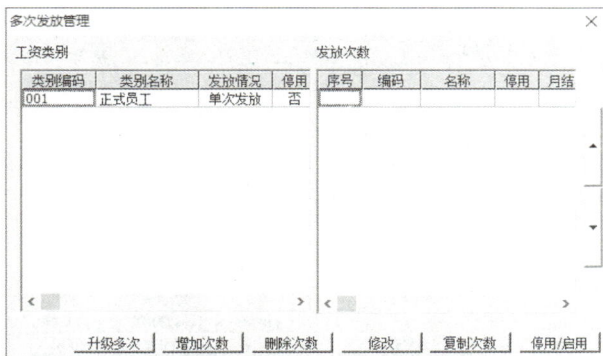

图5-11 多次发放管理

（二）工资类别的具体设置（正式员工）

工资类别建立以后，还要对该工资类别进行设置，可以看做对该工资类别的初始化，具体包括如下内容：

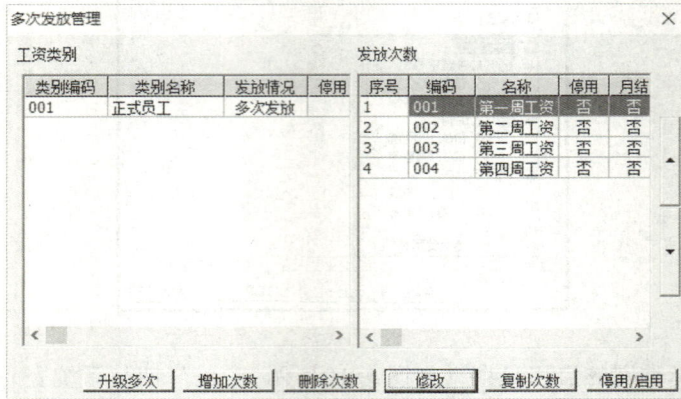

图 5-12　增加发放次数

1.人员档案建立，即建立属于这个工资类别核算的人员档案。

①进入人员档案设置界面，执行"批增"功能（如图 5-13 所示）。

②点击"查询"按钮可以筛选出所有人员档案，从中选择属于该工资类别的人员（如图 5-14 所示）。

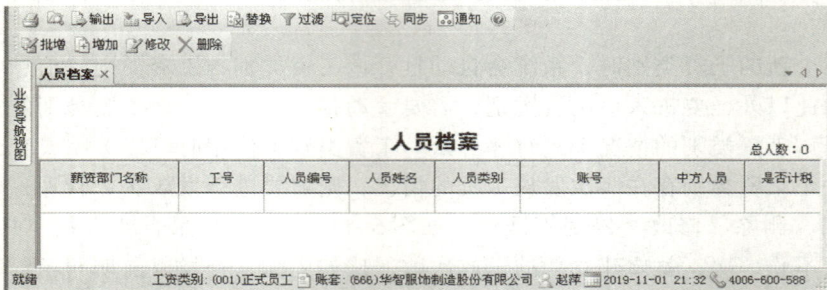

图 5-13　输入人员档案基本信息

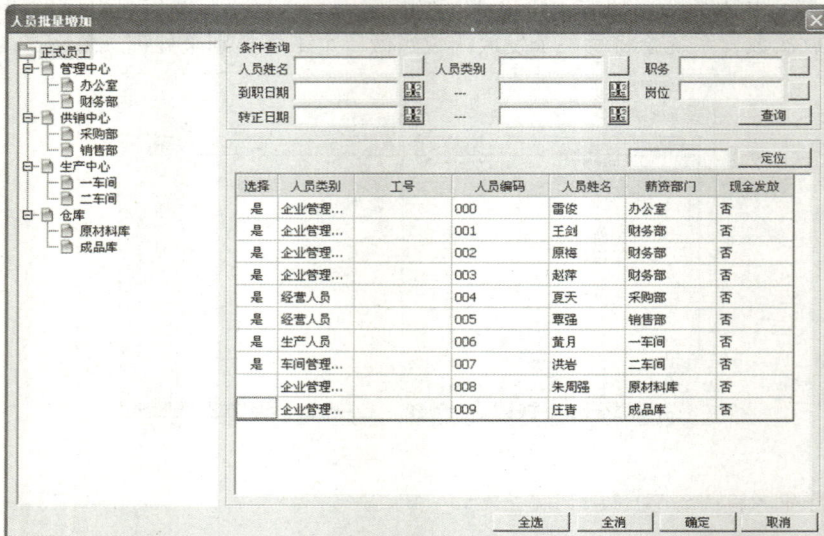

图 5-14　人员批量增加

③由于从基础档案中批量引入的人员档案信息不包含员工的代发银行账号信息，所以，还需要手工输入每位员工的账号，才能进行后续的银行代发工作（如图 5-15 所示）。

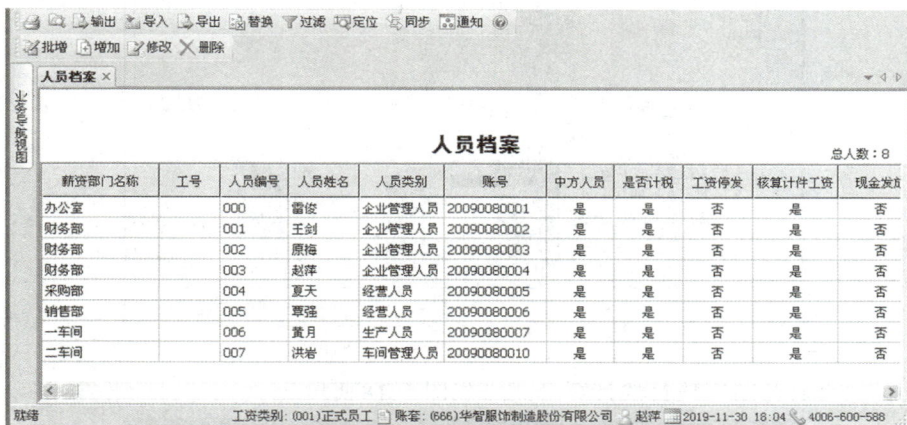

图 5-15　人员档案信息

2.选择工资项目，设置工资项目计算公式。工资类别建立以后，其中只有部分系统默认项目，还需要进行工资项目选择，以满足该类别工资核算要求。在此基础上，如果选入的工资项目计算是有规律的，可以进行公式设置，减少人工计算的工作量。

①选择该工资类别需要使用的工资项目。工资类别中需要使用的工资项目只能从"名称参照"下拉列表框中选择，选择对象是在建立工资类别之前已经定义好的工资项目，并根据要求调整好工资项目的上下顺序，它将影响工资计算表中工资项目出现的顺序（如图 5-16 所示）。

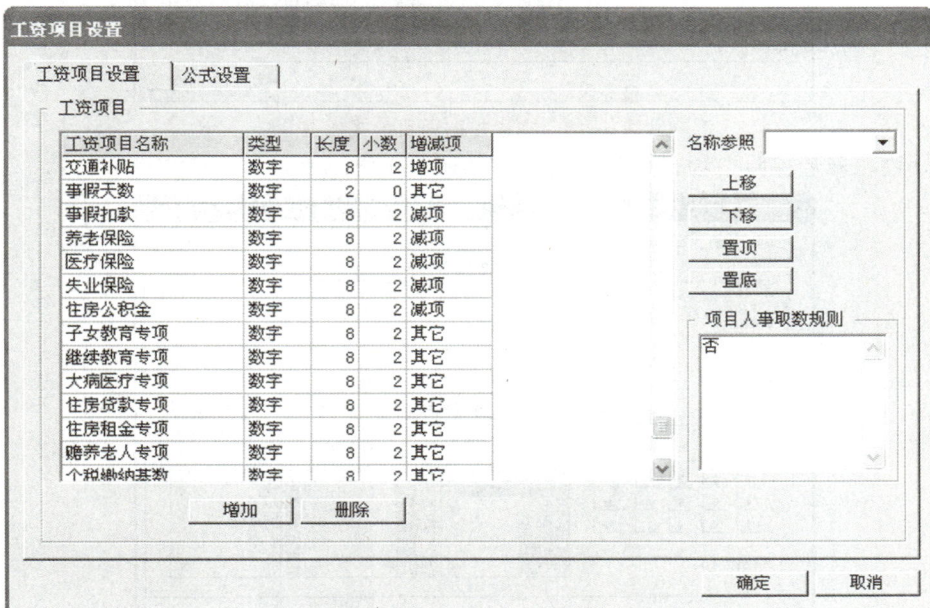

图 5-16　正式员工工资项目设置

②在"公式设置"中设置"事假扣款"项目的计算公式（如图 5-17 所示）。

　　　　　　　　　　　　　　第五章　薪资管理

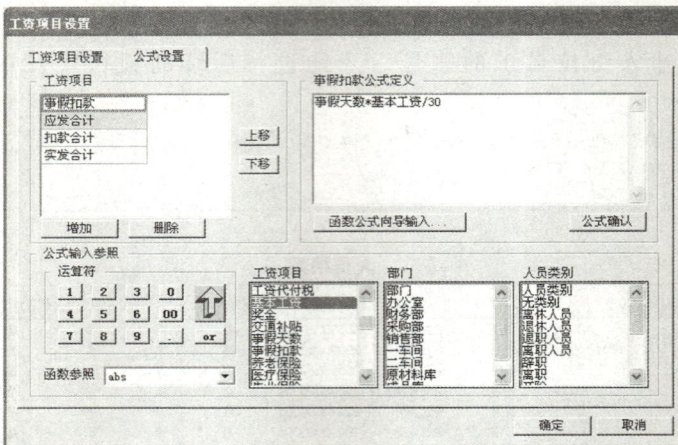

图 5-17　事假扣款项目公式设置

③设置"交通补贴"项目的计算公式（如图 5-18 所示）。

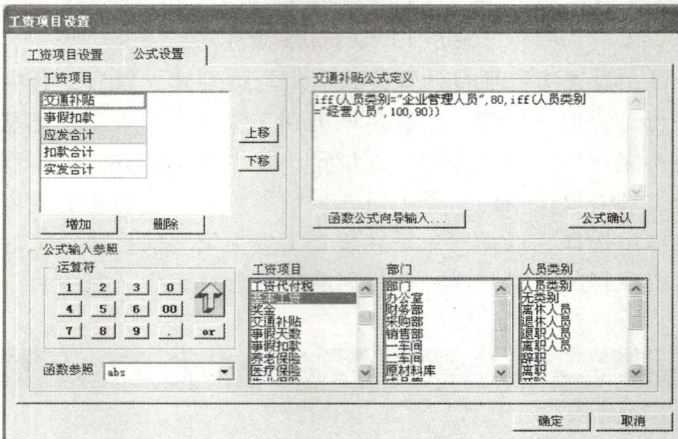

图 5-18　交通补贴项目公式设置

④设置"养老保险"项目的计算公式（如图 5-19 所示）。

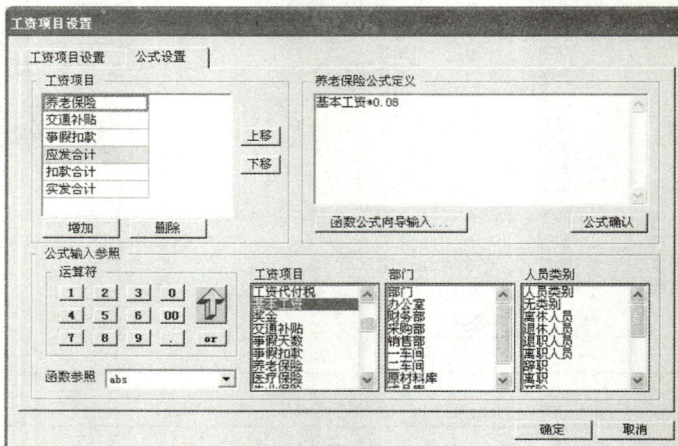

图 5-19　养老保险项目公式设置

⑤设置"医疗保险"项目的计算公式（如图5-20所示）。

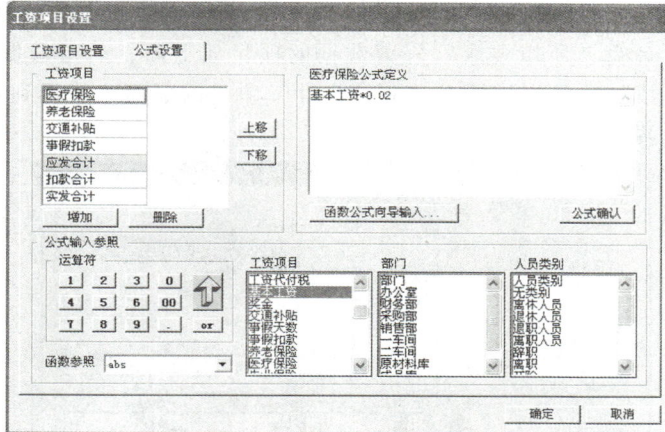

图5-20　医疗保险项目公式设置

⑥设置"失业保险"项目的计算公式（如图5-21所示）。

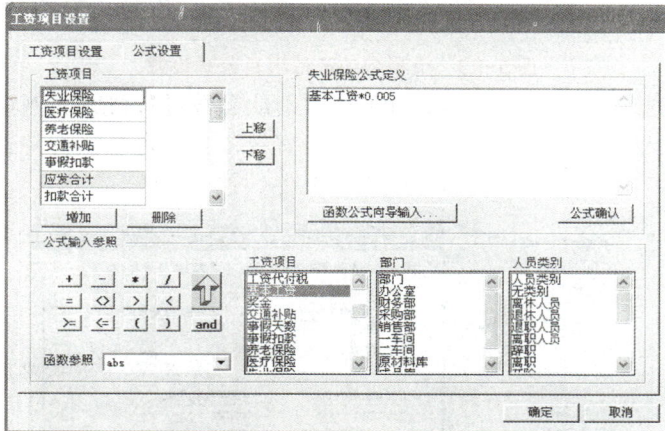

图5-21　失业保险项目公式设置

⑦设置"住房公积金"项目的计算公式（如图5-22所示）。

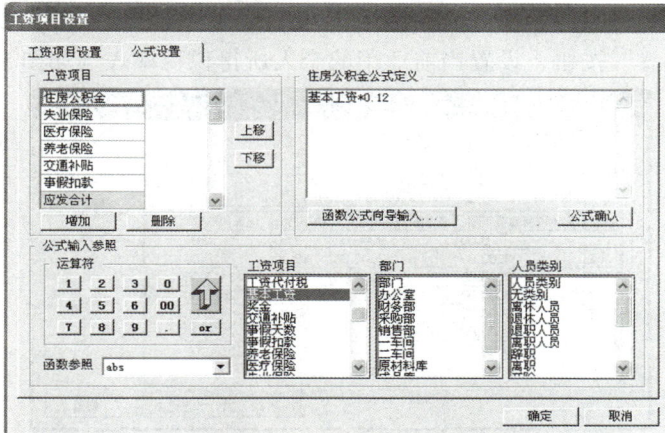

图5-22　住房公积金项目公式设置

　　　第五章　薪资管理

⑧设置"个税缴纳基数"项目的计算公式（如图5-23所示）。定义工资项目计算公式以后，还需要调整定义了公式的工资项目排列顺序，系统会按照工资项目的排列顺序自上而下进行工资项目计算，所以要求"先得数据的项目放上面，后得数据的项目放下面"。例如"个税缴纳基数"项目应该放在"应发合计"项目的下面才能得到正确的计算结果，否则该项目计算结果可能为负数。

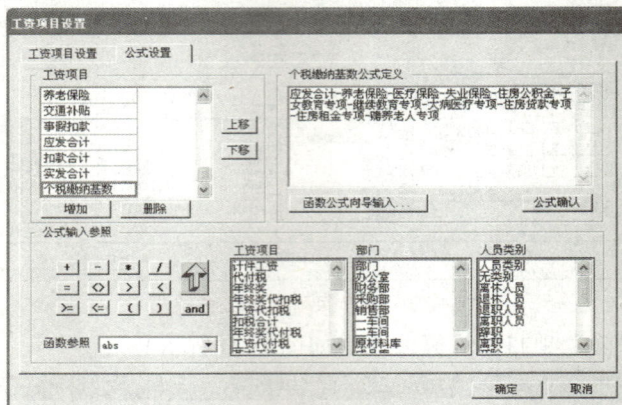

图5-23　个税缴纳基数项目公式设置

3.工资类别的选项设置。如果需要对工资类别的参数进行修改，例如进行工资类别的扣税设置，检查收入额合计、个人所得税税率设置等信息，可以执行"选项"功能（如图5-24所示）。

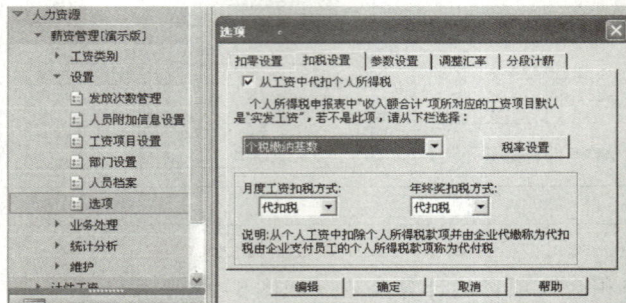

图5-24　扣税设置

点击"税率设置"按钮，设置当前适用的个人所得税税率表（如图5-25所示）。

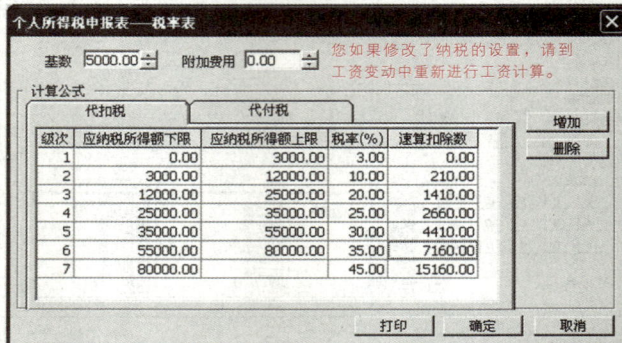

图5-25　个人所得税税率表

五、工资类别建立（临时员工）

（一）建立工资类别

1.输入工资类别名称"临时员工"（如图5-26所示）。

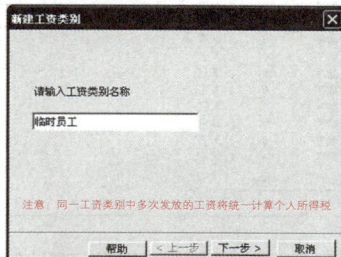

图5-26　输入工资类别名称"临时员工"

2.选择临时员工所在部门。只有仓库聘请了临时员工，这时只需要选择"仓库"，并选择下属的"原材料库"和"成品库"（如图5-27所示）。

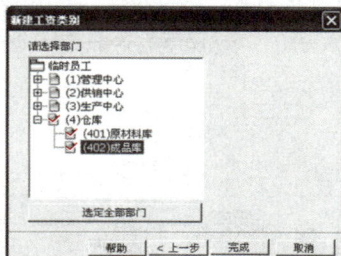

图5-27　选择"临时员工"所在部门

（二）临时员工工资类别的具体设置

1.建立临时员工档案（如图5-28所示）。

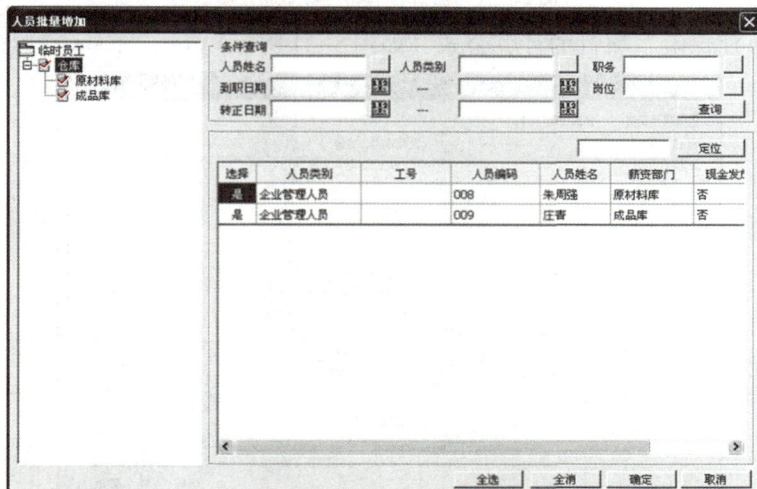

图5-28　建立临时员工档案

第五章　薪资管理

2.选择临时员工工资类别需要的工资项目（如图5-29所示）。

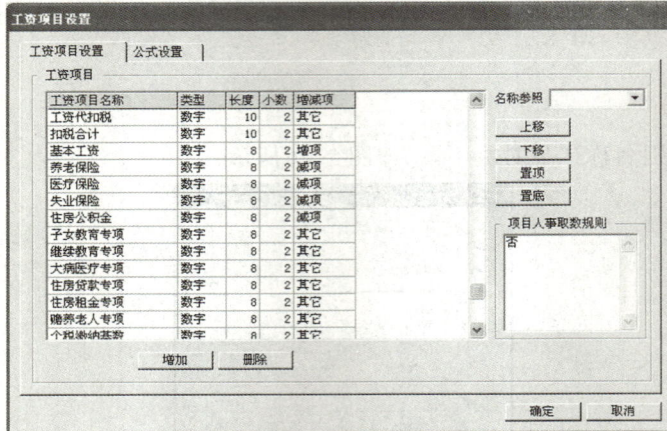

图5-29　临时员工工资项目设置

3.设置"养老保险"项目的计算公式（如图5-30所示）。

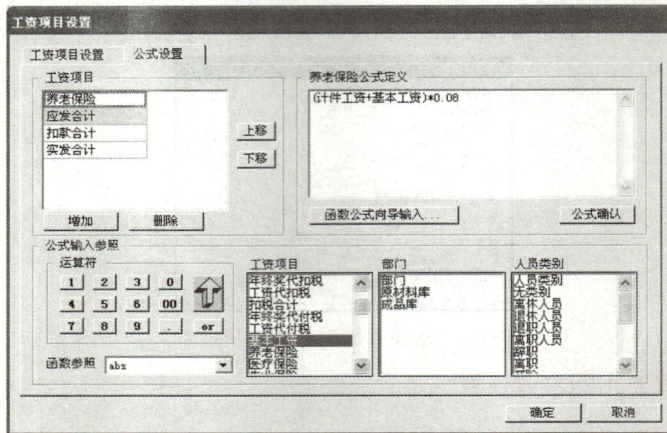

图5-30　养老保险项目公式设置

4.设置"医疗保险"项目的计算公式（如图5-31所示）。

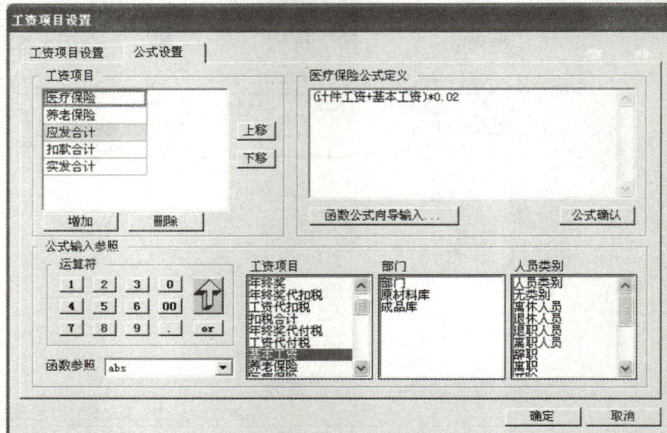

图5-31　医疗保险项目公式设置

5.设置"失业保险"项目的计算公式（如图5-32所示）。

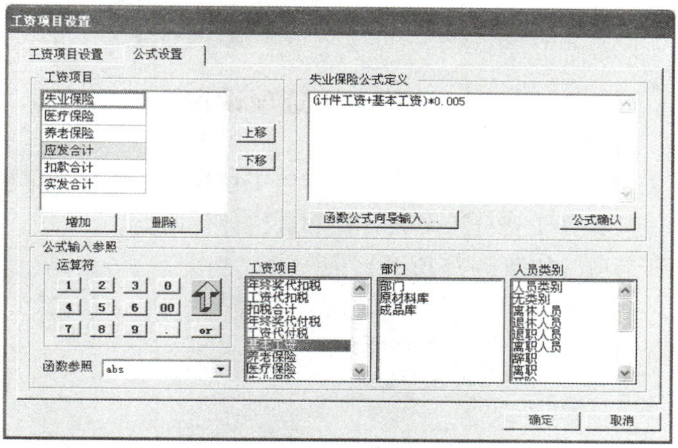

图5-32 失业保险项目公式设置

6.设置"住房公积金"项目的计算公式（如图5-33所示）。

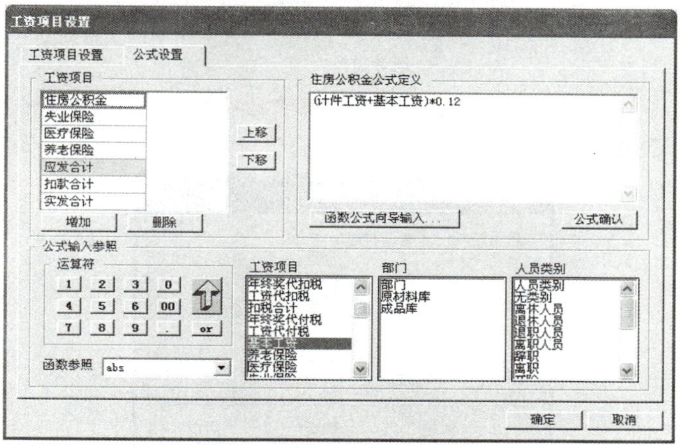

图5-33 住房公积金项目公式设置

7.设置"个税缴纳基数"项目的计算公式（如图5-34所示）。

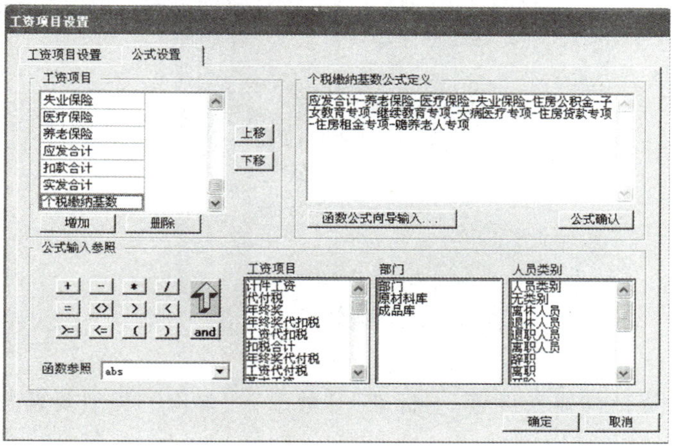

图5-34 个税缴纳基数项目公式设置

临时员工工资类别的选项也需要进行设置，例如扣税设置等，其设置内容与正式员工工资类别的设置内容一致。

六、计件工资选项设置

计件工资是薪资核算系统的组成部分，主要用于核算员工的计件工资，并将计件工资数据传递到薪资系统。计件工资分为个人计件和班组计件两类。

1.选择计件工资选项（如图5-35所示）。

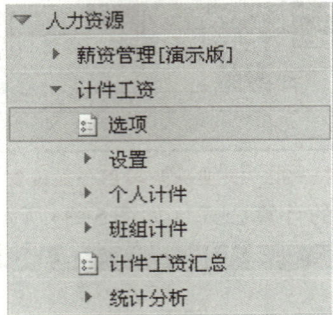

图5-35 计件工资选项

2.进行计件工资选项设置（如图5-36所示）。

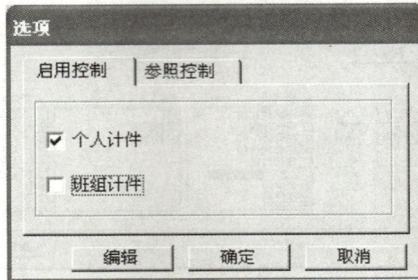

图5-36 启用控制

3.进行计件工资设置（如图5-37所示）。

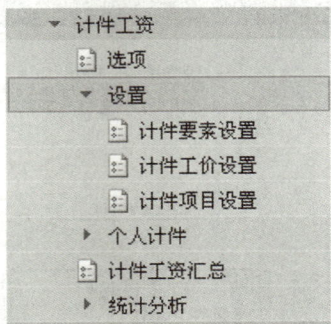

图5-37 计件工资设置

4.进行计件工资计件要素设置。"标准""数量""单价"类型要素各需要设置至少一个（如图5-38所示）。

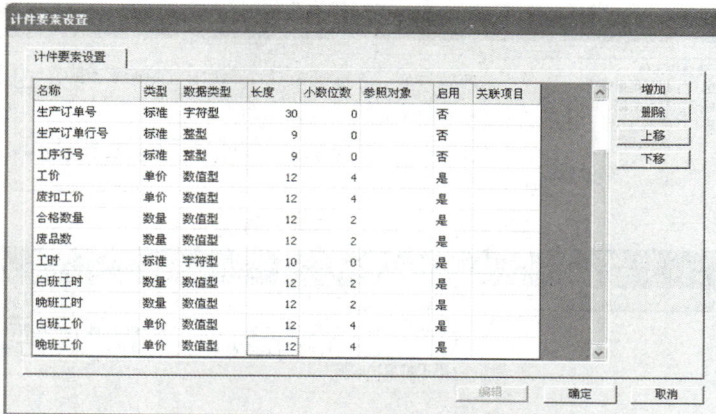

图5-38　计件工资计件要素设置

5.进行计件工资各类工时计件工价设置（如图5-39所示）。

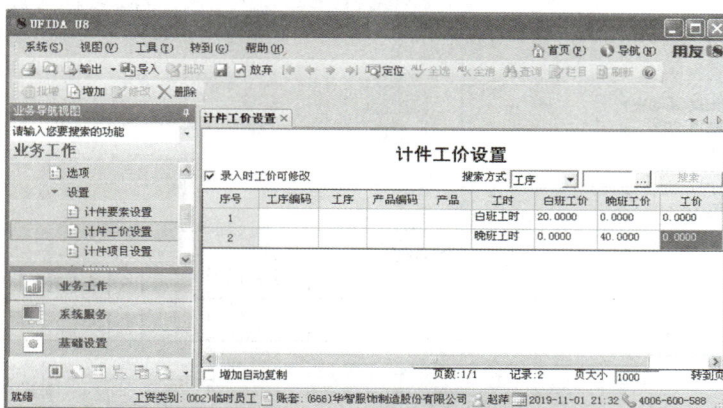

图5-39　计件工资计件工价设置

6.进入个人计件公式设置界面。点击"编辑"，进入"公式定义"（如图5-40所示）。

7.选择计件工资计算项目（如图5-41所示）。

8.点击"放大镜"图标，可进入公式编辑界面，输入计件工资计算公式具体内容（如图5-42所示）。

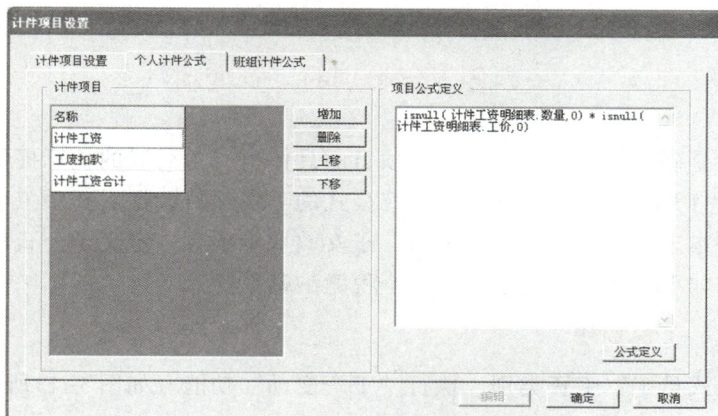

图5-40　进入个人计件公式设置界面

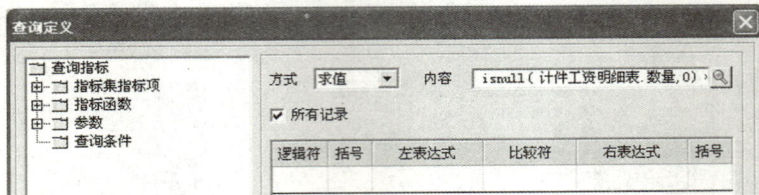

图 5-41　选择计件工资计算项目

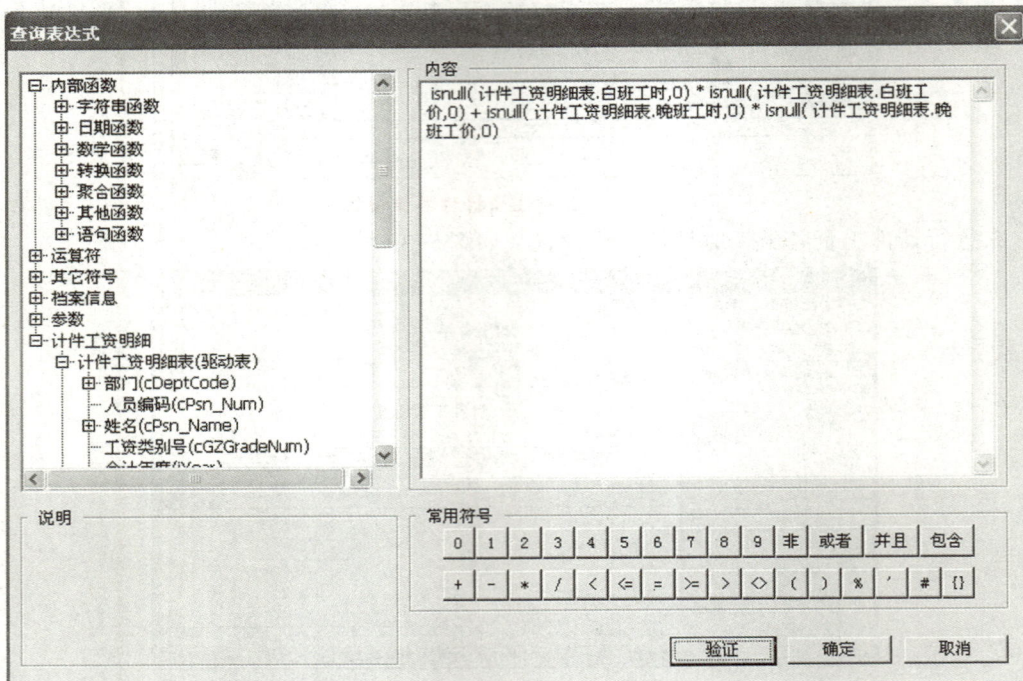

图 5-42　输入计件工资计算公式

▶▶▶▶▶▶　第三节　薪资管理日常业务

一、各工资类别的工资变动

　　工资变动就是确定工资类别中各工资项目的具体值，为后续的核算提供数据。进行工资变动之前要先打开工资类别，未定义计算公式的工资项目数据需要手工填入或者沿用上期数据，例如基本工资、奖金、事假天数、子女教育专项等；定义了公式的工资项目由系统自动计算，例如事假扣款、交通补贴、个税缴纳基数等。

（一）"正式员工"工资变动

　　1.打开"正式员工"工资类别，执行"工资变动"功能（如图5-43所示）。

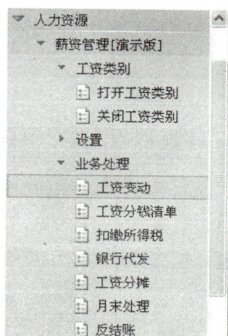

图5-43 执行工资变动功能

2.输入未定义计算公式的工资项目数据，包括基本工资、奖金、事假天数、子女教育专项、继续教育专项、大病医疗专项、住房贷款专项、住房租金专项、赡养老人专项（如图5-44所示）。

图5-44 输入未定义项目数据

3.执行"计算"功能，系统自动计算定义了公式的工资项目数据，例如交通补贴、事假扣款、个税缴纳基数等（如图5-45、图5-46所示）。

图5-45 工资变动数据1

123

图5-46　工资变动数据2

（二）计件工资计算

1.进入计件工资系统，执行"计件工资录入"功能（如图5-47所示）。

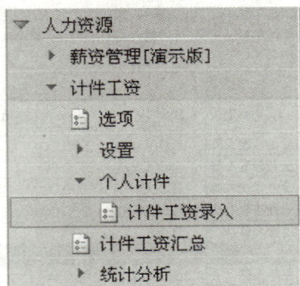

图5-47　执行计件工资录入功能

2.选择"临时人员"工资类别，执行"批增"功能，进行"人员录入"（如图5-48所示）。

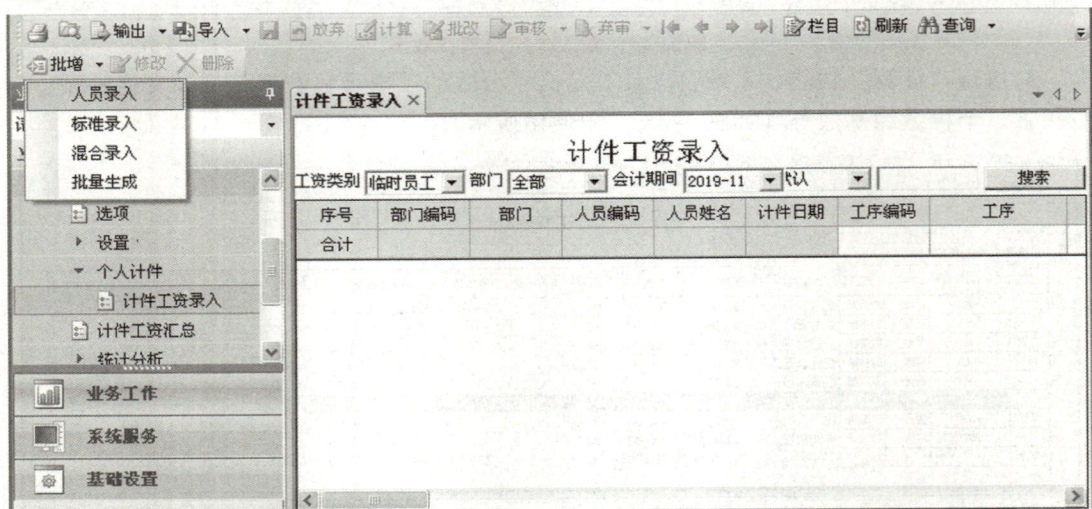

图5-48　计件工资录入

3.输入职工计件工资统计工时（如图5-49、图5-50所示）。

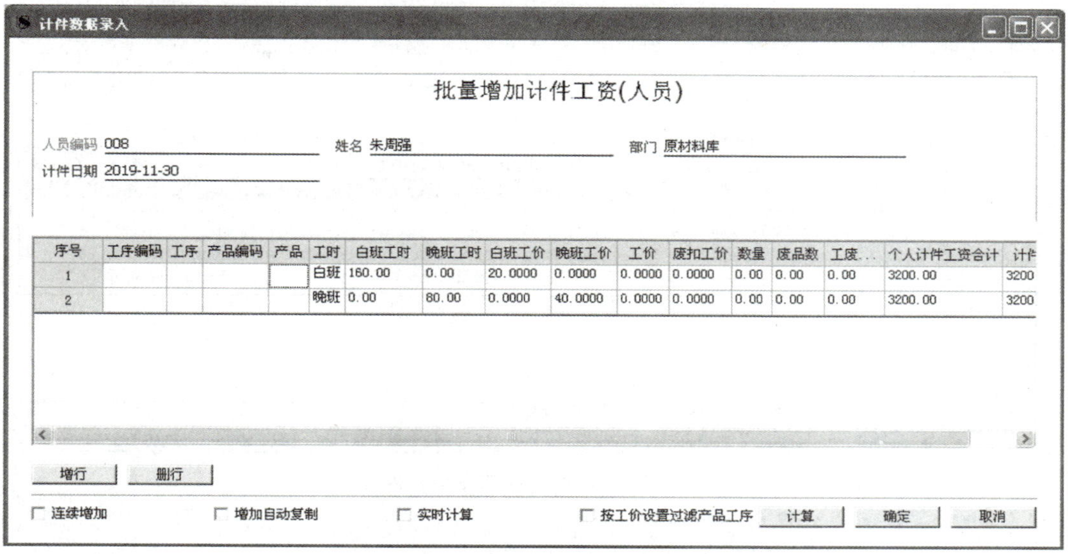

图 5-49　输入朱周强计件工资工时

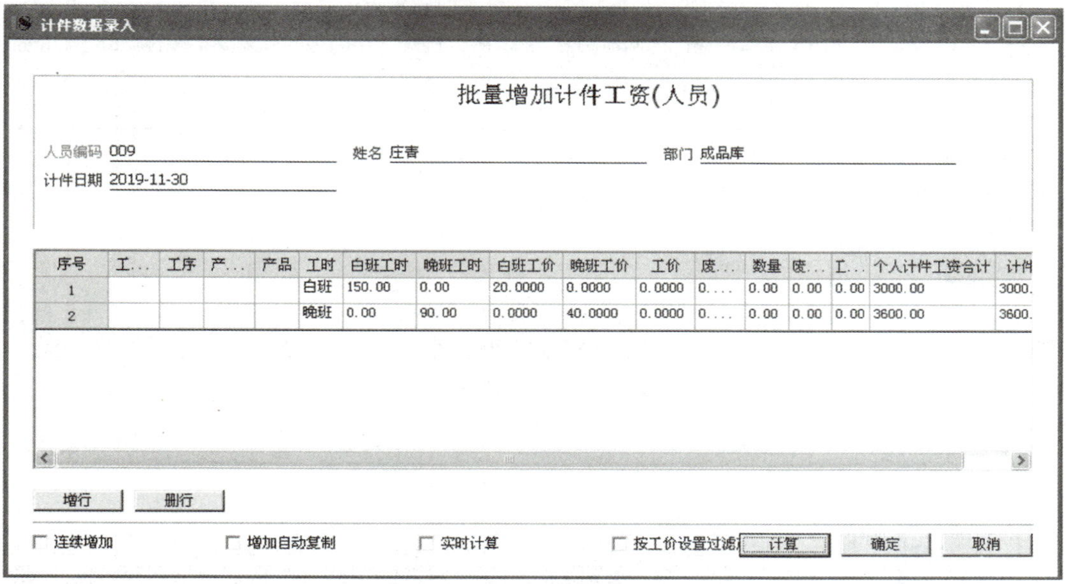

图 5-50　输入庄青计件工资工时

4.审核计件工资录入内容（如图 5-51 所示）。

5.计件工资汇总（如图 5-52 所示）。

（三）"临时员工"工资变动

打开"临时员工"工资类别，执行"工资变动"功能，输入未定义公式的工资项目数据，系统自动计算已定义公式的工资项目（如图 5-53 所示）。

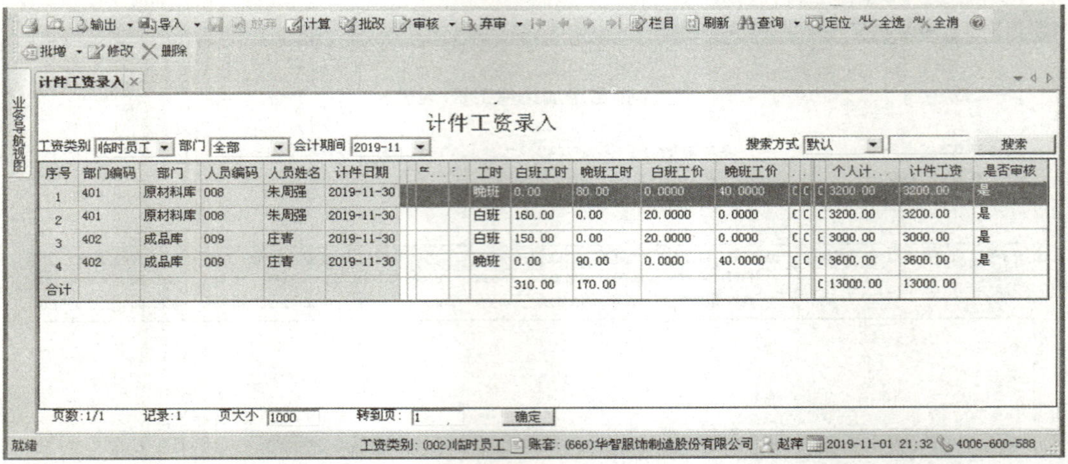
输出 导入 计算 批改 审核 弃审 栏目 刷新 查询 定位 全选 全消
批增 修改 删除
计件工资录入
业务导航视图
计件工资录入
工资类别 临时员工 部门 全部 会计期间 2019-11
搜索方式 默认 搜索
序号 部门编码 部门 人员编码 人员姓名 计件日期 工时 白班工时 晚班工时 白班工价 晚班工价 个人计... 计件工资 是否审核
1 401 原材料库 008 朱周强 2019-11-30 晚班 0.00 80.00 0.0000 40.0000 3200.00 3200.00 是
2 401 原材料库 008 朱周强 2019-11-30 白班 160.00 0.00 20.0000 0.0000 3200.00 3200.00 是
3 402 成品库 009 庄青 2019-11-30 白班 150.00 0.00 20.0000 0.0000 3000.00 3000.00 是
4 402 成品库 009 庄青 2019-11-30 晚班 0.00 90.00 0.0000 40.0000 3600.00 3600.00 是
合计 310.00 170.00 13000.00 13000.00
页数:1/1 记录:1 页大小 1000 转到页: 1 确定
就绪 工资类别: (002)临时员工 账套: (666)华智服饰制造股份有限公司 赵萍 2019-11-01 21:32 4006-600-588

图 5-51　审核计件工资录入内容

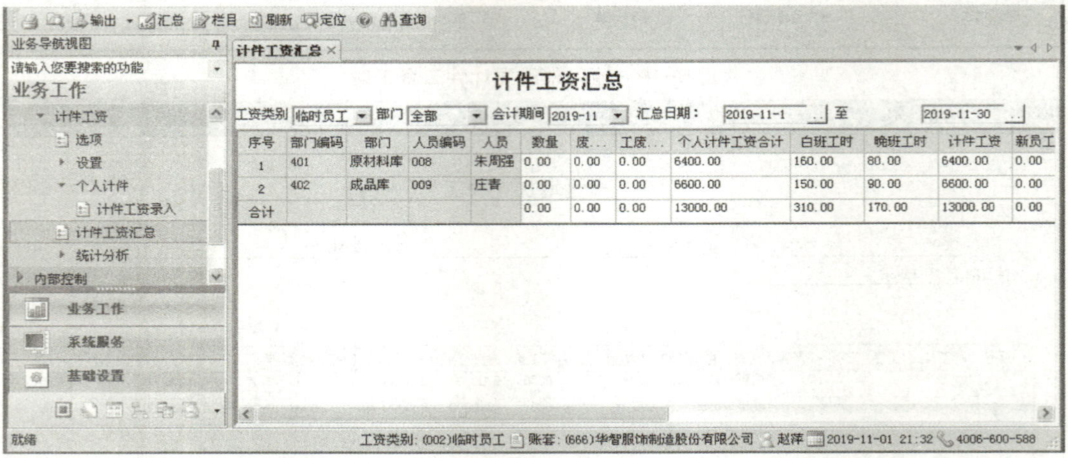
输出 汇总 栏目 刷新 定位 查询
业务导航视图
请输入您要搜索的功能
业务工作
计件工资
选项
设置
个人计件
计件工资录入
计件工资汇总
统计分析
内部控制
业务工作
系统服务
基础设置
计件工资汇总
工资类别 临时员工 部门 全部 会计期间 2019-11 汇总日期: 2019-11-1 至 2019-11-30
序号 部门编码 部门 人员编码 人员 数量 废... 工废... 个人计件工资合计 白班工时 晚班工时 计件工资 新员工
1 401 原材料库 008 朱周强 0.00 0.00 0.00 6400.00 160.00 80.00 6400.00 0.00
2 402 成品库 009 庄青 0.00 0.00 0.00 6600.00 150.00 90.00 6600.00 0.00
合计 0.00 0.00 0.00 13000.00 310.00 170.00 13000.00 0.00
就绪 工资类别: (002)临时员工 账套: (666)华智服饰制造股份有限公司 赵萍 2019-11-01 21:32 4006-600-588

图 5-52　计件工资汇总

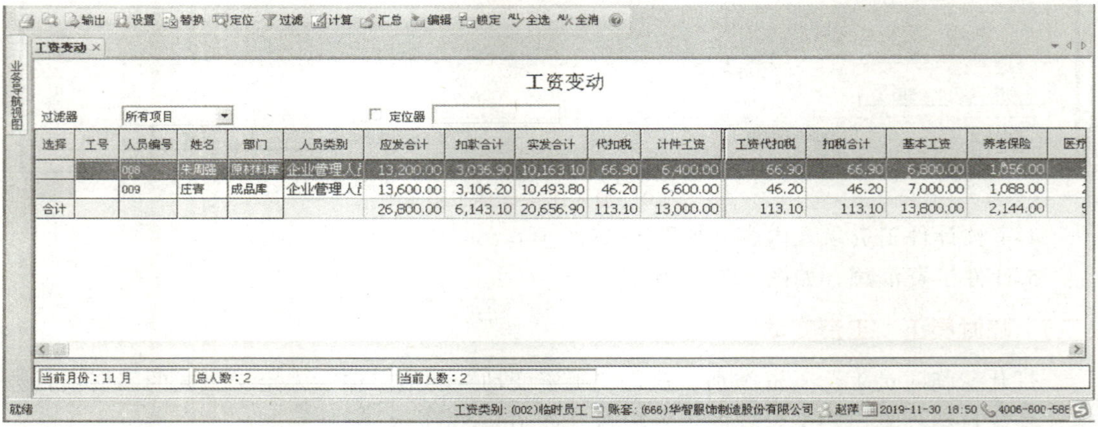
输出 设置 替换 定位 过滤 计算 汇总 编辑 锁定 全选 全消
业务导航视图
工资变动
工资变动
过滤器 所有项目 定位器
选择 工号 人员编号 姓名 部门 人员类别 应发合计 扣款合计 实发合计 代扣税 计件工资 工资代扣税 扣税合计 基本工资 养老保险 医疗
008 朱周强 原材料库 企业管理人 13,200.00 3,036.90 10,163.10 66.90 6,400.00 66.90 66.90 6,800.00 1,056.00
009 庄青 成品库 企业管理人 13,600.00 3,106.20 10,493.80 46.20 6,600.00 46.20 46.20 7,000.00 1,088.00
合计 26,800.00 6,143.10 20,656.90 113.10 13,000.00 113.10 113.10 13,800.00 2,144.00
当前月份：11 月 总人数：2 当前人数：2
就绪 工资类别: (002)临时员工 账套: (666)华智服饰制造股份有限公司 赵萍 2019-11-30 18:50 4006-600-588

图 5-53　工资变动

二、工资类别汇总

在多个工资类别中，系统可以将部门编码、人员编码、人员姓名作为标准，将此三项内容相同的人员的工资数据进行合并计算，用于统计所有工资类别本月发放工资的合计数，或某个工资类别所有发放次数的合计数，或者当某些工资类别中的人员工资都由一个银行代发时，用于生成一套完整的工资数据传送到银行。汇总仅针对与登录期间一致的单个所得期间工资类别或发放次数。涉及其他所得期间的，无法分所得期间计算应纳个人所得税。汇总工资类别可以按月存数，所选工资类别或发放次数中必须有汇总月份的工资数据。

如果是第一次进行工资类别汇总，需要在被汇总工资类别中设置工资项目计算公式。如果系统预置的个人所得税计算标准与现行的不一致，需要对计算公式进行调整。如果每次汇总的工资类别一致，则不需要重新设置计算公式。如果与上一次所选择的工资类别不一致，则需要重新设置计算公式。汇总工资类别不能进行月末结算和年末结算。

（一）建立汇总工资类别

在关闭所有工资类别的情况下，通过"维护"菜单中的"工资类别汇总"功能可以完成工资类别汇总（如图5-54、图5-55、图5-56所示）。

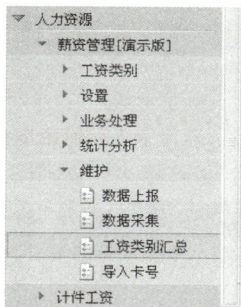

图5-54　执行工资类别汇总功能

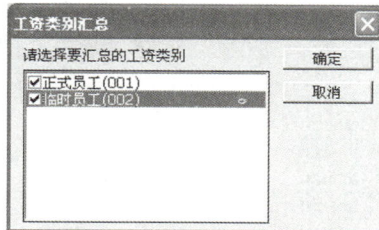

图5-55　工资类别汇总

创建汇总工资类别后，需要针对该工资类别进行选项设置，包括扣税设置等，方法与其他工资类别相同。此外，还需要进行工资变动和汇总，为后续操作做好准备。

（二）汇总工资类别操作

1.扣缴所得税

（1）选择个人所得税申报模板（如图5-57所示）。

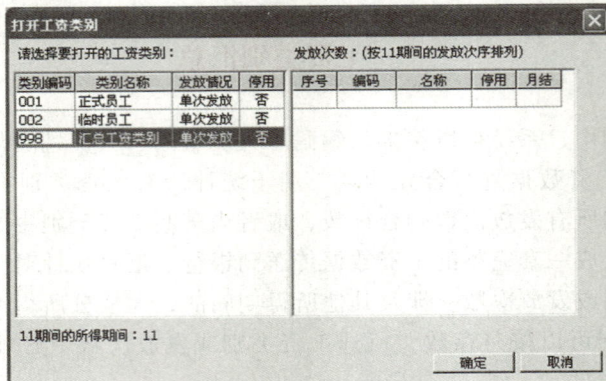

图 5-56　汇总工资类别列表

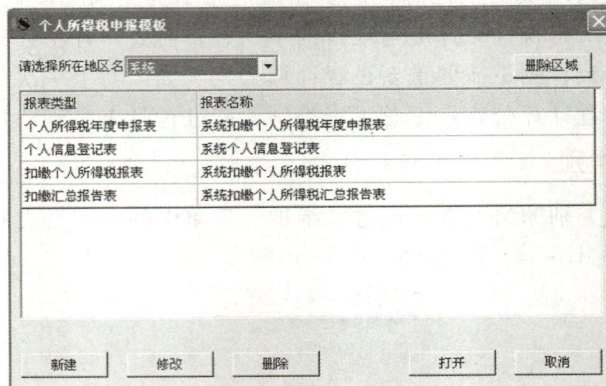

图 5-57　选择个人所得税申报模板

（2）生成系统扣缴个人所得税年度申报表（如图5-58所示）。

系统扣缴个人所得税年度申报表

2019年11月 -- 2019年11月

总人数：10

姓名	证件号码	所得项目	所属期间	所属期间	收入额	减费用额	应纳税所...	税率	速算扣除数	应纳税额	已扣缴税款
雷俊		工资	20190101	20191231			2105.00	3	0.00	63.15	63.15
王剑		工资	20190101	20191231			0.00	0	0.00	0.00	0.00
原梅		工资	20190101	20191231			0.00	0	0.00	0.00	0.00
赵萍		工资	20190101	20191231			0.00	0	0.00	0.00	0.00
夏天		工资	20190101	20191231			500.00	3	0.00	15.00	15.00
覃强		工资	20190101	20191231			1375.00	3	0.00	41.25	41.25
黄月		工资	20190101	20191231			677.50	3	0.00	20.33	20.33
洪岩		工资	20190101	20191231			365.00	3	0.00	10.95	10.95
朱周强		工资	20190101	20191231			2230.00	3	0.00	66.90	66.90
庄青		工资	20190101	20191231			1540.00	3	0.00	46.20	46.20
合计							8792.50		0.00	263.78	263.78

图 5-58　生成系统扣缴个人所得税年度申报表

（3）生成系统扣缴个人所得税报表（如图5-59所示）。

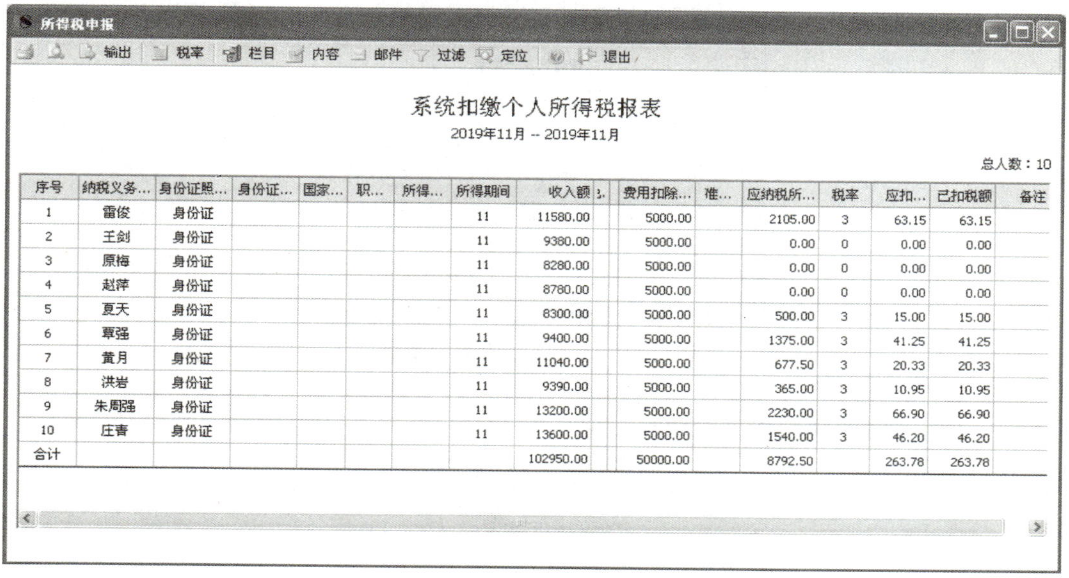

序号	纳税义务…	身份证照…	身份证…	国家…	职…	所得…	所得期间	收入额	费用扣除…	准…	应纳税所…	税率	应扣…	已扣税额	备注
1	雷俊	身份证					11	11580.00	5000.00		2105.00	3	63.15	63.15	
2	王剑	身份证					11	9380.00	5000.00		0.00	0	0.00	0.00	
3	原梅	身份证					11	8280.00	5000.00		0.00	0	0.00	0.00	
4	赵萍	身份证					11	8780.00	5000.00		0.00	0	0.00	0.00	
5	夏天	身份证					11	8300.00	5000.00		500.00	3	15.00	15.00	
6	覃强	身份证					11	9400.00	5000.00		1375.00	3	41.25	41.25	
7	黄月	身份证					11	11040.00	5000.00		677.50	3	20.33	20.33	
8	洪岩	身份证					11	9390.00	5000.00		365.00	3	10.95	10.95	
9	朱周强	身份证					11	13200.00	5000.00		2230.00	3	66.90	66.90	
10	庄青	身份证					11	13600.00	5000.00		1540.00	3	46.20	46.20	
合计								102950.00	50000.00		8792.50		263.78	263.78	

图 5-59　生成系统扣缴个人所得税报表

（4）生成系统扣缴个人所得税汇总报告表（如图 5-60 所示）。

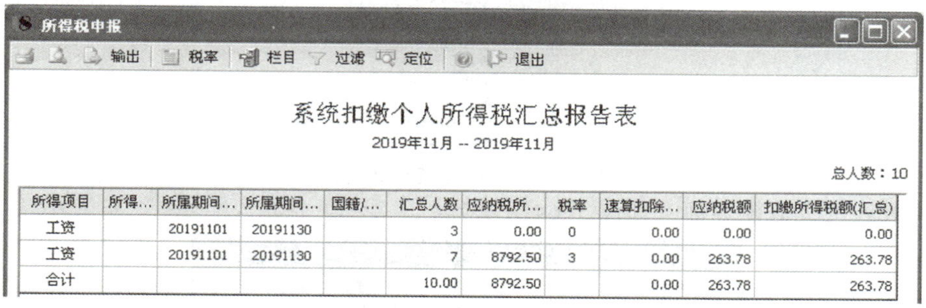

所得项目	所得…	所属期间…	所属期间…	国籍/…	汇总人数	应纳税所…	税率	速算扣除…	应纳税额	扣缴所得税额(汇总)
工资		20191101	20191130		3	0.00	0	0.00	0.00	0.00
工资		20191101	20191130		7	8792.50	3	0.00	263.78	263.78
合计					10.00	8792.50		0.00	263.78	263.78

图 5-60　生成系统扣缴个人所得税汇总报告表

2. 生成银行代发一览表

（1）首先选择银行模板为中国工商银行（如图 5-61 所示）。

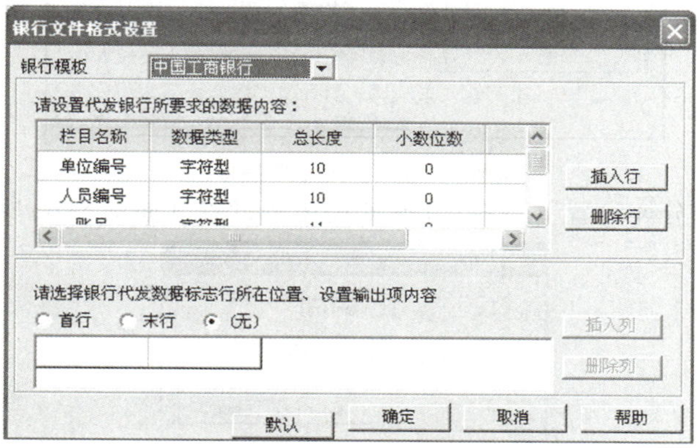

图 5-61　银行模板选择

（2）生成银行代发一览表（如图 5-62 所示）。

图 5-62　生成银行代发一览表

3.定义工资分摊

（1）选择工资分摊功能（如图 5-63 所示）。

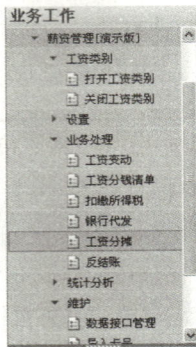

图 5-63　执行工资分摊功能

（2）进入工资分摊界面（如图 5-64 所示）。

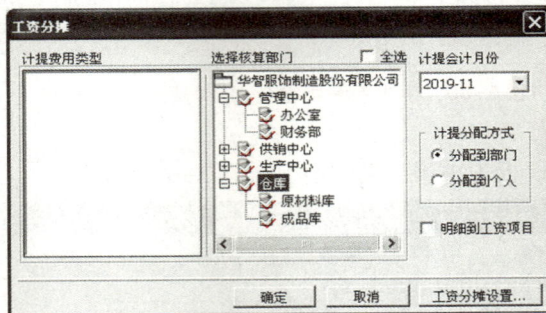

图 5-64　工资分摊界面

（3）点击"工资分摊设置"，进行分摊计提比例设置（如图 5-65 所示）。

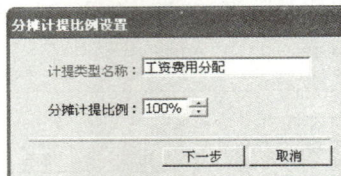

图 5-65　分摊计提比例设置

（4）定义分摊构成设置（如图 5-66 所示）。

图 5-66　分摊构成设置

采用同样的方式设置工会经费（按工资、薪金总额的 2% 计提）、职工教育经费（按工资、薪金的 2.5% 计提）。

4.生成工资业务相关凭证

在定义好相关参数的基础上由系统自动生成工资业务相关凭证。

（1）选择"计提费用类型""选择核算部门"，确定"计提会计月份""计提分配方式"，选择"分配到部门"，选中"明细到工资项目"（如图 5-67 所示）。

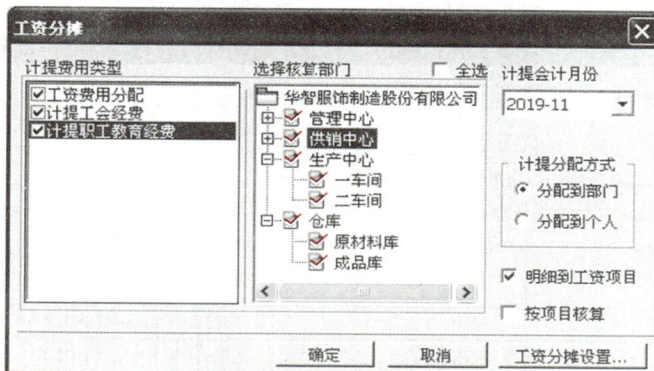

图 5-67　工资分摊

（2）生成工资费用分配一览表（如图 5-68 所示）。

图 5-68　工资费用分配一览表

（3）系统自动生成工资分摊凭证（如图5-69所示）。

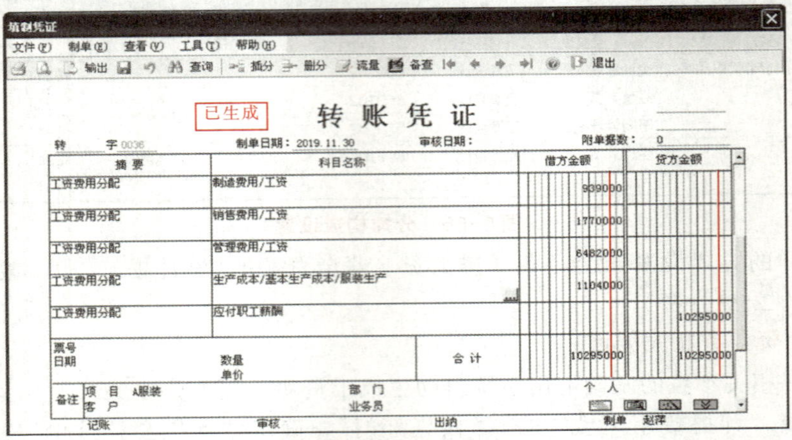

图5-69　工资分摊凭证

（4）计提工会经费（如图5-70所示）。

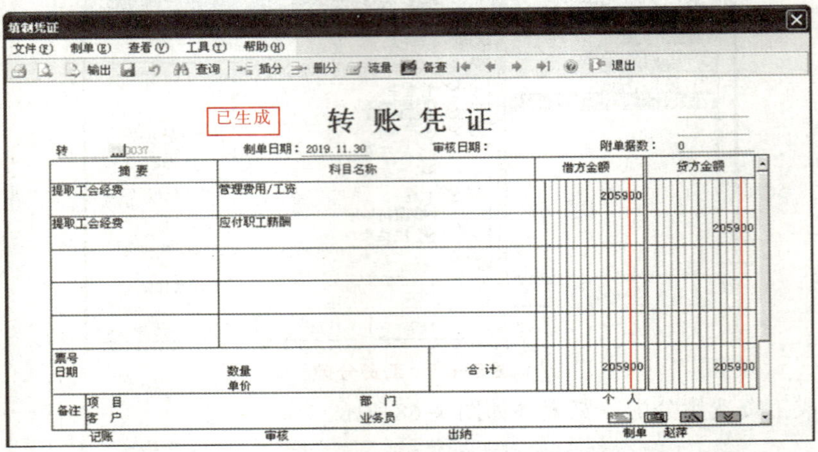

图5-70　计提工会经费凭证

（5）计提职工教育经费（如图5-71所示）。

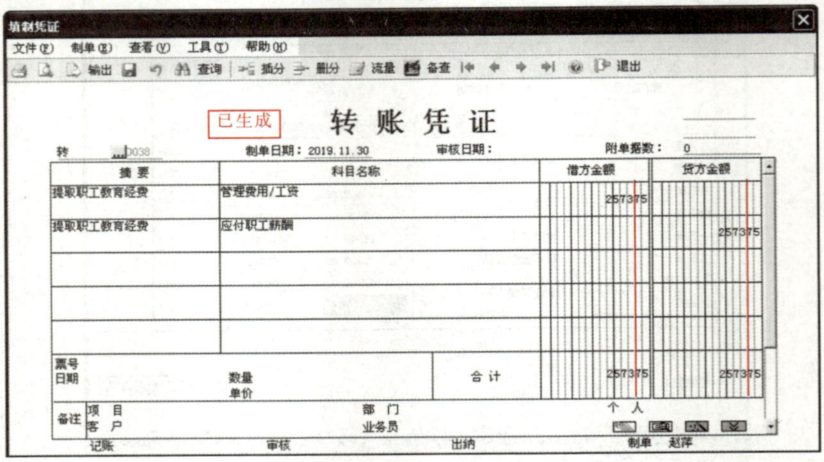

图5-71　计提职工教育经费凭证

5.凭证查询

薪资管理系统传输到总账系统的凭证，通过"凭证查询"功能来删除和冲销（如图5-72所示）。选择统计分析菜单项中的凭证查询功能，显示凭证查询界面。选中一张凭证，点击删除按钮可删除标志为"未审核"的凭证。点击冲销，则可对当前标志为"记账"的凭证进行红字冲销操作，自动生成与原凭证相同的红字凭证。点击单据，显示生成凭证的原始凭证，如××费用一览表，在此显示薪资系统生成的所有凭证列表。

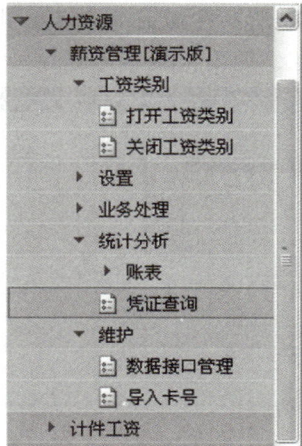

图5-72　执行凭证查询功能

6.账表功能

在打开工资类别的情况下，可以利用薪资管理系统提供的工资表功能完成各种工资表的查询和打印工作。工资表包括以下由系统提供的原始表：工资卡；工资发放条；部门工资汇总表；部门条件汇总表；工资发放签名表；人员类别汇总表；条件统计（明细）表；工资变动汇总（明细）表。

对于多类别工资表，也可以利用工资分析表进行简单的统计分析。工资分析表是以工资数据为基础，对部门、人员类别的工资数据进行分析和比较，产生各种分析表，供决策人员使用，具体包括工资增长分析表、按月分类统计表、按部门分类统计表、工资项目分析表、员工工资汇总表、按项目分类统计表、员工工资项目统计表、分部门各月工资构成分析表、部门工资项目构成分析表。

▶▶▶▶▶▶ 第四节　薪资管理数据维护及期末处理

一、数据维护

1.人员调动

当账套为多工资类别时，可利用人员调动功能，实现人员在不同工资类别之间的转换。

操作之前，需要先将调出人员所在的工资类别打开，选择被调出人员的部门和人员类别，在左侧人员列表中显示符合条件的人员，选择人员（可多选），将已选人员放到右侧调出人员列表中，也可以通过快速定位中的下拉按钮选择要定位的数据项目，输入该数据项目的具体值后按回车，系统将光标快速定位于符合条件的人员上。

选择调入的工资类别和调入的部门，即可完成人员调动（如图5-73所示）。已做调出标志的人员，所有档案信息不可修改。调出人员调出当月不再参与工资发放计算。在当月没有做月末结算前，调出标志可取消；在做完月（年）末结算处理后，调出标志不可取消。为保证数据的完整性和一致性，调出人员不可删除。

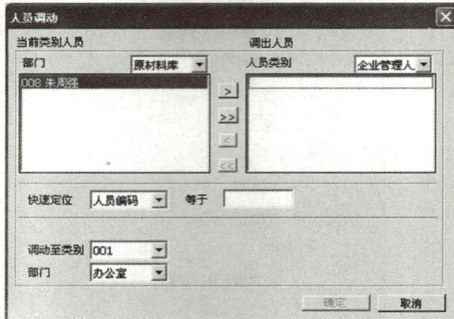

图5-73　人员调动

2.人员信息复制

本功能用于管理两种或两种以上工资类别中人员结构相同的工资数据。当新建工资类别中的人员信息与已建工资类别中的人员信息相同时，可通过人员信息复制，将已建工资类别中的人员信息复制到新建工资类别中。

将需要复制人员信息的工资类别打开，执行"人员信息复制"，即可进入此项功能（如图5-74所示）。人员复制中系统将对人员进行重复性检测，如发现复制的是已存在人员，就会出现提示；如果已存在人员已有工资数据，则不出现上述提示。

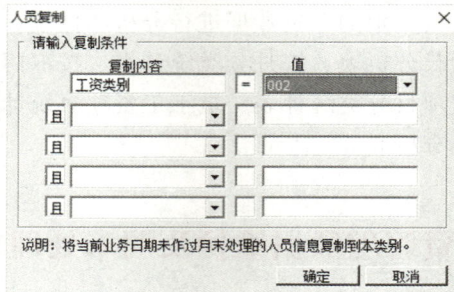

图5-74　人员复制

3.数据接口管理

使用数据接口管理工具，可以有效地将相关数据从外部系统导入薪资管理系统，例如，可以将水电费扣缴、房租扣缴、考勤时数等数据，从水电系统、房租系统、考勤系统、人事系统以及其他与工资管理有关的系统中导入工资系统的对应工资项目。

新建数据接口文件时，点击"新建"，进入"数据接口向导"，输入新建接口文件的名称，并选择文件存放路径（如图5-75所示）。然后，选择系统文件类型，所选文件类型必须与文件路径中的文件类型一致。若选择"DBASE文件",则需要设置文件格式;若选择"ACCESS文件",则需要在表名列表中选择数据表名称。最后,在"关联项目名称"下拉列表中选择相关联的工资项目名称,关联项目名称不可为空。

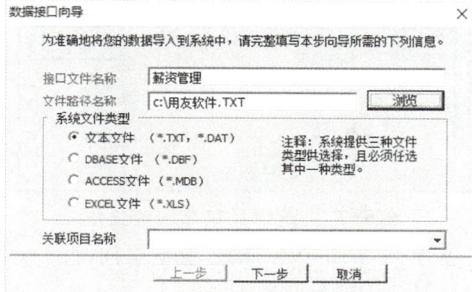

图 5-75　数据接口向导

4.数据上报

数据上报主要是指本月与上月相比新增人员数量信息及减少人员数量信息的上报。本功能在基层单位账中使用,形成上报数据文件。在多工资类别的情况下,需要关闭所有工资类别才可使用。人员信息包括人员档案的所有字段信息,工资数据包含所有工资项目的信息。

5.数据采集

数据采集即人员信息采集,是指将人员上报盘中的信息读入系统。本功能用于人员的增加、减少、工资数据的变更。数据采集功能需要在关闭所有工资类别的情况下才可使用。

二、薪资管理月末处理

期末应进行薪资管理系统的结账,结束本期工作,为下期工作准备数据。

1.关闭工资类别后,执行月末处理功能,系统显示最近一期已经结账的会计期间(如图5-76所示)。

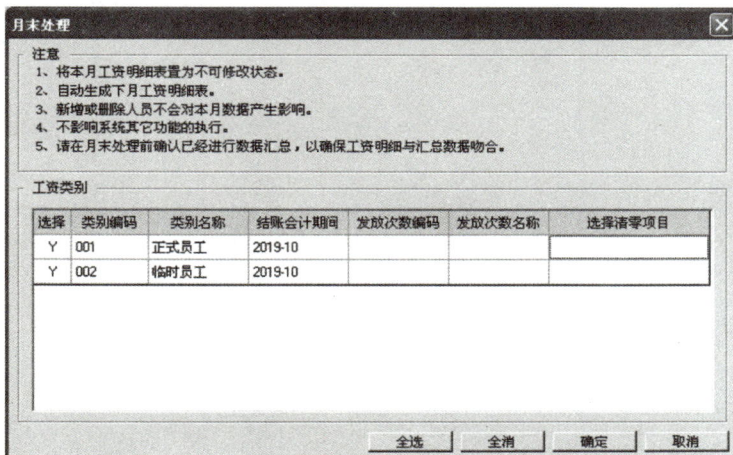

图 5-76　月末处理

2.反结账。若结账以后发现存在问题，在进行年度数据结转之前可以进行反结账（如图5-77所示）。

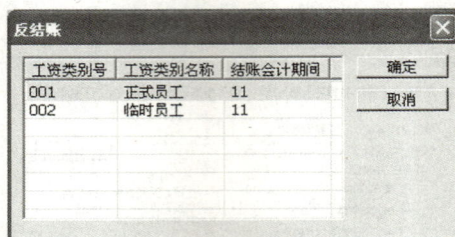

图5-77 选择反结账工资类别

【认知塑造】加强薪资管理，有助于企业改善管理问题，树立社会责任感，提升自主创新能力，发挥对社会进步的推动作用，与此同时，帮助员工获得积极的人生态度，主动适应职场环境变化。

第六章

固定资产管理

固定资产作为企业日常运营和生产的重要组成要素，通常具有价值高、存放地点分散、种类复杂、使用和保管人员流动大等特点。固定资产也是企业支出的重要组成部分，如果管理不善，就会给企业带来不必要的支出和浪费。比如，固定资产管理混乱容易引起重复采购、闲置率高、资产流失严重等问题。因此，加强固定资产管理，提升实物资产的管理效率，有助于降低企业成本，提高整体效益。固定资产管理主要包括对企业固定资产的管理和核算，按月反映固定资产的增加、减少、原值变化及其他变化，并输出相应的增减变动明细账，按月自动计提折旧，生成折旧分配凭证，输出与固定资产管理相关的报表和账簿。

【认知塑造】我国已进入以大数据为核心资源的数字经济时代。我国数字经济发展增速极快，辐射范围极广，规模不断壮大，信息便民惠民加速普及，数字治理格局日益完善，已覆盖人民生活的方方面面。从农业经济时代到工业经济时代，再到如今的数字经济时代，数据已逐渐成为驱动经济发展的新的生产要素。"大数据"从计算领域萌芽，逐步延伸到科学和商业领域，给我们提供了一种认识复杂系统的全新思维和探究客观规律的全新手段。以网络购物、共享经济、移动支付为代表，数字经济已全面进入人们的日常生活。数字社会、数字政府正如火如荼地建设；数字产业化、产业数字化正全面推进；新型智慧城市、数字乡村建设已全面铺开；全民数字素养与技能正稳步提升。随着科技的发展，与信息技术应用相结合的固定资产管理模式也是大势所趋。

▶▶▶▶▶▶ 第一节　固定资产管理数据

一、固定资产管理初始化数据

1.控制参数（见表6-1）。

表 6-1　　　　　　　　　　　　　　　　　控制参数

控制参数	参 数 设 置
折旧信息	本账套主要折旧方法：平均年限法（一） 折旧汇总分配周期：1个月 当"月初已计提月份=可使用月份-1"时，将剩余折旧全部提足
编码方式	资产类别编码方式：2112 固定资产编码方式：自动编码按"类别编号+序号"；序号长度为5
财务接口	与账务系统进行对账 对账科目：固定资产（1601）、累计折旧（1602） 在对账不平的情况下允许固定资产月末结账
选项	月末结账前一定要完成制单登账业务，设置缺省入账科目固定资产（1601）、累计折旧（1602）

2.部门及对应折旧科目（见表6-2）。

表6-2　　　　　　　　　　　　部门及对应折旧科目

部　门	对应折旧科目
办公室、财务部、采购部、原材料库、成品库	管理费用/折旧费
销售部	销售费用/折旧费
一车间、二车间	制造费用/折旧费

3.资产类别（见表6-3）。

表6-3　　　　　　　　　　　　资产类别

编码	类别名称	使用年限	净残值率	单位	计提属性
01	交通运输设备	10年	4%	辆	正常计提
011	生产用设备	10年	4%	辆	正常计提
012	非生产用设备	10年	4%	辆	正常计提
02	电子设备	5年	4%	台	正常计提
021	生产用设备	5年	4%	台	正常计提
022	非生产用设备	5年	4%	台	正常计提

4.增减方式的对应入账科目（见表6-4）。

表6-4　　　　　　　　　　增减方式的对应入账科目

增减方式	对应入账科目
增加方式	
直接购入	银行存款——工行（100201）
投资人投入	实收资本（4001）
减少方式	
毁损	固定资产清理（1606）

5.增加一张固定资产卡片自定义项目"产地"，定义一张华智服饰固定资产卡片，把"产地"项目加入该卡片样式。

6.固定资产原始卡片相关数据见表6-5。所有资产增加方式都是直接购入，使用状况均为"在用"。

表6-5　　　　　　　　　　　　原始卡片数据　　　　　　　　　　金额单位：元

固定资产名称	类别编号	所在部门	可使用年限	开始使用日期	原值	累计折旧	产地	对应折旧科目
轿车	012	办公室	10	2017-12-31	49 000	8 624	北京	管理费用/折旧费
笔记本电脑	022	办公室	5	2018-10-31	5 000	960	成都	管理费用/折旧费
一体机	022	办公室	5	2016-01-31	2 000	1 440	苏州	管理费用/折旧费
微机	021	一车间	5	2018-10-31	4 000	768	合肥	制造费用/折旧费
工作站	021	二车间	5	2018-10-31	10 000	1 920	长沙	制造费用/折旧费
合计					70 000	13 712		

二、固定资产管理日常业务

1. 11月21日，财务部购买磁带机1台，产地杭州，价值900元，增值税117元，价税合计1 017元，以现金支票支付。净残值率4%，预计使用年限5年。

2. 11月25日，办公室的轿车添置新配件，价值3 000元。

3. 11月30日，计提本月折旧费用。

4. 11月30日，二车间毁损工作站一台。

5. 11月30日，经核查，对2018年购入的笔记本电脑计提200元减值准备。

6. 11月30日，对资产类别为022的资产进行盘点。实际盘点结果为3台设备，固定资产编号分别为02200001、02200003、02200004。

▶▶▶▶▶▶ 第二节 固定资产管理初始化

一、固定资产账套初始化

第一次进入固定资产管理系统时，需要进行固定资产初始化账套操作，在系统的向导下完成相关参数设置。

1. 约定及说明，介绍固定资产核算的基本规则和要求。详细内容如下：

（1）系统资产管理采用严格的序时管理，序时到日。在以一个日期登录对系统进行编辑操作后，以后只能以该日期或以后的日期登录才能再次进行编辑操作。对任何资产的操作也是序时的，比如要无痕迹删除一张卡片，必须按与制作时相反的顺序，删除该卡片所做的所有变动单和评估单。

（2）系统发生与折旧计算有关的变动后，加速折旧法在变动生效的当期以净值作为计提原值，以剩余使用年限为计提年限计算折旧；直线法还以原公式计算（因公式中考虑了价值变动和年限调整）。以前修改的月折旧额或单位折旧的继承值无效。

（3）与折旧计算有关的变动是指除了部门转移、类别调整外的由变动单引起的变动。

（4）原值调整、累计折旧调整、净残值（率）调整根据系统选项设置及变动单中的变动单生效期选项确定生效期间。

（5）折旧方法调整、使用年限调整当月生效；使用状况调整下月生效。

（6）部门转移和类别调整的，当月计提的折旧分配到变动后部门和类别。

（7）本系统各种变动后计算折旧采用未来适用法，不自动调整以前的累计折旧，采用追溯调整法的企业只能手工调整累计折旧。

（8）当月折旧和计提原值按变动后部门和类别汇总。

（9）如果选项中"当月初使用月份=使用年限*12-1时是否将折旧提足（工作量法除外）"的判断结果是"是"，则除工作量法外，该月月折旧额=净值-净残值，并且不能手工修改；如果判断结果是"否"，则该月不提足，并且可手工修改，但如果以后各月按照公式计算的月折旧率或折旧额是负数时，认为公式无效，令月折旧率=0，月折旧额=净值-净残值。

2.启用月份，显示固定资产模块的启用日期，只能浏览。

3.折旧信息，即设置本账套是否计提折旧、主要折旧方法及折旧汇总分配周期等参数（如图6-1所示）。

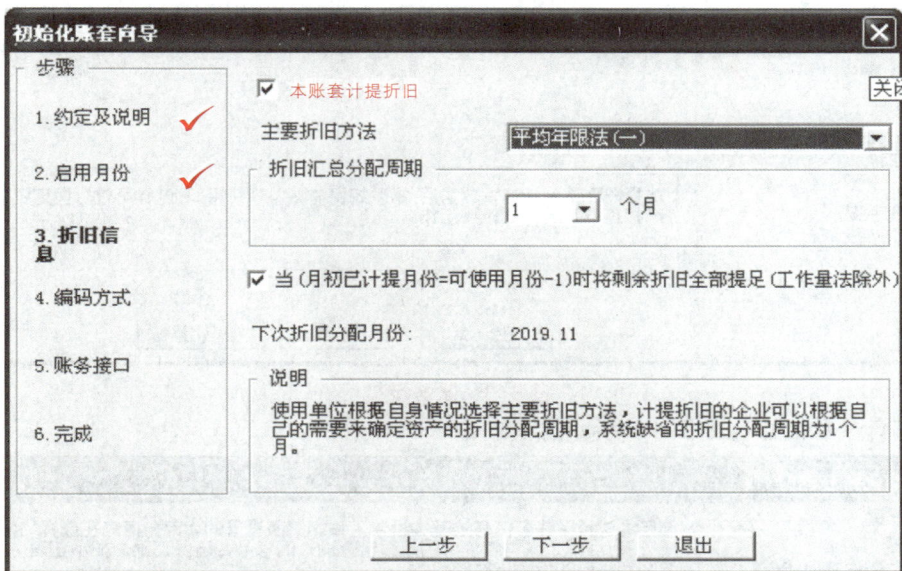

图6-1　折旧信息

4.编码方式，即设置资产类别编码方式及固定资产编码方式（如图6-2所示）。

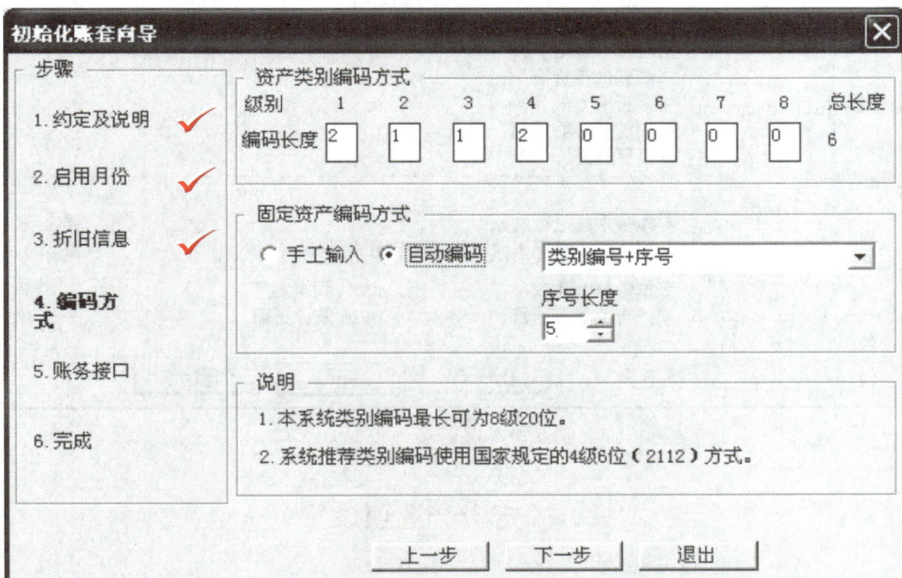

图6-2　编码方式

5.账务接口，即设置与账务系统进行对账时需要的对账科目（如图6-3所示）。

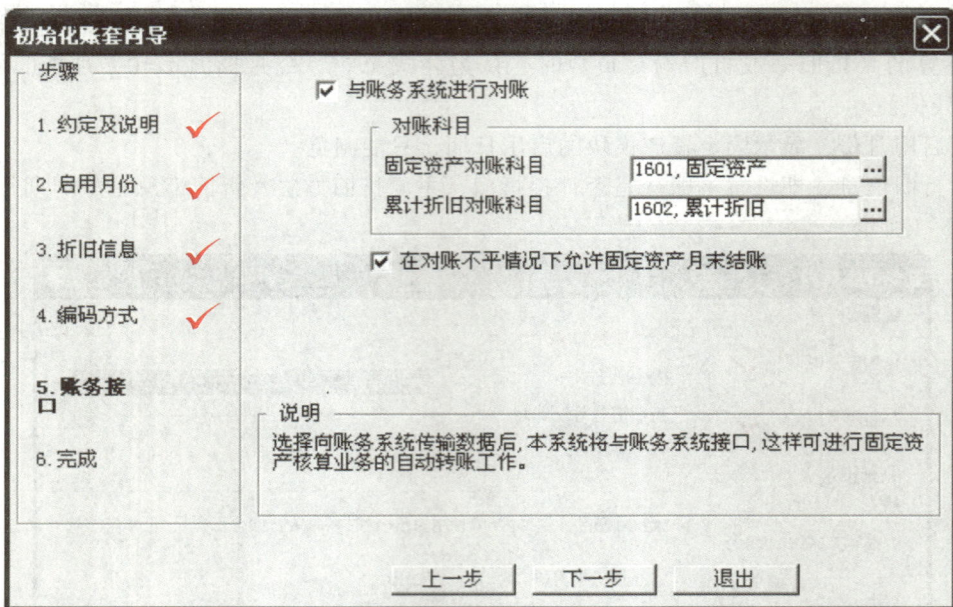

图6-3　账务接口

6.账套参数汇总（如图6-4所示）。

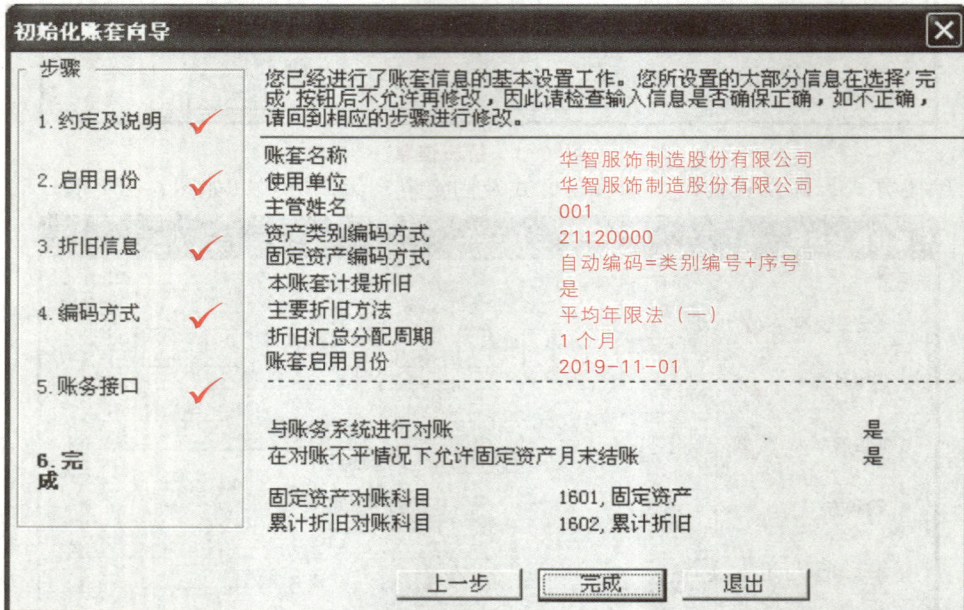

图6-4　账套参数汇总

二、固定资产选项设置

通过选项设置对固定资产管理系统进行补充参数设置，满足企业个性化的核算要求（如图6-5所示）。

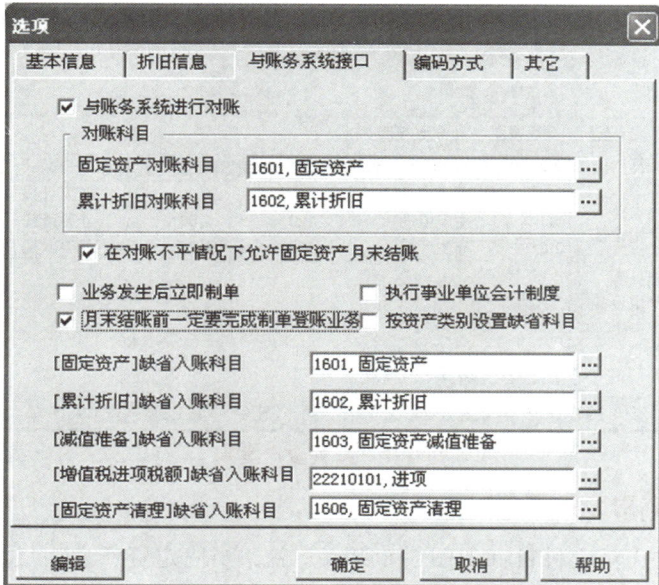

图6-5　补充参数设置

三、基础设置

（一）设置部门对应折旧科目

在设置部门对应折旧科目（如图6-6所示）后，当计提固定资产折旧时，系统将自动提取对应科目到凭证中，减少输入工作量。

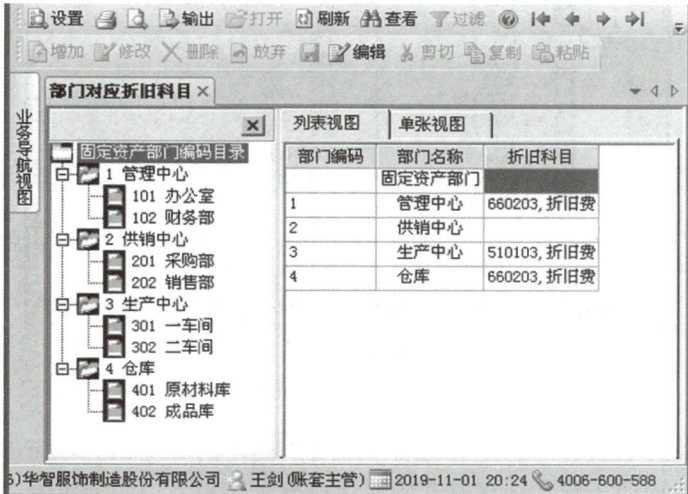

图6-6　设置部门对应折旧科目

（二）设置资产类别

固定资产的种类繁多，为了便于管理，必须依照设定的编码方案对它们进行科学的分类（如图6-7所示）。

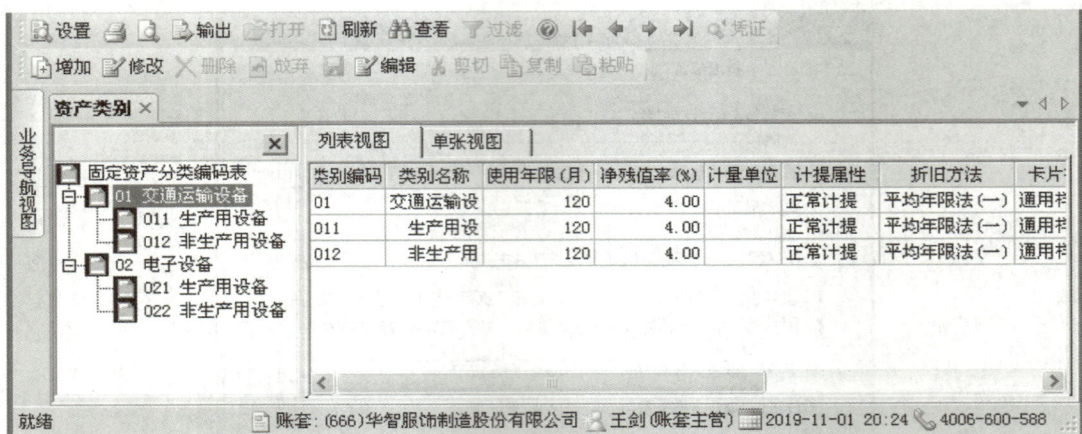

图 6-7 设置资产类别

（三）设置增减方式对应科目

在设置增减方式对应科目（如图 6-8 所示）后，当固定资产发生增加或减少时，系统将自动提取对应科目填制记账凭证。

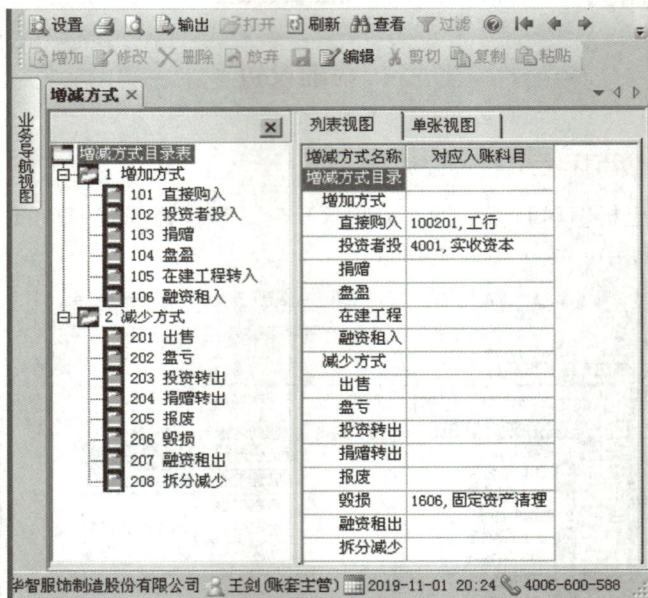

图 6-8 设置增减方式对应科目

（四）使用状况

从固定资产核算和管理的角度都需要明确资产的使用状况，一方面可以正确地计算和计提折旧，另一方面便于统计固定资产的使用情况，提高资产的利用效率。系统预置的使用状况如下：使用中（在用、季节性停用、经营性出租、大修理停用）、未使用、不需用（如图 6-9 所示）。只能有三种一级使用状况，不能增加、删除；"使用中"不能修改，"未使用、不需用"这两种使用状况可修改；可以在一级使用状况下增加二级使用状况；修改某一使用状况名称后，卡片中该使用状况变为修改后的名称；修改某一使用状况的"是否计提折旧"的判断后，对折旧计算的影响从当期开始，不调整以前的折旧计算。

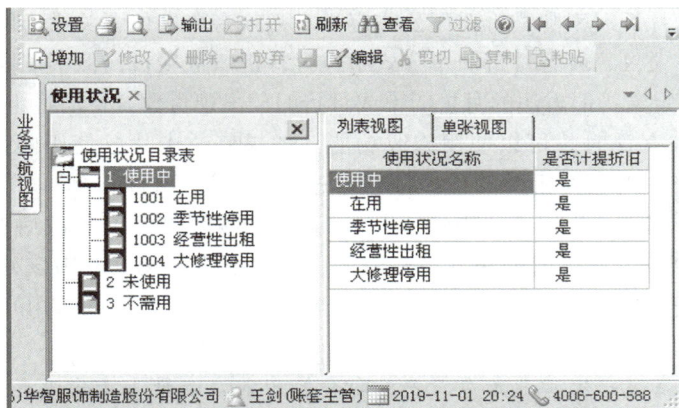

图6-9 使用状况设置

（五）折旧方法定义

折旧方法设置是系统自动计算折旧的基础。系统提供了四种方法：平均年限法、工作量法、年数总和法、双倍余额递减法。这几种方法是系统设置的折旧方法，只能选用，不能删除和修改。系统中预置的折旧方法定义公式如下：

1.平均年限法（一）：

月折旧率=（1-净残值率）/（使用年限*12）

月折旧额=（月初原值-月初累计减值准备金额）*月折旧率

2.平均年限法（二）：

月折旧率=（1-净残值率）/（使用年限*12）

月折旧额=（月初原值-月初累计减值准备金额-月初累计折旧-月初净残值）/（使用年限*12-已计提月份）

3.工作量法：

单位折旧=（月初原值-月初累计减值准备金额-月初累计折旧-月初净残值）/（工作总量-月初累计工作量）

月折旧额=本月工作量*单位折旧

4.年数总和法：

月折旧率=剩余使用年限/（年数总和*12）

月折旧额=（月初原值-月初累计减值准备金额-月初净残值）*月折旧率

5.双倍余额递减法（一）：

月折旧率=2/（使用年限*12）

月折旧额=（月初账面余额-月初累计减值准备金额）*月折旧率

6.双倍余额递减法（二）：

固定资产到期以前的两年采用"平均年限法（二）"计提折旧。其他年份与双倍余额递减法（一）的公式相同：

月折旧率=2/（使用年限*12）

月折旧额=（月初账面余额-月初累计减值准备金额）*月折旧率

如果这几种方法都不能满足企业的使用需要，还可以通过折旧方法的自定义功能定义合适的折旧方法，包括名称和计算公式。进行该操作时，需要单击"增加"按钮或选择右键菜单中的"新增"，显示折旧方法定义窗口，输入自定义折旧方法名称。要定义"月折旧率"和

"月折旧额"，可双击选择折旧项目，点击屏幕上方的"（＋－＊/）"和数字键，编辑月折旧率和月折旧额公式。月折旧率和月折旧额公式定义时必须有单向包含关系，即或者月折旧额公式中包含月折旧率项目，或者月折旧率公式中包含月折旧额项目，但不能同时互相包含。计提折旧时，如果自定义折旧方法的月折旧率或月折旧额出现负数，自动终止折旧计提。

自定义的公式有误时，可以使用修改功能。如果修改卡片已使用的折旧方法的公式，将使所有使用该方法的资产折旧的计提按修改过的公式计算折旧，但以前期间已经计提的折旧不变。如果自定义的折旧方法中包含了与工作量相关的项目，修改后不允许与其无关。

如果认为一个自定义折旧方法已没有用途，而在役资产又没有用该方法计提折旧，该方法可以删除。正在使用（包括类别设置中已选用或录入的卡片已选用）的折旧方法不允许删除。

【认知塑造】在第一次工业革命（产业革命）以前，会计上几乎没有"折旧"的概念。此后，随着大机器、大工业的发展，特别是铁路的发展和股份公司的出现，"长期资产"的概念应运而生，并要求区分"资本"和"收益"，折旧费用由此出现并成为企业生产过程中不可避免的费用。"折旧"概念的产生是会计核算工作由收付实现制向权责发生制转变的重要标志，其概念基础是权责发生制以及体现这一制度要求的配比原则。按照配比原则，固定资产的成本不仅是为取得当期收入而发生的成本，而且是为取得以后各项收入而发生的成本，即固定资产成本是为了在固定资产有效使用期内取得收入而发生的成本，自然与收入相配比。因为采用不同的折旧方法会对企业所得税计提产生不同影响，所以，做好固定资产折旧计提工作，不仅可以减少由于固定资产无形损耗造成的经济利益流失，还有助于企业进行税收筹划。

（六）固定资产卡片项目定义和卡片样式定义

系统中提供了一些固定资产卡片必需的系统项目。如果有特殊核算要求，可以先通过卡片项目定义来加入所需项目，然后在下一步进行卡片样式定义时加入通用样式，得到自己定制的卡片样式，满足核算要求。

1. 卡片项目定义（如图6-10所示）。

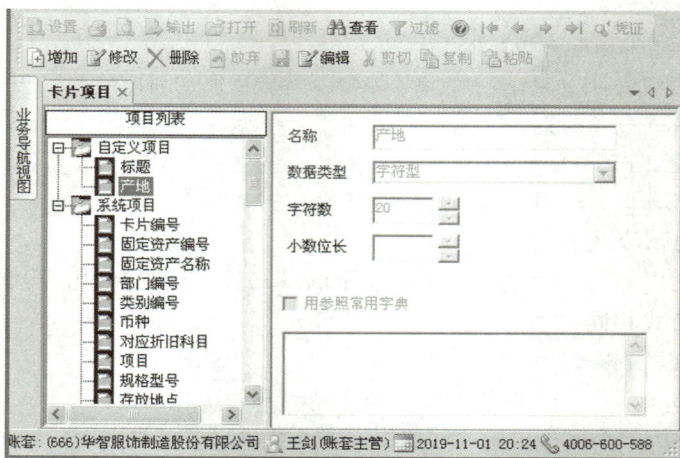

图6-10　卡片项目定义

2.卡片样式定义时选择以通用样式为基础建立新样式（如图6-11所示）。

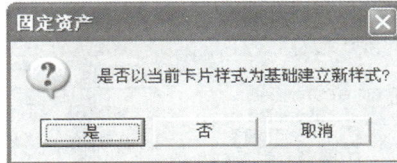

图6-11 选择以通用样式为基础建立新样式

3.将需要的项目加入卡片样式，完成卡片样式定义。在右边窗口选择需要放入自定义卡片项目的位置，执行"插入行"功能，增加一个空行，在左边窗口选择需要的项目，双击后选入右边窗口（如图6-12所示）。

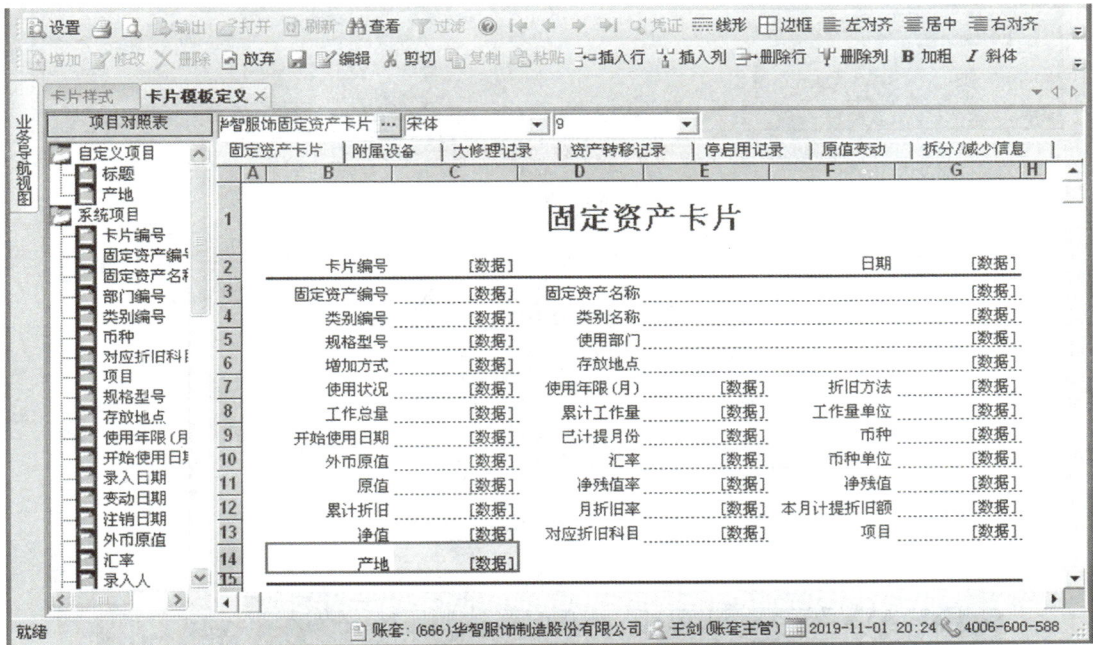

图6-12 卡片样式定义

四、原始卡片录入

固定资产卡片是固定资产核算和管理的基础。为了保持固定资产历史资料的连续性，必须先将固定资产账套启用日期以前就存在的固定资产数据录入系统，形成固定资产原始卡片。原始卡片的录入时间不限制必须在第一个期间结账前完成，任何时候都可以录入原始卡片。录入固定资产卡片时默认的卡片样式是系统自带的通用样式。如果固定资产卡片需要用到自定义的卡片样式，则需要在资产类别设置中更改资产类别默认的卡片样式。

1.修改资产类别默认的卡片样式（如图6-13所示）。

2.选择"卡片"—"录入原始卡片"功能（如图6-14所示）。选择资产所属类别，输入固定资产卡片具体内容（如图6-15、图6-16所示）。

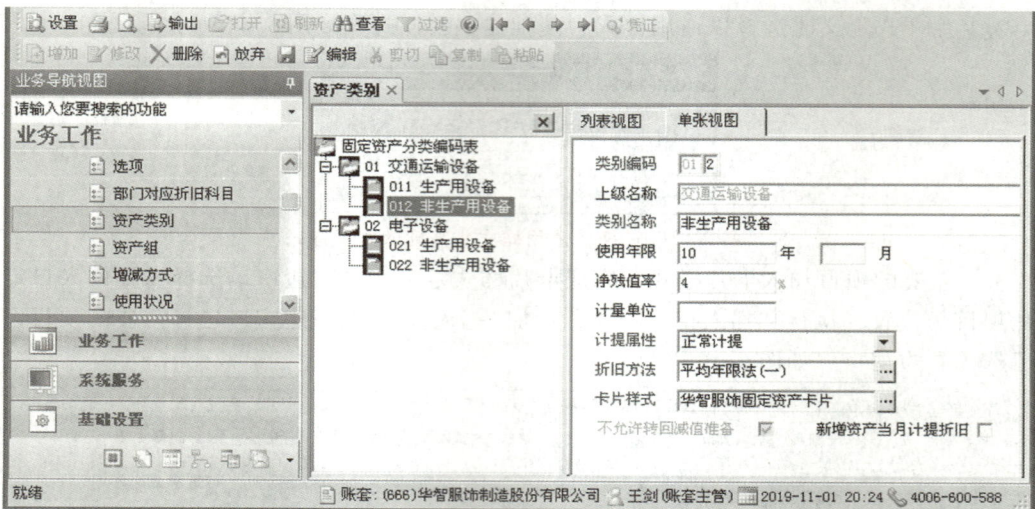

图 6-13　修改卡片样式

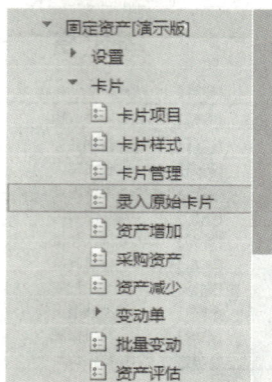

图 6-14　执行录入原始卡片功能

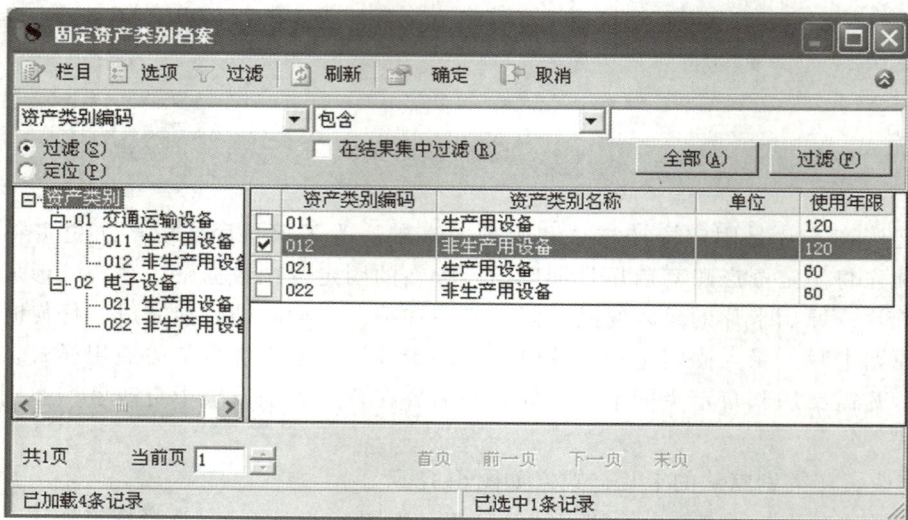

图 6-15　选择资产类别

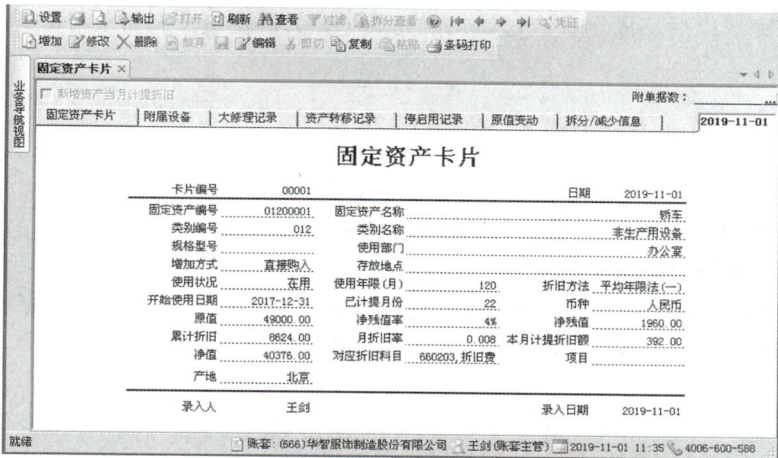

图6-16 输入固定资产卡片具体内容

3.依照相同的方法录入其他原始卡片。如果需要对已录入的固定资产卡片进行维护，可以通过"卡片"—"卡片管理"功能进行。在常用条件页面需要注意"开始使用日期"要设置正确，否则不能筛选出需要的卡片。如果需要查看所有卡片，可以不设置"开始使用日期"（如图6-17、图6-18所示）。

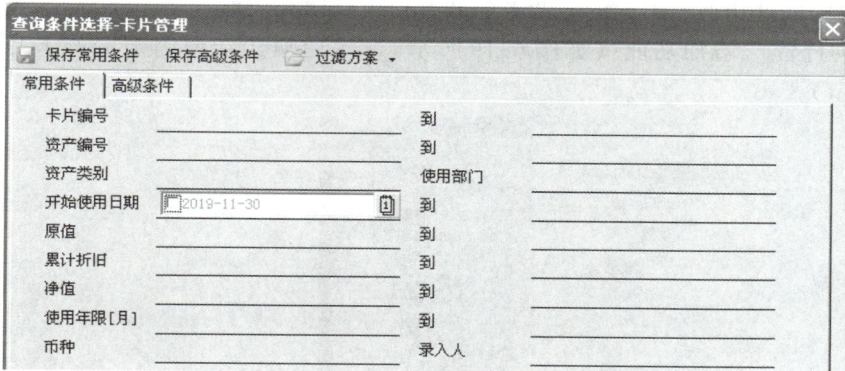

图6-17 查询条件选择

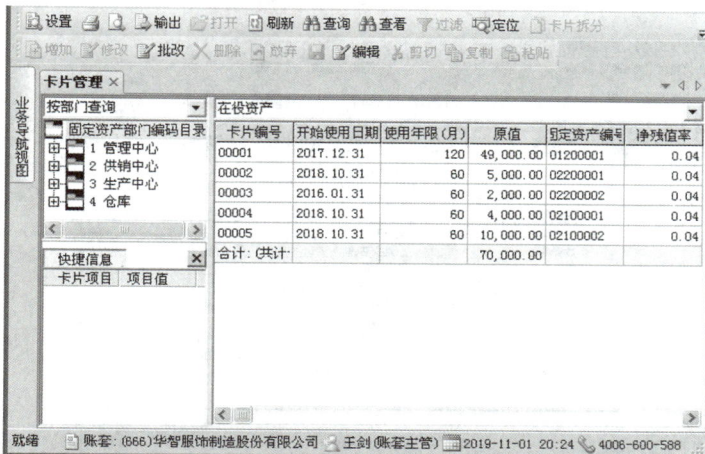

图6-18 卡片管理

以上工作完成以后，固定资产初始化就完成了，为固定资产日常业务处理做好了准备。

▶▶▶▶▶▶ 第三节　固定资产管理日常业务

固定资产管理日常业务是指每个会计期间与固定资产相关的经济业务，包括：固定资产增加、固定资产减少、固定资产变动、固定资产评估、固定资产盘点、工作量输入、计提本月折旧、批量制单等。对于固定资产管理日常业务，先要进行业务单据处理，涉及资金运动的固定资产业务，还需要制作记账凭证传递到总账进行账务处理。

一、业务单据处理

1. 11月21日，财务部购买磁带机1台，产地杭州，价值900元，增值税117元，价税合计1 017元，以现金支票支付。净残值率4%，预计使用年限5年。

该业务属于资产增加。资产增加是指在固定资产账套启用以后购进或通过其他方式增加的企业固定资产。该业务需要输入一张新的固定资产卡片，整个处理过程与固定资产原始卡片录入的处理相似，不同的是两者的开始使用日期有区别。

首先执行资产增加功能（如图6-19所示），然后输入新增固定资产卡片内容（如图6-20所示）。

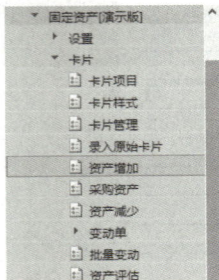

图6-19　执行资产增加功能

图6-20　新增资产

采购资产是指根据入库单中的存货结转生成固定资产卡片。当采购管理系统（详见供应链管理部分）存在业务类型是固定资产采购的入库单时，其数据可以直接传递到固定资产系统的"采购资产"功能点，用户可以选择入库单结转生成卡片。具体操作步骤为：从"卡片"菜单中选择"采购资产"功能菜单，进入后分订单、入库单上下列表显示。选择一条订单记录，入库单列表自动显示与订单号、存货编号相对应的入库单记录。点击"增加"，进入采购资产分配设置界面，设置资产类别、开始使用日期、存货数量、抵扣增值税等。客户在采购资产分配设置中通过快捷键CTRL+ALT+G激活修改状态就可以对采购订单的单价进行修改。点击"确定"进入资产卡片界面，补充资产信息并保存。

可结转生成固定资产卡片的入库单须满足以下条件：①业务类型为固定资产采购；②必有订单；③结转生成卡片的存货已经全部结算。与选中订单对应的入库单必须一次结转完毕，不允许分次结转。采购资产卡片不是在固定资产管理系统中制单，而是在应付款管理系统中制单。

2.11月25日，办公室的轿车添置新配件，价值3 000元。

添置配件是在原固定资产基础上为了增强固定资产功能而增加一些配件的业务。这类业务不属于增加固定资产业务，因此，在固定资产变动单中反映。

（1）执行原值增加功能（如图6-21所示）。

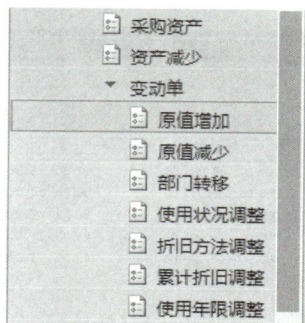

图6-21　执行原值增加功能

（2）输入固定资产变动单详细内容（如图6-22所示）。

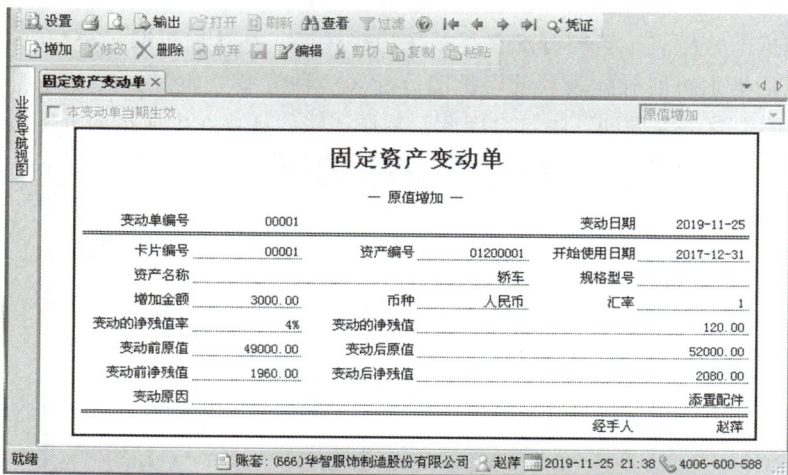

图6-22　输入固定资产变动单详细内容

3.11 月 30 日，计提本月折旧费用。

自动计提折旧是固定资产系统的主要功能之一。可以根据录入系统的资料，利用系统提供的"折旧计提"功能，对各项资产每期计提一次折旧，并自动生成折旧分配表。

（1）选择"处理"—"计提本月折旧"功能（如图 6-23 所示）。

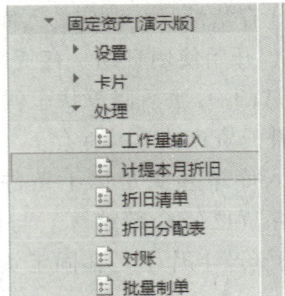

图 6-23　执行计提本月折旧功能

（2）当开始计提折旧时，系统将自动计提所有资产当期折旧额，并将当期折旧额自动累加到累计折旧项目中。计提工作完成后，要进行折旧分配，形成折旧费用，生成折旧清单，系统提供的折旧清单将显示所有应计提折旧资产所计提的折旧数据额（如图 6-24 所示）。

折旧清单 [2019.11]

2019.11 (登录)(最新)

卡片编号	资产编号	资产名称	原值	计提原值	本月计提折旧额	累计折旧	本年计提折旧	减值准备	净值	净残值	折旧率
00001	01200001	轿车	52,000.00	49,000.00	392.00	9,016.00	392.00	0.00	984.00	2,080.00	0.0080
00002	02200001	笔记本电脑	5,000.00	5,000.00	80.00	1,040.00	80.00	0.00	960.00	200.00	0.0160
00003	02200002	一体机	2,000.00	2,000.00	32.00	1,472.00	32.00	0.00	528.00	80.00	0.0160
00004	02100001	微机	4,000.00	4,000.00	64.00	832.00	64.00	0.00	168.00	160.00	0.0160
00005	02100002	工作站	10,000.00	10,000.00	160.00	2,080.00	160.00	0.00	920.00	400.00	0.0160
合计			73,000.00	70,000.00	728.00	14,440.00	728.00	0.00	560.00	2,920.00	

图 6-24　折旧清单

（3）生成折旧分配表。折旧分配表是制作记账凭证、把计提折旧额分配到有关成本和费用的依据，包括类别折旧分配表和部门折旧分配表两种类型（如图 6-25 所示）。折旧分配表的生成由"折旧汇总分配周期"决定，因此，制作记账凭证要在生成折旧分配表后进行。

折旧分配表 [01(2019.11-->2019.11)]

按部门分配
按类别分配

01 (2019.11-->2019.11)

部门编号	部门名称	项目编号	项目名称	科目编号	科目名称	折旧额
101	办公室			660203	折旧费	504.00
301	一车间			510103	折旧费	64.00
302	二车间			510103	折旧费	160.00
合计						728.00

图 6-25　折旧分配表

4.11月30日，二车间毁损工作站一台。

该业务属于资产减少。资产在使用过程中，由于各种原因退出企业，此时要做资产减少处理。只有在账套开始计提折旧后，才可以使用资产减少功能，否则，减少资产只能通过删除卡片页完成。

（1）选择"卡片"—"资产减少"功能（如图6-26所示）。

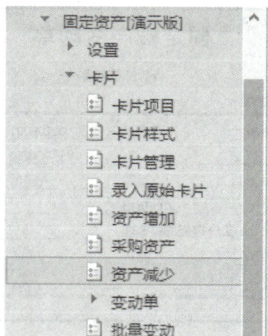

图6-26　执行资产减少功能

（2）发生资产减少时需要输入资产减少卡片并说明减少原因（如图6-27所示）。

图6-27　发生资产减少

（3）如果需要恢复减少的固定资产，可以通过卡片管理功能筛选出已减少资产，然后利用撤销减少功能来恢复（如图6-28所示）。只有当月减少的资产才可以恢复，如果资产减少操作已制作凭证，则必须删除凭证后才能恢复。只要卡片未被删除，就可以通过卡片管理中"已减少资产"来查看减少的资产。

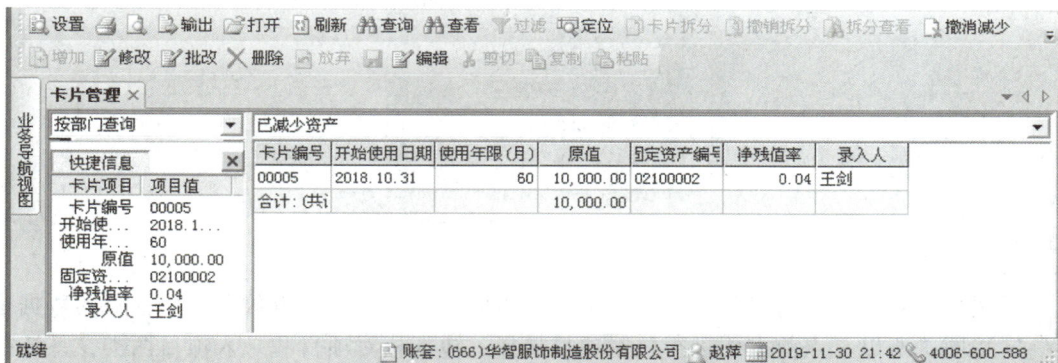

图6-28　撤销资产减少

5.11月30日，经核查，对2018年购入的笔记本电脑计提200元减值准备。

该业务属于减值准备。固定资产发生损坏、技术陈旧或者其他经济原因，导致可收回金额低于其账面价值，这种情况称为固定资产减值。如果固定资产的可收回金额低于其账面价值，应当按可收回金额低于账面价值的差额计提减值准备，并计入当期损益。计提减值准备同样在固定资产变动单中反映（如图6-29所示）。

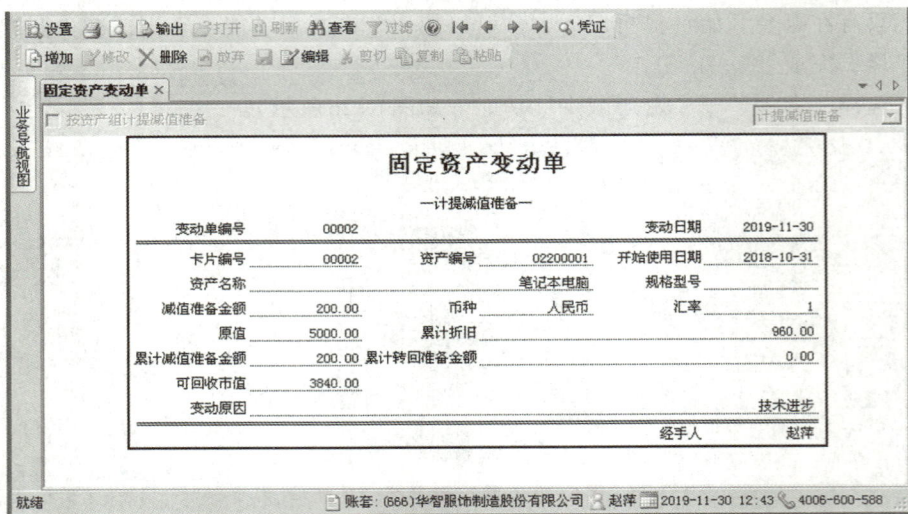

图6-29　计提减值准备业务

6.11月30日，对资产类别为022的资产进行盘点。实际盘点结果为3台设备，固定资产编号分别为02200001、02200003、02200004。

该业务属于资产清查。企业要定期对固定资产进行清查，至少每年清查一次，可以通过盘点进行清查，即在对固定资产进行实地盘点后，将实物数据录入固定资产系统，并将其与账面数据进行比对，由系统自动生成盘点结果清单，并对账实不符的情况进行处理的过程。

（1）执行资产盘点功能（如图6-30所示）。

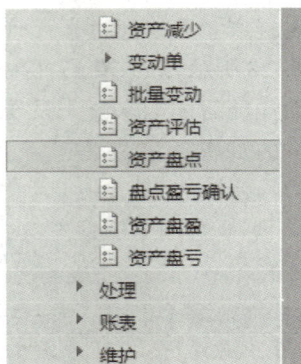

图6-30　执行资产盘点功能

（2）新增盘点单。

①选择核对项目。由于每次盘点的侧重点不同，要录入的盘点数据与要核对的数据也不一定相同，所以盘点前需要进行核对项目选择，包括核对项目和录入项目两类，系统提供相关卡片项目供选择（如图6-31所示）。核对项目是指生成盘点结果清单时要与系统内卡片进行核对的项目；录入项目是指需要录入实际盘点数据的项目。核对项目与录入项目的供选项目完全一致，均为系统内相关卡片项目。若选中核对项目，则对应的录入项目自动选中；若单独选中录入项目，则对应的核对项目可以不选。卡片编号、对应折旧科目、

项目、注销原因、注销日期、注销人、减少方式不作为盘点项目。

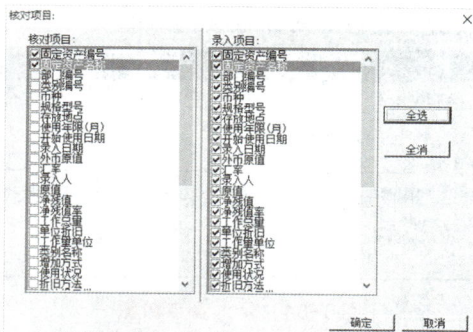

图6-31　盘点项目设置

②选择盘点范围。每次要进行盘点的资产范围可能不同，可以根据需要从系统给定盘点范围中选择。在资产盘点管理界面中点击"增加"按钮，进入"新增盘点单—数据录入"窗口（如图6-32所示），点击"范围"按钮，进入"资产盘点"窗口，选择实际盘点的发生日期，再选中要进行盘点的方式及对应该方式的明细分类。盘点日期为实际盘点的发生日期，最后生成的盘点结果清单是根据盘点日期系统数据与实际盘点数据的对比结果生成的。

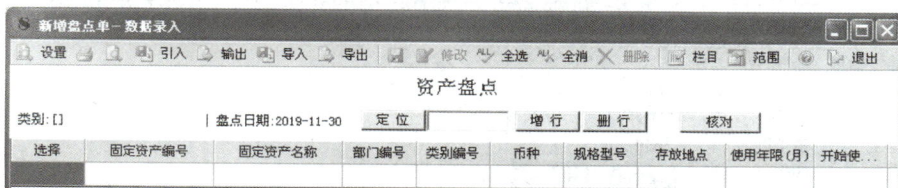

图6-32　新增盘点单—数据录入

三种供选盘点方式为：按资产类别盘点、按使用部门盘点、按使用状态盘点（如图6-33所示）。可以同时选择按资产类别盘点及按使用部门盘点，按使用状态盘点不能与其他盘点方式同时选择。选好盘点方式后，必须选择对应的明细分类，例如选中"按资产类别盘点"，必须选择按照哪一种资产类别盘点。但不允许选择顶级类别。

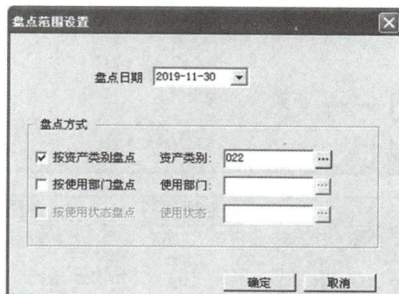

图6-33　盘点范围设置

③录入盘点数据。根据所选核对项目以及盘点范围，系统自动将符合条件的卡片加入盘点单（如图6-34所示）。在此基础上，用户可以根据实际盘点情况，通过"增行"功能增加盘点单中的固定资产，通过"删行"功能删除盘点单中的固定资产，以生成盘点结果清单供后续核对。增行操作时固定资产编号不能为空，否则系统将不对此条记录进行核对。用户也可以通过文本文件引入盘点数据，点击"引入"，选择存有盘点数据的.TXT文

件，系统会将该文件中的盘点数据追加到当前编辑的盘点单中。如果要将本次录入的盘点单保存在系统内供查询，点击工具栏上的保存按钮即可。

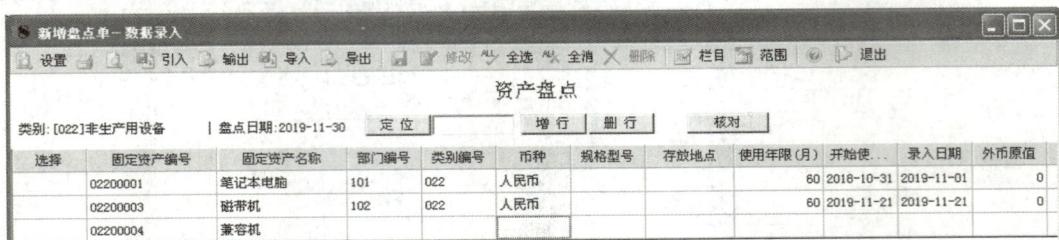

图6-34　录入盘点数据

④生成盘点结果清单。执行资产盘点的"核对"功能，系统将根据当前盘点单中的数据同系统内盘点日期的卡片数据相比较生成结果清单（如图6-35所示），可以查看固定资产是与实际相符还是出现了盘盈盘亏，也可以选中"过滤掉相符情况"单独查看盘盈盘亏的资产清单。

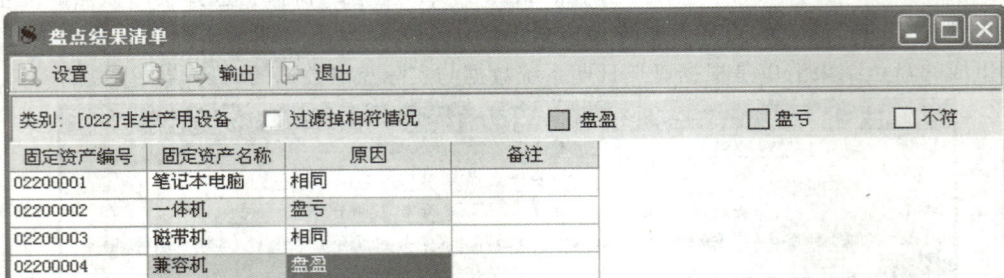

图6-35　盘点结果清单

（3）盘盈盘亏确认。进行资产的盘点之后，要对盘盈盘亏结果进行审核。先选择需要审核的盘点单，再对需要审核的盘盈或盘亏记录进行审核，选择"同意"或"不同意"录入处理意见（如图6-36所示）。在所有的审核同意记录都进行了盘盈或盘亏处理后，该盘点单自动关闭。不需要再进行盘盈或盘亏操作的盘点单，可以手工关闭；已关闭的盘点单不能进行后续盘盈或盘亏操作；已进行盘盈或盘亏操作的记录，系统自动标记为已处理。

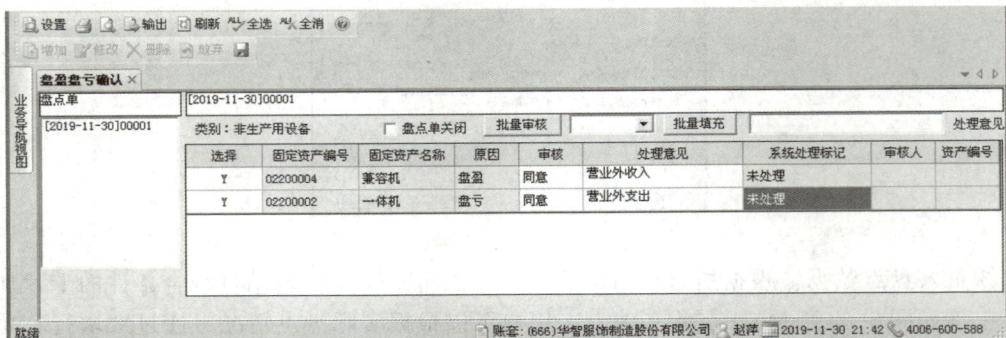

图6-36　盘盈盘亏确认

（4）资产盘盈。企业在进行资产盘点之后，要对盘盈盘亏结果进行审核。先选择需要处理的盘点单，再选择需要进行盘盈处理的盘点单，录入待处理资产的开始使用日期及资产类别，最后点击"盘盈资产"进入所选记录的资产卡片，补充资产信息并保存。盘盈资产的操作是增加资产卡片的操作，要求先录入开始使用日期及资产类别才能进行资产增加（如图6-37所示）。进行盘盈处理时，输入固定资产卡片内容（如图6-38所示）。后续制单操作时，盘盈的固定资产开始使用日期如果是在固定资产模块启用日期之前（视同原始卡片），则需要手工在总账里增加凭证以反映该盘盈固定资产；如果是在固定资产模块启用日期之后（视同资产增加），则在批量制单中生成凭证。

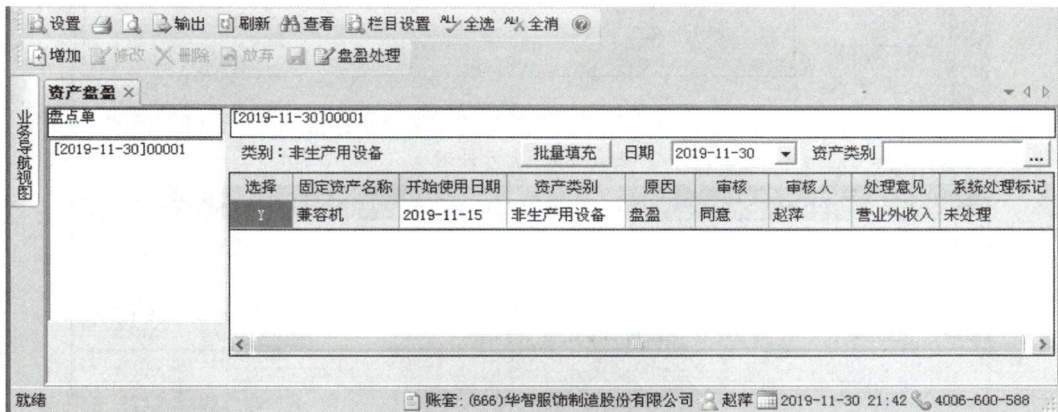

图6-37　资产盘盈

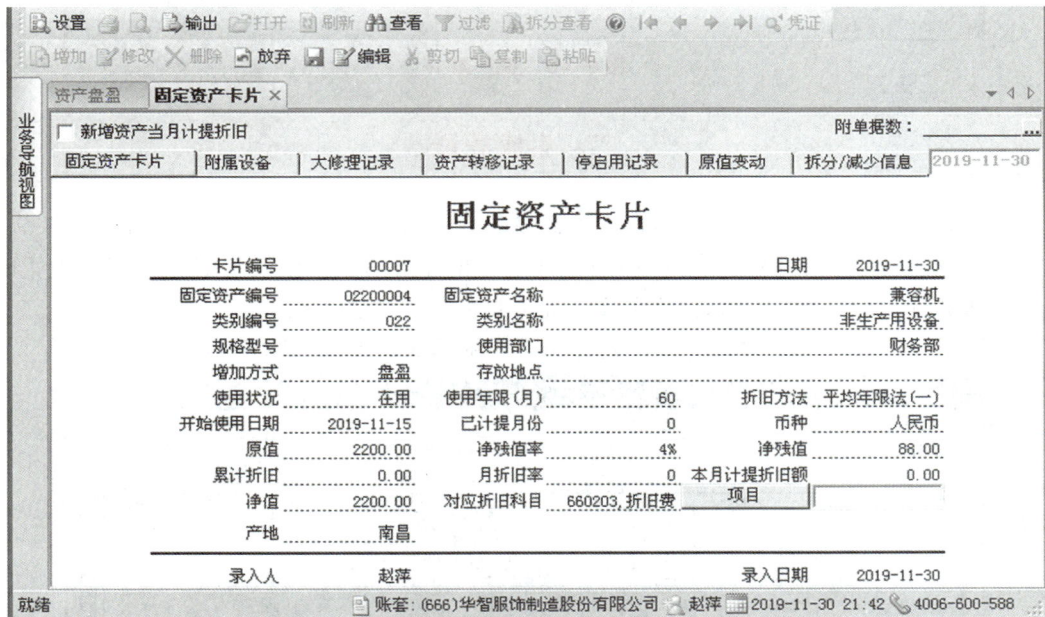

图6-38　输入盘盈资产内容

（5）资产盘亏。企业在进行资产盘点之后，要对盘盈盘亏结果进行审核。先选择需要处理的盘点单，在需要审核记录的"选择"栏打上"Y"标记（如图6-39所示）；再选择需要进行盘亏处理的盘点单，点击"盘亏资产"进入资产减少窗口，对所选记录的资产进行减少处理（如图6-40所示）。要对盘亏资产进行资产减少操作，必须先计提折旧。

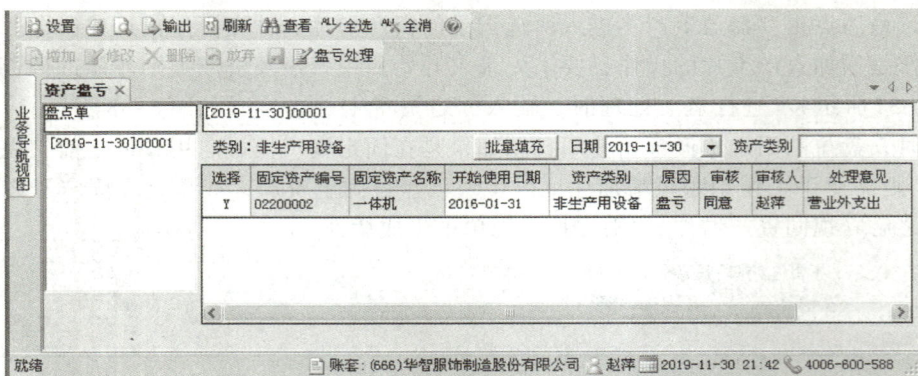

图6-39 盘亏处理

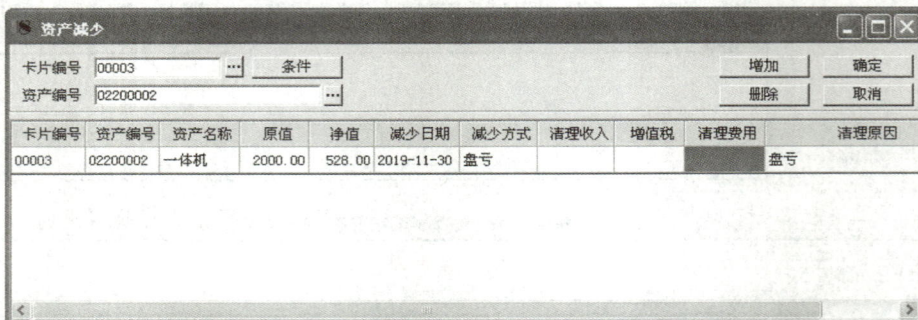

图6-40 资产减少

二、生成凭证

固定资产系统和总账系统之间存在着数据的自动传输，即固定资产系统通过记账凭证向总账系统传递有关数据，如资产增加、减少、累计折旧调整以及折旧分配等记账凭证。制作记账凭证可以采取"立即制单"或"批量制单"的方法实现。

1.采用"批量制单"方式时，首先选择需要制单的业务（如图6-41所示）。

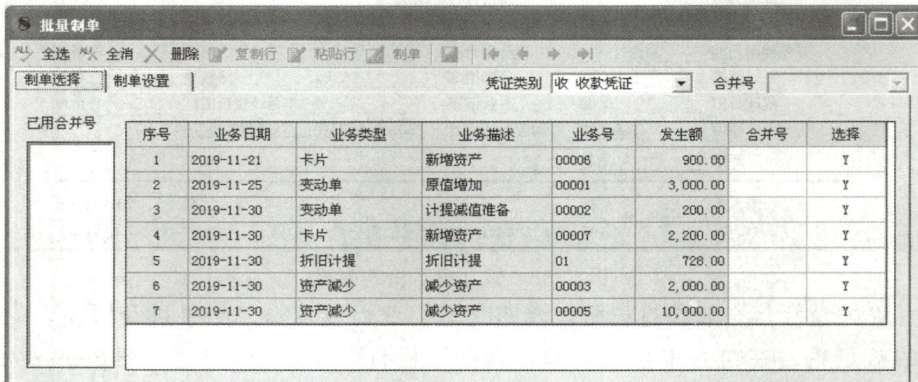

图6-41 制单选择

2.对所有需要制单的业务进行制单设置（如图6-42所示）。

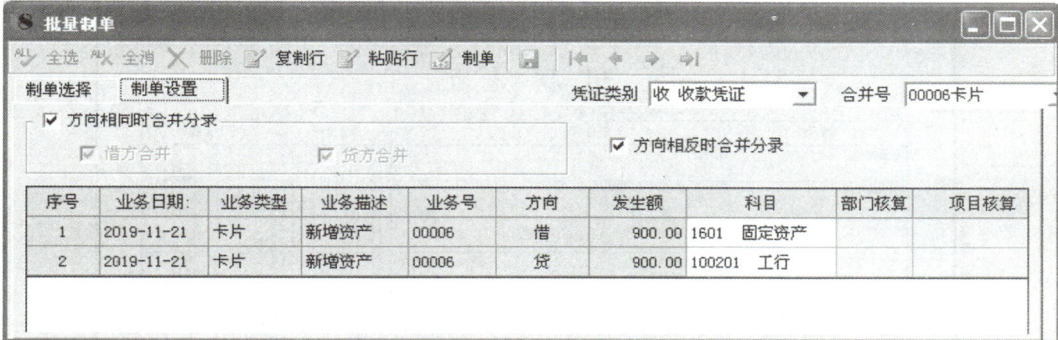

图6-42 制单设置

3.生成固定资产业务的记账凭证（如图6-43至图6-49所示）。

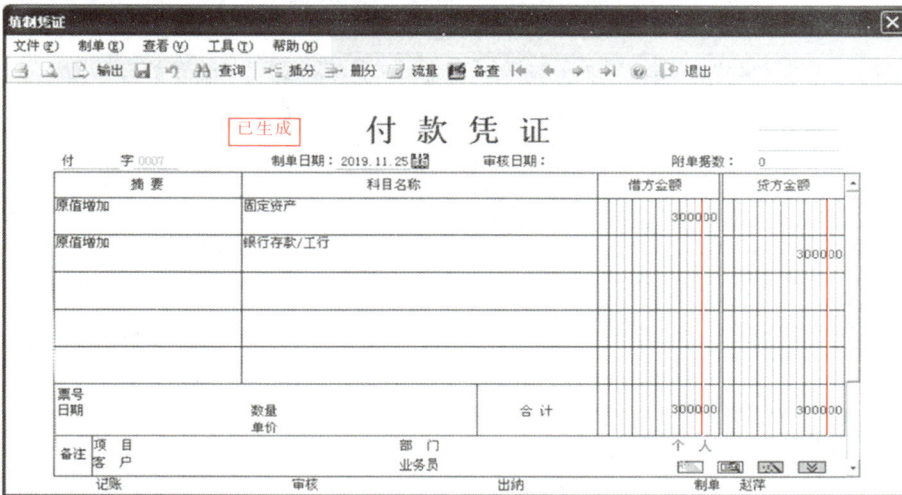

图6-43 原值增加业务记账凭证

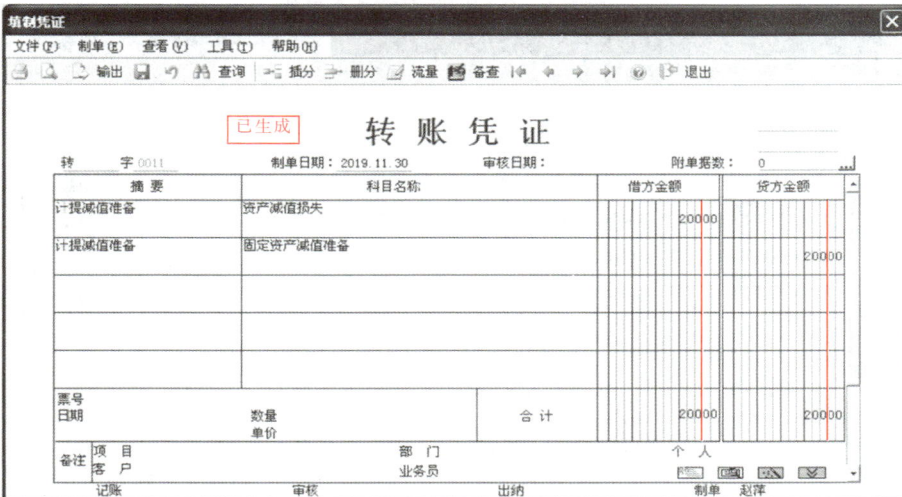

图6-44 计提减值准备业务记账凭证

　　　　　第六章　固定资产管理

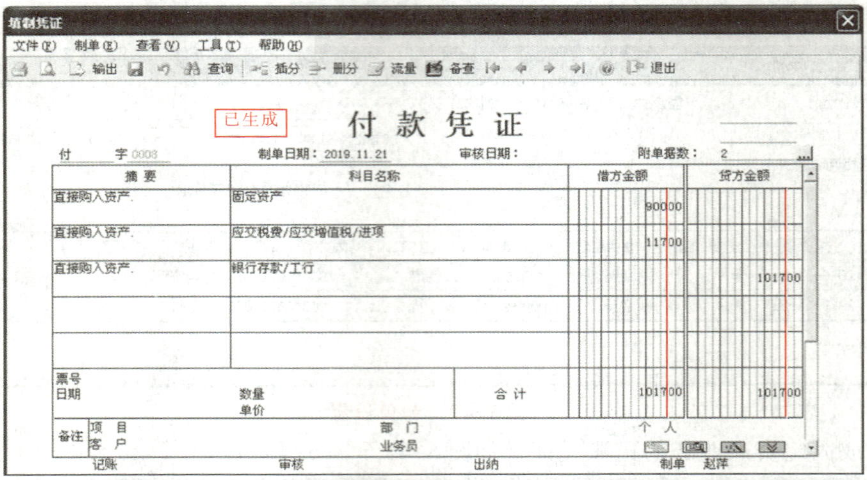

填制凭证
文件(F)　制单(E)　查看(V)　工具(T)　帮助(H)

🖨 📑 📋 输出 💾 ↺ 🔍 查询 | 🔲 插分 ▦ 删分 ⚡ 流量 💰 备查 | ⇤ ← → ⇥ ⓘ ▶ 退出

已生成　　　**付 款 凭 证**

付　字 0008　　　制单日期：2019.11.21　　审核日期：　　　　附单据数：　2

摘　要	科目名称	借方金额	贷方金额
直接购入资产.	固定资产	90000	
直接购入资产.	应交税费/应交增值税/进项	11700	
直接购入资产.	银行存款/工行		101700
票号 日期	数量 单价	合　计	101700	101700

备注　项　目　　　　　　　　部　门　　　　　　个　人
　　　客　户　　　　　　　　业务员　　　　　　🔲 🔳 🔲 🔽

记账　　　　　　审核　　　　　　出纳　　　　　　制单 赵萍

图6-45　直接购入资产业务记账凭证

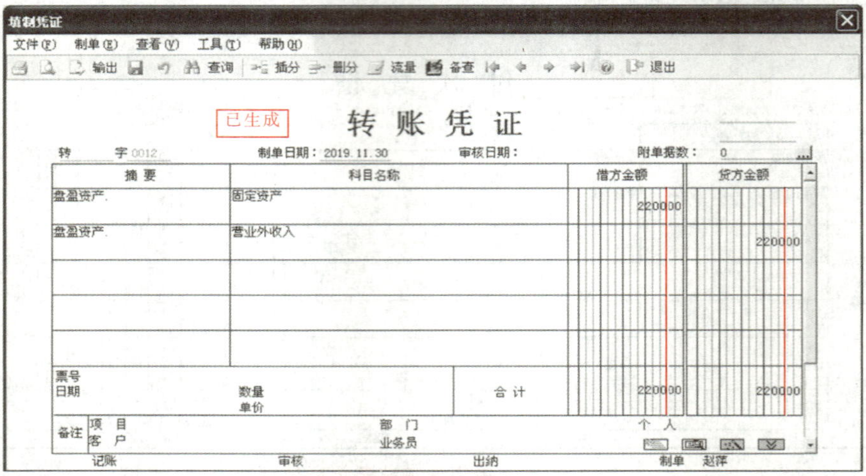

填制凭证
文件(F)　制单(E)　查看(V)　工具(T)　帮助(H)

🖨 📑 📋 输出 💾 ↺ 🔍 查询 | 🔲 插分 ▦ 删分 ⚡ 流量 💰 备查 | ⇤ ← → ⇥ ⓘ ▶ 退出

已生成　　　**转 账 凭 证**

转　字 0012　　　制单日期：2019.11.30　　审核日期：　　　　附单据数：　0

摘　要	科目名称	借方金额	贷方金额
盘盈资产.	固定资产	220000	
盘盈资产.	营业外收入		220000
票号 日期	数量 单价	合　计	220000	220000

备注　项　目　　　　　　　　部　门　　　　　　个　人
　　　客　户　　　　　　　　业务员　　　　　　🔲 🔳 🔲 🔽

记账　　　　　　审核　　　　　　出纳　　　　　　制单 赵萍

图6-46　盘盈资产业务记账凭证

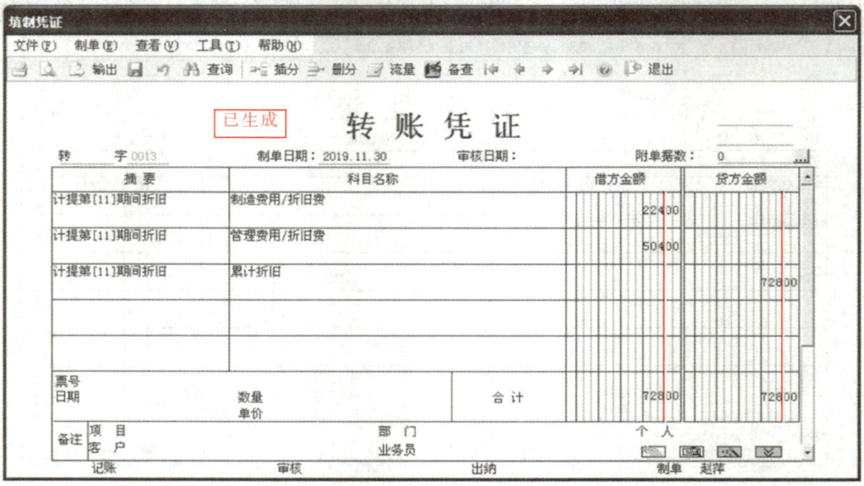

填制凭证
文件(F)　制单(E)　查看(V)　工具(T)　帮助(H)

🖨 📑 📋 输出 💾 ↺ 🔍 查询 | 🔲 插分 ▦ 删分 ⚡ 流量 💰 备查 | ⇤ ← → ⇥ ⓘ ▶ 退出

已生成　　　**转 账 凭 证**

转　字 0013　　　制单日期：2019.11.30　　审核日期：　　　　附单据数：　0

摘　要	科目名称	借方金额	贷方金额
计提第[11]期间折旧	制造费用/折旧费	22400	
计提第[11]期间折旧	管理费用/折旧费	50400	
计提第[11]期间折旧	累计折旧		72800
票号 日期	数量 单价	合　计	72800	72800

备注　项　目　　　　　　　　部　门　　　　　　个　人
　　　客　户　　　　　　　　业务员　　　　　　🔲 🔳 🔲 🔽

记账　　　　　　审核　　　　　　出纳　　　　　　制单 赵萍

图6-47　计提折旧业务记账凭证

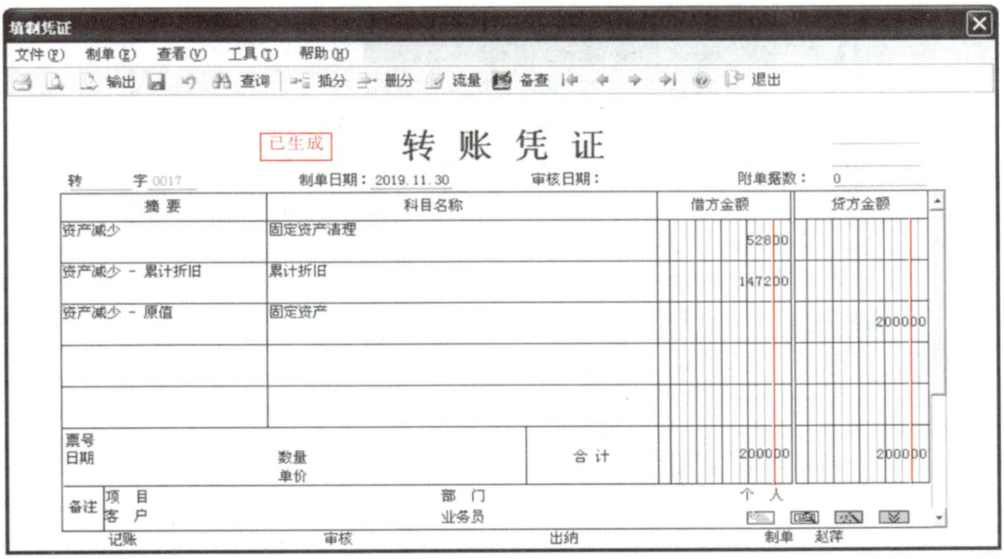

图6-48 盘亏减少业务记账凭证

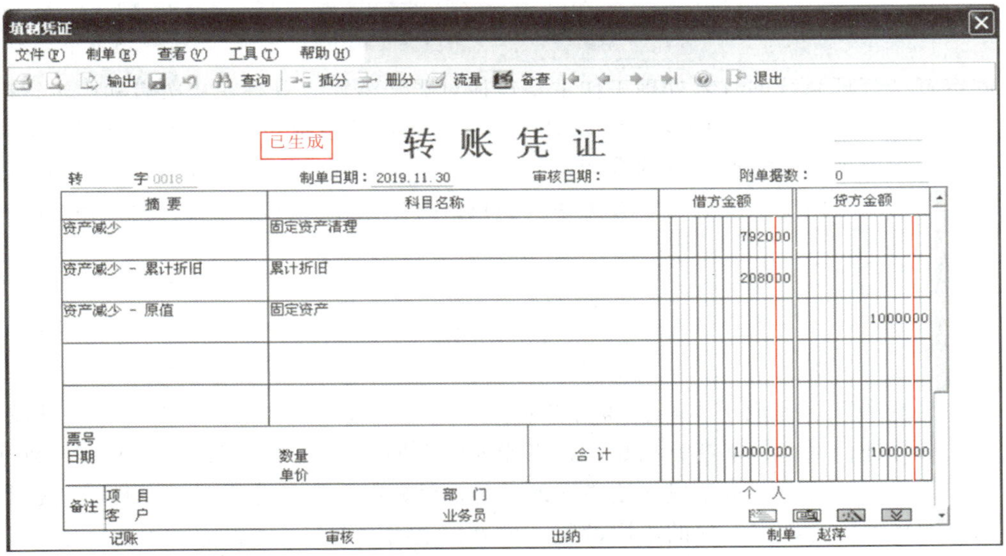

图6-49 毁损减少业务记账凭证

以上由系统自动生成的记账凭证被自动传递到总账系统，在总账系统中可以进行出纳签字、审核、记账等后续操作，但是在总账系统中不能进行修改、作废、冲销等操作。如果发现凭证有误，需要进行修改、作废、冲销等操作，可以通过固定资产系统中的凭证查询功能来完成。

三、凭证查询

各固定资产业务生成的凭证可以通过"凭证查询"功能进行统一管理，完成编辑、删除、冲销等操作（如图6-50所示）。

图 6-50　凭证查询

▶▶▶▶▶▶ 第四节　固定资产管理期末处理

一、对账

　　固定资产管理系统的月末处理工作主要包括对账和结账。只有在初次启动固定资产管理系统时的参数设置或选项的参数设置中选择了"与财务系统对账"，才可使用本系统的对账功能。为保证固定资产系统的资产价值与总账系统中固定资产科目的数值相等，可随时使用对账功能对两个系统进行审查。系统在执行月末结账时自动对账一次，并给出对账结果。

二、结账

　　当固定资产系统完成了本月全部制单业务后，可以进行月末结账（如图 6-51 所示）。月末结账每月进行一次，本期不结账，将不能处理下期的数据。结账前一定要进行数据备份，否则数据一旦丢失，将造成无法挽回的后果。结账时，系统会自动与总账系统进行对账。如果对账不平，根据选项的不同设置，可以指定固定资产子系统是否结账。

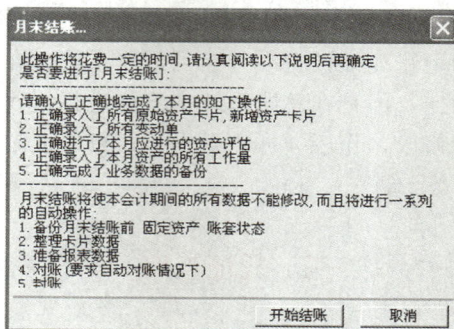

图 6-51　月末结账

结账后当期数据不能修改。如有错误，必须修改，则可通过系统提供的"恢复月末结账前状态"功能反结账，再进行相应修改（如图6-52所示）。

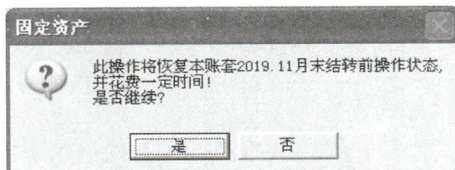

图6-52　固定资产反结账

由于系统各会计期间以及各系统之间存在着数据联系，因此反结账操作需要满足必备的条件。在固定资产系统中，如果下一个会计期间已经生成凭证，则当期不能反结账。例如，12月份固定资产系统已经生成凭证，则11月份固定资产系统就不能反结账，反结账时将出现错误提示，即"本账套业务已生成了账务凭证，不能进行此项操作"。若要对11月份反结账，必须先删除12月份已生成凭证。再如，在启用成本系统的情况下，由于成本系统每月从固定资产系统中提取折旧费用数据，因此，一旦成本系统提取了某期的数据，则该期固定资产也不能反结账。

三、固定资产报表

在固定资产管理过程中，企业需要及时掌握资产的统计、汇总和其他各方面的信息。系统根据用户的日常操作自动提供这些信息，以报表的形式提供给财务人员和资产管理人员。

系统提供的具体报表包括五类：一是账簿类，包括固定资产总账、单个固定资产明细账、固定资产登记簿、部门类别明细账；二是分析表，包括部门构成分析表、使用状况分析表、价值结构分析表、类别构成分析表；三是统计表，包括评估汇总表、评估变动表、固定资产统计表、逾龄资产统计表、盘盈盘亏报告表、役龄资产统计表、固定资产原值一览表、固定资产变动情况表、固定资产到期提示表、采购资产统计表；四是折旧表，包括部门折旧计提汇总表、固定资产折旧清单表、固定资产折旧计算明细表、固定资产及累计折旧表一、固定资产及累计折旧表二；五是减值准备表，包括减值准备总账、减值准备余额表、减值准备明细账。

如果系统提供的报表不能完全满足实际管理要求，系统还提供了自定义报表功能，可以根据需要定义报表。

第七章

供应链及往来管理

供应链是由供应商、制造商、仓库、配送中心和渠道商等构成的物流网络。同一企业可能构成这个网络的不同组成节点，但更多的情况下是由不同的企业构成这个网络中的不同节点。比如，在某个供应链中，同一企业可能既在制造商、仓库节点占有位置，又在配送中心节点等占有位置。在分工愈细、专业要求愈高的供应链中，不同节点基本上由不同的企业组成。在供应链各成员单位间流动的原材料、在产品库存和产成品等就构成了供应链上的货物流。企业在与供应链各成员单位进行业务往来时，会形成各种债权债务关系，需要及时记录和清偿，以保持资金的正常流转。

【认知塑造】党的二十大报告强调，我们要坚持以推动高质量发展为主题，把实施扩大内需战略同深化供给侧结构性改革有机结合起来，增强国内大循环内生动力和可靠性，提升国际循环质量和水平，加快建设现代化经济体系，着力提高全要素生产率，着力提升产业链供应链韧性和安全水平，着力推进城乡融合和区域协调发展，推动经济实现质的有效提升和量的合理增长。由此可见，增强产业链供应链的韧性、安全稳定和自主可控能力，是建设制造强国的重要依托，是统筹发展和安全的应有之义，也是构建新发展格局的必然要求。我国应该重新思考和设计新的适应双循环新发展格局的产业政策。我们要实施有规则、规制的主动开放战略，加强与国外企业的垂直专业化联系，同时，也要在不断开放中主动塑造和拉长国内价值链，让一些产业循环留在国内进行。从技术供给看，要善于利用外国资源进行创新，一方面，要以内需集聚国内外资源，吸引外国资源到国内来创新创业，另一方面，也要用内需诱导和拉动创新活动，为国内企业创新提供更多的市场需求、商业运用场景和试错机会，推出更多的自主可控的高新技术。从力量均衡看，要加快培育产业的反制能力，从过去的"扬长避短"转变为"扬长补短"，既要在长板产业方面形成不可替代的竞争优势，又要缓解产业瓶颈被"卡脖子"的风险。从技术安全和维护看，要全面推进中国企业国际专利的战略布局，构建自主知识产权保障体系等。从学习角度看，不仅要将供应链的相关理论知识掌握好，还应该了解我国当前的发展背景，做到与时俱进。并且在条件允许的情况下前往企业实习，做到理论与实践相结合。

▶▶▶▶▶▶ 第一节　供应链及往来管理数据

一、供应链管理系统初始化数据

(一) 选项设置

1. 采购管理系统选项设置：普通业务必有订单。

2. 库存管理系统选项设置：①采购入库审核时改现存量；②销售出库审核时改现存量；③其他出入库审核时改现存量；④库存生成销售出库单；⑤自动带出单价的单据：销售出库单、其他出库单；⑥允许超预计可用量出库。

3. 存货核算系统选项设置：①暂估方式：单到回冲；②结算单价与暂估单价不一致需要调整出库成本。

4.销售管理系统选项设置：①有分期收款业务；②普通销售必有订单；③新增退货单默认、新增发票默认参照发货生成；④允许非批次存货超可用量发货；⑤允许批次存货超可用量发货。

（二）供应链管理系统期初数据

1.采购管理系统期初数据：2019年10月6日，收到外购自北京纽扣厂的纽扣1 000粒，10月末未收到采购发票，按单价4元/粒暂估入原材料库。

2.库存管理、存货核算期初数据（见表7-1）：

表7-1　　　　　　　　　　　　**库存管理、存货核算期初数据**　　　　　　　　金额单位：元

仓库名称	存货编码和名称	数量	单价	金额
成品库	01 A服装	100	300	30 000
成品库	02 B服装	80	100	8 000
原材料库	03 布匹	300	22	6 600
原材料库	04 纽扣	2 000	3	6 000
原材料库	05 缝纫线	1 000	5	5 000

3.销售管理系统期初数据：2019年10月3日，销往福建百货公司B服装10件，含税单价226元/件，属于成品库，销售部门为销售部，销售类型为批发销售，未开销售发票。

二、往来系统初始化数据

（一）应收款管理设置

1.坏账处理方式：应收余额百分比法。

2.单据审核后不立即制单。

3.权限与预警中不控制操作员权限。

4.基本科目设置：应收科目1122；预收科目2203；商业承兑科目1121；银行承兑科目1121；票据利息科目660301；汇兑损益科目660302；坏账入账科目1231。

5.控制科目：应收科目1122；预收科目2203。

6.产品科目：应交增值税科目22210102。

7.结算方式科目：现金支票、转账支票、电汇100201；商业承兑汇票、银行承兑汇票1012。

8.坏账提取比率：0.5%。坏账准备期初余额：200元（贷方）。坏账准备科目：1231。对方科目：6702。

（二）应付款管理设置

1.应付票据不直接生成付款单。

2.单据审核后不立即制单。

3.不控制操作员权限。

4. 基本科目设置：应付科目 220201；预付科目 1123；采购科目 1402；税金科目 22210101；汇兑损益科目 660302；商业承兑科目 2201；银行承兑科目 2201；票据利息科目 660301。

5. 控制科目设置：应付科目 220201；预付科目 1123。

6. 产品科目设置：采购科目 1402；产品采购税金科目 22210101。

7. 结算方式科目设置：现金支票、转账支票、电汇 100201；商业承兑汇票、银行承兑汇票 1012。

三、供应链管理日常业务数据

（一）采购管理日常业务

1. 2019 年 11 月 2 日，一车间根据生产计划向采购部提出采购请求，请求采购纽扣 1 000 粒，采购部审核同意。同日，采购部向供应商北京纽扣厂提出采购请求，双方协商后签订了供货合同，纽扣不含税单价 2 元/粒，要求本月 5 日到货。

2. 2019 年 11 月 5 日，收到北京纽扣厂发来的纽扣和专用发票，发票号码 CG001，该批纽扣系 11 月 2 日采购。发票载明，纽扣 1 000 粒，不含税单价 2 元/粒。经检验质量全部合格，办理入原材料库手续。财务部门确认存货成本和应付款项，货款尚未支付。

3. 2019 年 11 月 12 日，与天津丝线公司签订购货合同。订购缝纫线 60 卷，不含税单价 6 元/卷，要求 19 日到货。

4. 2019 年 11 月 17 日，收到北京纽扣厂开具的 10 月 6 日纽扣专用发票，发票号码 CG002。发票记录纽扣 1 000 粒，不含税单价 6 元/粒。公司核实后立即支付货款和税款（现金支票 xj01）。

5. 2019 年 11 月 18 日，与上海布匹厂签订购货合同，采购布匹 30 米，不含税单价 25 元/米。同日收到布匹 25 米，检验合格验收入库。与北京纽扣厂签订购货合同，采购纽扣 150 粒，不含税单价 6 元/粒。同日收到纽扣 150 粒，检验合格后入库。

6. 2019 年 11 月 19 日，收到天津丝线公司的缝纫线和专用发票，编号为 CG003，发票内容与合同相同，验收入库。按合同约定，本次采购运费 30 元由采购方负担，已收到运费发票，货款及运费均未支付。

7. 2019 年 11 月 23 日，收到 11 月 18 日入库的布匹专用发票，编号为 CG004，发票载明，布匹 30 米，不含税单价 25 元/米。发票记录与入库单相比多 5 米布匹，经核查缺少的 5 米布匹属于合理损耗，货款及运费均未支付。

8. 2019 年 11 月 30 日，期末尚未收到 11 月 18 日入库的 150 粒纽扣专用发票，按估价 6 元/粒做暂估处理。

9. 2019 年 11 月 30 日，销售部从仓库领用存货时发现 11 月 5 日入库的部分纽扣存在质量问题，向供应商提出退货。对方同意并交来红字专用发票，编号 TH001，载明纽扣 100 粒，不含税单价 2 元/粒。财务部门做相应处理。

（二）销售管理日常业务

1. 2019 年 11 月 9 日，客户江苏百货公司打算订购 4 件 A 服装，向公司征询报价。本公司报价为含税价452元/件。12日，公司与江苏百货公司协商，对方同意该报价，同时签订销售合同，订购数量为4件。公司于11月13日发货，同时开具销售专用发票XS001，以及由客户承担的运费发票。代垫运费100元已用现金支付，货款尚未收到。

2.2019年11月10日，公司给客户福建百货公司开具10月3日销售B服装的销售专用发票XS002，同时收到客户价税款2 260元（电汇DH001）。

3.2019年11月19日，与客户浙江服饰百货公司签订销售合同，A服装20件，每件含税售价452元，B服装10件，每件含税售价226元，价税共计11 300元。商品已出库并开出销售发票XS003，货款尚未收到。

4.2019年11月20日，经协商与客户浙江服饰百货公司签订销售合同，采用分期收款方式销售B服装5件，含税单价226元/件。

5.2019年11月30日，江苏百货公司将存在质量问题的4件A服装退还给公司，进行入库处理。公司开具红字销售发票XT001，载明4件A服装，含税单价452元/件。

▶▶▶▶▶▶ 第二节　供应链及往来管理初始化

由于供应链管理的相关模块之间联系非常紧密，且与往来管理模块存在数据交换，因此在进行供应链系统选项设置时需要统筹考虑，分别设置。供应链系统选项设置包括采购系统、库存、存货核算、销售系统、应收款系统、应付款系统的设置。供应链管理的初始化包括系统选项设置、期初数据录入、供应链系统期初记账等三部分内容。往来管理系统的初始化包括选项设置、期初数据录入。

一、选项设置

（一）采购系统设置

采购管理模块的选项设置是在处理日常采购业务之前，确定采购业务的范围、类型以及对各种采购业务的核算要求，将决定用户使用系统的业务流程、业务模式、数据流向（如图7-1所示）。

其中几个主要的选项含义如下：

1.普通业务必有订单：除请购单、采购订单外，到货单、入库单、采购发票（普通、专用）不可手工新增，只能参照来源单据生成。

2.选单只含已审核的发票记录：如勾选，自动结算和手工结算时只包含已审核的发票记录。

3.不记入成本的入库单需开票：如勾选，不记入成本仓库的对应入库单可以生成采购发票，但不参与采购结算，适用于办公用品采购等业务的处理，采购发票直接转为费用，不进行存货核算；如未勾选，则不记入成本仓库的对应入库单不能生成采购发票，对应入库单也不参与采购结算，适用于赠品等业务的处理，不需要生成采购发票，也不需要进行存货核算。

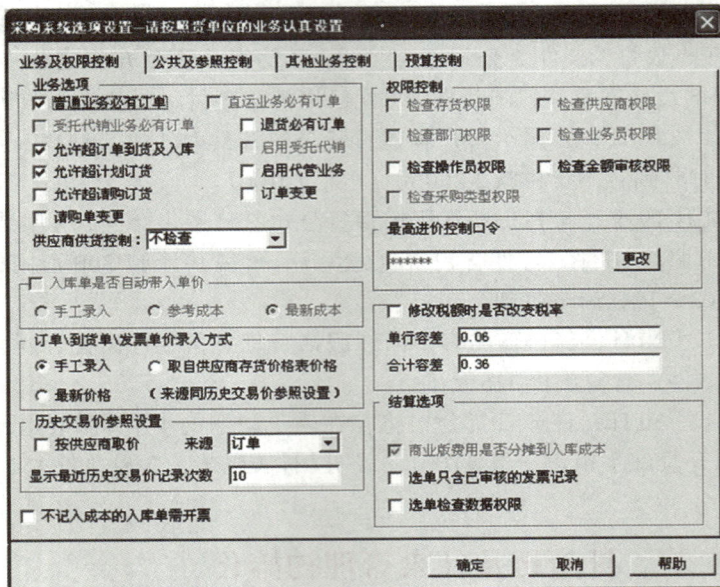

图 7-1　采购管理业务及权限控制

（二）库存设置

库存管理模块的选项设置是在处理日常库存业务之前，确定库存业务的范围、类型以及对各种库存业务的核算要求。

1.库存管理通用设置（如图 7-2 所示）。

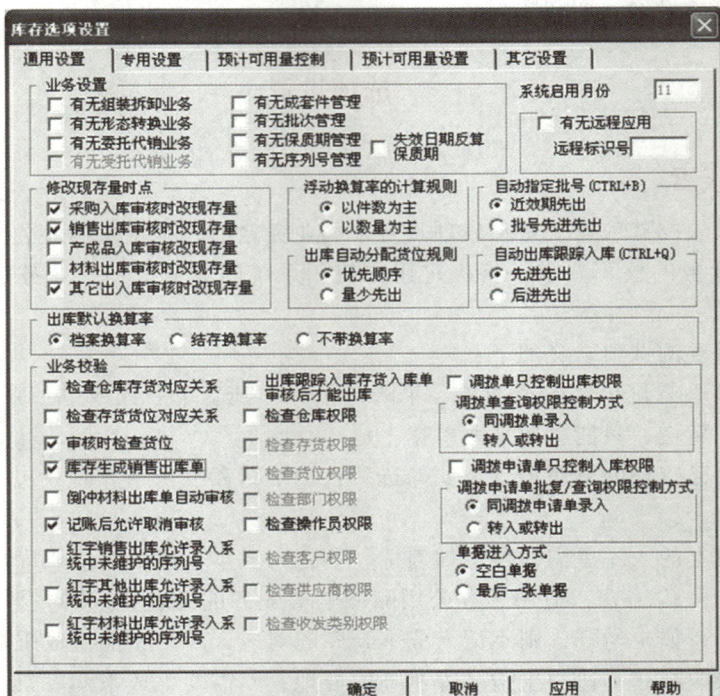

图 7-2　库存管理通用设置

库存生成销售出库单：该选项主要影响库存管理与销售管理集成使用的情况。若在销售管理中选择销售管理生成销售出库单，则销售管理的发货单、销售发票、零售日报、销售调拨单在审核/复核时自动生成销售出库单。在库存管理中不可修改出库存货、出库数量，即一次发货一次全部出库。由销售管理生成的销售出库单，允许修改部分数据项，包括备注、表头自定义项、单价、金额、货位、表体自定义项。若选择库存生成销售出库单，则销售出库单由库存管理参照上述单据生成，不可手工填制，在参照时，可以修改本次出库数量，即可以一次发货多次出库。生成销售出库单后不可修改出库存货、出库数量。

2.库存管理专用设置（如图7-3所示）。

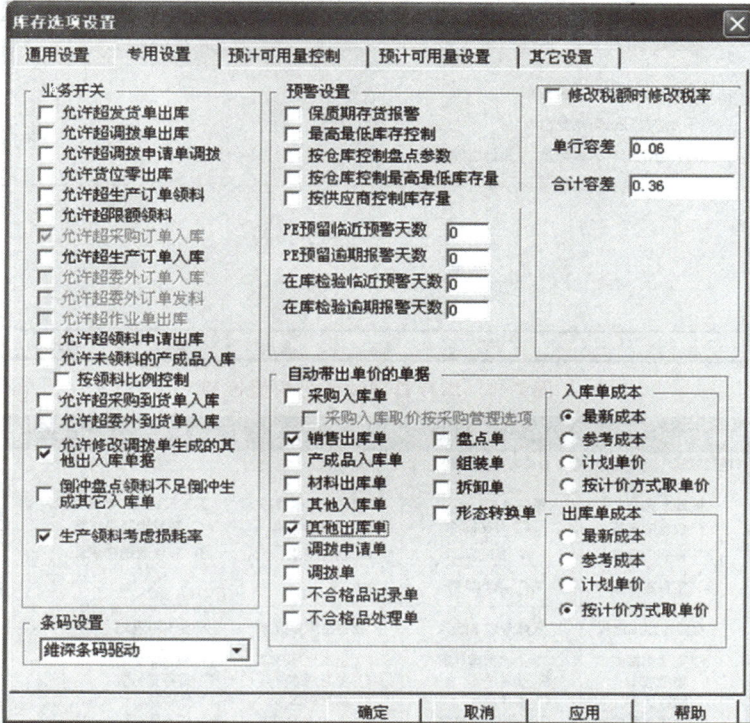

图7-3　库存管理专用设置

允许超发货单出库：若勾选该选项，则参照发货单时，销售出库单的数量可超发货单数量。

允许货位零出库：货位零出库是指该货位在出库后，结存数小于零，即负库存。

3.库存管理预计可用量控制设置（如图7-4所示）。在库存选项"预计可用量控制"中选中"允许超预计可用量出库"，否则可能会导致出库时"零出库控制"无法审核。

（三）存货核算设置

存货核算模块的选项设置是在处理日常业务之前确定存货的核算要求和核算方式。

1.存货核算方式设置（如图7-5所示）。

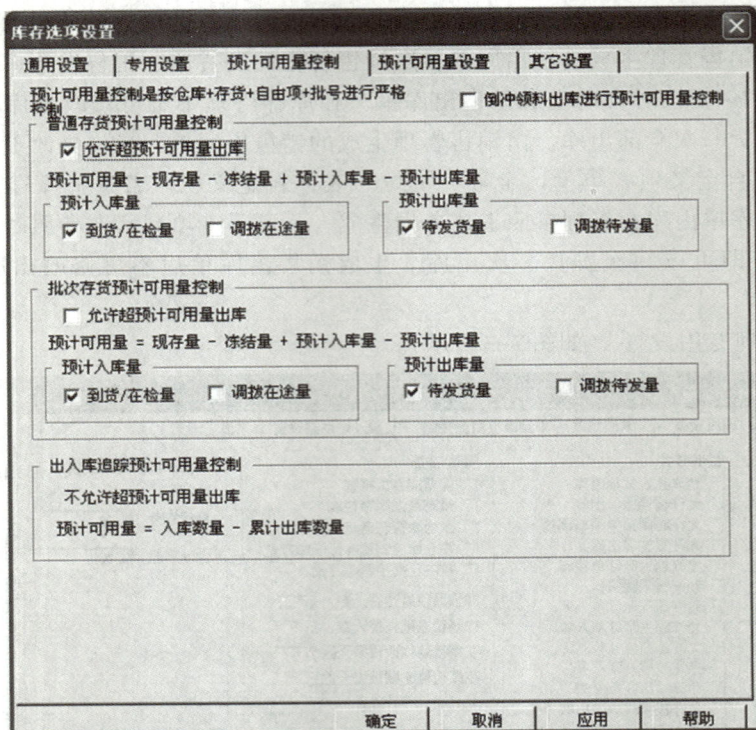

图7-4　库存管理预计可用量控制

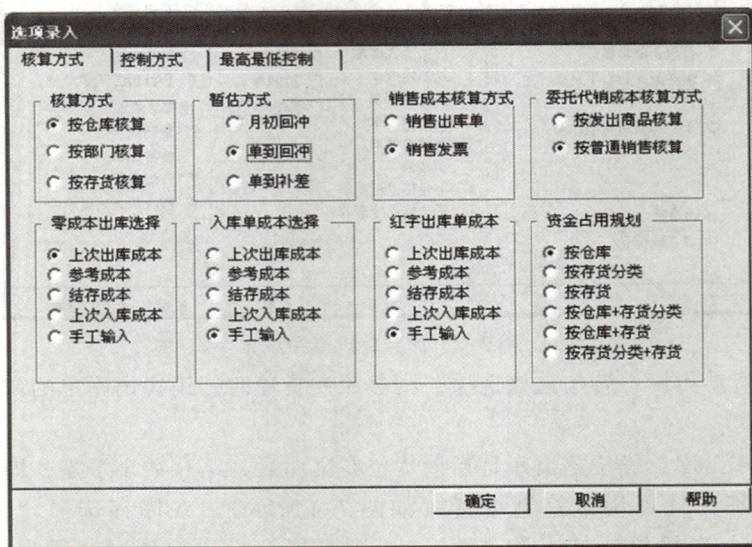

图7-5　存货核算方式设置

核算方式：可以选择按仓库核算、按部门核算、按存货核算。如果选择按仓库核算，则按仓库在仓库档案中设置计价方式，并且每个仓库单独核算出库成本；如果选择按部门核算，则在仓库档案中按部门设置计价方式，并且相同所属部门的各仓库统一核算出库成本；如果选择按存货核算，则按用户在存货档案中设置的计价方式进行核算。只有在期初记账前，才能将按存货设置计价方式改为按仓库或部门设置计价方式，或由按仓库或部门设置计价方式改为按存货设置计价方式。

暂估方式：如果与采购管理系统或委外系统集成使用，进行暂估业务处理，需要在此选择暂估入库存货成本的回冲方式，包括月初回冲、单到回冲、单到补差三种。月初回冲是指月初时系统自动生成红字回冲单，报销处理时，系统自动根据报销金额生成采购报销入库单；单到回冲是指报销处理时，系统自动生成红字回冲单，并生成采购报销入库单；单到补差是指报销处理时，系统自动生成一笔调整单，调整金额为实际金额与暂估金额的差额。与采购系统或委外系统集成使用时，如果明细账中有暂估业务未报销或本期未进行期末处理，此时暂估方式将不允许修改。如果出现"暂估方式"选项不可设置，检查登录日期是否在存货核算系统启用当月或者系统是否已经做了期初记账。

零成本出库选择：在账中为零成本或负成本造成出库成本不可计算的情况下出库成本的取值方式。可选方式如下：①上次出库成本：取明细账中此存货的上一次出库单价，作为本出库单据的出库单价，计算出库成本。②参考成本：取存货目录中此存货的参考成本，即参考单价，作为本出库单据的出库单价，计算出库成本。③结存成本：取明细账中此存货的结存单价，作为本出库单据的出库单价，计算出库成本。注意：当批量记账时，结存成本取批量记账前明细账中此存货的结存单价，作为本出库单据的出库单价。④上次入库成本：取明细账中此存货的上一次入库单价，作为本出库单据的出库单价，计算出库成本。⑤手工输入：提示用户输入单价，作为本出库单据的出库单价，计算出库成本。

2.存货核算控制方式设置（如图7-6所示）。

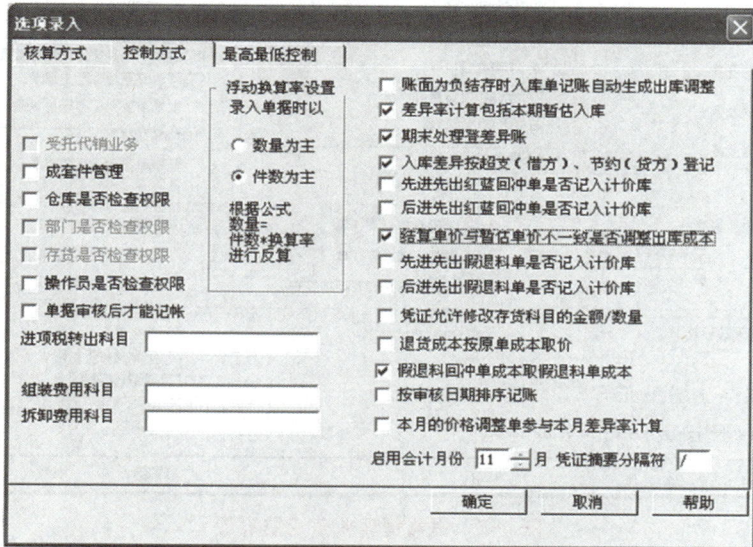

图7-6　存货核算控制方式设置

先进先出红蓝回冲单是否记入计价库：系统默认为否，即红蓝回冲单不参与成本计算。只有在当月期末处理后、月末结账之前可以切换选项。如果计价库中有红蓝回冲单不全的业务时，不能修改选项。当不勾选该选项时，红蓝回冲单不记入计价库，若当月明细账中有红字回冲单，而计价库中有红字回冲单，则不允许恢复期末处理。当勾选该选项时，红蓝回冲单记入计价库，参与成本计算，若当月明细账中有红字回冲单，而计价库中没有红字回冲单，则不允许恢复期末处理。

结算单价与暂估单价不一致是否调整出库成本：系统默认为否，用户可随时修改。若用户选择调整，当结算成本处理时系统将自动生成出库调整单来调整差异。此方法只针对先进先出法和个别计价法，因为只有这两种计价方式可通过出库单跟踪到入库单。此选项与红蓝回冲单记入计价库互斥，必须在红蓝回冲单不记入计价库的情况下才能选择此选项。

此外，初始设置工作还可以包括科目设置。由于存货核算系统是供应链管理与财务系统联系的桥梁，存货采购、商品销售、各类出入库业务，均在存货核算系统中生成记账凭证，传递到总账。为了方便记账凭证的填制，在系统生成凭证时自动带出科目，可以事先进行科目设置，包括存货科目、对方科目、税金科目、运费科目、结算科目、应付科目、非合理损耗科目等。

(四) 销售系统设置

销售管理模块的选项设置是在处理日常销售业务之前，确定销售业务的范围、类型以及对各种销售业务的核算要求，决定用户使用系统的业务流程、业务模式、数据流向。

1.销售管理业务控制设置（如图7-7所示）。

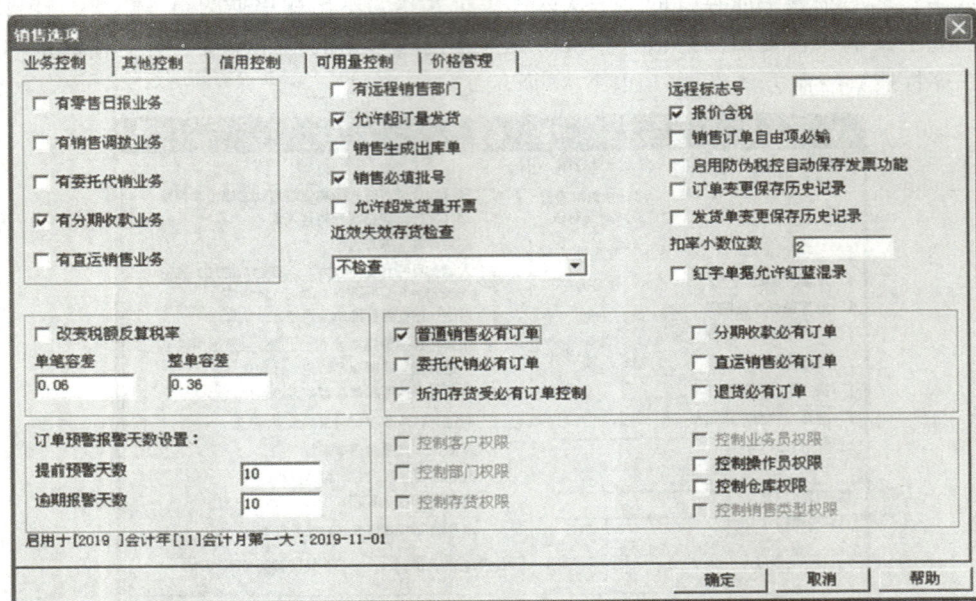

图7-7 销售管理业务控制设置

普通销售必有订单：在必有订单的情况下，普通销售发货单、普通销售类型的发票不可手工填制，必须参照上游单据生成。如果是先发货后开票模式，则参照订单生成发货单、参照发货单生成发票；如果是开票直接发货模式，则参照订单生成发票。

委托代销必有订单：如有委托代销业务可选此项。在必有订单的情况下，委托发货单不可手工填制，必须参照订单生成。

分期收款必有订单：如有分期收款业务可选此项。在必有订单的情况下，分期收款发货单不可手工填制，必须参照订单生成。

直运销售必有订单：如有直运业务可选此项。在必有订单的情况下，直运采购订单必须参照直运销售订单，直运采购发票必须参照直运采购订单，直运销售发票必须参照直运销售订单。

折扣存货受必有订单控制：选中后，在必有订单的情况下，对于折扣型存货，在填制发货单、发票时需要控制必有订单；不选中，则在必有订单的情况下，对于折扣型存货，在填制发货单、发票时可以手工录入（业务规则同非必有订单情况下的控制），不必控制必有订单。

退货必有订单：选中后，在退货时必须有订单，即退货单、红字发票必须参照订单生成；不选中，则在必有订单的情况下，也可以手工新增退货单和红字发票。

销售生成出库单：选择出库单是由销售系统生成还是由库存系统生成。

2. 销售管理其他控制设置（如图7-8所示）。

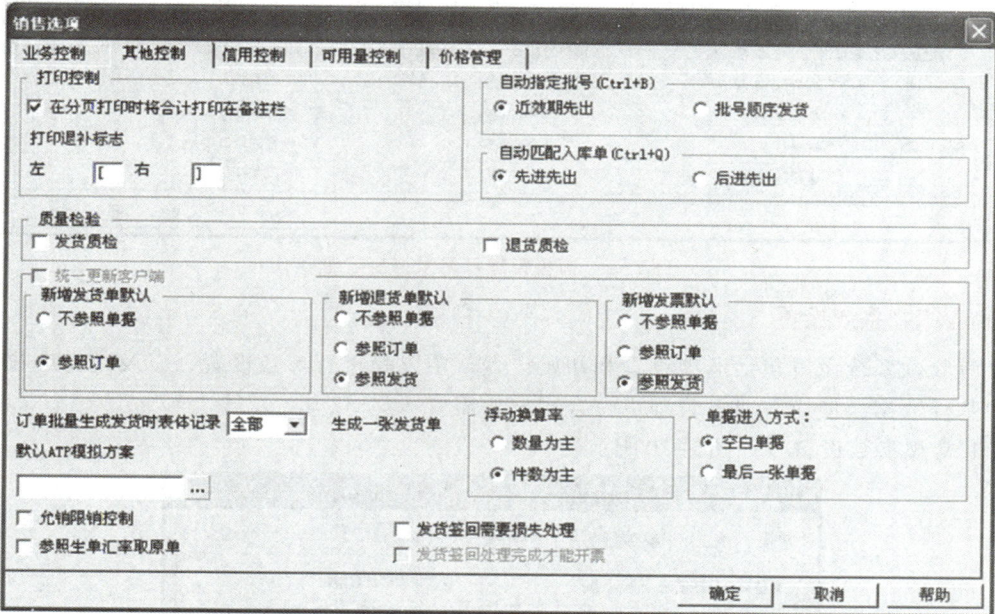

图7-8 销售管理其他控制设置

新增发货单默认：设置新增发货单时是否首先弹出销售订单的参照界面。设置参数后，用户也可取消弹出界面，直接使用工具栏上的"订单"按钮弹出参照界面。

新增退货单默认：设置新增退货单时是否首先弹出销售订单、销售发货单的参照界面。设置参数后，用户也可取消弹出界面，直接使用工具栏上的"订单""发货"按钮弹出参照界面。

新增发票默认：设置新增发票时是否首先弹出销售订单、销售发货单的参照界面。设置参数后，用户也可取消弹出界面，直接使用工具栏上的"订单""发货"按钮弹出参照界面。

3. 销售管理可用量控制设置（如图7-9所示）。可用量控制参数用于对企业是否允许超可用量发货进行控制。销售系统的可用量控制可以按仓库进行设置。在仓库档案中，可以设置某仓库是否允许超可用量发货。当设置为取销售系统选项时，由此可用量控制选项来决定是否允许超可用量发货。若设置不允许超可用量发货，则系统进行严格控制，按"仓库+存货+自由项+批号"进行控制。当超可用量时，单据不能保存。

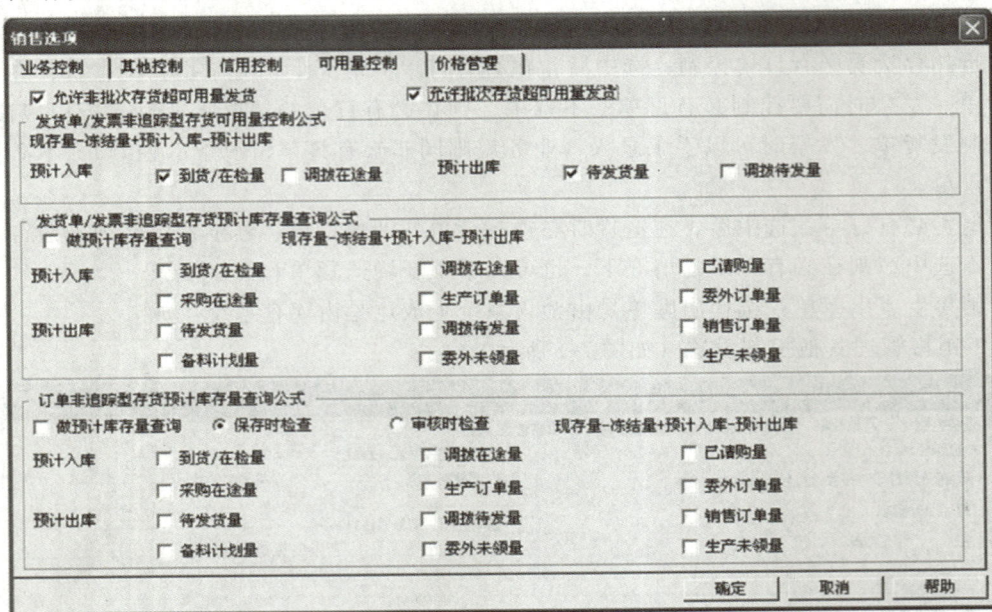

图7-9　销售管理可用量控制设置

（五）应收款系统设置

应收款系统设置包括选项设置和初始设置，主要是进行参数设置，以及建立应收款管理的基础数据，使应收业务管理更符合用户的需要。

1.常规参数设置（如图7-10所示）。

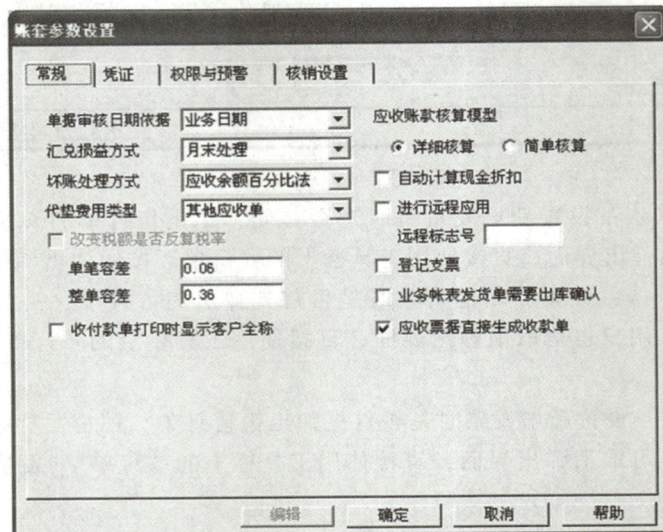

图7-10　常规参数设置

（1）单据审核日期依据。

经济业务发生时，需要及时获取原始单据，原始单据上的业务发生日期又被称为开票日期、单据日期。原始单据上的数据需要经过审核以后记账，才能反映到账簿中。审核单据的日期可以有两种选择，即单据日期或业务日期。

如果选择单据日期，则在单据处理功能中进行单据审核时，系统自动将单据的审核日期（即入账日期）记为该单据的单据日期（即开票日期）。

如果选择业务日期，则在单据处理功能中进行单据审核时，系统自动将单据的审核日期（即入账日期）记为当前业务日期（即登录日期）。

如果使用单据日期作为审核日期，则月末结账时单据必须全部经过审核，即当月单据不能下月审核，这是由于下月无法以当月单据日期为审核日期，而业务日期则无此要求。

在账套使用过程中，可以随时将选项从按单据日期改成按业务日期。若需要将选项从按业务日期改成按单据日期，则需要判断当前未审核单据中有无单据日期在已结账月份的单据。若有，则不允许修改，否则才允许修改。

（2）坏账处理方式。

如果选择直接转销法，则在坏账发生时直接将坏账转为费用即可。

如果选择备抵法，则需要在初始设置中录入坏账准备期初余额和计提比例，或输入账龄区间等，并在坏账处理中进行后续处理。系统提供的三种备抵法分别是销售收入百分比法、应收余额百分比法、账龄分析法。销售收入百分比法是根据历史数据确定的坏账损失占全部销售额的一定比例估计；应收余额百分比法，即应收账款余额百分比法，是以应收账款余额为基础，估计可能发生的坏账损失；账龄分析法是根据应收账款账龄的长短来估计坏账损失的方法，账龄越长，账款被拖欠的可能性也越大，应估计的坏账准备金额相应也越大。

在账套使用过程中，如果当年计提过坏账准备，则此参数不可以修改，只能在下一年度修改。

（3）应收账款核算模型。

系统提供详细核算、简单核算两种应收款系统的应用模型，系统默认选择详细核算。

详细核算：应收款系统可以对往来进行详细的核算、控制、查询、分析。如果销售业务以及应收款核算与管理业务比较复杂，或者需要追踪每一笔业务的应收款、收款等情况，或者需要将应收款核算到产品一级，那么需要选择详细核算。

简单核算：应收款系统只是将销售系统传递过来的发票生成凭证再传递给总账系统，在总账系统中以凭证为依据进行往来业务的查询。如果销售业务以及应收款业务不复杂，或者现销业务很多，则可以选择此方案。

该选项在系统启用或者还没有进行任何业务（包括期初数据录入）时才允许从简单核算改为详细核算，而从详细核算改为简单核算随时可以进行。

（4）应收票据直接生成收款单。

如果勾选，则在应收票据保存的同时生成收款单；如果不勾选，则应收票据保存后不生成收款单，要在票据界面手工点击生成按钮才生成收款单。

2.凭证参数设置（如图7-11所示）。

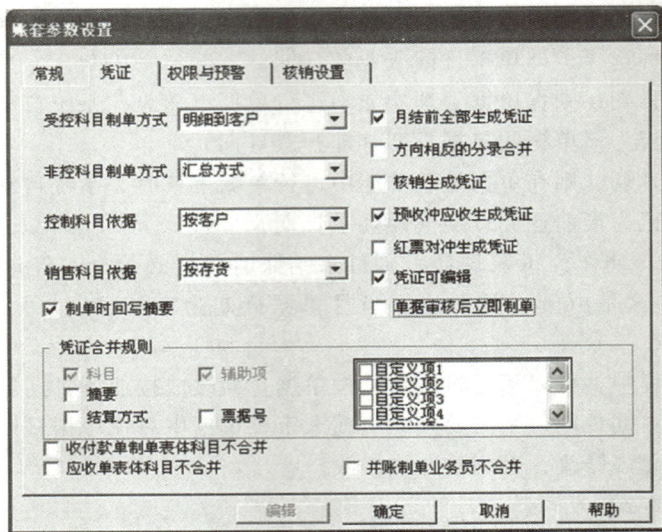

图7-11 凭证参数设置

（1）受控科目制单方式。

明细到客户是指将一个客户的多笔业务合并生成一张凭证时，如果核算这些多笔业务的控制科目相同，系统自动将其合并成一条分录。这种方式的目的是在总账系统中能够根据客户查询其详细信息。

明细到单据是指将一个客户的多笔业务合并生成一张凭证时，系统会将每笔业务形成一条分录。这种方式的目的是在总账系统中也能查看到每个客户的每笔业务的详细情况。

在账套使用过程中，可以随时修改该参数的设置。受控科目在合并分录时若自动取出的科目相同，辅助项为空，则不予合并成一条分录。

（2）非控科目制单方式。

明细到客户是指将一个客户的多笔业务合并生成一张凭证时，如果核算这些多笔业务的非受控制科目相同且其所带辅助核算项目也相同，系统自动将其合并成一条分录。这种方式的目的是在总账系统中能够根据客户查询其详细信息。

明细到单据是指将一个客户的多笔业务合并生成一张凭证时，系统会将每笔业务形成一条分录。这种方式的目的是在总账系统中也能查看到每个客户的每笔业务的详细情况。

汇总方式是指将多个客户的多笔业务合并生成一张凭证时，如果核算这些多笔业务的非受控制科目相同且其所带辅助核算项目也相同，系统自动将其合并成一条分录。这种方式的目的是精简总账中的数据，在总账系统中只能查看到该科目的一个总的发生额。

在账套使用过程中，可以随时修改该参数的设置。非受控制科目在合并分录时若自动取出的科目相同，辅助项为空，则不予合并成一条分录。

（3）核销生成凭证。

如果不勾选，则不管核销双方单据的入账科目是否相同，均不需要对这些记录进行制单；如果勾选，则需要判断核销双方的单据其当时的入账科目是否相同，不相同时，需要生成一张调整凭证。该参数可以随时修改。

3.权限与预警参数设置（如图7-12所示）。

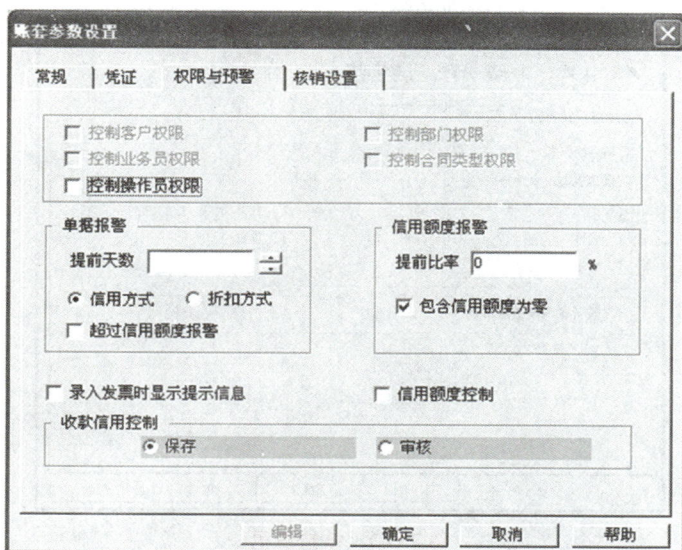

图 7-12　权限与预警参数设置

（1）控制业务员权限。

只有在企业应用"系统服务"—"权限"—"数据权限控制设置"中对"业务员"进行记录级数据权限控制时，该参数才可设置。账套参数中对业务员的记录级数据权限不进行控制时，应收款系统中不对业务员进行数据权限控制。该参数可以随时修改。

选择启用，则在所有的处理、查询中均需要根据该用户的业务员数据权限进行限制，通过该功能，企业可加强业务员管理的力度，提高数据的安全性；选择不启用，则在所有的处理、查询中均不需要根据该用户的业务员数据权限进行限制。

（2）控制操作员权限。

只有在企业应用"系统服务"—"权限"—"数据权限控制设置"中对"用户"进行记录级数据权限控制时，该参数才可设置。账套参数中对操作员的记录级数据权限不进行控制时，应收款系统中不对操作员进行数据权限控制。该参数可以随时修改。

选择启用，则在所有的处理、查询中均需要根据该用户的操作员数据权限进行限制，通过该功能，企业可加强操作员管理的力度，提高数据的安全性；选择不启用，则在所有的处理、查询中均不需要根据该用户的操作员数据权限进行限制。

若操作过程中出现"对不起，您没权审核此张单据"的提示信息，可将"控制操作员权限"复选框清除，使操作员获得操作权限即可。

4.核销设置（如图7-13所示）。

（1）应收款核销方式。

按单据核销是指系统将满足条件的未结算单据全部列出，选择要结算的单据，根据所选择的单据进行核销；按产品核销是指系统将满足条件的未结算单据按存货列出，选择要结算的存货，根据所选择的存货进行核销。

如果企业付款时没有指定具体支付的是某个存货的款项，则可以采用按单据核销；对于单位价值较高的存货，企业可以采用按产品核销，即付款指定到具体存货。一般来说，企业选择按单据核销即可。在账套使用过程中，该参数可以随时修改。

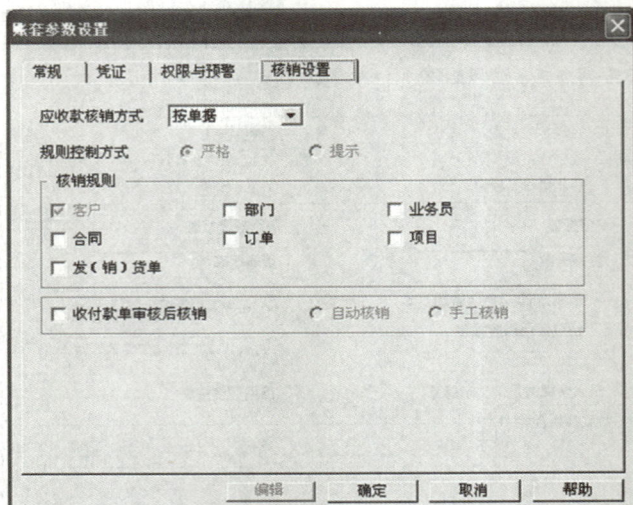

图 7-13　核销设置

（2）收付款单审核后核销。

系统默认不勾选收付款单审核后核销，表示收付款单审核后不立即进行核销操作。该参数可修改为勾选，并默认为自动核销，表示收付款单审核后立即自动进行核销操作；如选择手工核销，则表示收付款单审核后，立即进入手工核销界面，由用户手工完成核销。

5.科目设置。生成凭证时可以自动带出定义的科目，提高凭证填制效率，减少错误。

（1）基本科目设置（如图 7-14 所示）。

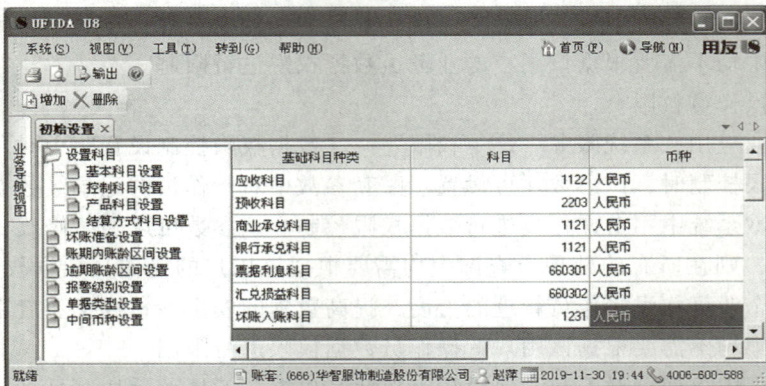

图 7-14　基本科目设置

（2）控制科目设置（如图 7-15 所示）。

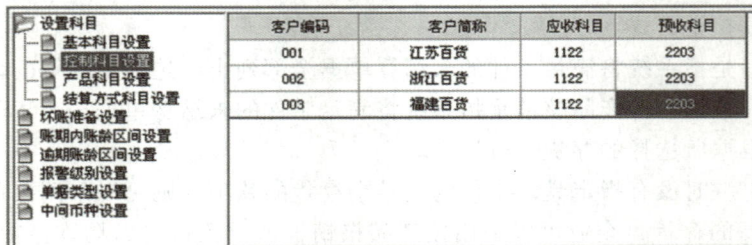

图 7-15　控制科目设置

（3）产品科目设置（如图7-16所示）。

图7-16　产品科目设置

（4）结算方式科目设置（如图7-17所示）。

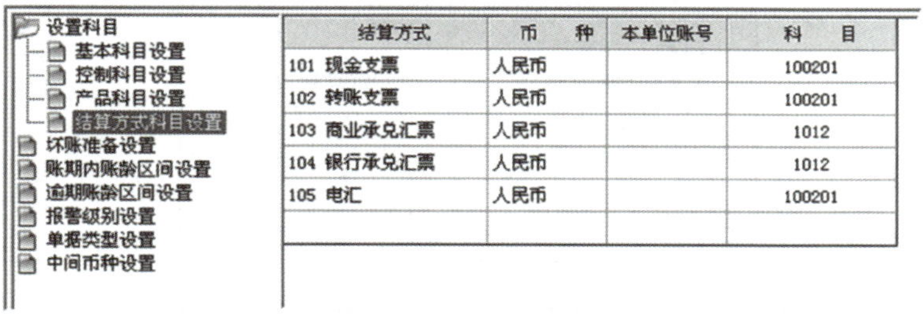

图7-17　结算方式科目设置

6.坏账准备设置（如图7-18所示）。设置用户定义计提坏账比率和设置坏账准备的期初余额。

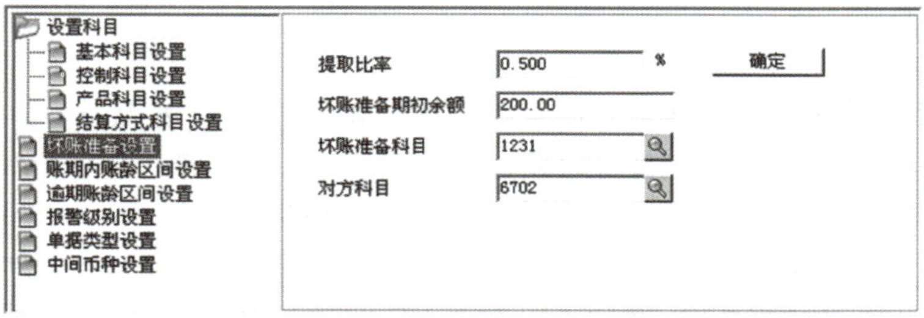

图7-18　坏账准备设置

7.账龄区间设置。为了对应收款进行账龄分析，评估客户信誉，也为提取坏账准备提供依据，需要设置账龄区间。具体可分为两部分，即账期内账龄区间设置、逾期账龄区间设置（如图7-19所示）。

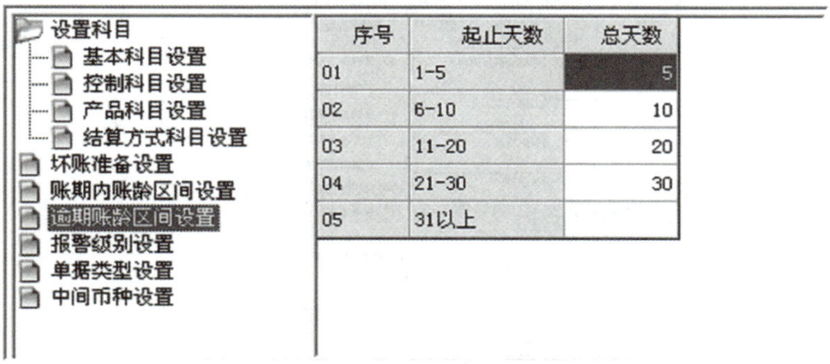

图7-19　逾期账龄区间设置

（六）应付款系统设置

应付款系统设置包括选项设置和初始设置，主要是进行参数设置，以及建立应付款管理的基础数据，使应付业务符合用户的需要。

1.常规参数设置（如图7-20所示）。

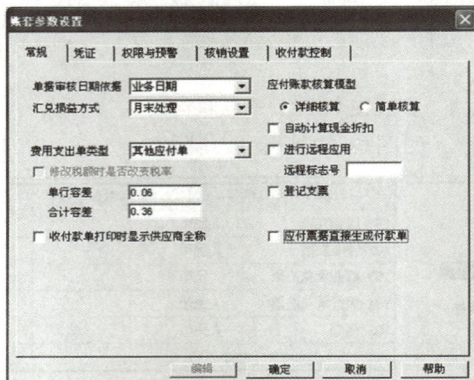

图7-20　常规参数设置

（1）单据审核日期依据。

单据审核日期依据的选择及转换与应收款系统设置相同。因为单据审核后记账，故单据审核日期依据选择单据日期还是业务日期，决定了业务总账、业务明细账、余额表等的查询期间取值。

（2）应付账款核算模型。

选择详细核算是指应付款系统可以对往来进行详细的核算、控制、查询、分析。如果采购业务以及应付款核算与管理业务比较复杂，或者需要追踪每一笔业务的应付款、付款等情况，或者需要将应付款核算到产品一级，需要选择详细核算。

选择简单核算是指应付款系统只是将采购系统传递过来的发票生成凭证再传递给总账系统，在总账中以凭证为依据进行往来业务的查询。如果采购业务以及应付账款业务不复杂，或者现结业务很多，则可以选择此方案。该选项在系统启用时或者还没有进行任何业务（包括期初数据录入）时才允许从简单核算改为详细核算，而从详细核算改为简单核算随时可以进行。

2.凭证设置（如图7-21所示）。

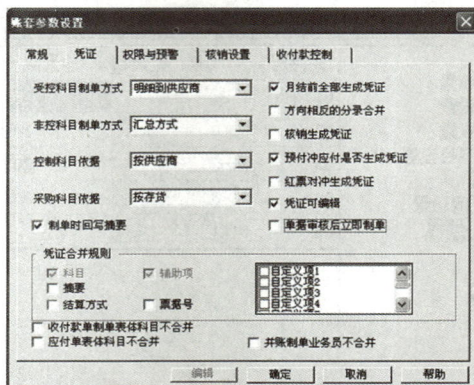

图7-21　凭证设置

（1）受控科目制单方式。

明细到供应商是指将一个供应商的多笔业务合并生成一张凭证时，如果核算这些多笔业务的控制科目相同，系统自动将其合并成一条分录。这种方式的目的是在总账系统中能够根据供应商来查询其详细信息。

明细到单据是指将一个供应商的多笔业务合并生成一张凭证时，系统会将每笔业务形成一条分录。这种方式的目的是在总账系统中也能查看到每个供应商的每笔业务的详细情况。

在账套使用过程中，可以随时修改该参数的设置。受控科目在合并分录时若自动取出的科目相同，辅助项为空，则不予合并成一条分录。

（2）非控科目制单方式。

明细到供应商是指将一个供应商的多笔业务合并生成一张凭证时，如果核算这些多笔业务的非受控制科目相同，系统自动将其合并成一条分录。这种方式的目的是在总账系统中能够根据供应商查询其详细信息。

明细到单据是指将一个供应商的多笔业务合并生成一张凭证时，系统会将每笔业务形成一条分录。这种方式的目的是在总账系统中也能查看到每个供应商的每笔业务的详细情况。

汇总方式是指将多个供应商的多笔业务合并生成一张凭证时，如果核算这些多笔业务的非受控制科目相同，系统自动将其合并成一条分录。这种方式的目的是精简总账中的数据，在总账系统中只能查看到该科目的一个总的发生额。

在账套使用过程中，可以随时修改该参数的设置。非受控制科目在合并分录时若自动取出的科目相同，辅助项为空，则不予合并成一条分录。

（3）核销生成凭证。

该参数是否勾选的具体意义及修改操作与应收款系统相同。例如，若发票的入账科目为140501，付款单冲销的入账科目为100201，则这张付款单核销上述发票后，应该生成如下凭证：借140501贷100201。

3.权限与预警参数设置（如图7-22所示）。

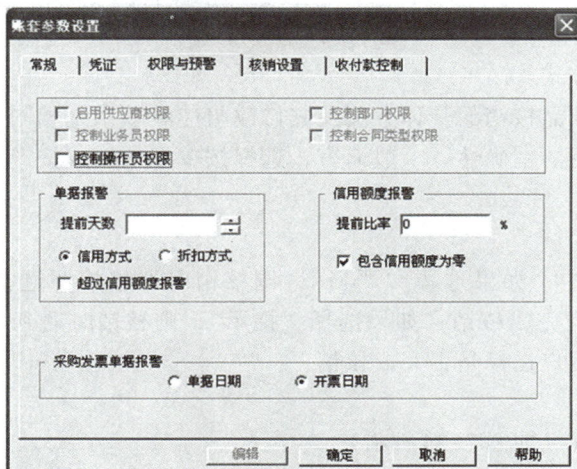

图7-22　权限与预警参数设置

（1）启用供应商权限。

只有在企业应用"系统服务"—"权限"—"数据权限控制设置"中对"供应商"进行记录级数据权限控制时，该参数才可设置。账套参数中对供应商的记录级数据权限不进行控制时，应付款系统中不对供应商进行数据权限控制。

选择启用，则在所有的处理、查询中均需要根据该用户的供应商数据权限进行限制；选择不启用，则在所有的处理、查询中均不需要根据该用户的供应商数据权限进行限制。

系统缺省不需要进行数据权限控制，该参数可以随时修改。启用供应商权限，且在应付款系统中查询包含其对应客户的数据时可以不考虑该用户是否对对应客户有权限，即只要该用户对供应商有权限就可以查询包含其对应客户的数据。

（2）控制操作员权限。

该参数是否勾选的具体意义及其修改与应收款系统相同。

4.核销设置（如图7-23所示）。

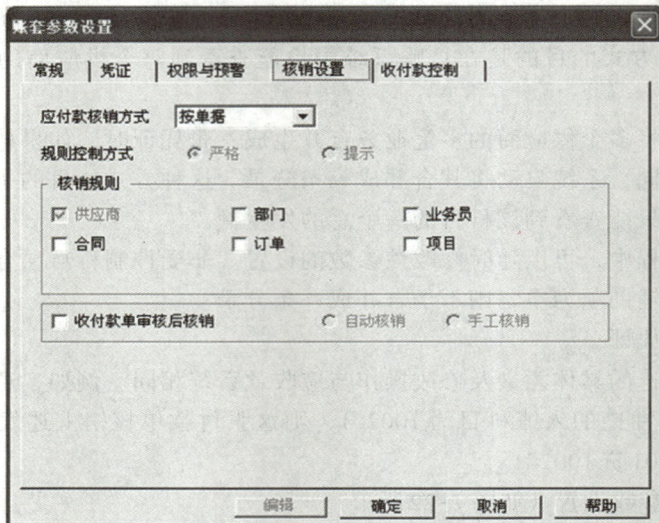

图7-23　核销设置

（1）应付款核销方式。

按单据核销与按产品核销的具体意义及其修改与应收款系统相同。选择不同的核销方式，将影响到账龄分析的精确性。一般而言，选择按单据核销或按产品核销能够进行更精确的账龄分析。

（2）规则控制方式。

在规则控制方式中，如果选择"严格"，则核销时严格按照选择的核销规则进行核销，如不符合，则不能完成核销；如果选择"提示"，则核销时遇到不符合核销规则的情况，系统提示后，由用户选择是否完成核销。

5.设置科目。

（1）基本科目设置（如图7-24所示）。

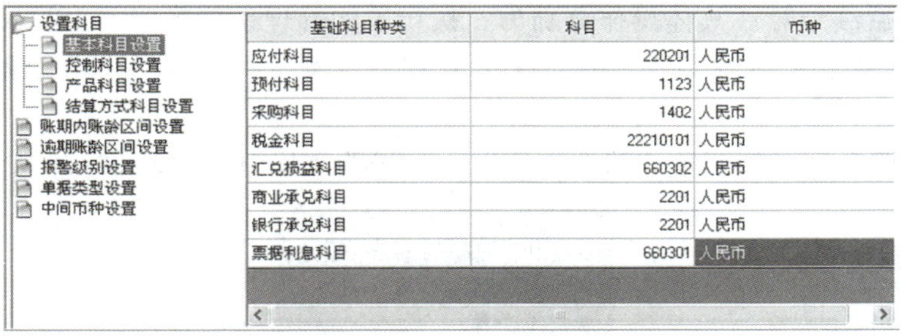

基础科目种类	科目	币种
应付科目	220201	人民币
预付科目	1123	人民币
采购科目	1402	人民币
税金科目	22210101	人民币
汇兑损益科目	660302	人民币
商业承兑科目	2201	人民币
银行承兑科目	2201	人民币
票据利息科目	660301	人民币

图 7-24　基本科目设置

（2）控制科目设置（如图 7-25 所示）。

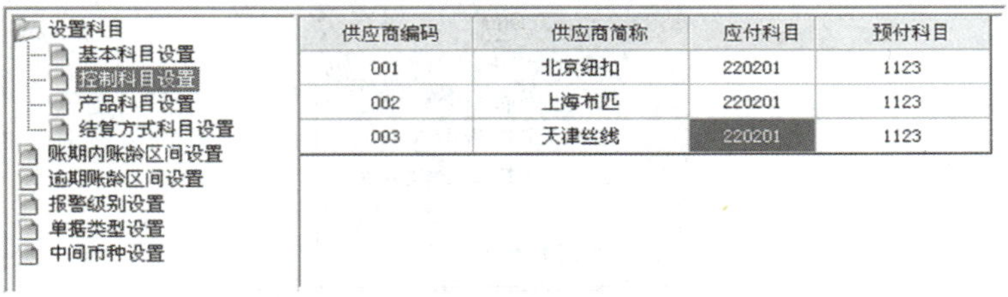

供应商编码	供应商简称	应付科目	预付科目
001	北京纽扣	220201	1123
002	上海布匹	220201	1123
003	天津丝线	220201	1123

图 7-25　控制科目设置

（3）产品科目设置（如图 7-26 所示）。

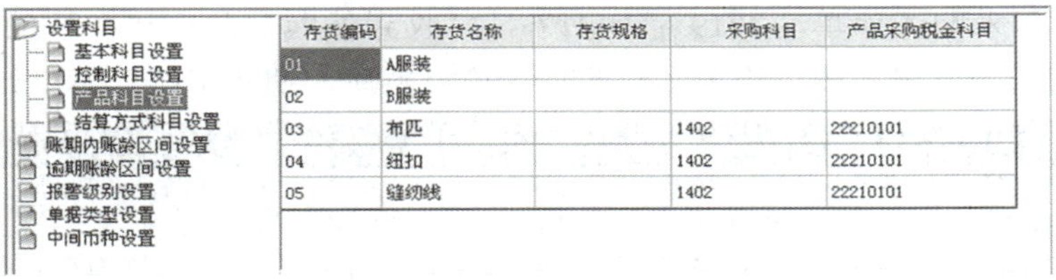

存货编码	存货名称	存货规格	采购科目	产品采购税金科目
01	A服装			
02	B服装			
03	布匹		1402	22210101
04	纽扣		1402	22210101
05	缝纫线		1402	22210101

图 7-26　产品科目设置

（4）结算方式科目设置（如图 7-27 所示）。

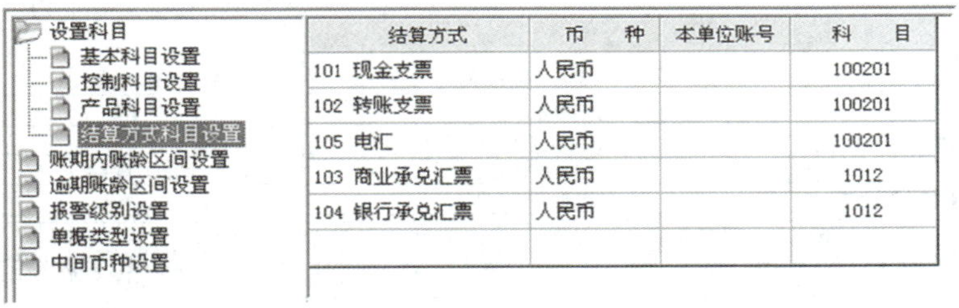

结算方式	币　种	本单位账号	科　目
101 现金支票	人民币		100201
102 转账支票	人民币		100201
105 电汇	人民币		100201
103 商业承兑汇票	人民币		1012
104 银行承兑汇票	人民币		1012

图 7-27　结算方式科目设置

二、供应链管理期初数据输入

（一）采购管理系统的期初数据输入

采购管理系统的期初数据主要包括如下几种：一是在启用系统之前已经收到存货，但尚未收到对方开具的发票；二是已经收到发票，但存货尚未运达企业，即在途物资。

对于这些已经办理入库手续的存货或者在途物资，必须录入期初入库信息或者期初采购发票，以便后续结算。具体操作分别为：执行采购管理系统菜单"采购入库"—"采购入库单"，输入期初已入库数据；执行采购管理系统菜单"采购发票"，输入期初在途物资数据。

1.执行采购管理系统菜单"采购入库"—"采购入库单"（如图7-28所示）。

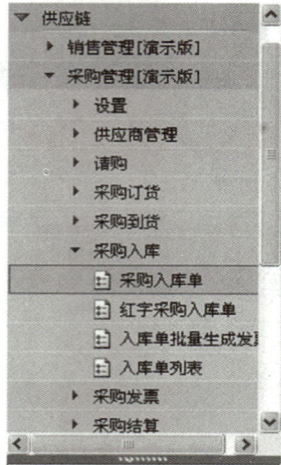

图7-28　执行采购入库单

2.输入期初采购入库单。2019年10月6日，收到外购自北京纽扣厂的纽扣1 000粒，10月末未收到采购发票，按单价4元/粒暂估入原材料库。期初采购入库单如图7-29所示。

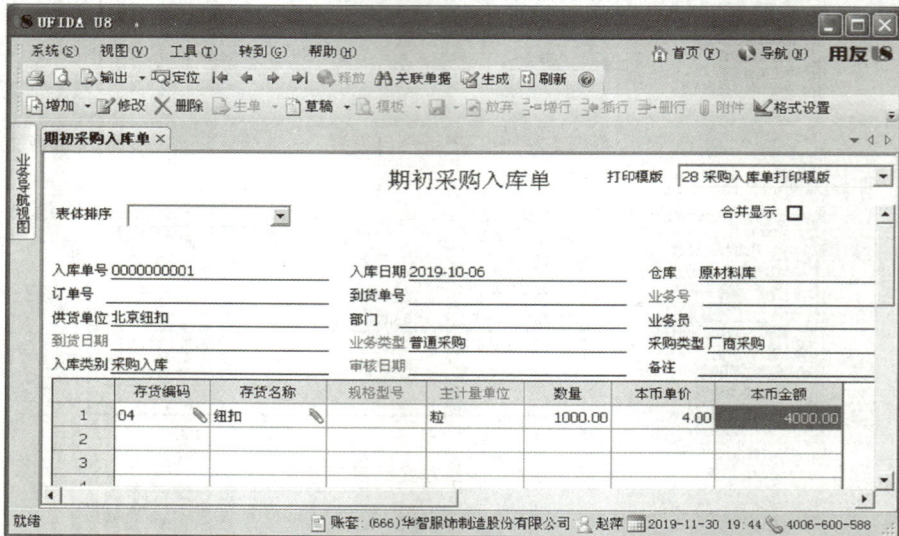

图7-29　期初采购入库单

业务单据通常有显示模板和打印模板两种格式，业务单据未存盘时使用显示模板，业务单据存盘后使用打印模板，以满足不同的显示需求。

（二）库存管理期初数据录入

库存管理期初数据可以直接录入，也可以从存货核算系统取数。

1.执行库存管理系统菜单"初始设置"—"期初结存"（如图7-30所示）。

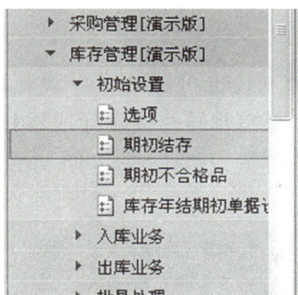

图7-30　执行期初结存功能

2.选择"原材料库",执行"修改"功能,输入该仓库期初结存(如图7-31所示)。

图7-31　原材料库期初结存

3.选择"成品库",执行"修改"功能,输入该仓库期初结存(如图7-32所示)。

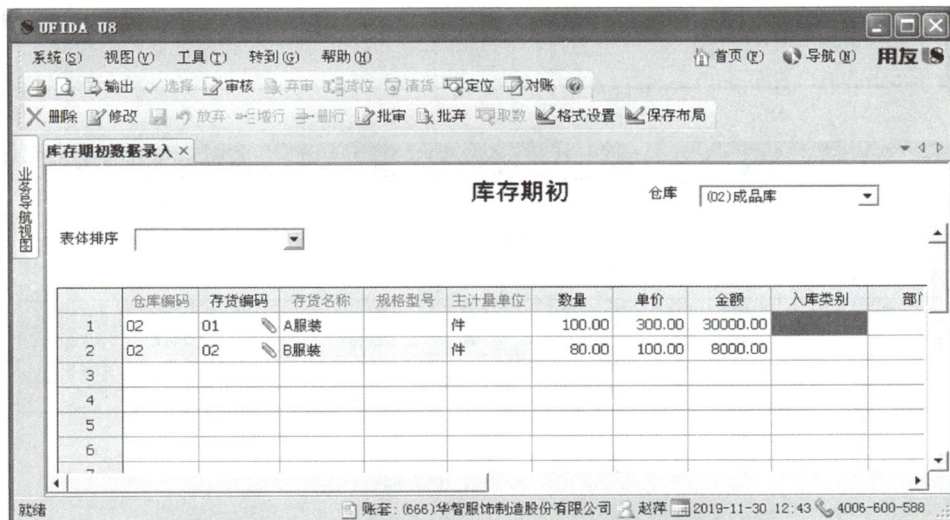

图7-32　成品库期初结存

（三）存货核算期初数据录入

存货核算期初数据可以直接录入，也可以从库存管理系统取数。如果按计划价或者售价核算出库成本的存货，还需要输入期初差异；按实际成本核算的存货，则不存在期初差异。

1.执行存货核算系统菜单"初始设置"—"期初数据"—"期初余额"（如图7-33所示）。

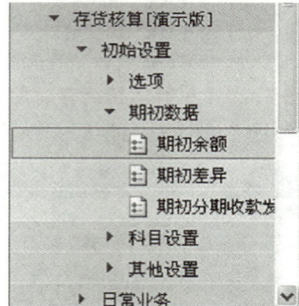

图7-33　执行期初余额

2.选择"原材料库"，执行菜单中的"取数"功能，实现从库存管理系统取出存货核算系统的期初数。成品仓库数据按类似的方法处理（如图7-34和图7-35所示）。

图7-34　原材料库取数

存货编码	存货名称	规格型号	计量单位	数量	单价	金额	计划价	计划金额	存货科...	存货科目
03	布匹		米	300.00	22.00	6,600.00			140301	布匹
04	纽扣		粒	2,000.00	3.00	6,000.00			140302	纽扣
05	缝纫线		卷	1,000.00	5.00	5,000.00			140303	缝纫线
合计：				3,300.00		17,600.00				

图7-35　成品库取数

存货编码	存货名称	规格型号	计量单位	数量	单价	金额	计划价	计划金额	存货科...	存货科目
01	A服装		件	100.00	300.00	30,000.00			140501	A服装
02	B服装		件	80.00	100.00	8,000.00			140502	B服装
合计：				180.00		38,000.00				

如果期初有分期收款发出商品，则分期收款发出商品的期初数只能从销售管理系统取数，而且必须在销售管理系统录入审核以后才能取数，通过"取数"功能在存货核算系统期初记账前自动获得（如图7-36所示）。

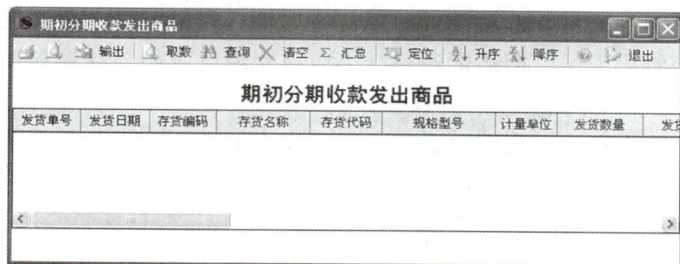

图7-36　期初分期收款发出商品

（四）销售管理期初数据录入

对于已经发货但尚未开具发票的存货，作为期初发货单录入，以便后续开具发票后进行处理，具体分为期初发货单和期初分期收款发货单。

1.执行销售管理系统菜单"设置"—"期初录入"—"期初发货单"（如图7-37所示）。

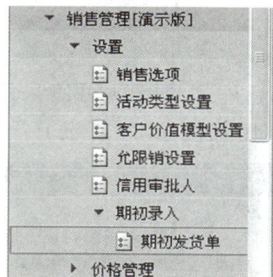

图7-37　执行期初发货单

2.输入期初发货单。2019年10月3日，销往福建百货公司B服装10件，含税单价226元/件，属于成品库，销售部门为销售部，销售类型为批发销售，未开销售发票。期初发货单如图7-38所示。

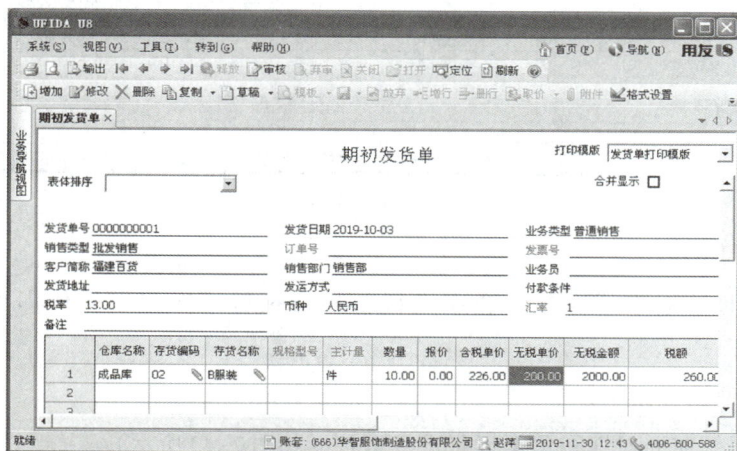

图7-38　期初发货单

三、供应链管理系统期初记账

供应链管理系统各子系统选项设置和期初数据输入完成以后，还需要期初记账，才能结束供应链系统初始化工作。期初记账后，供应链管理系统相关参数和期初数据不能修改或者删除。

供应链管理系统的期初记账需要遵循的基本操作流程是：采购管理期初记账、库存管理期初数据审核、存货核算期初记账、销售管理期初数据审核。

(一) 采购管理期初记账（如图7-39所示）

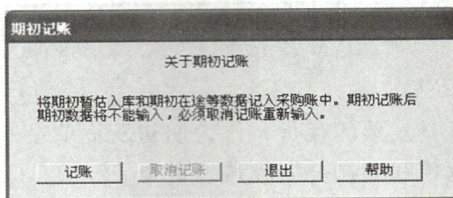

图7-39　采购管理期初记账

(二) 库存管理期初数据审核

库存管理期初数据审核需要分仓库来进行，可以采用批审的方式，这样可以对一个仓库里的所有存货进行审核（如图7-40和图7-41所示）。

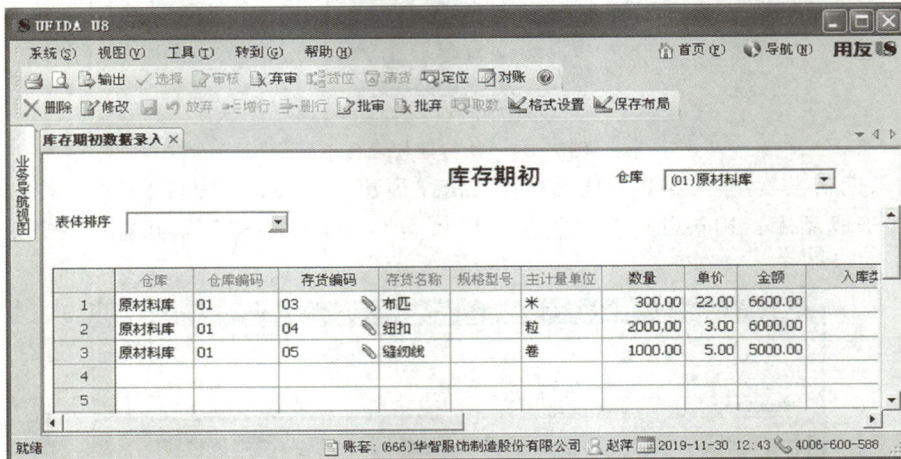

图7-40　原材料库期初批审

(三) 存货核算期初记账

存货核算期初记账不需要分仓库进行，只需执行一次记账操作即可（如图7-42所示）。

(四) 销售管理期初数据审核

销售管理系统需要对期初单据逐张进行审核（如图7-43所示）。

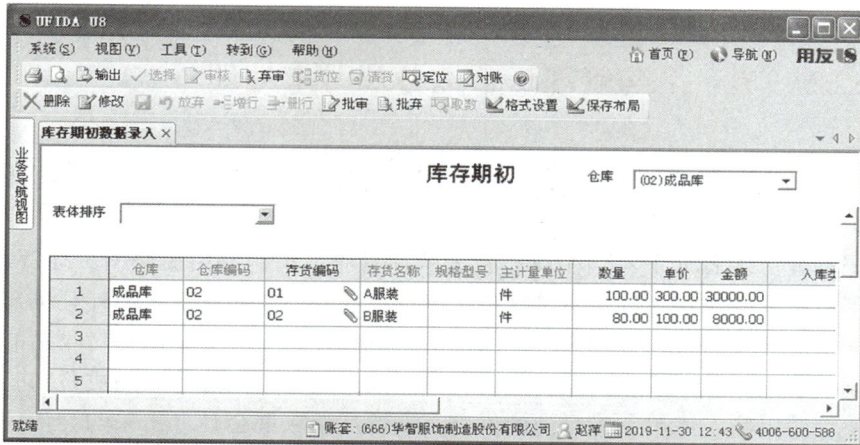

图 7-41　成品库期初批审

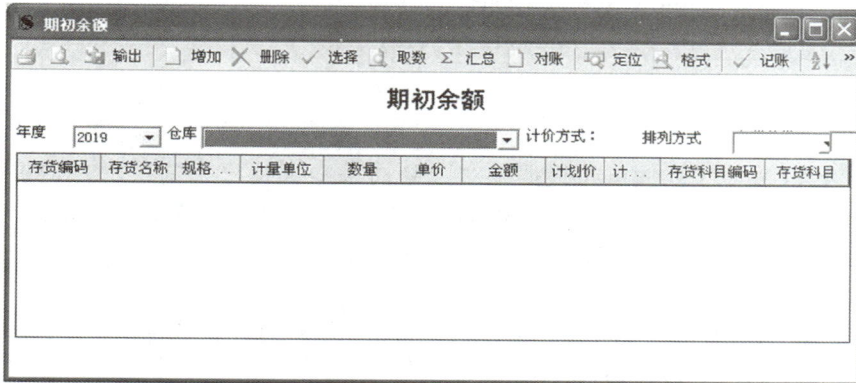

图 7-42　存货核算期初记账

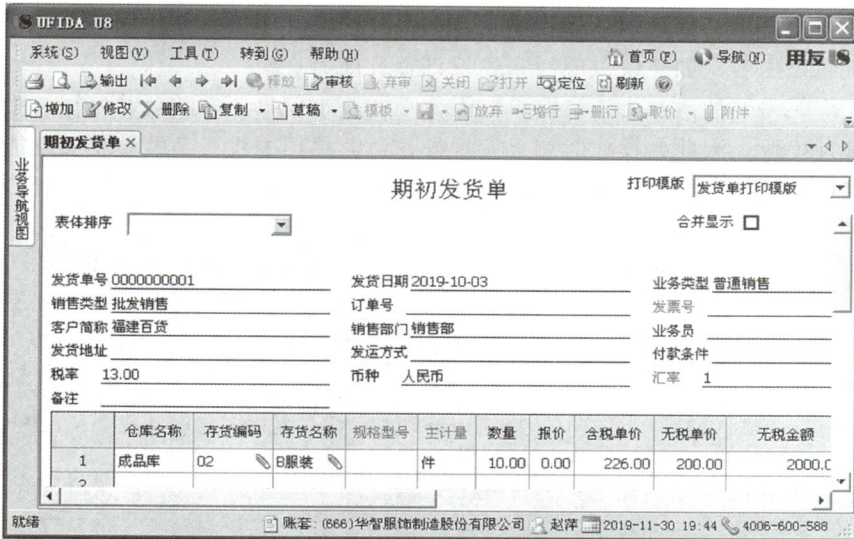

图 7-43　期初数据审核

191　　第七章　供应链及往来管理

▶▶▶▶▶▶ 第三节　采购管理日常业务及月末处理

采购管理是企业采购部门按已确定的采购计划，通过市场采购、加工定制等各种渠道，取得企业生产经营活动所需的各种物资的经济活动。

普通采购业务流程如下：当企业需要采购存货时，请购部门提交购买存货的请购单，送到采购部门；采购业务人员在与供货单位签订采购合同或协议后，用计算机建立采购订单档案，向供应商发出采购订单；供应商把所订货物送达企业后，用户对收到的货物进行清点，填制采购到货单，或直接根据采购订单生成到货单；经过仓库的质检和验收，在库存管理模块填写采购入库单；将收到的供应商发票交给采购会计，由采购会计进行采购发票的输入和采购结算工作；将采购入库单报财务部门的成本会计进行存货采购成本核算，将采购发票等票据报应付账会计进行应付账款核算。

一、采购管理日常业务

1.2019年11月2日，一车间根据生产计划向采购部提出采购请求，请求采购纽扣1 000粒，采购部审核同意。同日，采购部向供应商北京纽扣厂提出采购请求，双方协商后签订了供货合同，纽扣不含税单价2元/粒，要求本月5日到货。

该业务的具体处理步骤如下：

（1）请购部门进行请购单处理。采购请购是指企业内部向采购部门提出采购申请，或采购部门汇总企业内部采购需求提出采购清单。

请购是采购业务处理的起点，也是MPS/MRP计划与采购订单的中间过渡环节，用于描述和生成采购需求，如采购什么货物、采购多少、何时使用、谁使用等内容，也可为采购订单提供建议内容，如建议供应商、建议订货日期等。

请购操作时需要注意，由于请购单权限位于"基本信息"—"公共单据"中，并不是位于采购管理模块，因此，操作时如果发现操作员菜单项中没有请购单相关功能，可以进入系统管理模块去检查是否给操作员授予了请购单等公共单据处理权限，若没有授予该权限，则需要补授权限并重新注册企业应用平台，才能进行操作。

①执行采购管理系统菜单"请购"—"请购单"功能（如图7-44所示）。

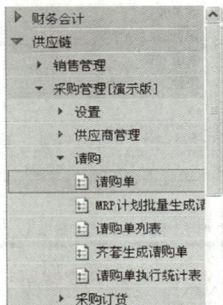

图7-44　执行请购单功能

②录入"采购请购单"具体内容（如图7-45所示）。请购单可以手工增加，也可以参照 MPS/MRP 计划、ROP 计划、生产订单生成，还可以通过拷贝已经存在的请购单生成，减少录入的工作量。对于请购单，用户可以执行修改、删除、审核、弃审、关闭、打开、锁定、解锁、复制、变更等操作。

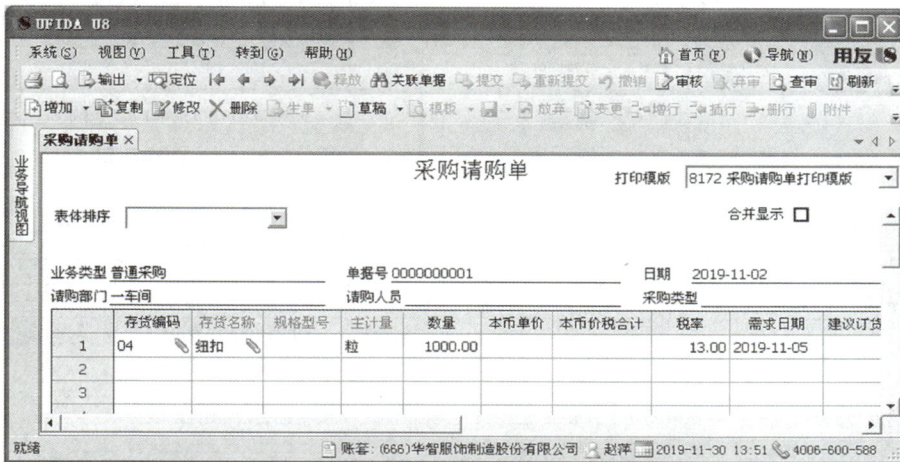

图7-45　采购请购单录入

③请购单存盘以后，需要进行审核才能进入下一阶段处理。对于已审核未关闭的请购单，可能因为意外情况而需要修改单据，此时用请购单变更功能实现，变更后即生效，不必再次审核，即单据依然为"已审核"状态。

（2）采购部进行采购订单处理。采购订单是企业与供应商之间签订的采购合同、购销协议等，主要内容包括采购什么货物、采购多少、由谁供货、到货时间、到货地点、运输方式、价格、运费等。它可以是企业采购合同中关于货物的明细内容，也可以是一种订货的口头协议。采购订单管理可以帮助企业实现采购业务的事前预测、事中控制、事后统计。

①执行采购管理系统菜单"采购订货"—"采购订单"功能（如图7-46所示）。

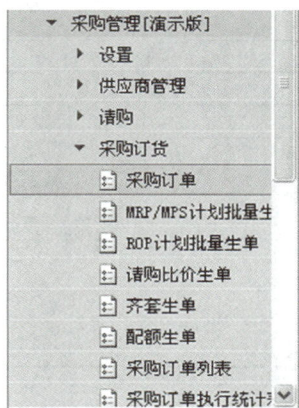

图7-46　执行采购订单功能

②采购订单可以通过"增加"功能手工输入，也可以执行"生单"功能参照生成。"生单"是自动生成单据的简称，该功能通过拷贝前面阶段的单据来生成新的单据，既可

以提高输入效率，也可以实现对单据的控制。具体操作为执行菜单中的"生单"功能，选择"请购单"（如图7-47所示）。

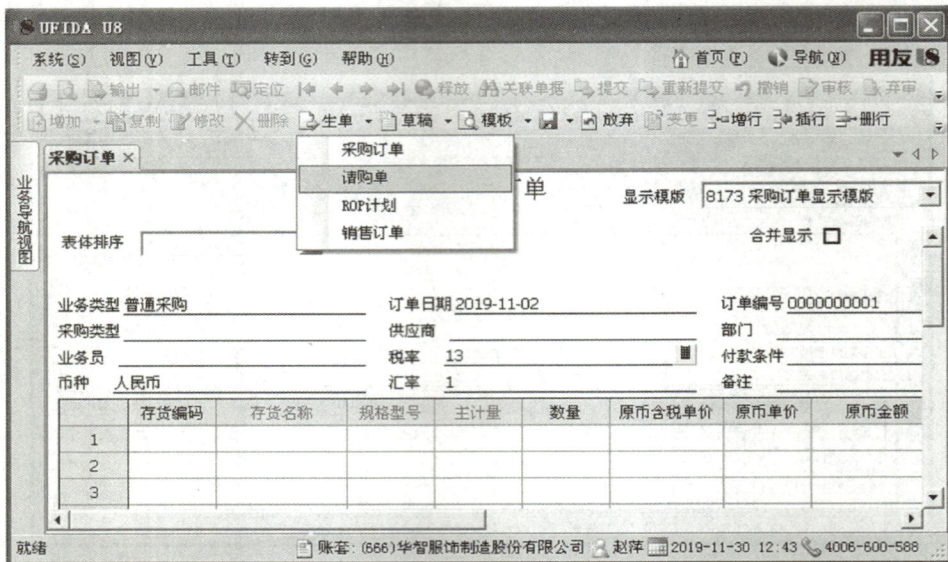

图7-47　生成采购订单

③系统提供对已审核请购单进行过滤的功能（如图7-48所示）。

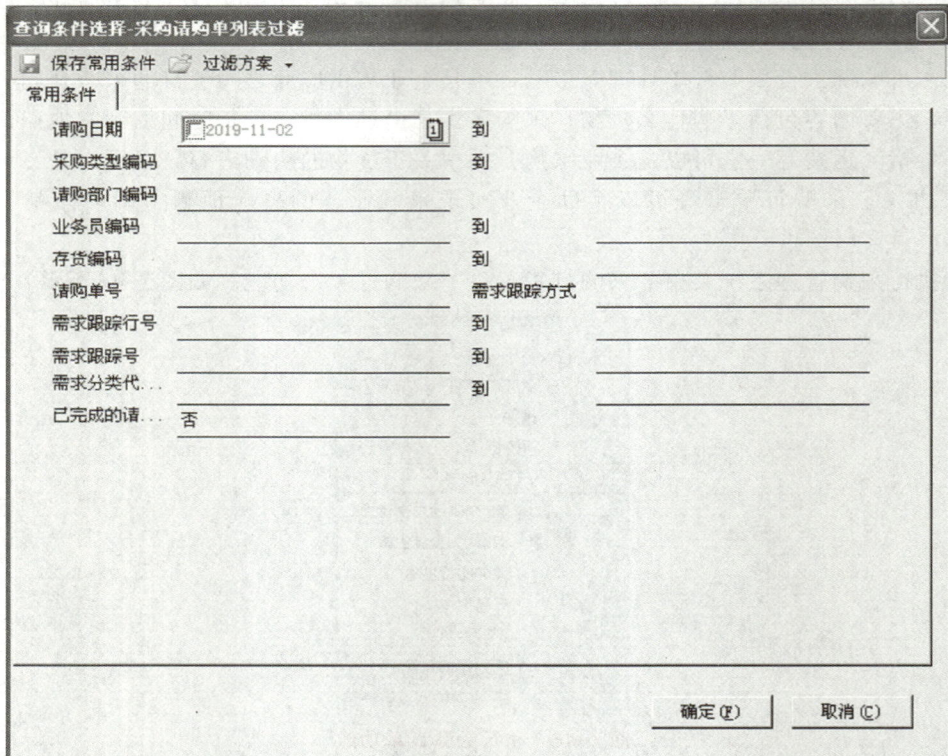

图7-48　采购请购单过滤

找到了所需的请购单以后，在表头列表的"选择"栏进行勾选，只有这样才能在下面的表体列表中显示该单据表体内容（如图7-49所示）。

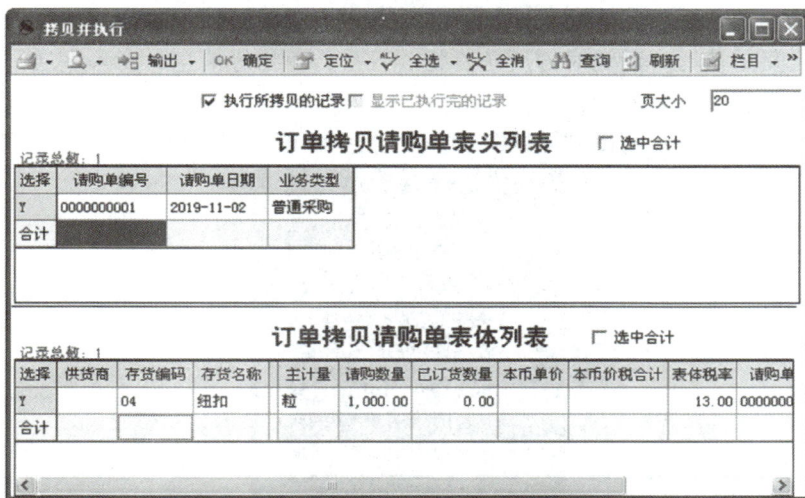

图 7-49　生单选单列表

④由请购单生成采购订单的主体内容，其余手工输入（如图7-50所示）。对于采购订单，用户可以执行修改、删除、审核、弃审、变更、关闭、打开、锁定、解锁等操作。

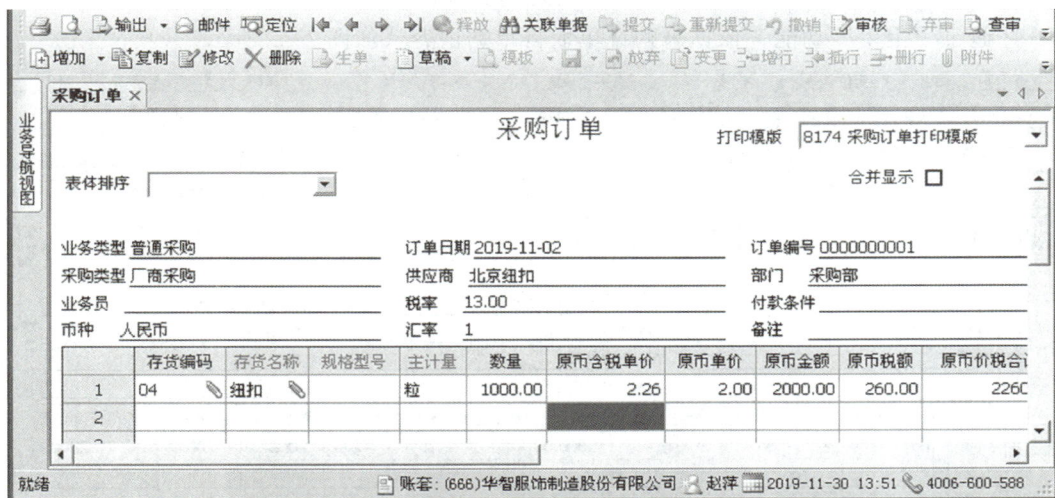

图 7-50　生成采购订单

采购订单也可以通过"请购比价生单"等功能生成。例如，根据待购数量，结合供应商存货价格表中供应类型为采购的明细记录，进行比价采购，生成采购订单。

采购订单存盘后需要进行审核，才能进入下一阶段的处理。对于已审核未关闭的订单，可能因为意外情况而需要修改业务，此时用订单变更功能实现，变更后需要经过审批，单据才能正式生效，即一旦对单据进行变更操作，就只有在审批通过之后单据状态才改为"已审核"。

2.2019年11月5日，收到北京纽扣厂发来的纽扣和专用发票，发票号码CG001，该批纽扣系11月2日采购。发票载明，纽扣1 000粒，不含税单价2元/粒。经检验质量全部合格，办理入原材料库手续。财务部门确认存货成本和应付款项，货款尚未支付。

该业务具体处理步骤如下：

（1）到货处理。采购到货是采购订货和采购入库的中间环节，一般由采购业务员根据供方通知或送货单填写，确认对方所送货物、数量、价格等信息，以入库通知单的形式传递到仓库作为保管员收货的依据。

①执行采购管理系统菜单"采购到货"—"到货单"（如图7-51所示）。

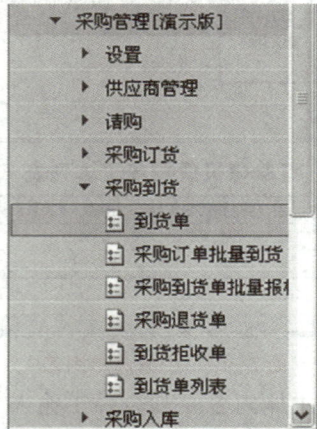

图7-51　执行到货单功能

②通过"生单"功能，依据采购订单取得单据内容（如图7-52所示）。

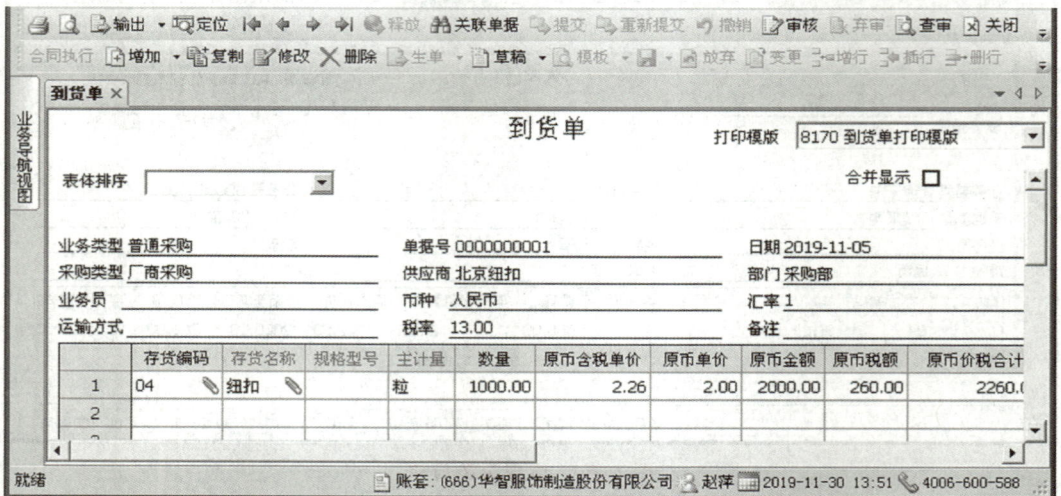

图7-52　填制到货单

③到货单需要审核以后才能进入下一阶段处理。对于已审核未关闭的到货单，可能因为意外情况而需要修改业务，此时用到货单变更功能实现，变更后即生效，不必再次审核。

（2）入库处理。采购入库就是经采购到货、质量检验环节，对合格到货的存货进行入库验收。在采购管理和库存管理集成使用的情况下，入库业务必须在库存管理中进行处理。

①执行库存管理系统菜单"入库业务"——"采购入库单"功能（如图7-53所示）。

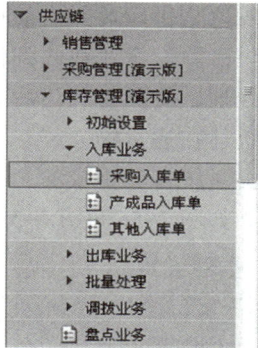

图7-53　执行采购入库单功能

②通过采购入库单的"生单"功能，参照采购到货单（蓝字）生成采购入库单（如图7-54、图7-55所示）。

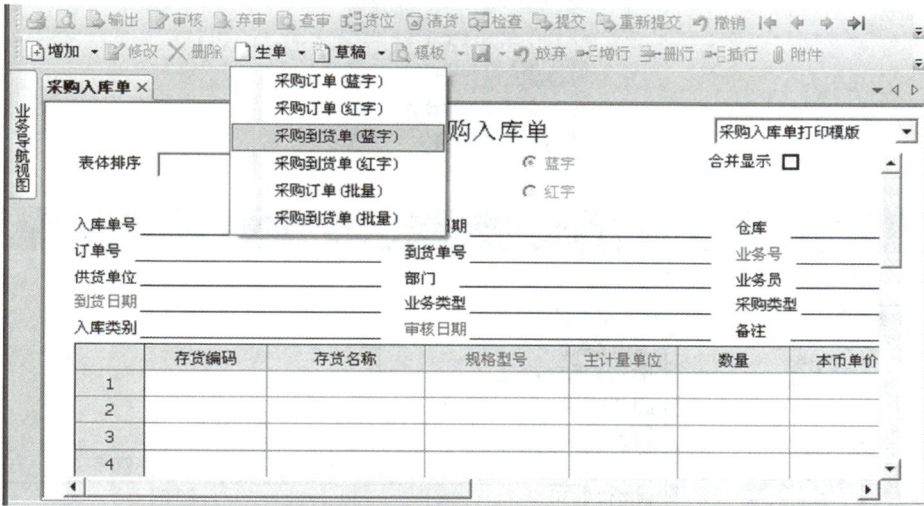

图7-54　采购入库单的"生单"功能

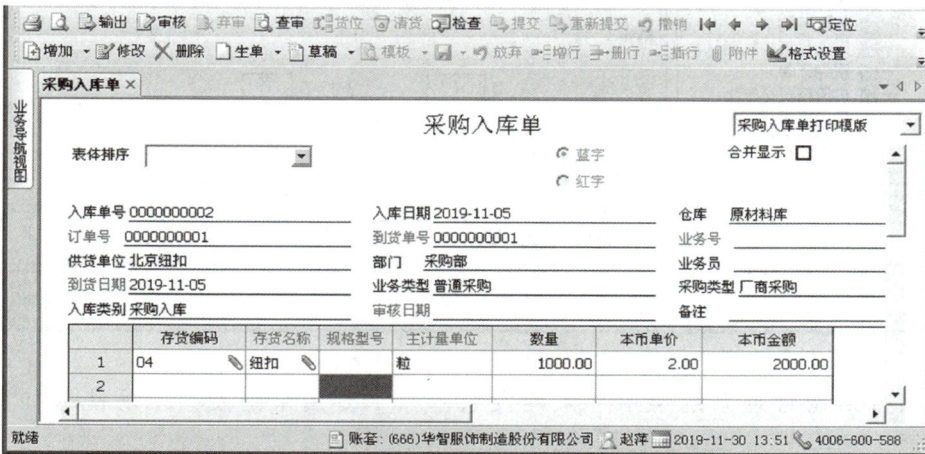

图7-55　生成采购入库单

③采购入库单需要经审核才能进入下一阶段处理。

（3）填制采购专用发票。采购发票是供应商开出的销售货物的凭证，系统将根据采购发票确认采购成本，并据以登记应付账款。企业在收到供货单位的发票后，如果没有收到供货单位的货物，可以对发票压单处理，待货物到达后，再输入系统做报账结算处理；也可以先将发票输入系统，以便实时统计在途货物。

由于采购发票中的编号默认是由系统自动生成的，而本例需要手工输入，所以需要先到基础设置中对单据编号进行设置（如图7-56和图7-57所示）。

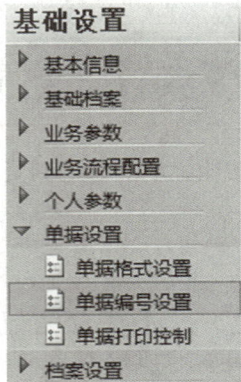

图7-56　执行单据编号设置功能

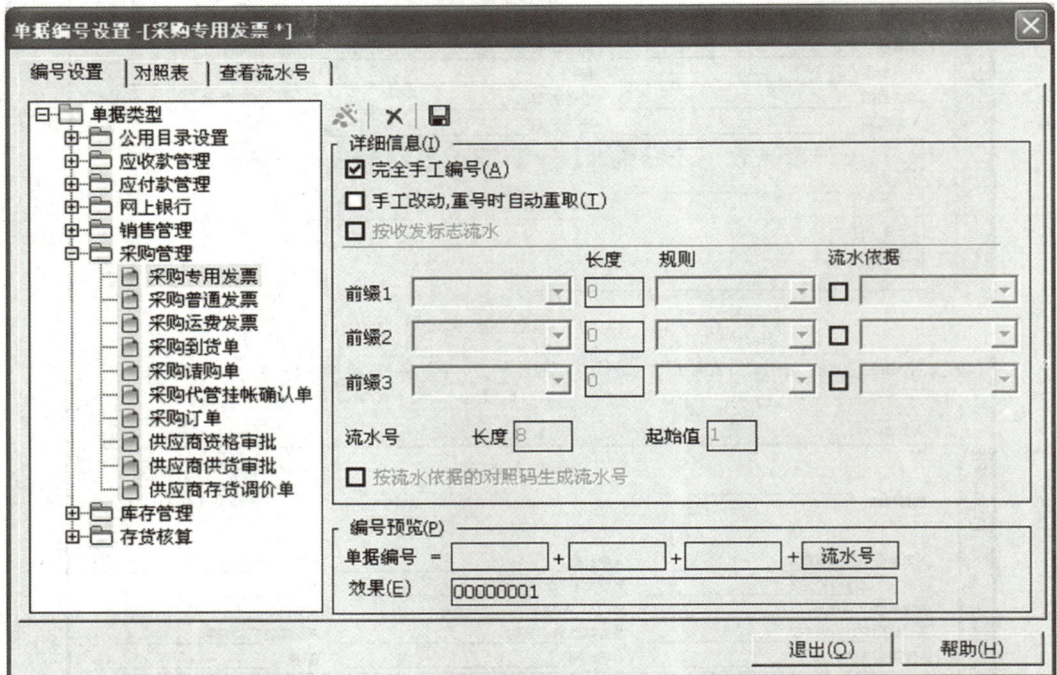

图7-57　采购专用发票编号设置

①执行采购管理系统菜单"采购发票"—"专用采购发票"功能（如图7-58所示）。

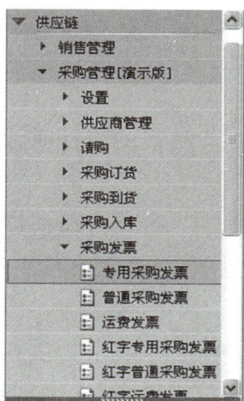

图 7-58　执行专用采购发票功能

②利用生单功能完成发票内容的填制（如图7-59所示）。

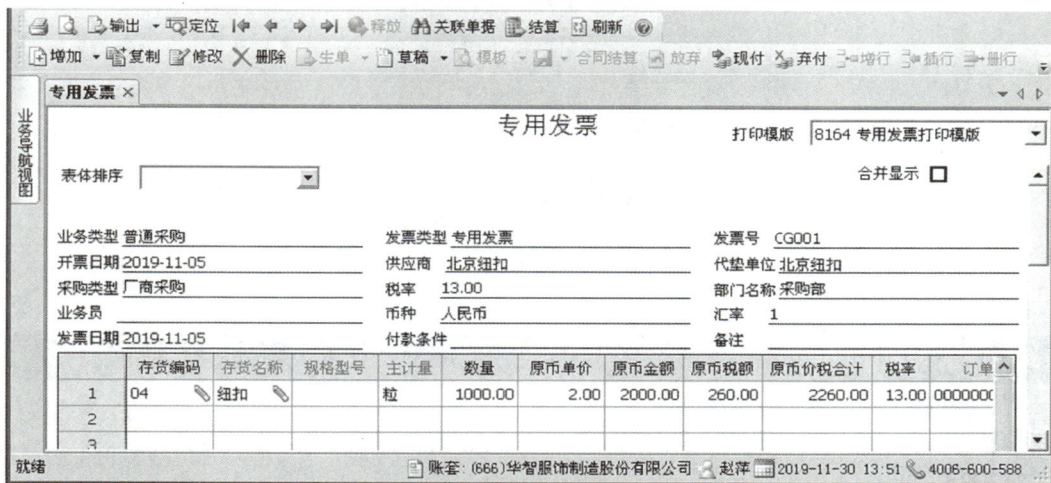

图 7-59　录入采购专用发票

（4）采购结算。采购结算也称采购报账，是指采购核算人员根据采购发票、运费发票、采购入库单等核算采购入库成本。采购结算形成采购结算单，它是记载采购入库单与采购发票以及运费发票等记录对应关系的结算对账表。采购结算分自动结算和手工结算两种。

自动结算是由系统对符合条件的采购入库单和采购发票自动进行结算，具体又分三种结算模式：①入库单和发票结算模式，即系统对供应商、存货、数量完全相同的入库单和发票进行结算，生成结算单。发票记录金额作为入库单的实际成本。记录自动结算到行。②红蓝入库单结算模式，即系统对供应商和存货相同、数量绝对值相等符号相异的红蓝入库单记录进行对应结算，生成结算单。入库单可以没有金额，只有数量。记录自动结算到行。③红蓝发票结算模式，即系统对供应商和存货相同、金额绝对值相等符号相异的采购发票记录进行对应结算，生成结算单。结算金额即为各发票记录的合计金额。记录自动结算到行。

手工结算是由操作员手工挑选需要进行结算的采购入库单和发票，包括入库单与发票结算、蓝字入库单与红字入库单结算、蓝字发票与红字发票结算、溢余短缺处理、费用折扣分摊。手工结算时可以拆单拆记录，一行入库记录可以分次结算，还可以同时对多张入库单和多张发票进行手工结算。

进行采购结算之前需要检查操作日期，操作日期不能早于采购发票日期和采购入库单日期，否则无法进行结算。

执行采购管理系统菜单"采购结算"—"自动结算"功能（如图7-60所示）。

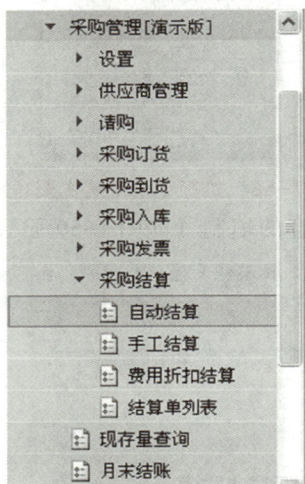

图7-60　执行自动结算功能

①结算条件选择（如图7-61所示）。

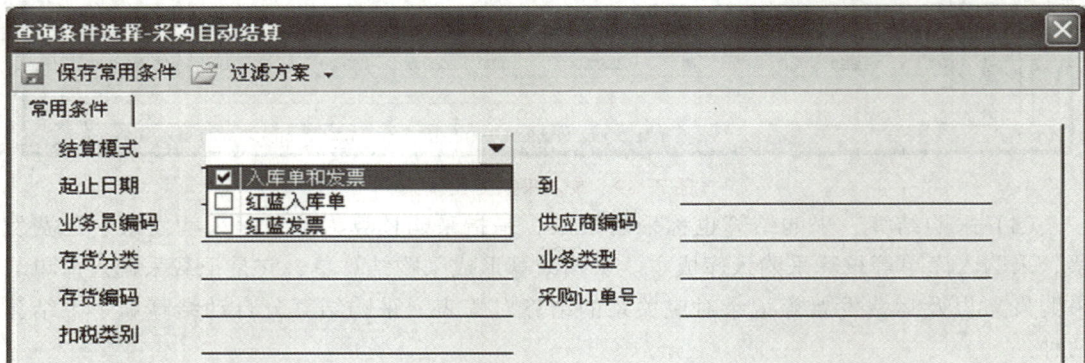

图7-61　结算条件选择

②结算成功提示（如图7-62所示）。

图7-62　结算成功提示

③查看采购结算单列表（如图7-63所示）。

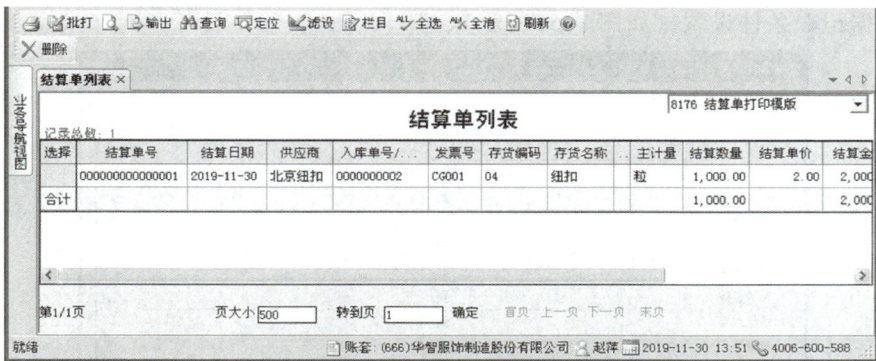

图 7-63　采购结算单列表

如果需要取消某一次采购结算，则在结算单列表中选择该结算单，执行"删除"功能即可。

（5）存货核算系统进行采购成本核算。存货核算系统的业务核算主要操作内容包括正常单据记账、发出商品记账、暂估成本录入、结算成本处理、期末处理等。主要完成对单据出入库成本的计算、结算成本的处理、产成品成本的分配等。

单据记账是把单据登记在存货明细账、差异明细账/差价明细账、受托代销商品明细账、受托代销商品差价账上。登记以后，采用先进先出法、移动平均法、个别计价法这三种计价方式的存货可以立即进行出库成本核算，而采用全月平均法、计划价/售价法计价的存货必须在期末处理后才能进行出库成本核算。

蓝字入库单记账时取单据上的成本，若单据上无成本，则取系统选项"入库单成本选择"中的选项成本记账。计划价/售价法核算的存货则取其计划价、售价记账。

红字入库单记账时取单据上的成本，若单据上无成本，则取系统选项"入库单成本选择"中的选项成本记账。采用计划价/售价法核算的存货则取其计划价、售价记账。采用个别计价法核算的红字入库单在单据记账时指定入库批次，且必须在全部未结算或全部结算的情况下才允许记账。

调拨入库单、组装入库单取不到对应出库成本时，取系统选项成本即入库单成本，否则手工输入。

①执行存货核算系统菜单"业务核算"—"正常单据记账"（如图 7-64 所示）。

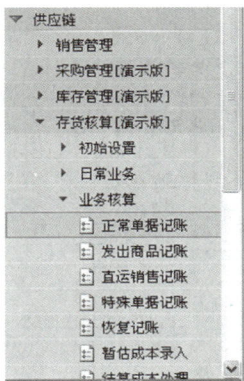

图 7-64　执行正常单据记账功能

②单据记账条件设置（如图7-65所示）。

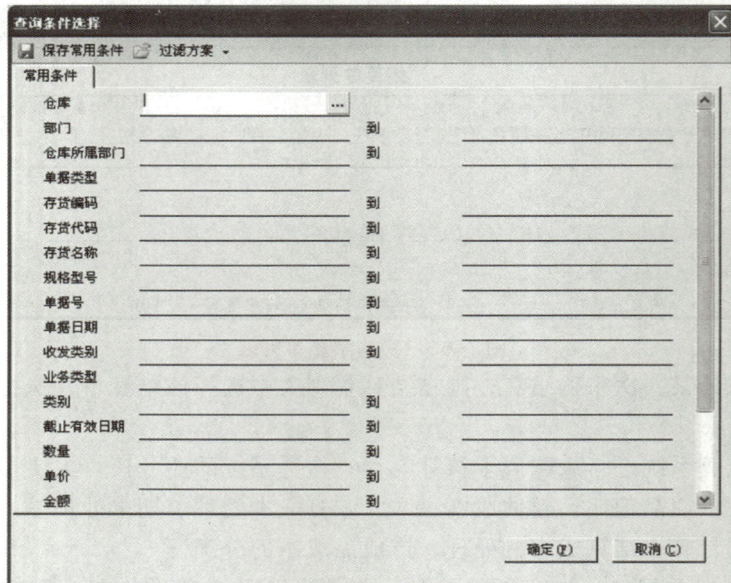

图7-65　单据记账条件设置

③单据记账（如图7-66所示）。

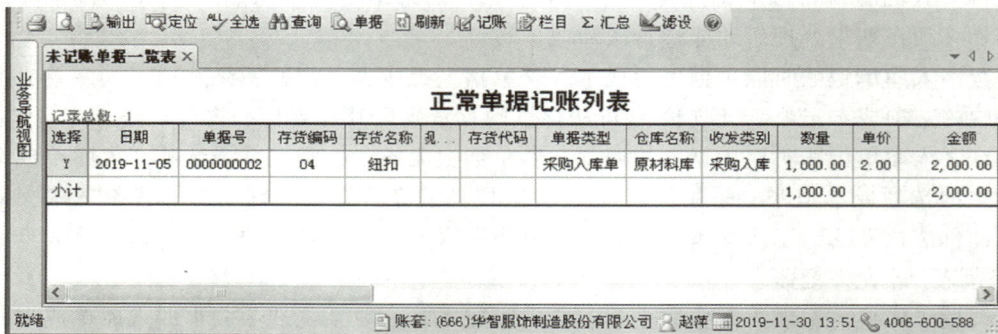

图7-66　单据记账

④记账完成以后执行存货核算系统菜单"财务核算"—"生成凭证"，出现生成凭证界面（如图7-67、图7-68所示）。

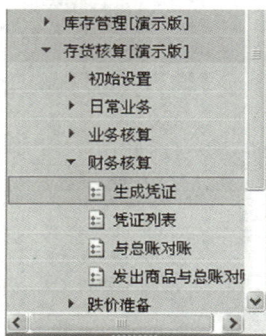

图7-67　执行生成凭证功能

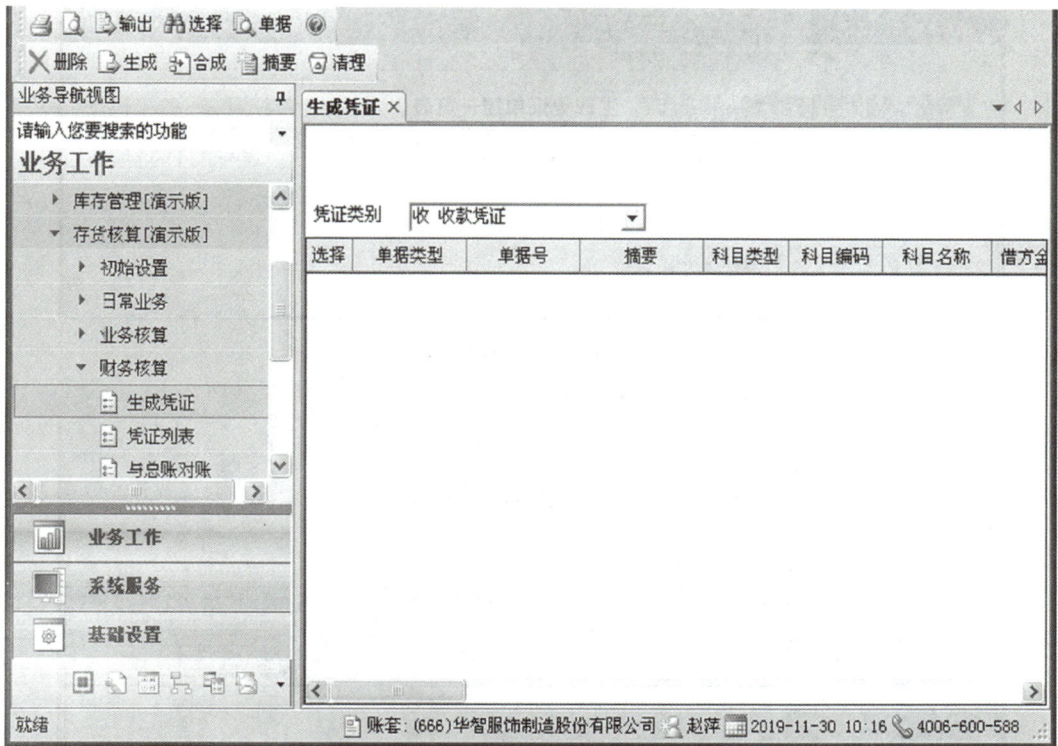

图7-68 生成凭证界面

⑤点击"选择"功能按钮，确定需要生成凭证的单据（如图7-69和图7-70所示）。

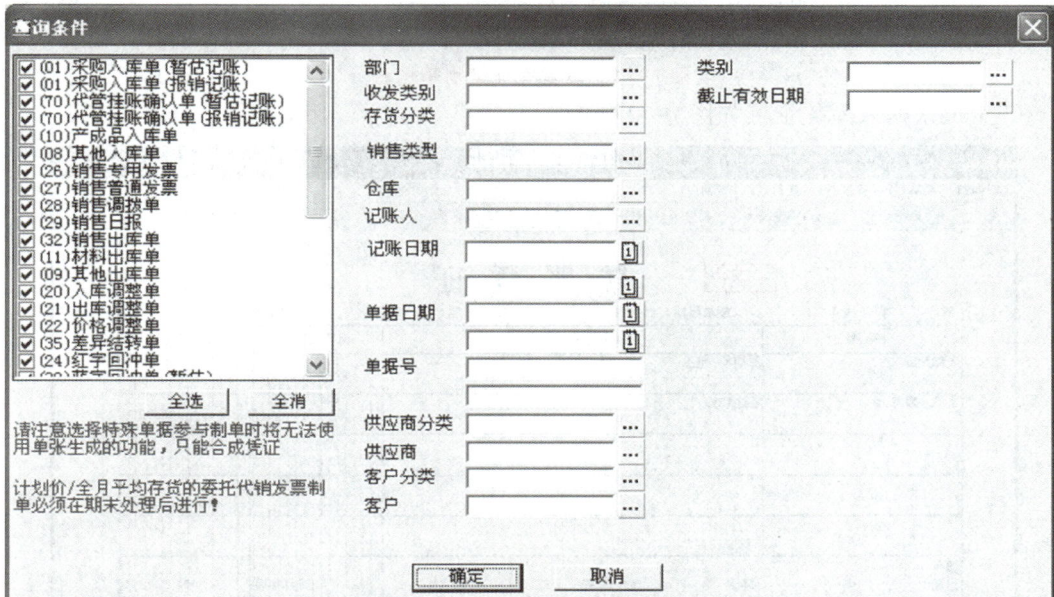

图7-69 查询条件

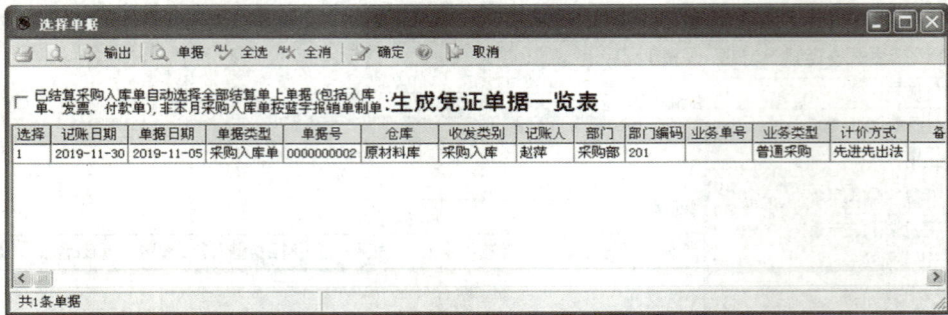

图 7-70 选择单据

⑥设置凭证类别及相关会计科目，点击"生成"功能（如图 7-71 所示）。

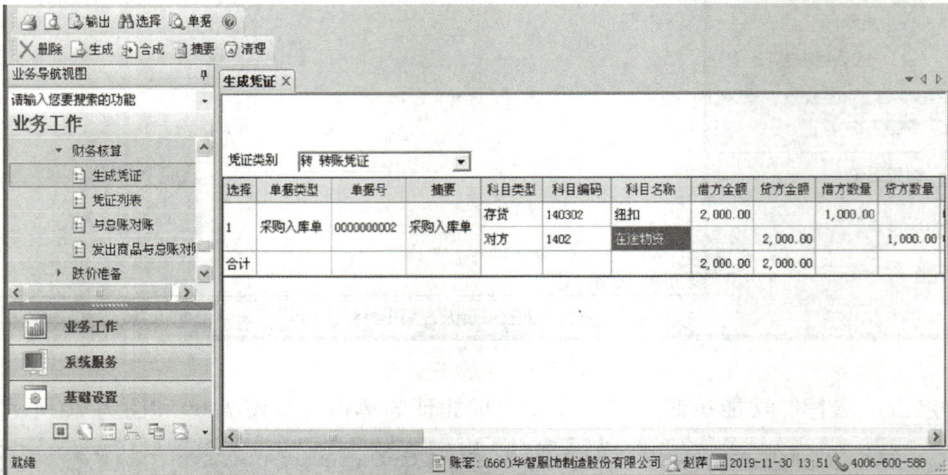

图 7-71 设置凭证类别等信息

⑦生成采购入库凭证（如图 7-72 所示）。

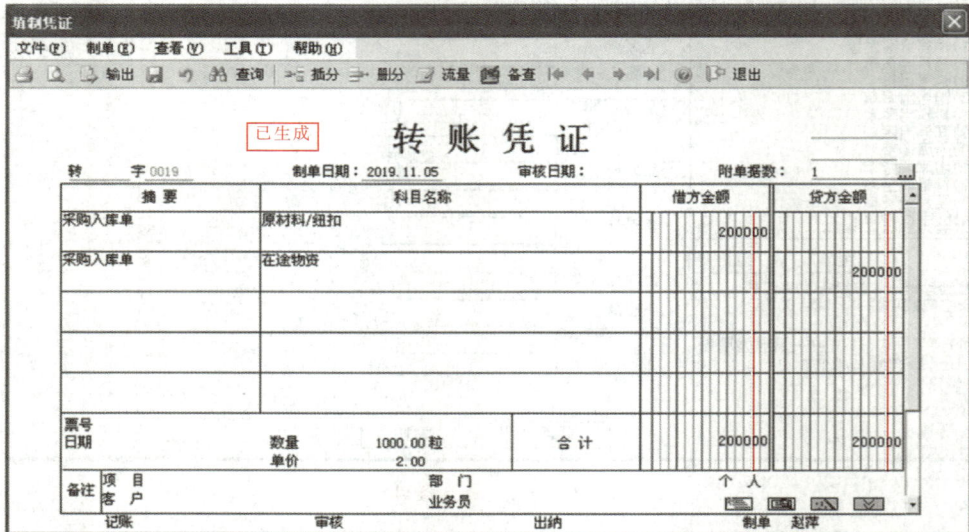

图 7-72 生成采购入库凭证

（6）在应付款管理系统中确认应付款项。

①执行应付款管理系统菜单"应付单据处理"—"应付单据审核"（如图7-73所示）。

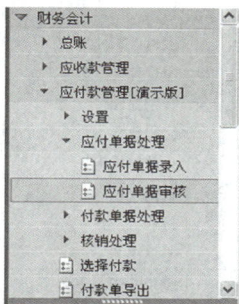

图7-73 执行应付单据审核功能

②进行单据过滤（如图7-74所示）。

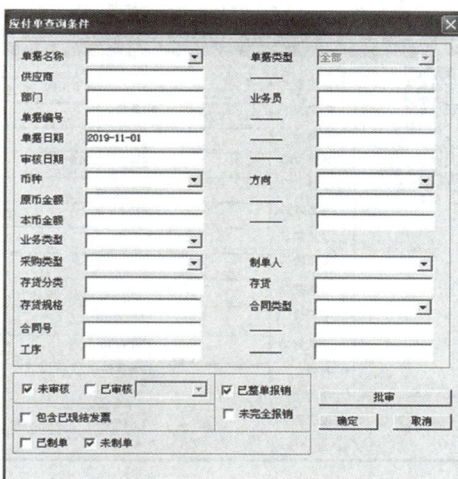

图7-74 单据过滤

③选择需要审核的应付单据，点击"审核"功能完成单据审核（如图7-75所示）。

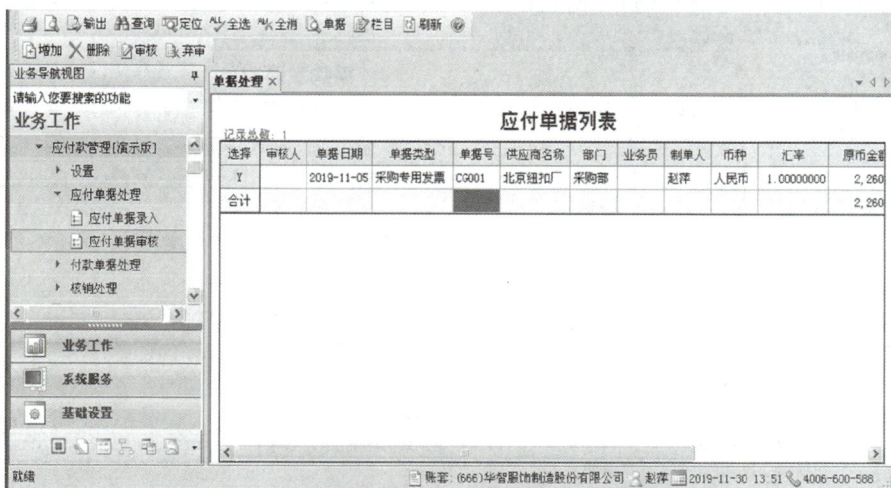

图7-75 应付单据审核

④执行应付款管理系统菜单"制单处理"功能（如图7-76所示）。

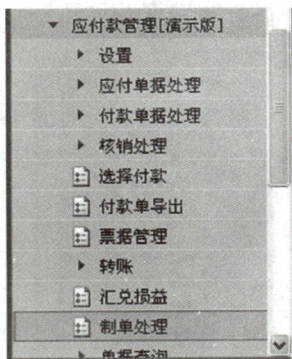

图7-76　执行制单处理功能

⑤单据筛选（如图7-77所示）。

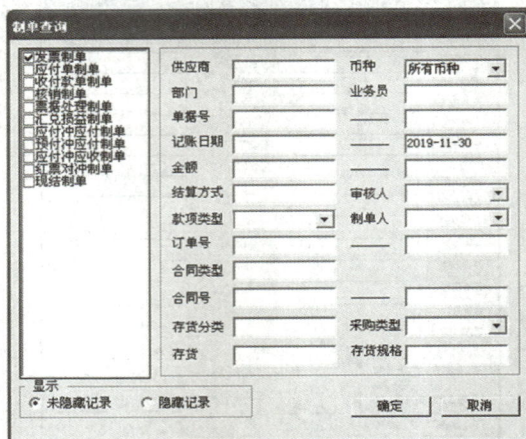

图7-77　单据筛选

⑥选择需要制单的单据（如图7-78所示）。

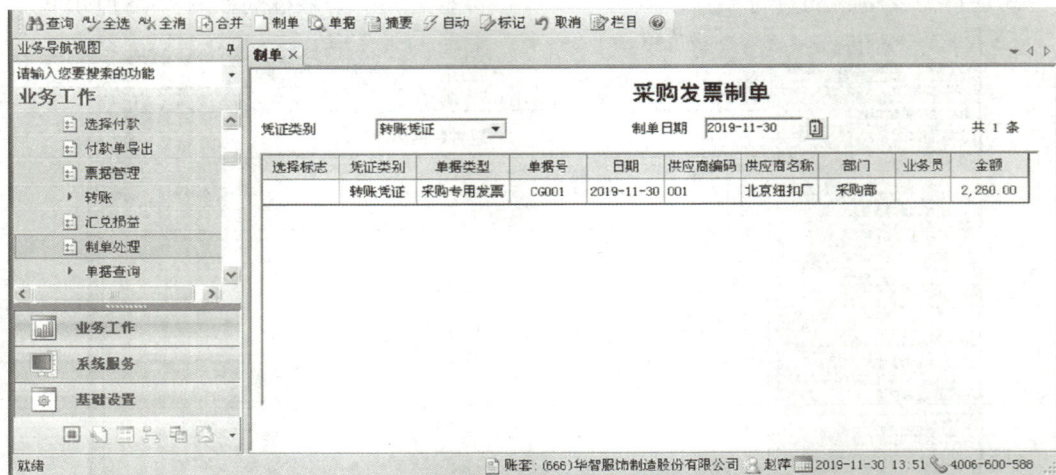

图7-78　选择单据

⑦点击"制单"功能，完成采购应付凭证（如图7-79所示）。

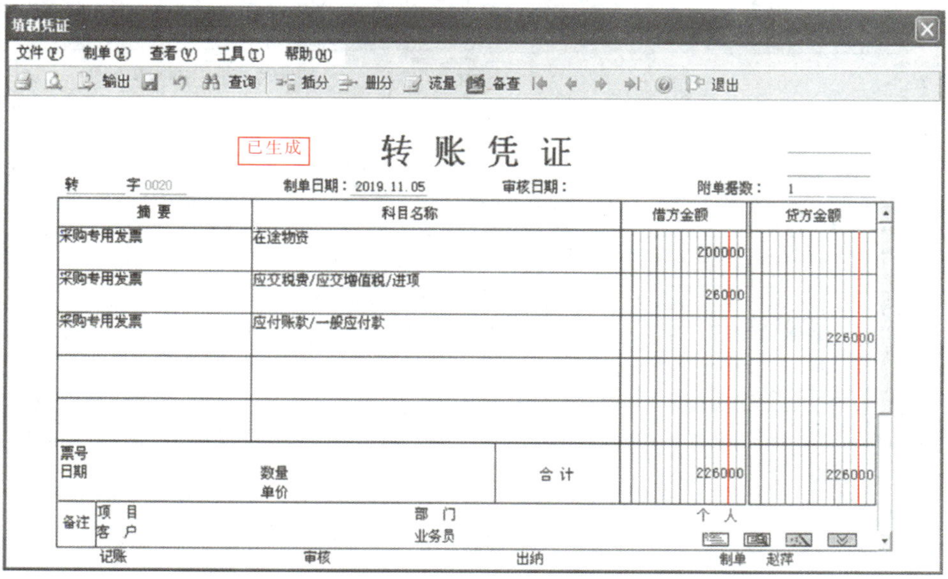

图7-79　生成采购应付凭证

3.2019年11月12日，与天津丝线公司签订购货合同。订购缝纫线60卷，不含税单价6元/卷，要求19日到货。

在采购管理系统中填制采购订单并进行审核（如图7-80所示）。

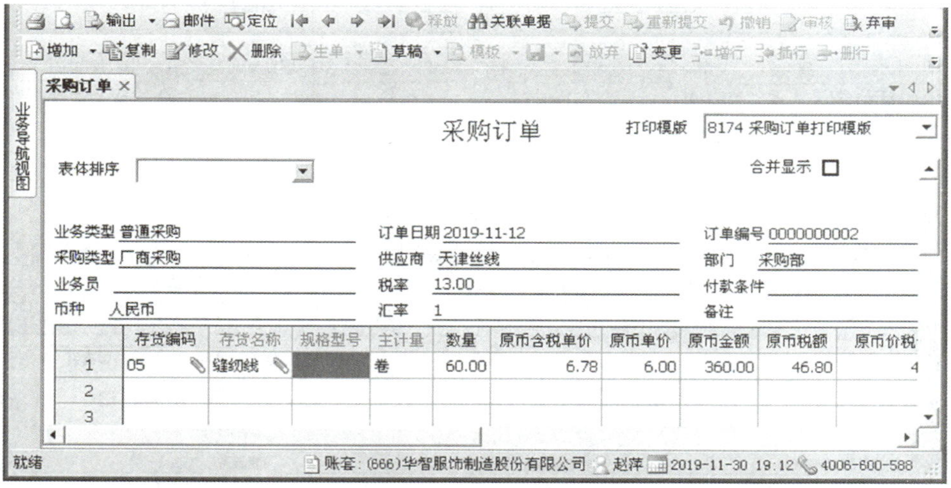

图7-80　填制采购订单

4.2019年11月17日，收到北京纽扣厂开具的10月6日纽扣专用发票，发票号码CG002。发票记录纽扣1 000粒，不含税单价6元/粒。公司核实后立即支付货款和税款（现金支票xj01）。

该业务操作步骤如下：

（1）参照期初入库单开具采购专用发票（如图7-81所示）。

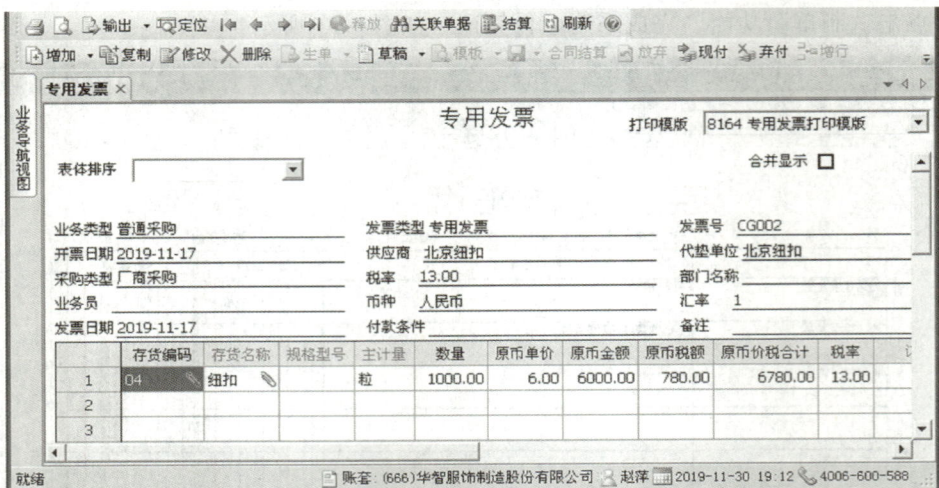

图 7-81　填制采购专用发票

（2）现付并结算。

①采购专用发票存盘后点击菜单"现付"功能，输入采购现付相关信息（如图 7-82 所示）。

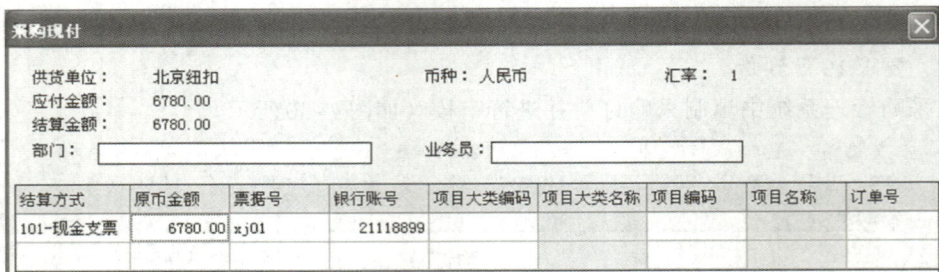

图 7-82　输入采购现付信息

②系统自动加盖"已现付"戳记（如图 7-83 所示）。

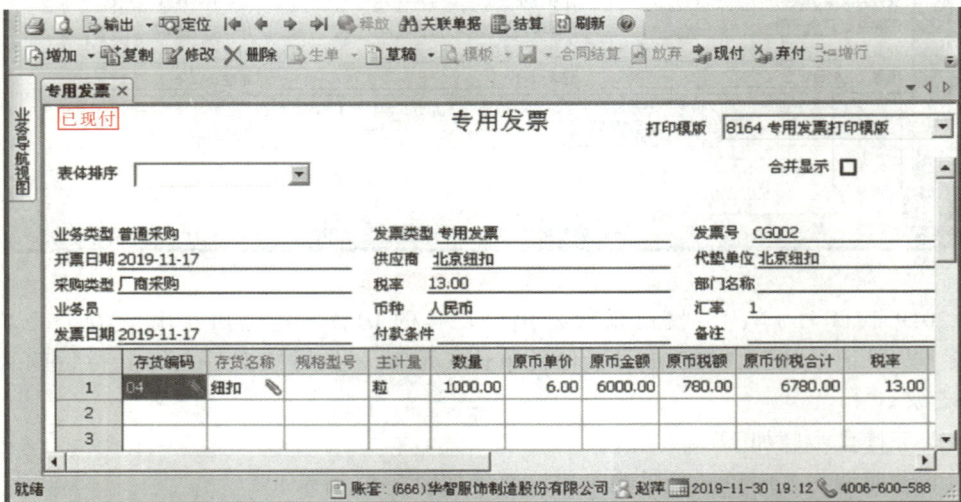

图 7-83　加盖"已现付"戳记

③现付完成以后，执行菜单"结算"功能，可以完成采购发票和期初采购入库单的自动结算工作，系统自动加盖"已结算"戳记（如图7-84所示）。

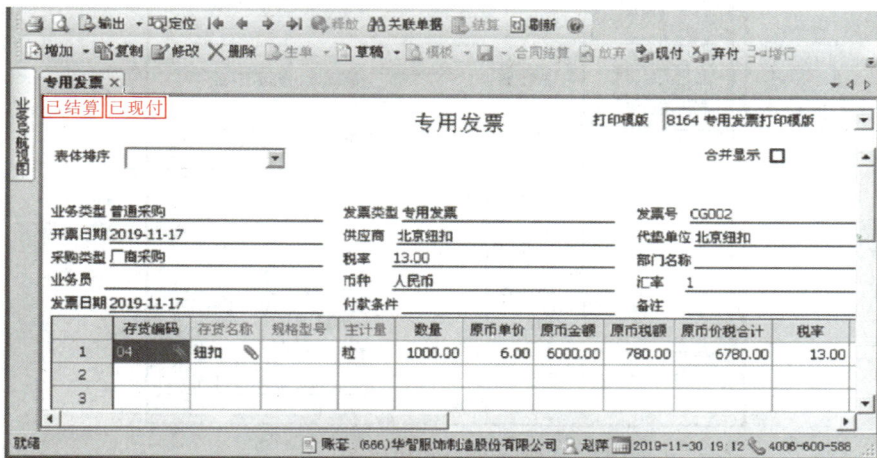

图7-84　加盖"已结算"戳记

当然，该结算工作也可以在采购结算中通过自动或者手工方式完成。如果在采购结算中采用自动结算方式，需要指定起止日期的起点日期。

（3）在应付款管理系统中核算现付款项。

①执行应付款管理系统菜单"应付单据处理"的"应付单据审核"功能。注意单据过滤时需要选中"包含已现结发票"（如图7-85所示）。

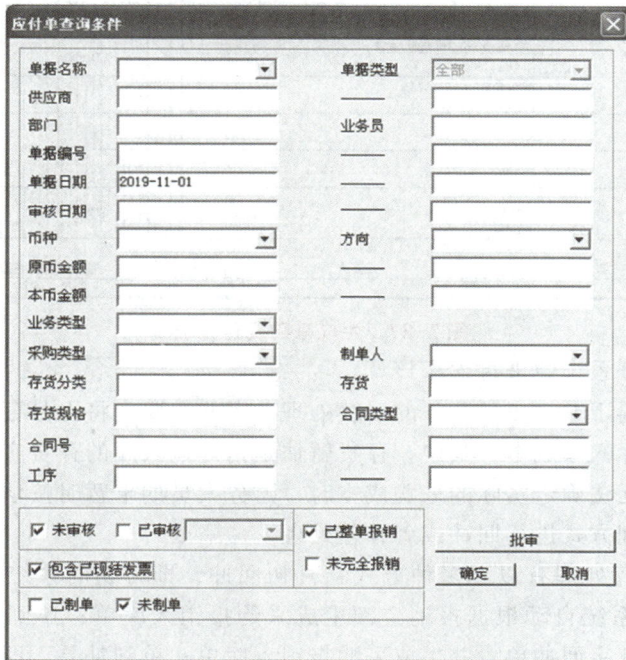

图7-85　执行应付单据审核

②在制单处理时，由于是现结业务，需要选择现结制单（如图7-86所示）。

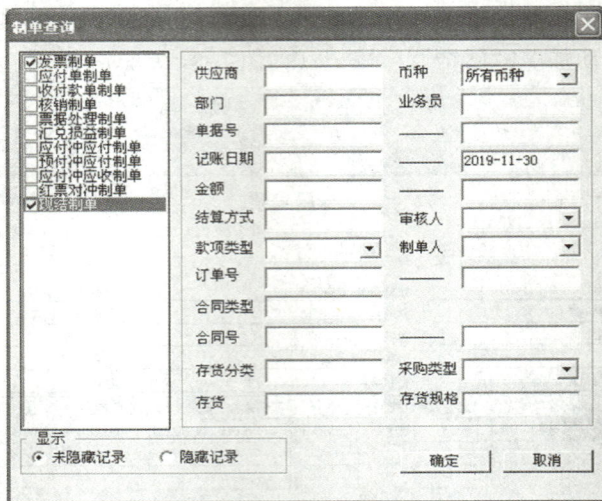

图7-86　现结制单

③生成采购现付凭证（如图7-87所示）。

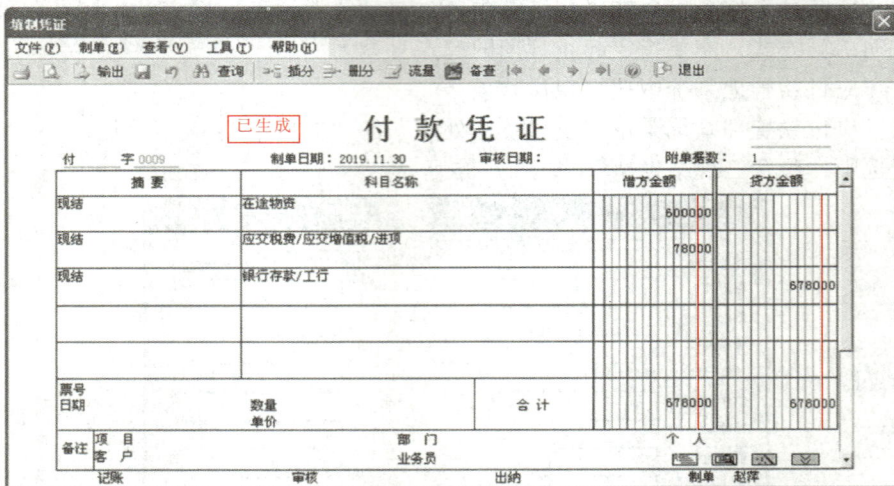

图7-87　生成采购现付凭证

（4）在存货核算系统中进行入库核算。

由于该笔业务属于10月6日业务的后续处理，因此需要先将上月存货暂估入库成本冲销，然后再核算实际入库成本。其中，存货暂估是指外购入库的存货实物已到，但是到月末时发票未到，在无法确定实际的采购成本时，财务人员期末暂时按估计价格入账，后续按照选择的暂估处理方式进行回冲或者补差处理。

系统对暂估结算处理有以下多种方式：月初回冲，即月初时系统自动生成红字回冲单，报销处理时，系统自动根据报销金额生成采购报销入库单；单到回冲，即报销处理时，系统自动生成红字回冲单，并生成采购报销入库单；单到补差，即报销处理时，系统自动生成一笔调整单，调整金额为实际金额与暂估金额的差额。系统将依据用户在系统选项"暂估方式"中的选择进行处理。

①执行存货核算系统菜单"业务核算"—"结算成本处理"（如图7-88所示）。

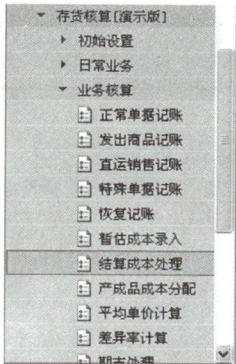

图7-88　执行结算成本处理功能

②选择仓库（如图7-89所示）。

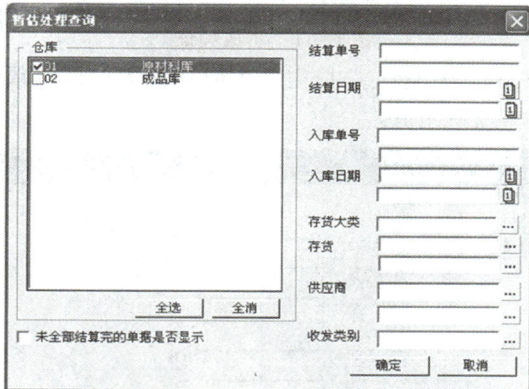

图7-89　选择仓库

③选择需要暂估处理的单据，执行菜单栏中"暂估"功能，完成结算成本处理（如图7-90所示）。需要说明的是，"暂估"本质上是一种记账操作，如果要取消"暂估"操作，可以利用"恢复记账"功能。

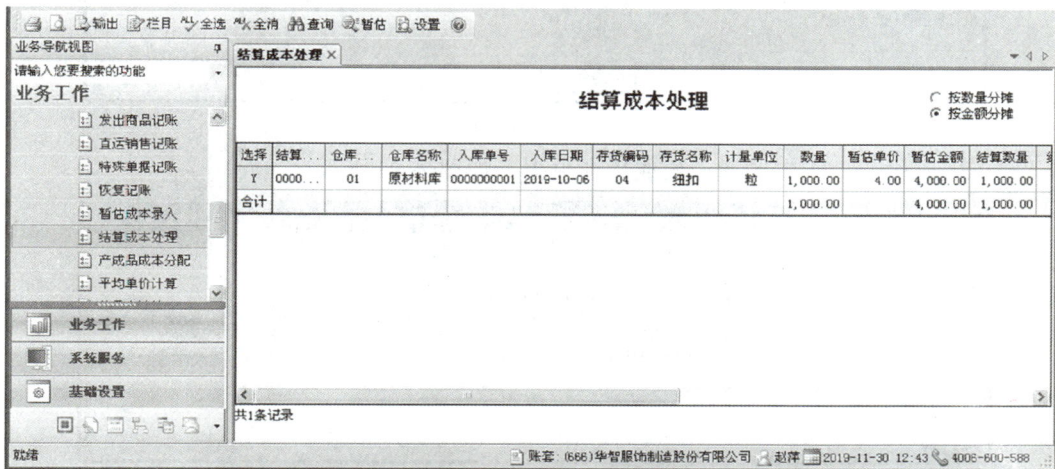

图7-90　选择需要暂估处理的单据

④执行"财务核算"—"生成凭证"功能（如图7-91所示）。

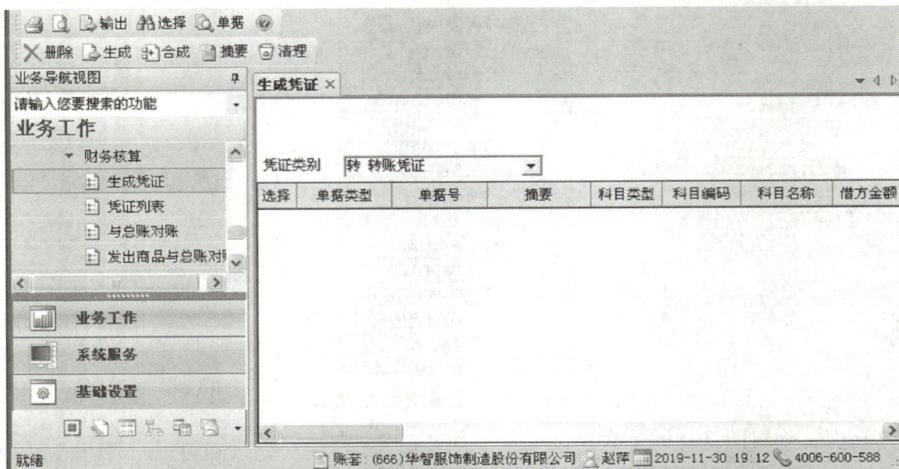

图7-91　生成凭证

⑤执行菜单中的"选择"功能，选择需要生成凭证的单据，系统默认选择除了调拨单以外的所有单据（如图7-92所示）。

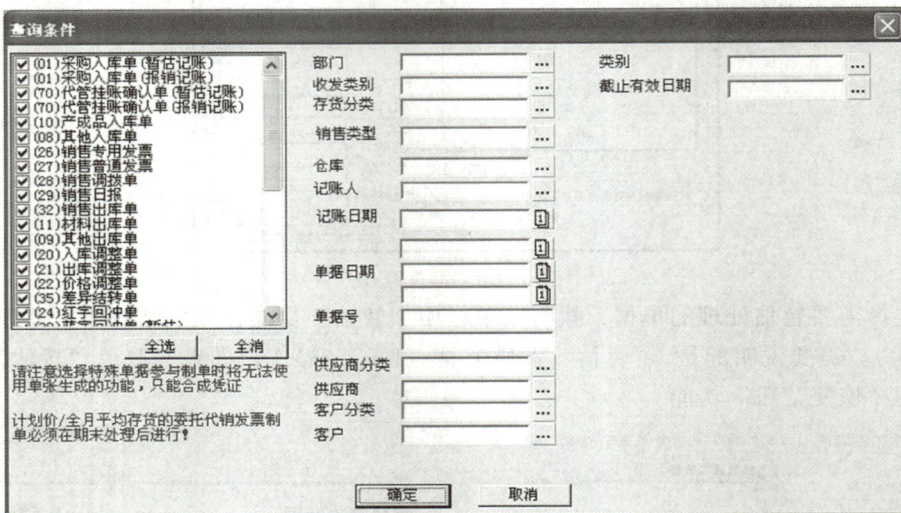

图7-92　查询条件

⑥在生成凭证功能中选择未生成凭证单据（如图7-93所示）。

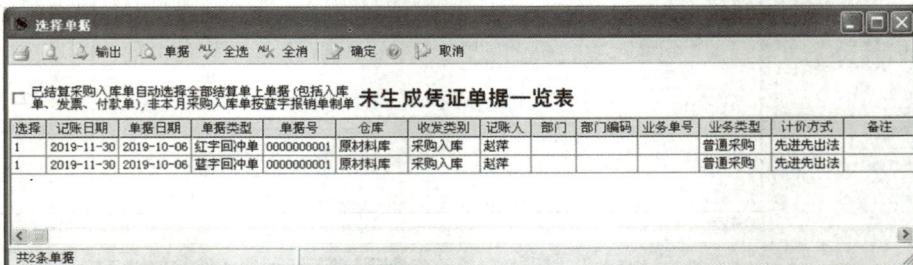

图7-93　选择未生成凭证单据

⑦定义凭证内容（如图 7-94 所示）。

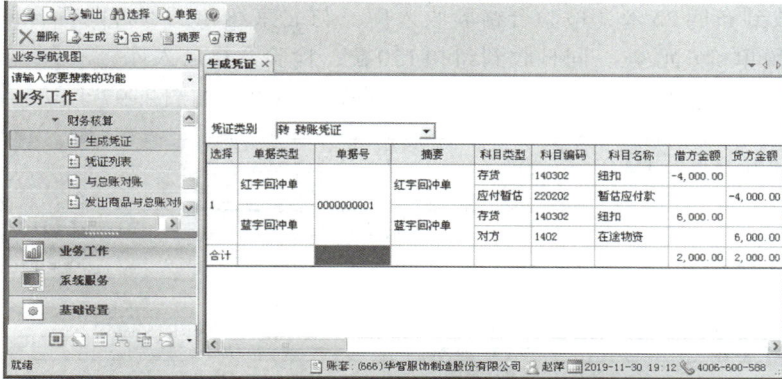

图 7-94　定义凭证内容

⑧执行菜单中的"生成"功能，系统自动生成红字冲销凭证，该凭证中的金额为红字（如图 7-95 所示）。

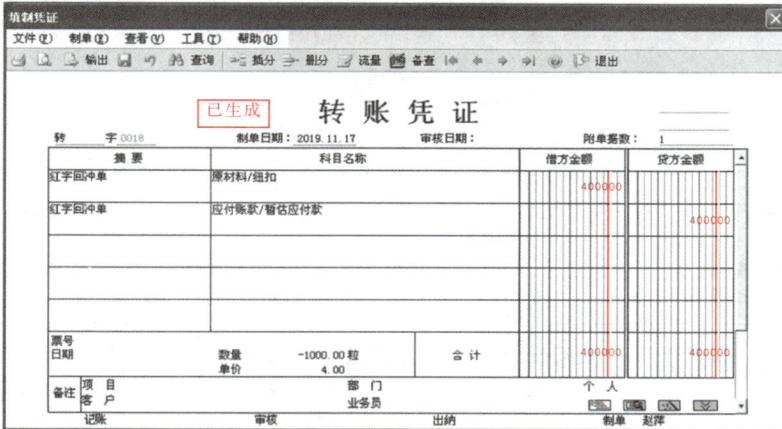

图 7-95　生成红字冲销凭证

⑨系统自动生成蓝字采购入库凭证（如图 7-96 所示）。

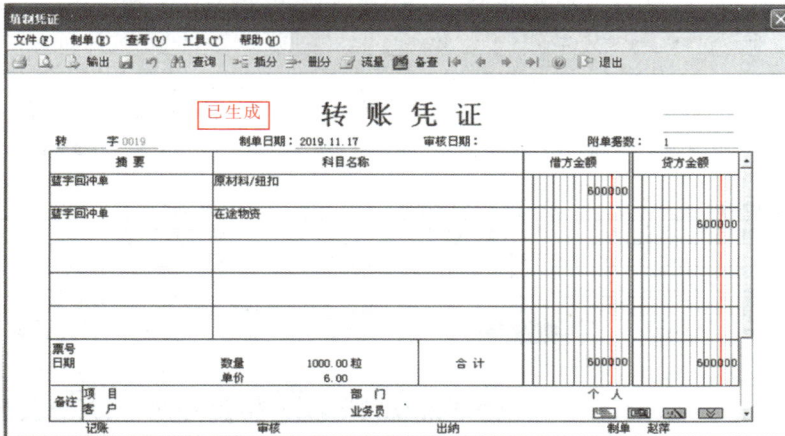

图 7-96　生成蓝字采购入库凭证

5.2019年11月18日，与上海布匹厂签订购货合同，采购布匹30米，不含税单价25元/米。同日收到布匹25米，检验合格验收入库。与北京纽扣厂签订购货合同，采购纽扣150粒，不含税单价6元/粒。同日收到纽扣150粒，检验合格后入库。

在相关系统分别填制采购订单、到货单、采购入库单（如图7-97至图7-102所示）。

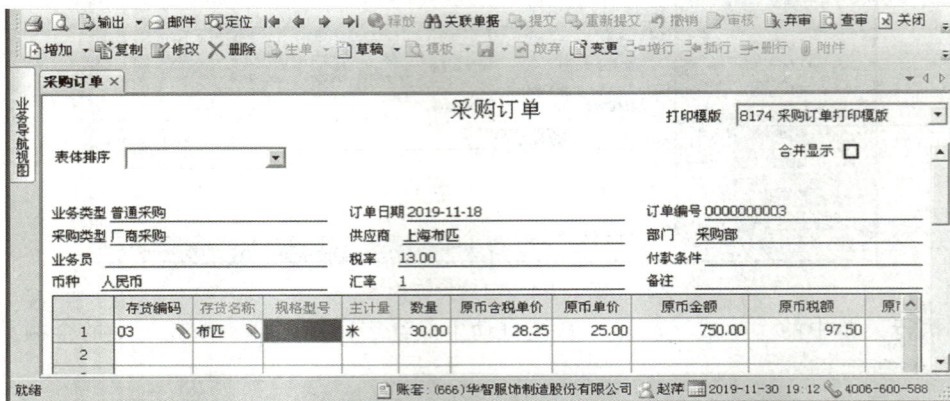

图7-97　上海布匹采购订单

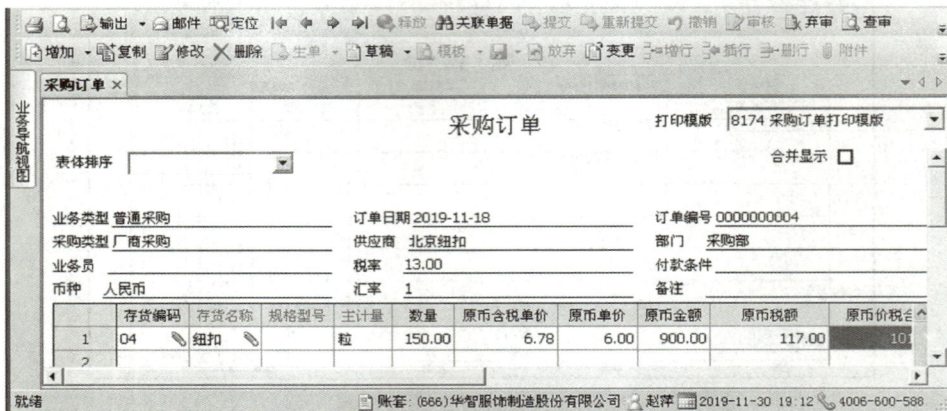

图7-98　北京纽扣采购订单

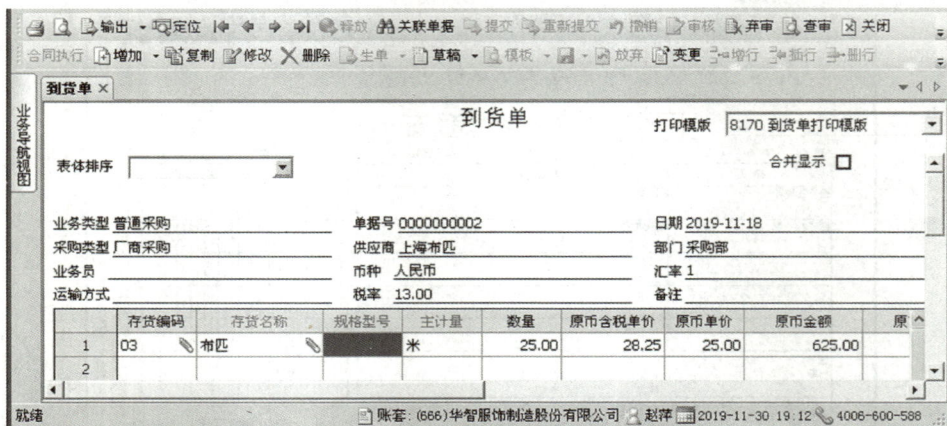

图7-99　上海布匹到货单

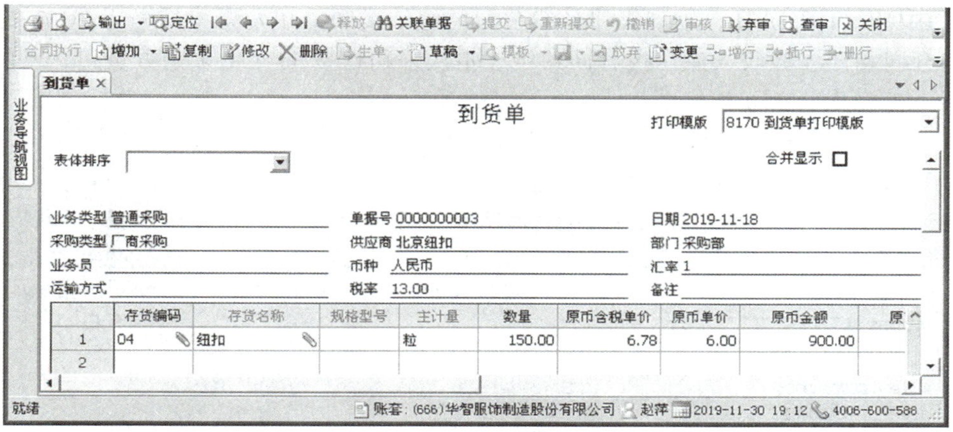

图 7-100　北京纽扣到货单

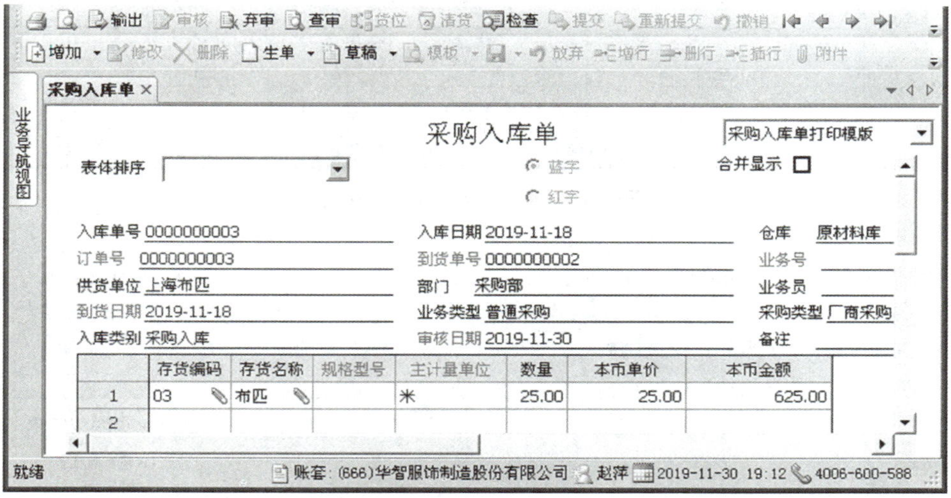

图 7-101　上海布匹采购入库单

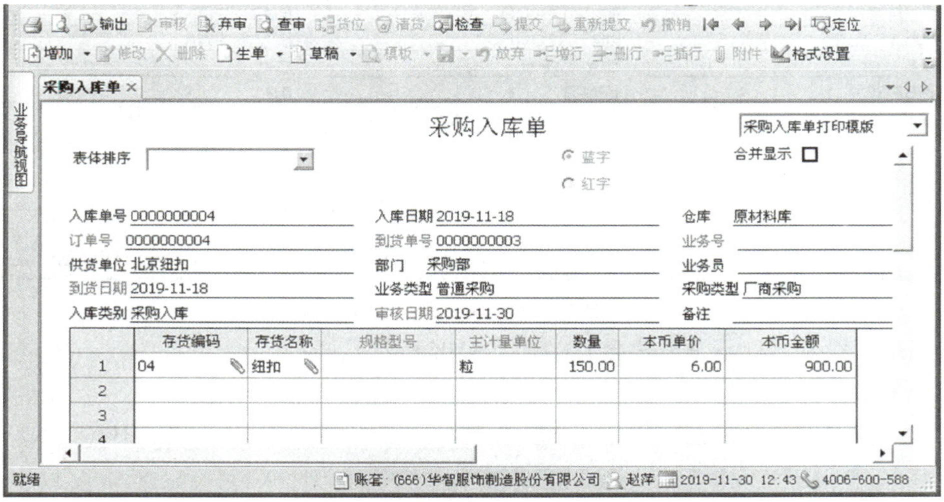

图 7-102　北京纽扣采购入库单

6.2019年11月19日，收到天津丝线公司的缝纫线和专用发票，编号为CG003，发票内容与合同相同，验收入库。按合同约定，本次采购运费30元由采购方负担，已收到运费发票，货款及运费均未支付。

（1）参照采购订单填制天津丝线采购入库单（如图7-103所示）。

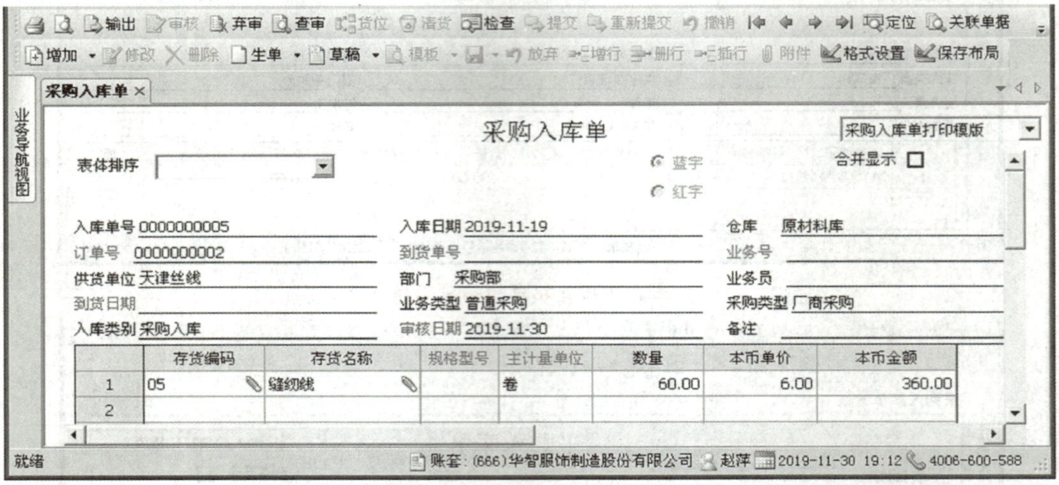

图7-103　天津丝线采购入库单

（2）填制发票。

①填制采购发票（如图7-104所示）。

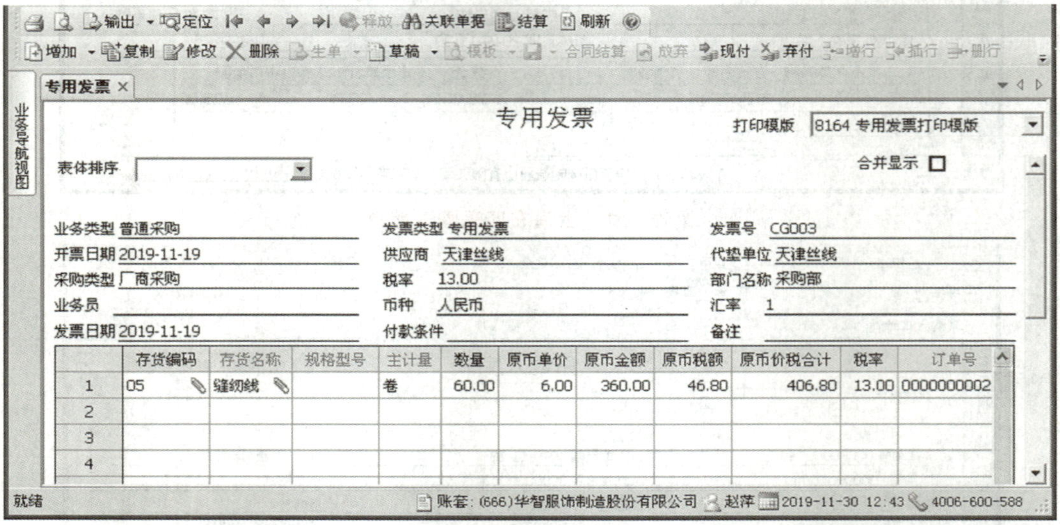

图7-104　填制采购发票

②填制运费发票（不考虑税金）（如图7-105所示）。

（3）采购结算。

①在采购管理系统菜单中执行"采购结算"—"手工结算"（如图7-106所示）。

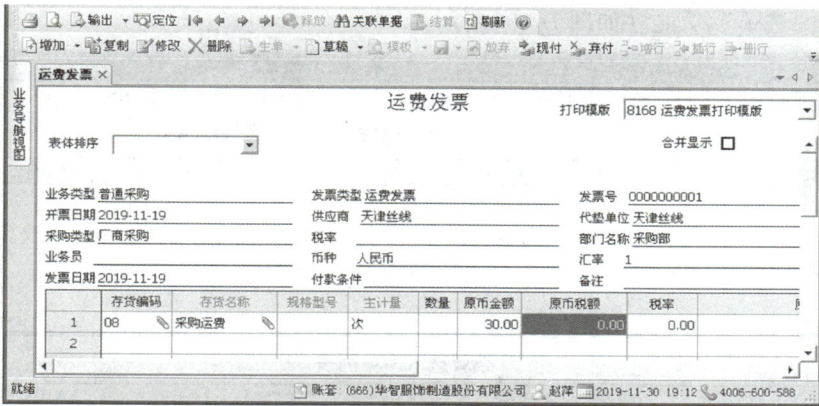

图7-105　填制运费发票

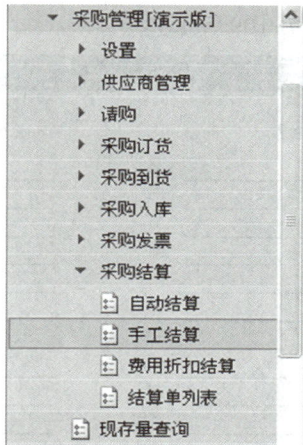

图7-106　执行手工结算功能

②进入手工结算操作界面（如图7-107所示）。

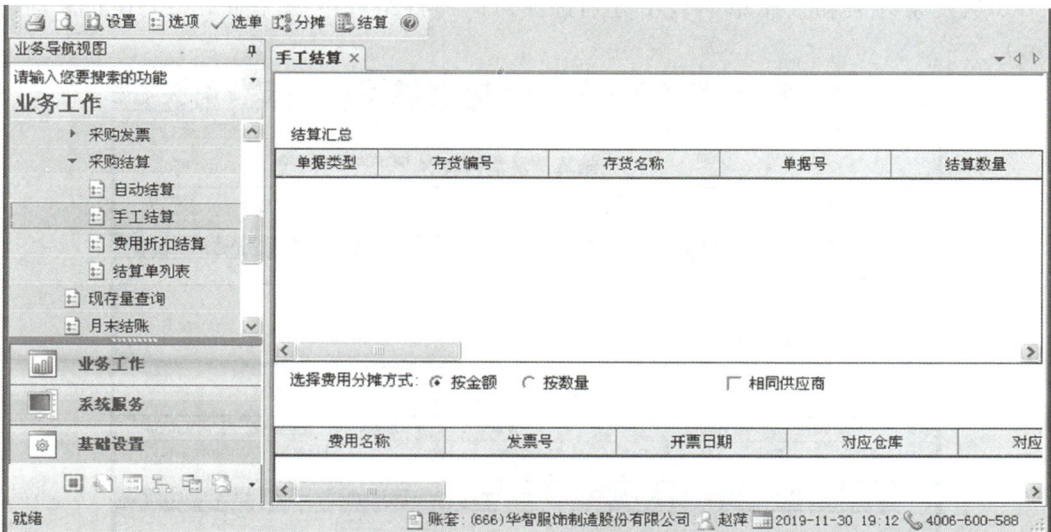

图7-107　手工结算操作界面

③执行"选单"功能（如图7-108所示）。

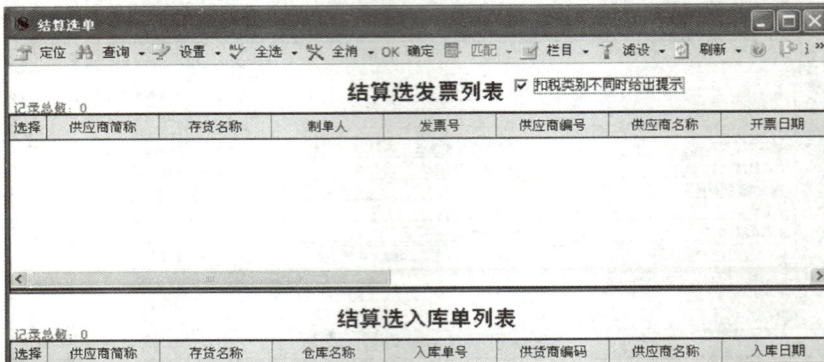

图7-108　选单界面

④执行"查询"功能（如图7-109所示）。

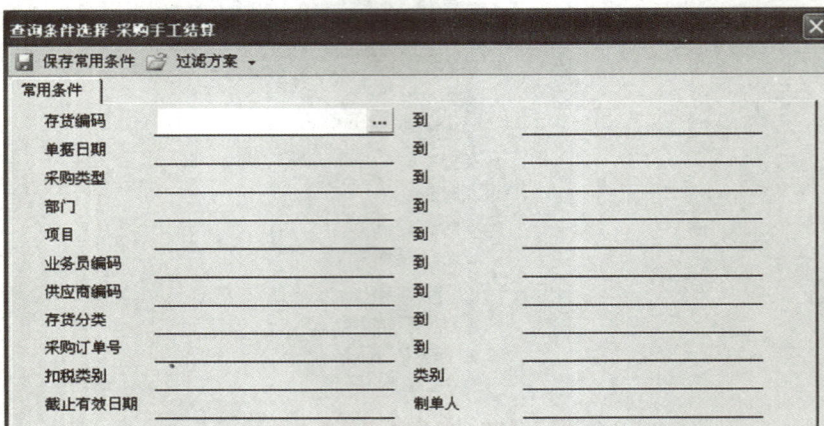

图7-109　查询界面

⑤从发票列表和入库单列表中分别选择对应的待结算单据（如图7-110至图7-112所示）。

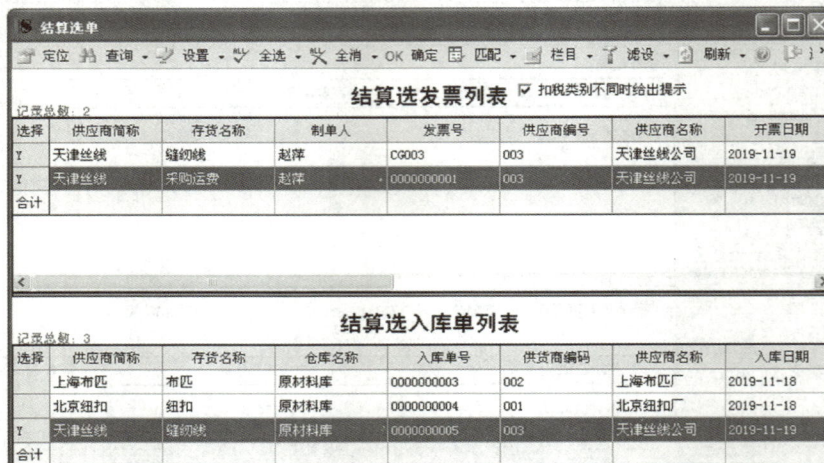

图7-110　选择待结算单据

图7-111　提示信息

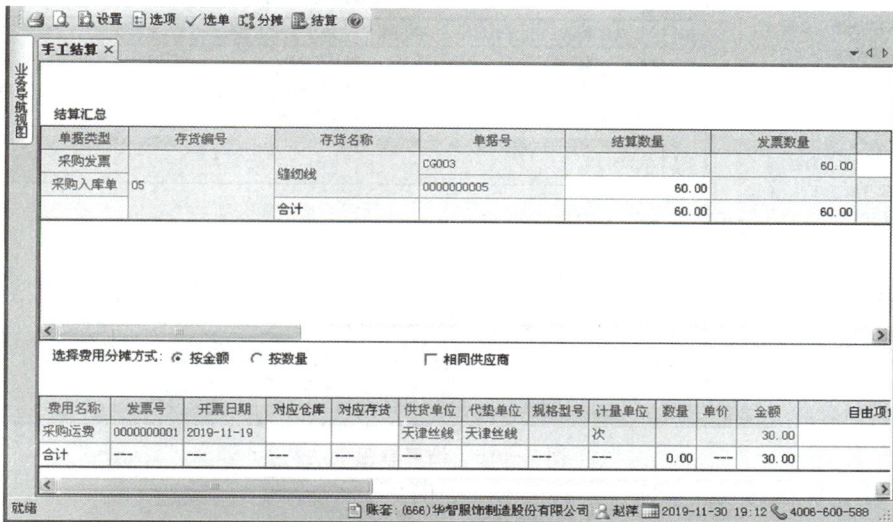

图7-112　选择结果

⑥执行"分摊"功能，确认费用分摊方式（如图7-113、图7-114所示）。

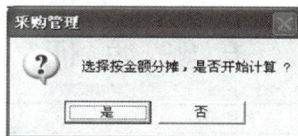

图7-113　确认费用分摊方式

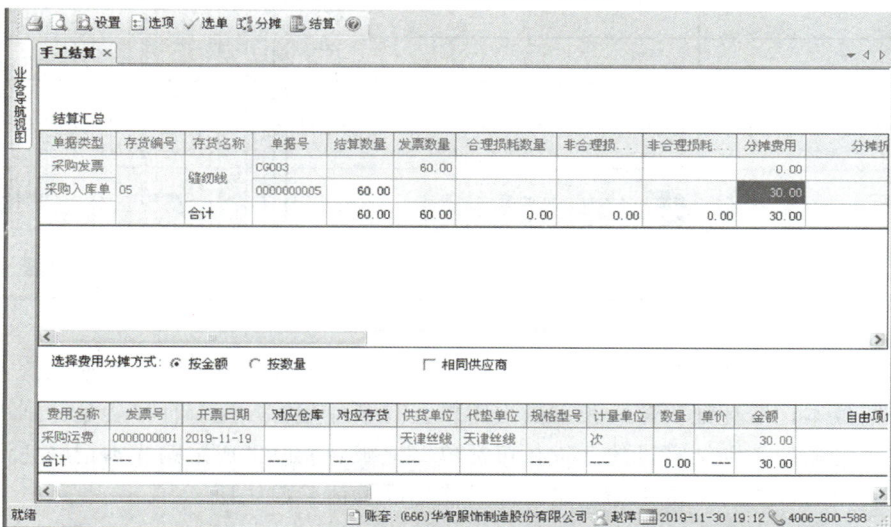

图7-114　费用分摊完成

⑦最后执行"结算"功能，完成结算（如图7-115所示）。

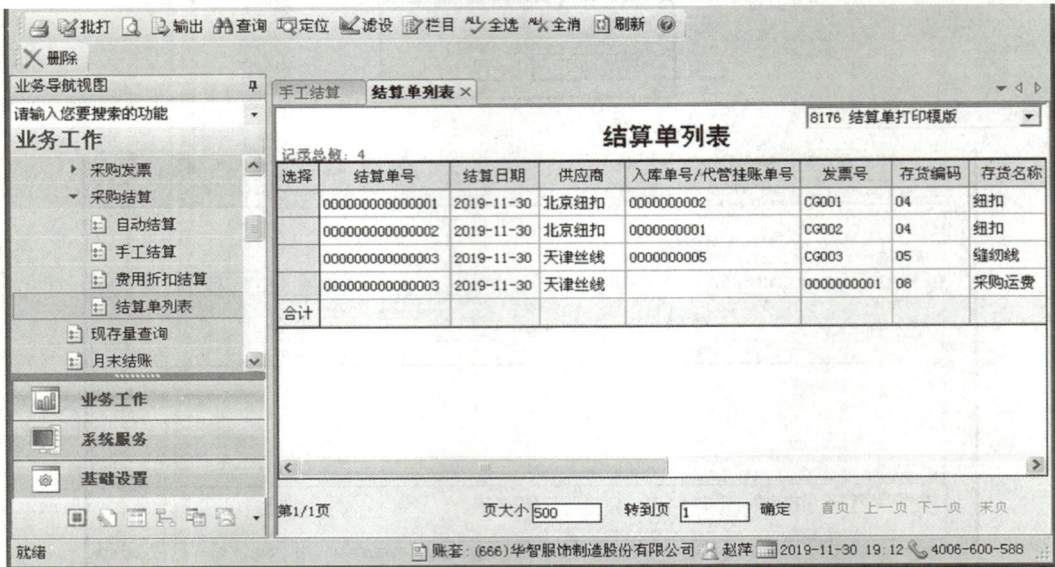

图7-115　结算单列表

（4）在存货核算系统中确认采购成本（如图7-116所示）。

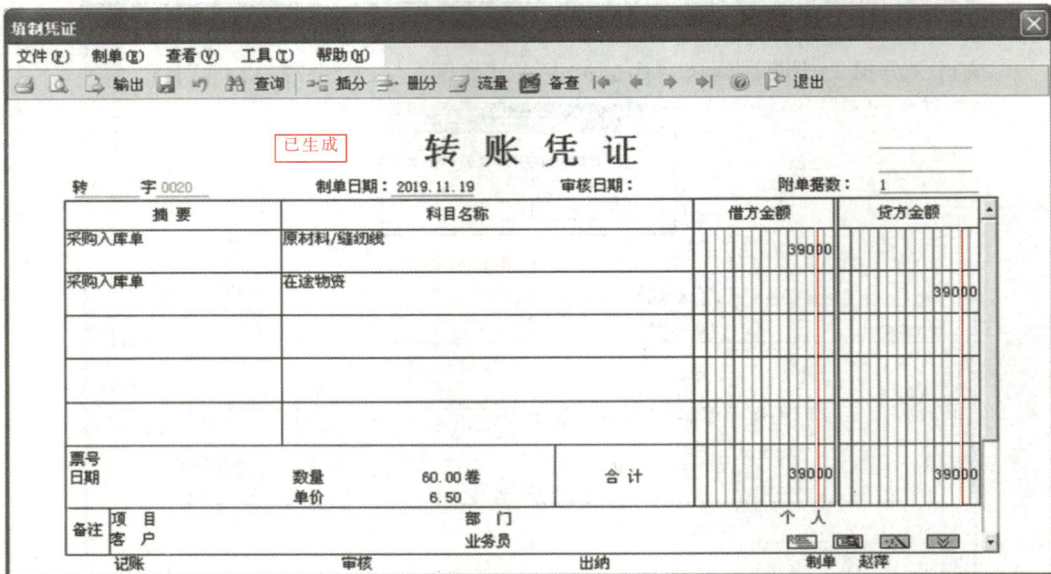

图7-116　生成凭证

需要注意的是，若一张采购入库单只有部分进行了正常单据记账，则该采购入库单无法生成采购成本记账凭证。若一张采购入库单上有多种存货，且每种存货是分别进行结算和正常单据记账的，则结算过的存货在正常单据记账后可以生成采购成本记账凭证，未结算过的存货也可以进行正常单据记账，但只能生成暂估采购凭证。

（5）在应付款系统中确认应付账款，生成凭证（如图7-117、图7-118所示）。

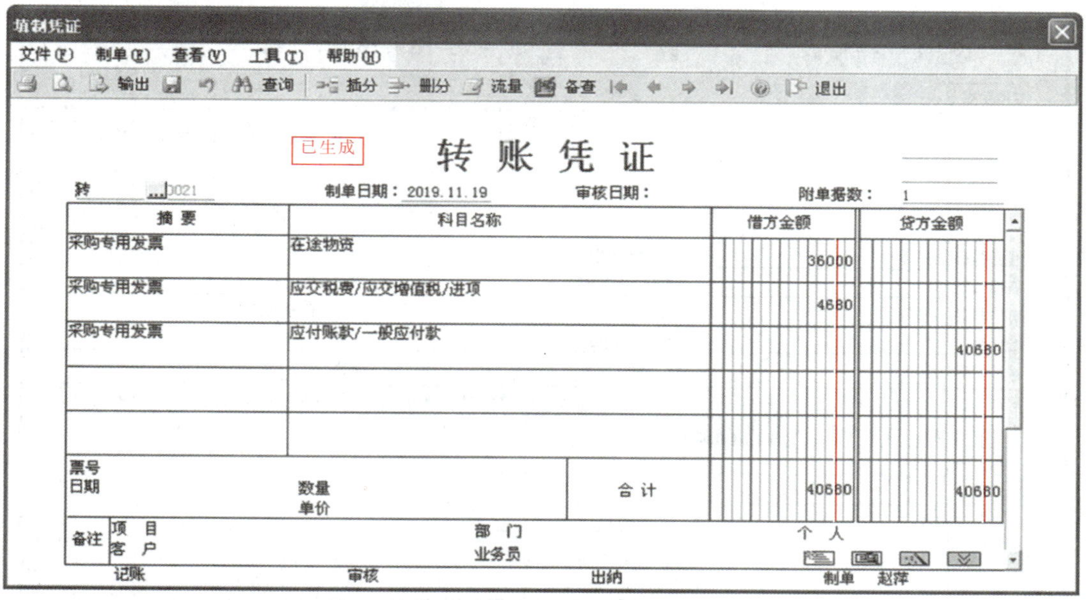

图 7-117　采购发票生成凭证

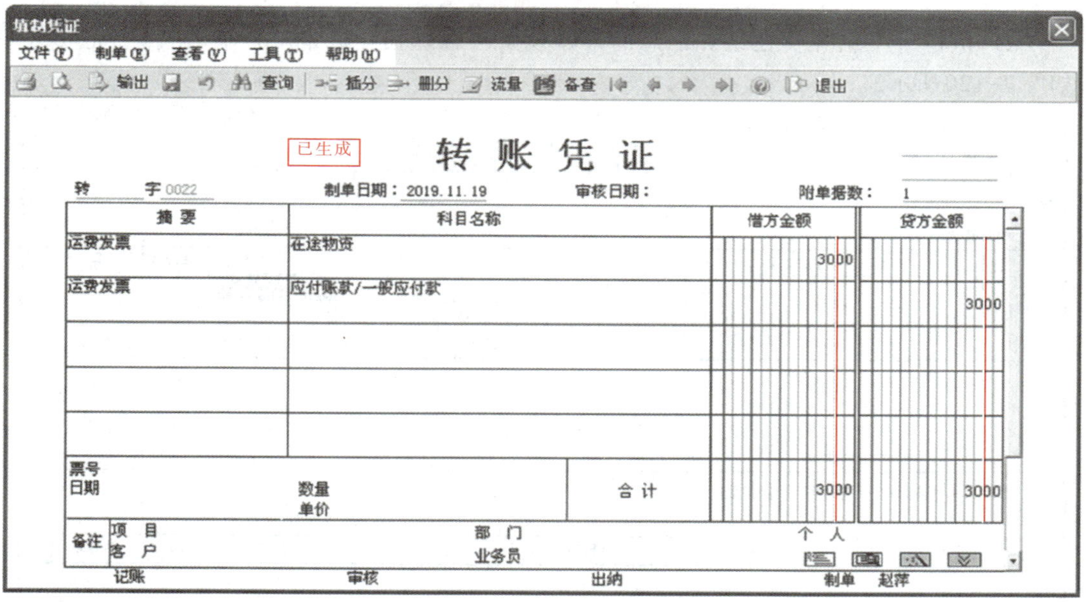

图 7-118　运费发票生成凭证

7.2019年11月23日，收到11月18日入库的布匹专用发票，编号为CG004，发票载明，布匹30米，不含税单价25元/米。发票记录与入库单相比多5米布匹，经核查缺少的5米布匹属于合理损耗，货款及运费均未支付。

（1）填制专用发票。需要注意的是，由于该存货发票数量大于入库单数量，所以填制发票时不能参照入库单，应参照采购订单填制（如图7-119所示）。

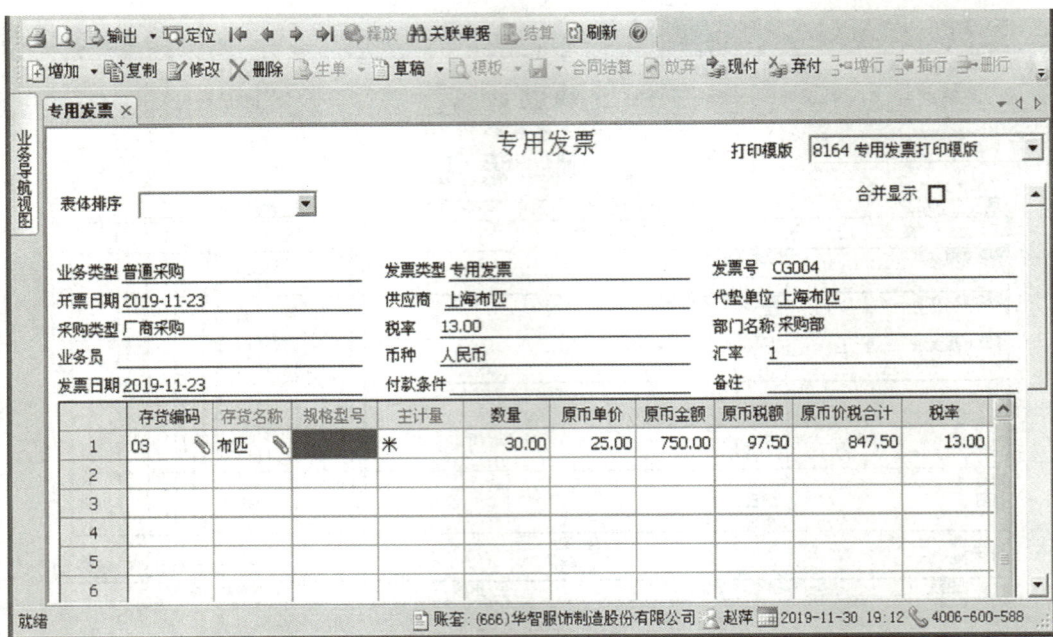

图 7-119　填制发票

（2）执行手工结算。在结算汇总的采购发票"合理损耗数量"栏输入"5"完成结算（如图 7-120 所示）。

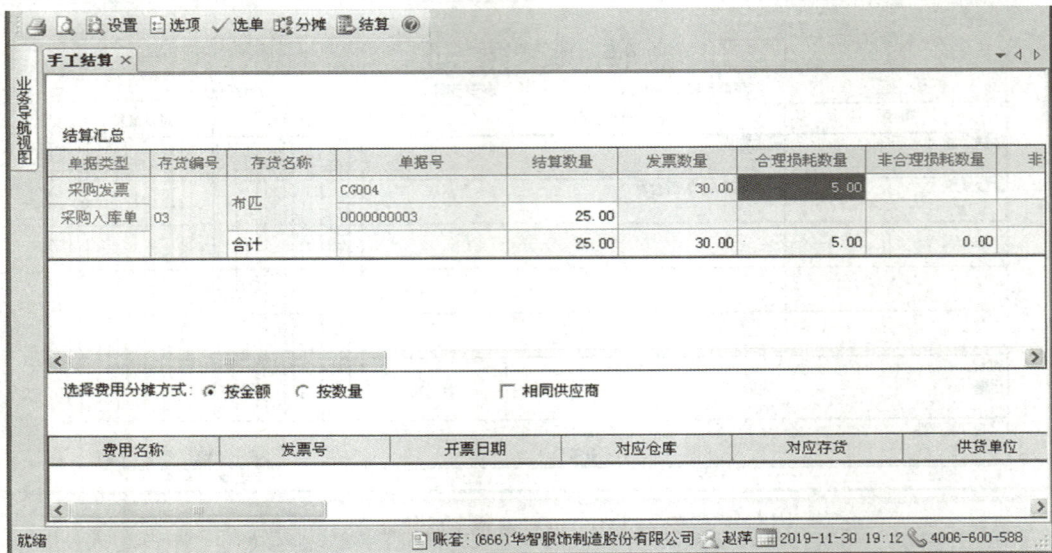

图 7-120　手工结算

（3）查看结算单列表（如图 7-121 所示）。

（4）在存货核算系统确认采购成本，填制凭证（如图 7-122 所示）。

（5）在应付款系统确定应付账款，生成凭证（如图 7-123 所示）。

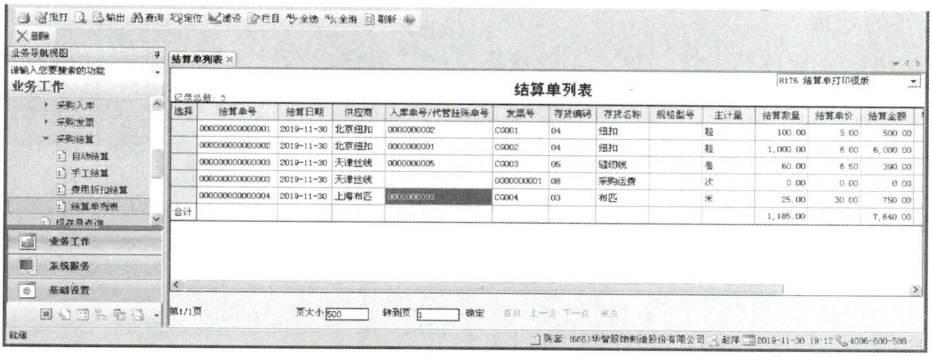

图 7-121　结算单列表

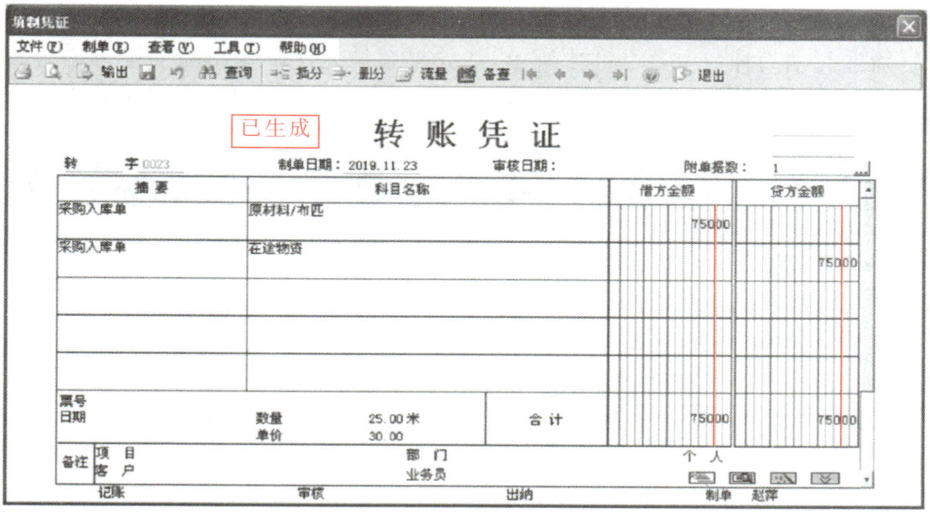

图 7-122　生成凭证

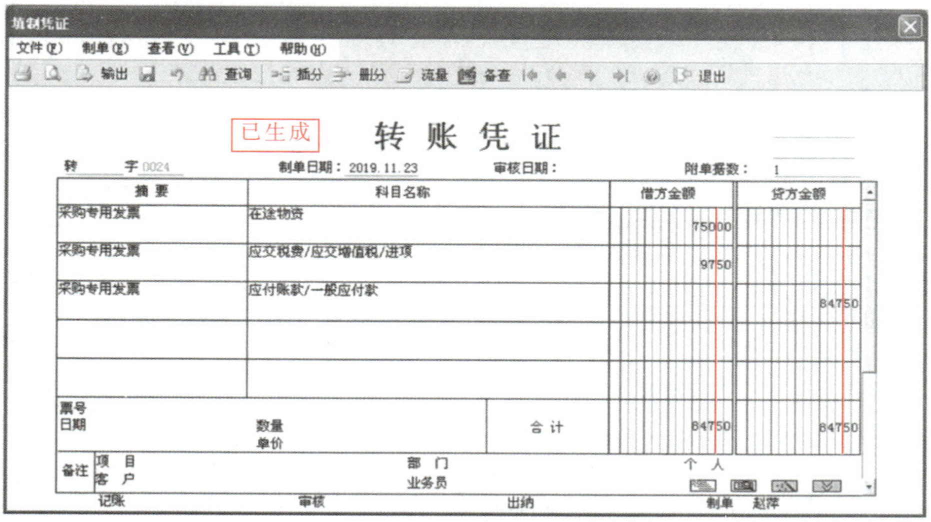

图 7-123　生成凭证

8.2019 年 11 月 30 日，期末尚未收到 11 月 18 日入库的 150 粒纽扣专用发票，按估价 6

元/粒做暂估处理。

（1）执行存货核算系统菜单"业务核算"—"暂估成本录入"（如图7-124所示）。

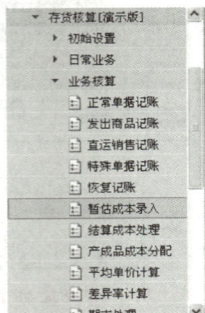

图7-124　执行暂估成本录入功能

（2）筛选暂估对象（如图7-125所示）。如果系统无法筛选出需要录入的对象，可以检查前面的采购入库单是否录入了单价。如果已经录入单价，则弃审后删除单价，再次审核即可。

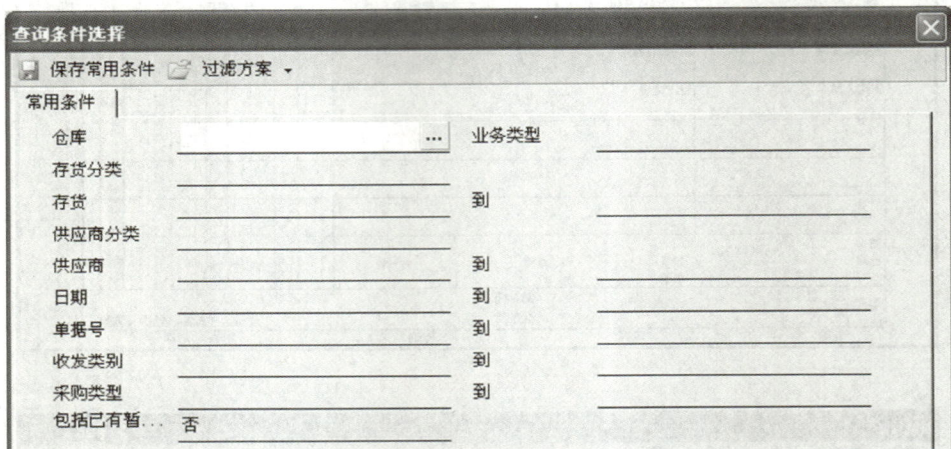

图7-125　筛选暂估对象

（3）录入暂估成本（如图7-126所示）。

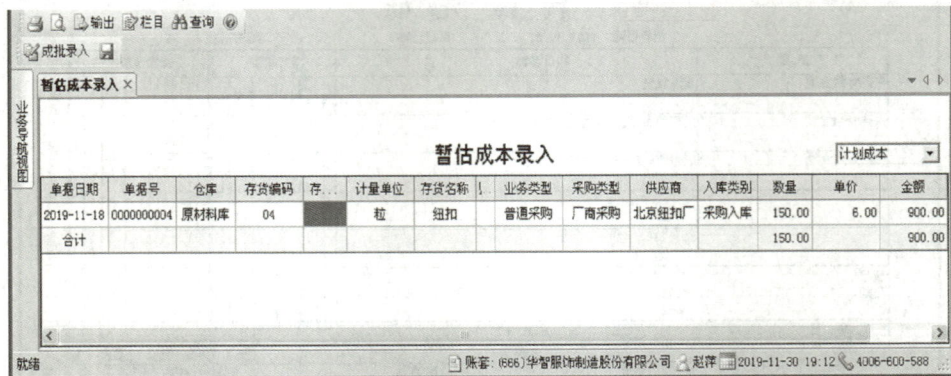

图7-126　录入暂估成本

（4）正常单据记账（如图7-127所示）。

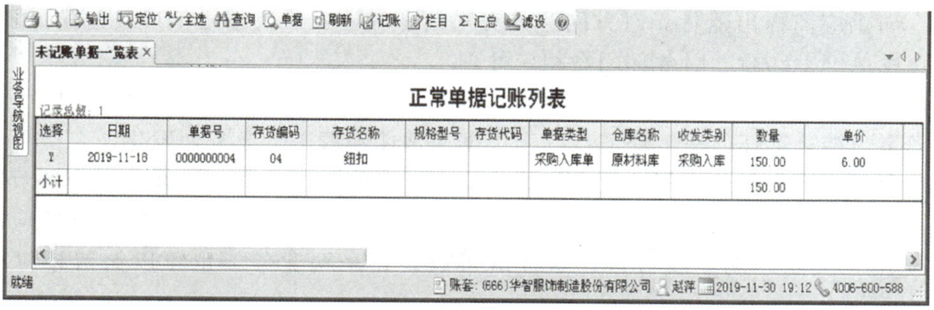

图 7-127 正常单据记账

（5）完成暂估记账凭证的填制（如图 7-128、图 7-129 所示）。

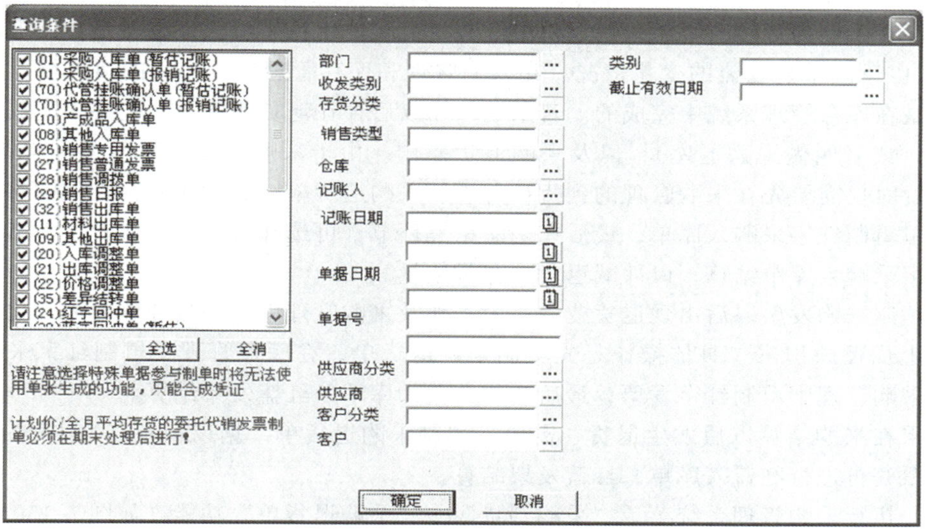

图 7-128 查询条件

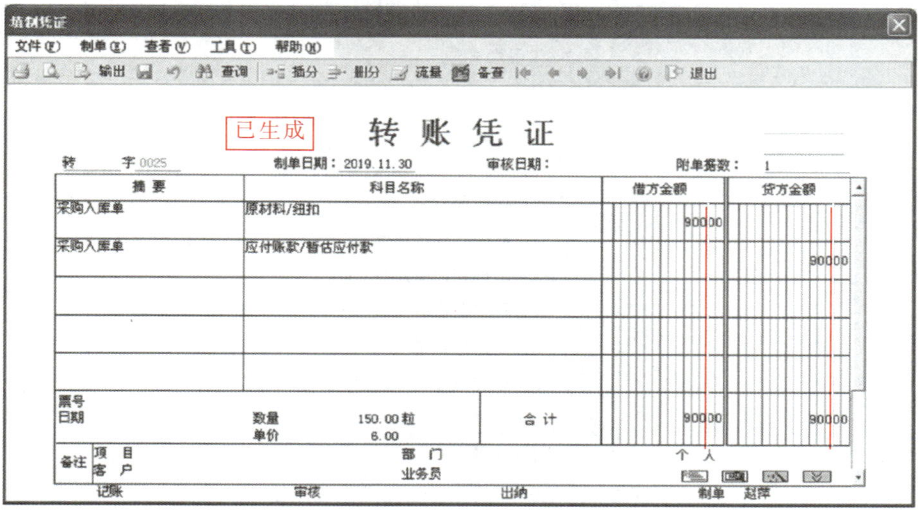

图 7-129 生成凭证

9.2019 年 11 月 30 日，销售部从仓库领用存货时发现 11 月 5 日入库的部分纽扣存在质量问题，向供应商提出退货。对方同意并交来红字专用发票，编号TH001，载明纽扣100粒，不含税单价2元/粒。财务部门做相应处理。

采购业务中，有时会发生退货业务。广义的退货可能出现在请购、采购订货、到货、入库、发票、结算等任何一个环节，红字单据通常伴随着退货业务而发生。

请购和采购订货环节还不涉及实际的物流和资金流的变化。如果在这两个环节出现退货业务，实际上也就是取消采购的意向，不会涉及红字单据的处理，只需要在相应的单据处理中使用"关闭"功能就可以，这样既可以终止采购业务，也可以保留相应的业务痕迹。

在采购到货后出现退货业务，由于涉及具体的物流，需要在单据上体现出来该物流的逆向变化。由于采购的物料尚未验收入库，因此可以直接通过采购退货单进行采购退货，具体需要在采购到货环节填制采购退货单（数量需要使用负号填入，也就是会计上的红字概念），以反映采购物流的变化情况。在采购管理和库存管理集成使用的情况下，采购入库环节是在库存管理系统中完成的。若采购入库以后存在退货业务，那就必须完成采购出库操作（或者叫做采购退库），以及采购退货操作。由于采购入库单来源于采购到货单，所以退货时也需要先在采购管理的到货环节填制采购退货单，然后在库存管理中参照该采购退货单填制红字采购入库单，最后在采购结算环节（可选择自动结算或者手工结算）进行红蓝字采购入库单结算，以冲减退货的存货数量。

在填制采购发票以后出现退货业务，由于涉及采购管理中的物流和资金流变化，需要在单据上面反映出来。具体操作是先填制采购退货单，在库存管理中填制红字采购入库单，在采购管理中填制红字发票，最后进行红蓝入库单、红蓝发票结算。

如果在采购结算以后发生退货，需要先填制采购退货单，据以填制红字采购入库单、红字发票，再进行红蓝入库单、红蓝发票结算。

（1）执行采购管理系统菜单"采购到货"—"采购退货单"功能（如图7-130所示）。

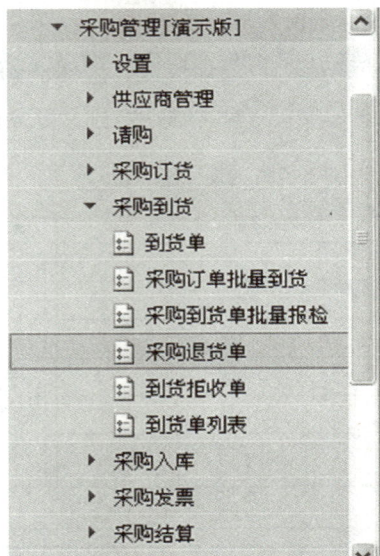

图7-130　执行采购退货单功能

（2）填制采购退货单（如图7-131所示）。

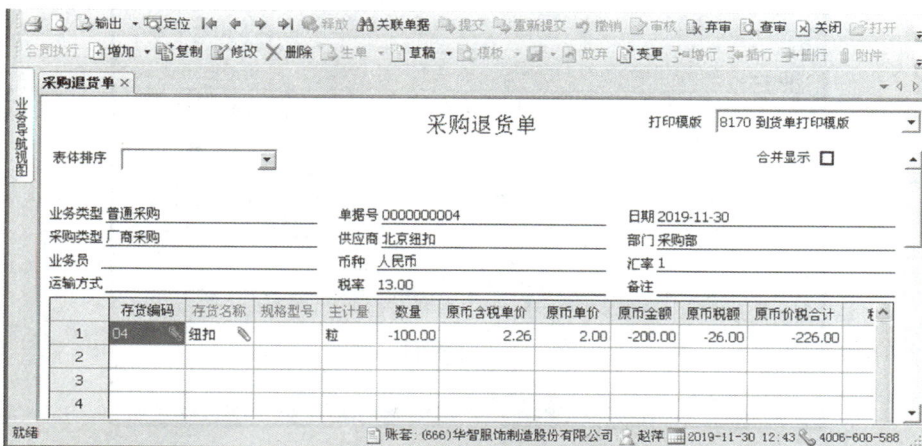

图7-131 填制采购退货单

（3）参照采购到货单（红字）填制红字入库单（如图7-132所示）。

图7-132 填制红字入库单

（4）填制红字专用采购发票（如图7-133、图7-134所示）。

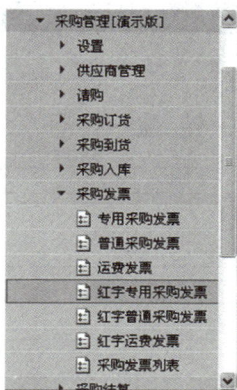

图7-133 执行红字发票功能

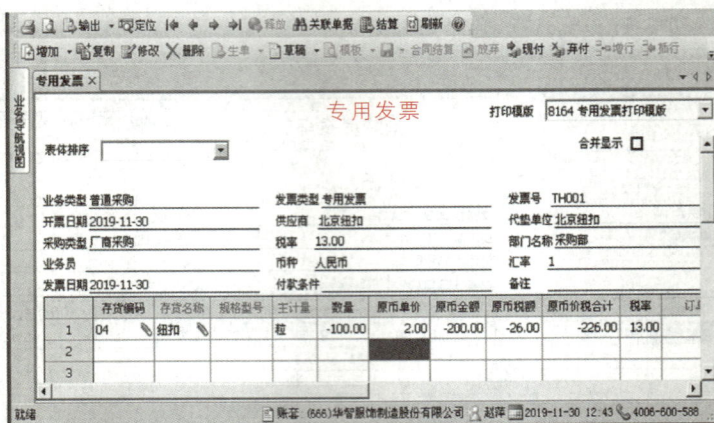

图 7-134　填制红字发票

（5）进行自动结算或者手工结算（如图 7-135 所示）。

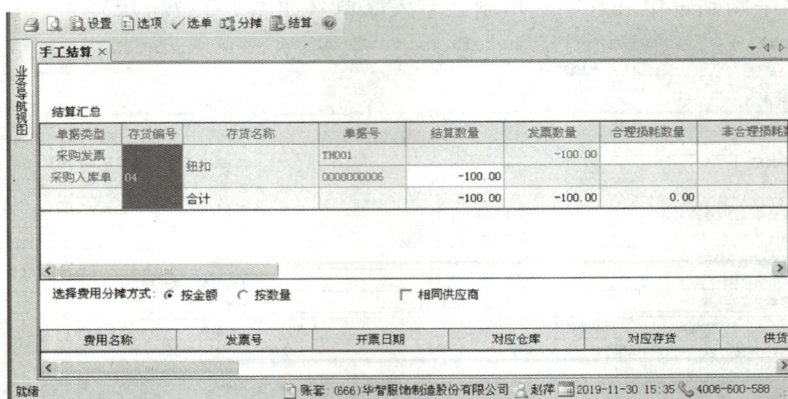

图 7-135　手工结算

（6）存货核算系统进行采购成本确认，生成记账凭证，该凭证中的金额为红字（如图
7-136 所示）。

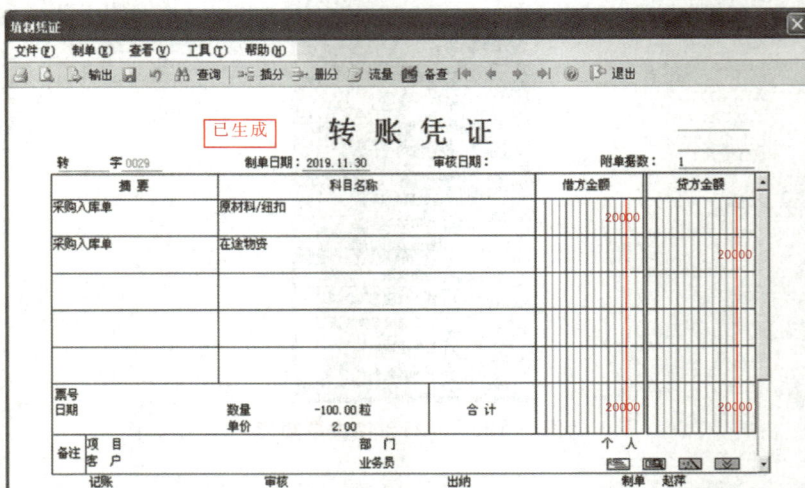

图 7-136　生成凭证

（7）应付款系统确认应付账款，生成记账凭证，该凭证中的金额为红字（如图7-137所示）。

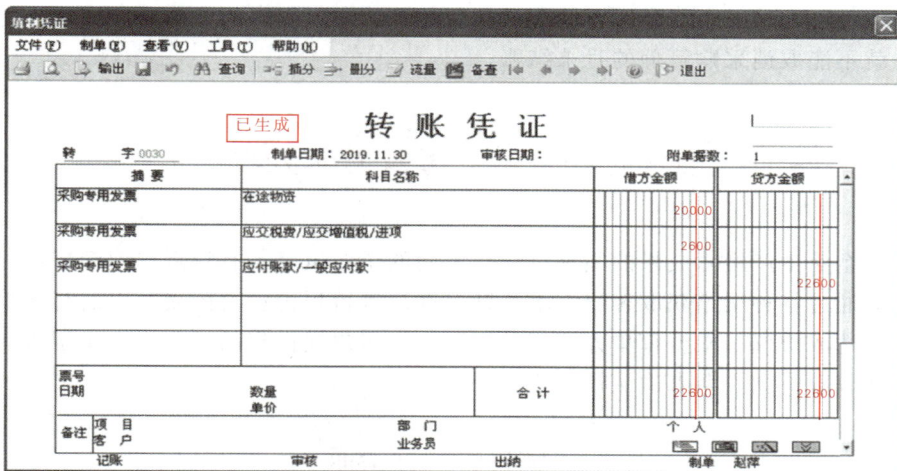

图7-137　生成凭证

二、采购管理月末处理

采购管理月末处理是逐月将单据数据封存，并将当月的采购数据记入有关账表。结账前，用户应检查本会计月份工作是否已全部完成，只有在当前会计月份所有工作全部完成的前提下，才能进行月末结账，否则会遗漏某些业务。

月末结账之前一定要进行数据备份。没有期初记账，系统将不允许月末结账。系统不允许跳月结账，只能从未结账的第一个月起逐月结账（如图7-138所示）。系统不允许跳月取消月末结账，只能从最后一个月起逐月取消。上月未结账，本月单据可以正常操作，不影响日常业务的处理，但本月不能结账。月末结账后，已结账月份的采购管理入库单、采购发票不可修改、删除。

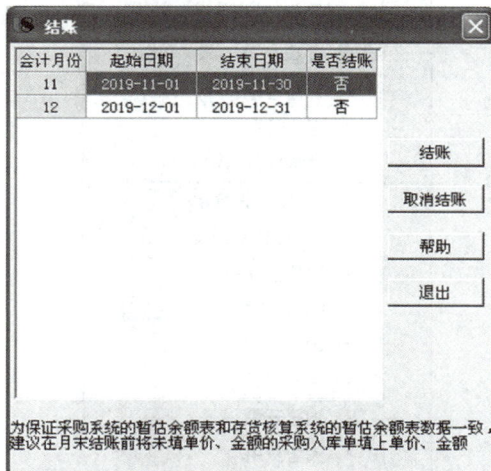

图7-138　采购管理结账

采购管理月末结账后，才能进行库存管理、存货核算、应付管理的月末结账。如果采购管理要取消月末结账，必须先通知库存管理、存货核算、应付管理的操作人员，要求这几个模块取消月末结账。如果库存管理、存货核算、应付管理的任何一个模块不能取消月末结账，就不能取消采购管理的月末结账。

▶▶▶▶▶▶ 第四节　销售管理日常业务及月末处理

销售是企业生产经营成果的实现过程。不同的企业虽然各有特点，但销售业务流程基本相似，即通过各种渠道获取客户需求，针对客户进行报价；洽谈妥当以后与客户以订单或合同形式达成协议；根据订单办理产品出库，为客户提供产品；确认由于销售活动形成的债权，并收取货款。期末确认销售成本。

一、销售管理日常业务

1.2019年11月9日，客户江苏百货公司打算订购4件A服装，向公司征询报价。本公司报价为含税价452元/件。12日，公司与江苏百货公司协商，对方同意该报价，同时签订销售合同，订购数量为4件。公司于11月13日发货，同时开具销售专用发票XS001，以及由客户承担的运费发票。代垫运费100元已用现金支付，货款尚未收到。

该业务具体操作步骤如下：

（1）开出销售报价单。销售报价是企业向客户提供货品、规格、价格、结算方式等信息，双方达成协议后，销售报价单转为有效力的销售合同或销售订单。企业可以针对不同客户、不同存货、不同批量提出不同的报价、折扣率。销售报价单是可选单据，用户可根据业务的实际需要选用。

①执行销售管理系统菜单"销售报价"—"销售报价单"（如图7-139所示）。

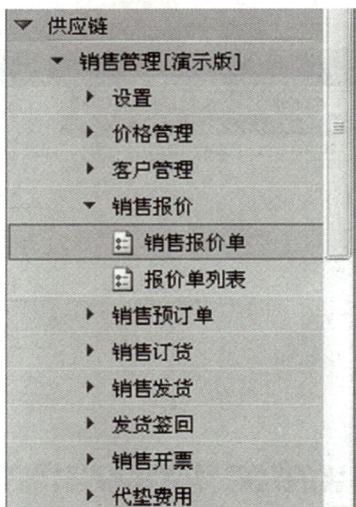

图7-139　执行销售报价单功能

②输入报价单具体内容（如图 7-140 所示）。报价单只能手工增加。报价单存储以后可以进行修改、删除、审核、弃审、关闭、打开等操作。需要注意的是，如果报价单未被审核，将无法进入下一个环节处理或者被下一个环节利用。

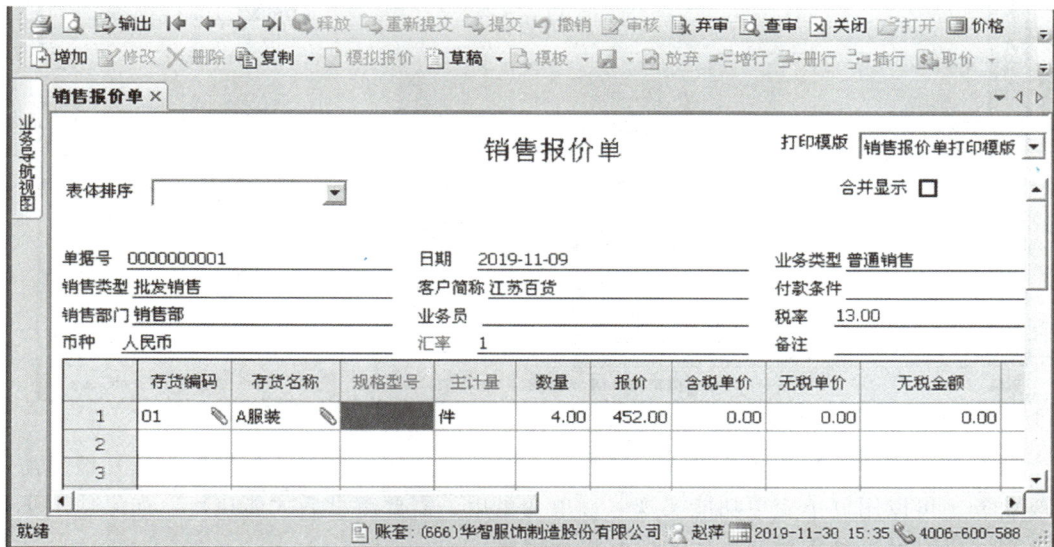

图 7-140　录入销售报价单

（2）填制销售订单。销售订货是指由购销双方确认的客户要货需求的过程，销售订单是反映由购销双方确认的客户要货需求的单据。它可以是企业销售合同中关于货物的明细内容，也可以是一种订货的口头协议。销售订单对应企业的销售合同中订货明细部分的内容，但不能完全代替销售合同，没有关于合同中付款内容的表述。企业根据销售订单组织货源，并对订单的执行进行管理、控制和追踪。

①执行销售管理系统菜单"销售订货"—"销售订单"（如图 7-141 所示）。

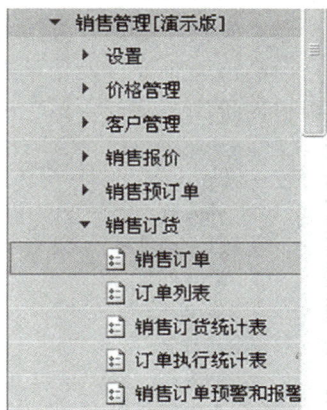

图 7-141　执行销售订单功能

②由于该订单大部分内容与前面输入的报价单相似，因此可以根据报价单生成并审核销售订单。先执行销售订单的"增加"功能，然后在"生单"功能中选择"报价"，完成销售订单填制（如图 7-142 所示）。

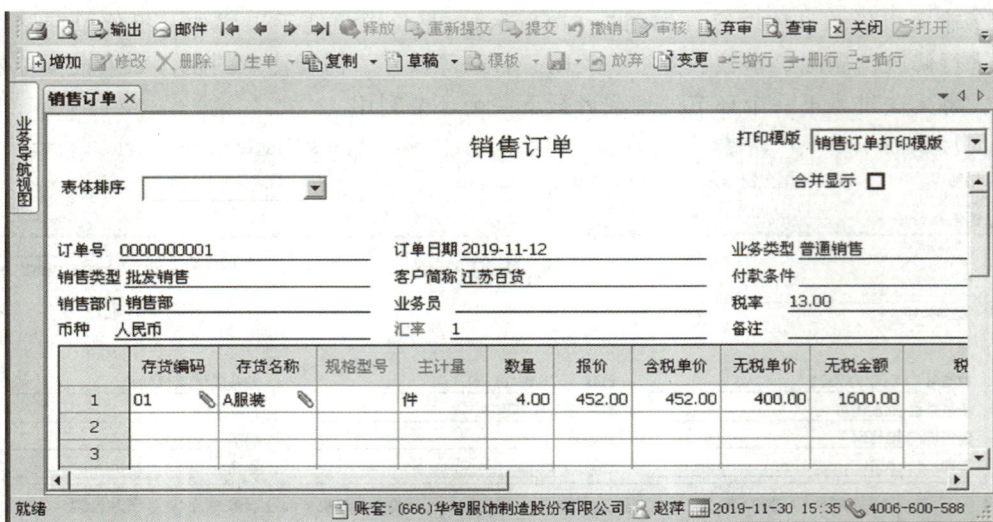

图 7-142 完成销售订单填制

销售订单需要审核后才能进入后续处理。对于已审核的订单，如果因为意外情况需要修改业务，可以用订单变更功能实现。订单变更后，需要审批后才能执行。如果使用了审批流程，可以设置分支对变更后的情况进行审批。

变更时可修改已经执行的订单数量、预发货日期、价格、金额、备注等，可增行，未执行的订单行可以删除。变更后的数量（各种计量单位数量）必须大于等于订单累计发货量、订单累计出库量、订单累计开票量中的任何一个。变更后的金额必须大于等于订单累计发货金额、订单累计开票金额中的任何一个。

以下情况不可执行变更：当前操作员无变更权限；当前订单未审核，可直接修改；当前订单已关闭，可打开后再执行相应操作。

（3）开具发货单。销售发货是企业执行与客户签订的销售合同或销售订单将货物发往客户的行为，是销售业务的执行阶段。发货单是销售方给客户的发货凭据，是销售发货业务的执行载体。无论工业企业还是商品流通企业，发货单都是销售管理的核心单据。

①执行销售管理系统菜单"销售发货"——"发货单"（如图7-143所示）。

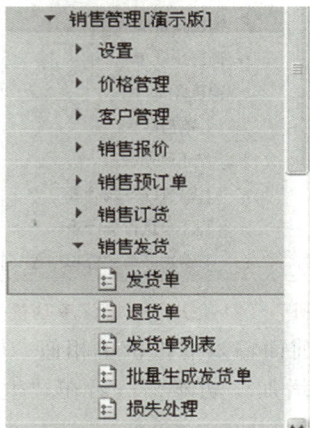

图 7-143 执行发货单功能

②参照销售订单生成发货单（如图7-144所示）。

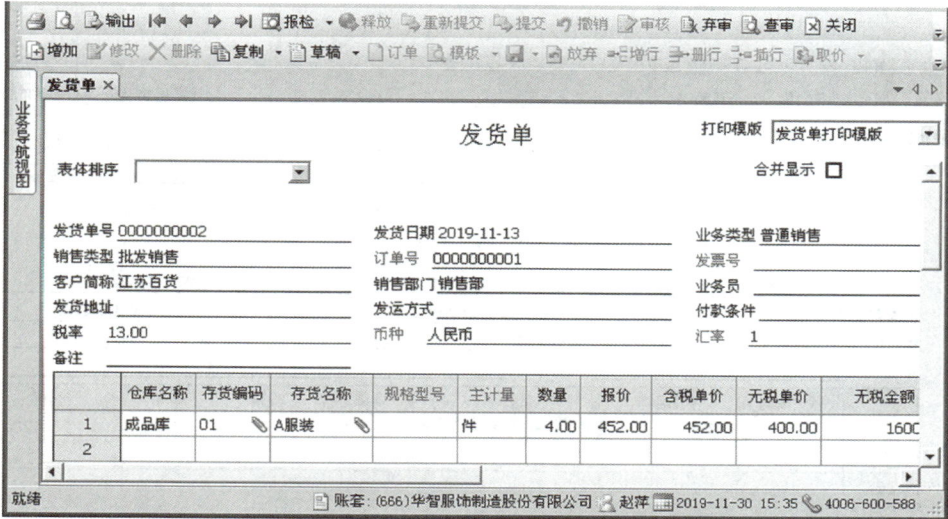

图7-144　生成发货单

发货单需要经审核才能进入下一阶段处理。对于已审核或执行了一部分的发货单，可能因为意外情况而需要修改业务，此时可以用发货单变更功能来处理，变更后即生效，不必再次审核，即状态依然为"已审核"。

发货单变更时，如果选项中选择了"发货单变更记录历史记录"，则发货单在审核以后的每一次操作都认为是一次变更，系统自动记录发货单变更之前的情况，并存储到发货单变更历史记录中。用户可以查询发货单的变更历史记录。

（4）在库存管理系统中生成销售出库单。销售出库单是销售出库业务的主要凭据，在库存管理系统中用于存货出库数量核算，在存货核算系统中用于存货出库成本核算（存货销售成本的核算选择依据销售出库单）。销售出库单有两种生成方式：一是由销售管理系统生成，在发货单审核以后，由销售系统自动生成销售出库单，直接传递到库存管理系统并审核；二是由库存管理系统生成，在发货单审核以后，不生成销售出库单，在库存管理中由操作员填制。具体采用哪种方式，由销售系统业务控制参数的"销售生成出库单"决定。本例是由库存管理系统生成销售出库单。

①执行库存管理系统菜单"出库业务"—"销售出库单"（如图7-145所示）。

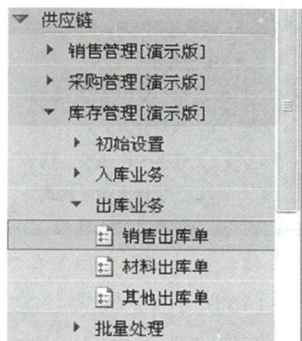

图7-145　执行销售出库单功能

②生成销售出库单（如图7-146所示）。销售出库单需要经审核才能进入下一阶段处理。

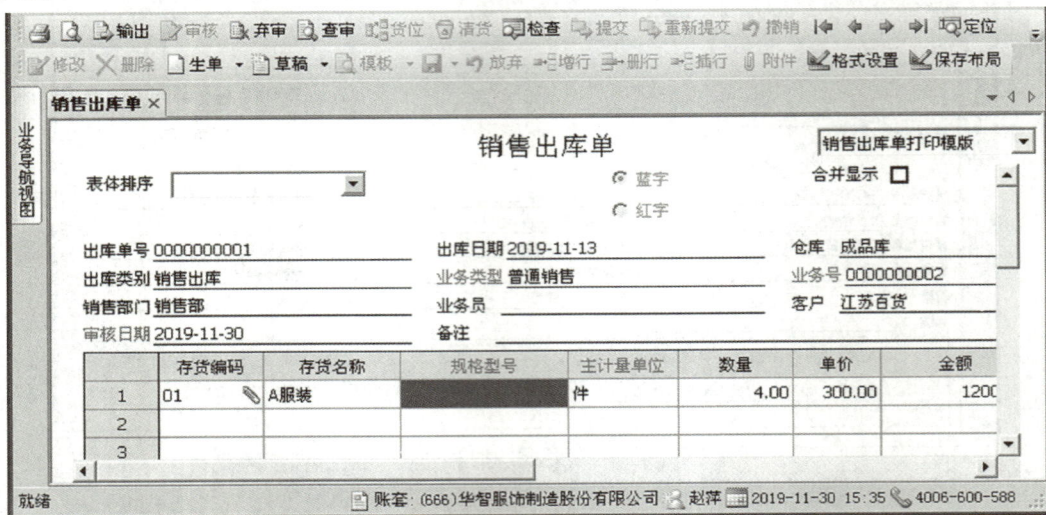

图7-146　生成销售出库单

（5）在销售管理系统中开具销售专用发票。销售开票是在销售过程中企业给客户开具销售发票及其所附清单的过程。它是销售收入确认、销售成本计算、应交税费确认和应收账款确认的依据，是销售业务的重要环节。销售发票是在销售开票过程中用户所开具的原始销售单据，包括增值税专用发票、普通发票及其所附清单。销售发票复核后通知财务部门核算应收账款，在应收款管理系统中审核登记应收明细账，制单生成凭证。

①执行销售管理系统菜单"销售开票"—"销售专用发票"（如图7-147所示）。

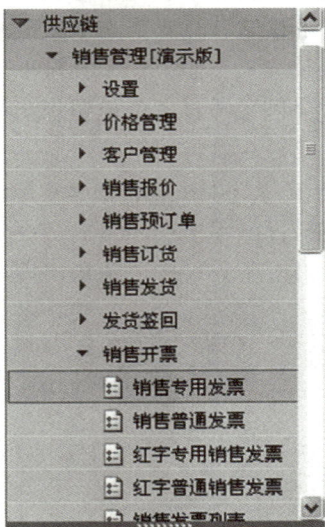

图7-147　执行销售专用发票功能

②生成销售专用发票（如图7-148所示）。需要注意的是，发票号默认由系统自动生成，不能修改。如果需要修改，可先在"基础信息"—"单据设置"—"单据编号设置"中进行设定。销售发票需要经复核才能进入下一阶段处理。

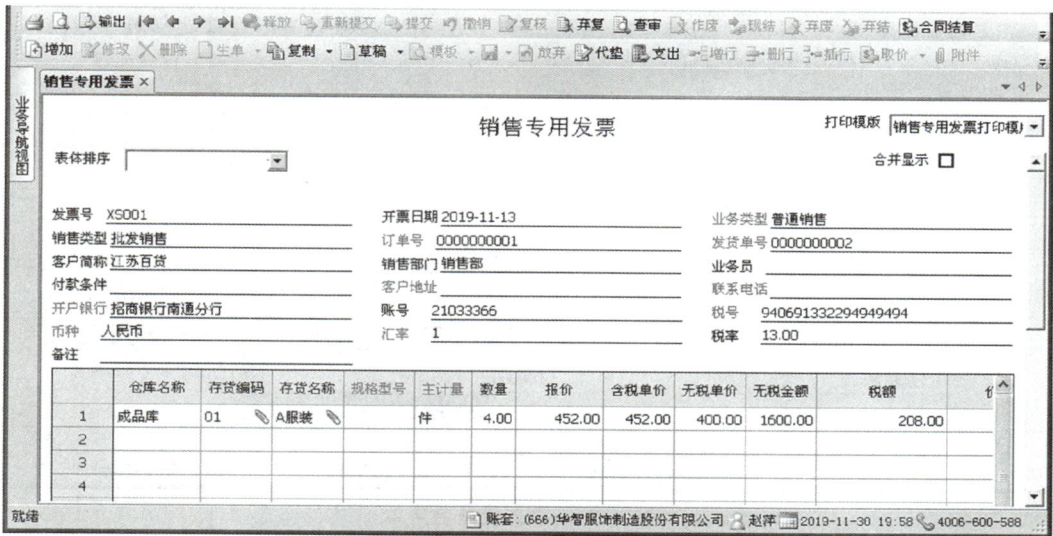

图7-148　生成销售专用发票

（6）在销售管理系统中开具代垫费用单。在销售业务中，代垫费用是指随货物销售发生的，不通过发票处理而形成的暂时代垫、将来需向客户收取的费用项目，如运杂费、保险费等。代垫费用实际上形成了用户对客户的应收款，代垫费用的收款核销由应收款管理系统处理。

①执行销售管理系统菜单"代垫费用"—"代垫费用单"，输入代垫费用单（如图7-149所示）。

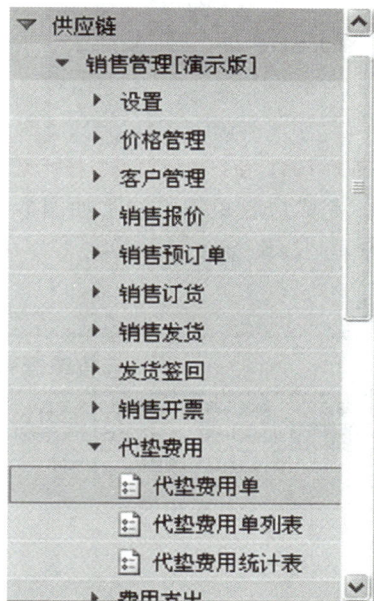

图7-149　执行代垫费用单功能

②输入代垫费用单具体内容（如图7-150所示）。代垫费用单经审核才能进入下一阶段处理。

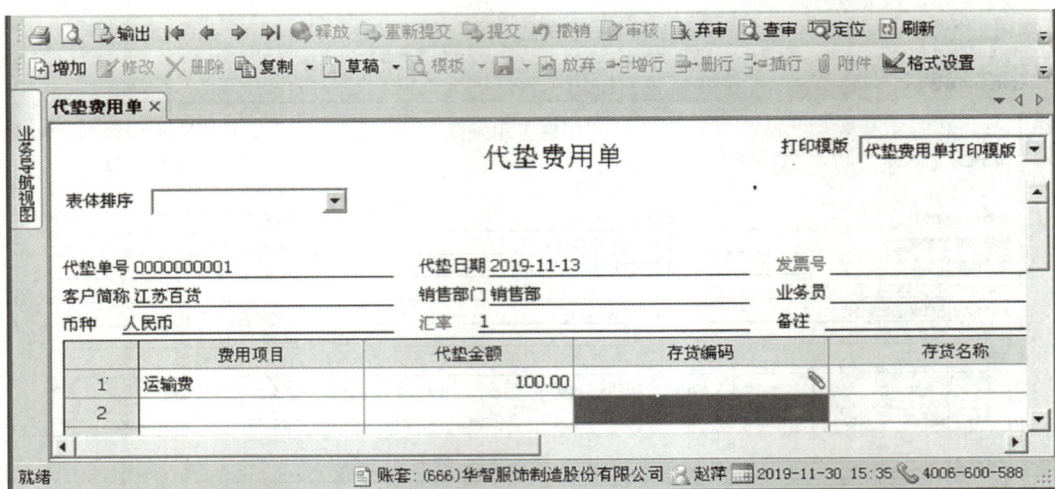

图7-150 录入代垫费用单

（7）在应收款管理系统中核算应收款项。

①执行应收款管理系统菜单"应收单据处理"—"应收单据审核"（如图7-151所示）。

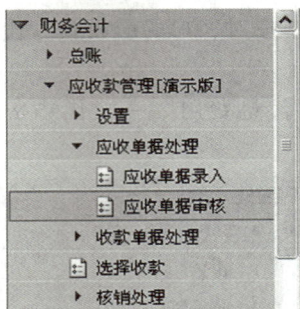

图7-151 执行应收单据审核功能

②筛选出需要处理的单据，完成应收单据审核（如图7-152所示）。

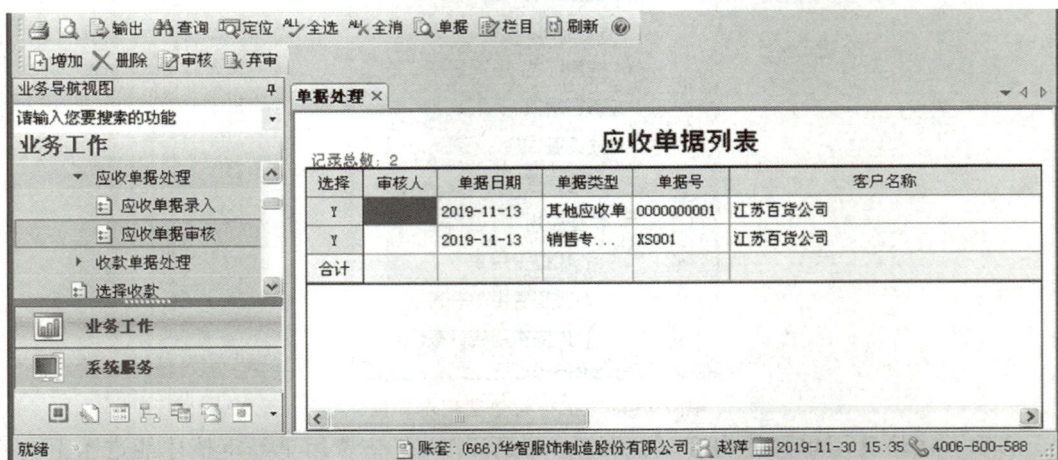

图7-152 应收单据审核

③执行应收款管理系统菜单"日常处理"—"制单处理",弹出制单查询对话框,选择制单依据(如图7-153所示)。

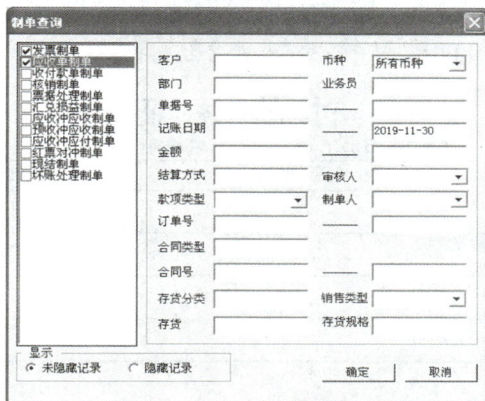

④在应收制单列表中选择需要填制凭证的单据(如图7-154所示)。

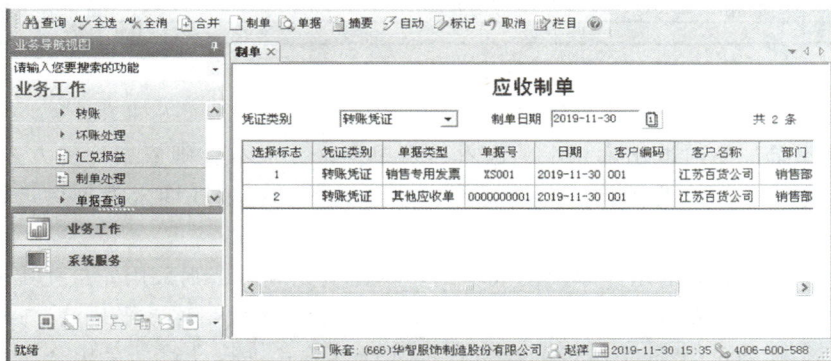

图7-154　应收制单列表

⑤系统自动生成应收单据凭证(如图7-155所示)。

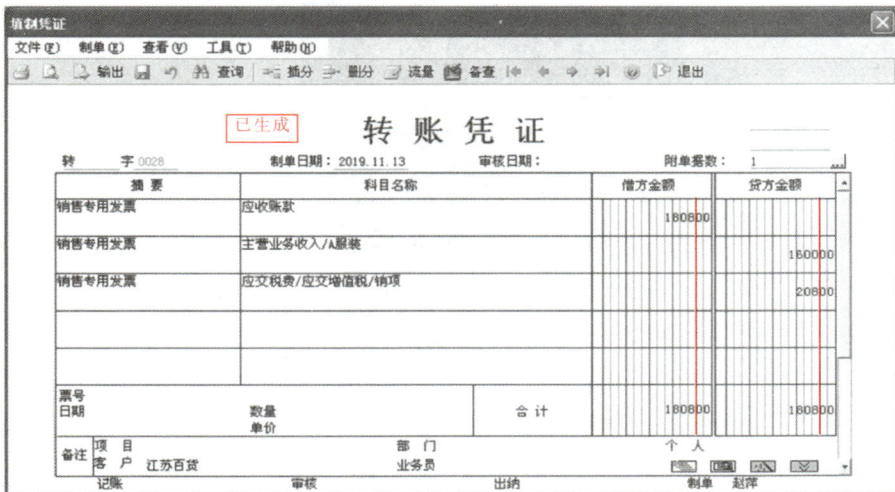

图7-155　生成应收单据凭证

⑥系统自动生成代垫运费凭证（如图7-156所示）。

图7-156　生成代垫运费凭证

（8）在存货核算系统中核算销售成本。

蓝字出库单记账时取出库单上的成本，若单据上无成本，则依据计价方式进行计算，核算出库成本。采用全月平均法、计划价/售价法计价的存货在期末处理后进行出库成本核算。

红字出库单记账时取出库单上的成本，若单据上无成本，则采用先进先出法计价的存货取系统选项"红字出库单成本选择"中的选项成本，而采用移动平均法、个别计价法、全月平均法、计划价/售价法计价的存货依据其计价方式进行计算。采用全月平均法、计划价/售价法计价的存货在期末处理后进行出库成本计算。

①执行存货核算系统菜单"业务核算"—"正常单据记账"（如图7-157所示）。

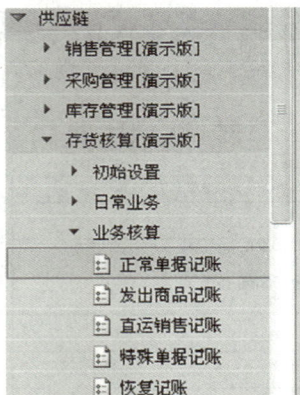

图7-157　执行正常单据记账功能

②执行正常单据记账（如图7-158所示）。

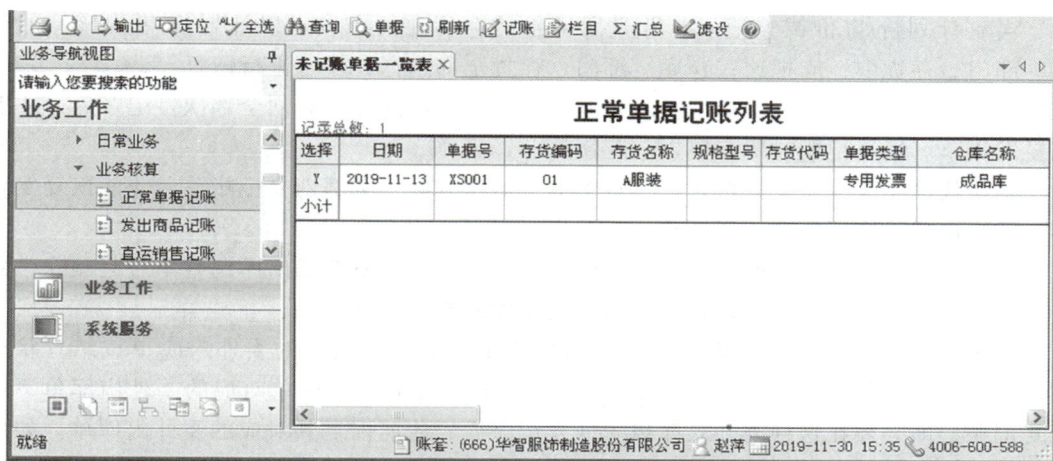

图7-158　执行正常单据记账

　　单据记账后，也可利用恢复记账功能将用户已登记明细账的单据恢复到未记账状态。根据不同的计价核算方式，恢复记账规则如下：

　　当采用全月平均法、计划价/售价法、个别计价法核算方式时，可选择一张单据进行恢复。

　　当采用移动平均法、先进先出法核算方式时，由于核算方式与记账行记录的先后顺序有关，如果单独恢复其中某行记录，易造成数据错误，所以系统不允许单独恢复中间的某行记录，应按记账顺序从后向前恢复。因此，当选择查询条件时，系统自动选择全部单据类型。如果想恢复某行记录以后时间段的所有数据，可双击此行记录，选择数据。

　　当采用移动平均法、先进先出法核算方式时，必须按顺序恢复记账，因此过滤条件中只有存货编码、存货代码、存货名称、规格型号、存货自定义项（1~16）这几个条件有效，其他计价方式对所有过滤条件有效。在这两种核算方式下，选择不同的核算依据，恢复记账时对存货的影响有所不同：在选择"按存货核算"的情况下，恢复记账时可只对要恢复记账的存货按顺序恢复，不影响其他存货；在选择"按仓库核算"的情况下，恢复记账时可只对要恢复记账的"仓库+存货"按顺序恢复，不影响其他仓库的其他存货；在选择"按部门核算"的情况下，恢复记账时可只对要恢复记账的"所属部门+存货"按顺序恢复，不影响其他所属部门的其他存货。

　　当有计划价/售价调整记录时，恢复计划价/售价调整记录将被删除，如果需要调整，应重新输入。

　　计划价/售价调整记录，记账时按整单记账，但恢复记账时可按行记录恢复。恢复记账过滤条件中的仓库选择对价格调整单不起作用。恢复记账时相同存货的所有仓库记录必须同时选择同时恢复记账。价格调整单恢复记账时，只删除价格调整单上恢复记账的记录。如果价格调整单上所有记录全部删除，则自动删除表头记录。

　　当与采购或委外系统集成使用时，如有暂估回冲处理的情况，则恢复后单据成为暂估状态，用户应重新进行暂估回冲处理。

　　对于本月已生成记账凭证的单据，不能恢复记账，并且其之前的单据也不能恢复记账。如果想恢复记账，应先删除所生成的记账凭证。

当有计划价/售价调整记录，并且所调整的存货在两个以上以计划价/售价核算的仓库、部门、存货中，应把这些仓库、部门、存货全部选择，才可进行恢复。

分期收款发出商品发货单恢复记账时，发货单对应的发票必须全部恢复记账后，才能恢复发货单。恢复记账时所有单据一起恢复。

委托代销发货单恢复记账时，发货单对应的发票必须全部恢复记账后，才能恢复发货单。恢复记账时所有单据一起恢复。

直运采购发票恢复记账时要将已记账的对应直运销售发票的出库调整单一起删除。恢复直运销售发票时要将直运销售发票对应的出库调整单一起删除。

对于业务类型为"委外发料"的材料出库单，如果已结算的委外入库单按结算状态（包括部分结算或全部结算）已记入存货明细账，则此委外入库单对应的委外出库单不能恢复记账，即必须在这种委外入库单先恢复记账后，才能恢复其对应的委外出库单。如果未结算的暂估委外入库单已生成凭证，则其对应的委外出库单不能取消记账。

当恢复发货单时，分期收款或委托代销发货单对应的发票和发出商品贷方调整单必须全部恢复记账后，才能恢复发货单。

③生成凭证。由于成品库采用全月加权平均法，所以销售成本必须等到存货核算进行期末处理以后才能确定，现在无法结转销售成本。

2.2019年11月18日，公司给客户福建百货公司开具10月3日销售B服装的销售专用发票XS002，同时收到客户价税款2 260元（电汇DH001）。

该业务具体操作步骤如下：

（1）开具销售专用发票。该业务期初已经发货但未开发票，只在销售管理系统"期初数据"中做了登记，后续处理从开具专用发票开始。

①在销售管理系统中开具销售专用发票，选择需要开具发票的发货单（如图7-159所示）。

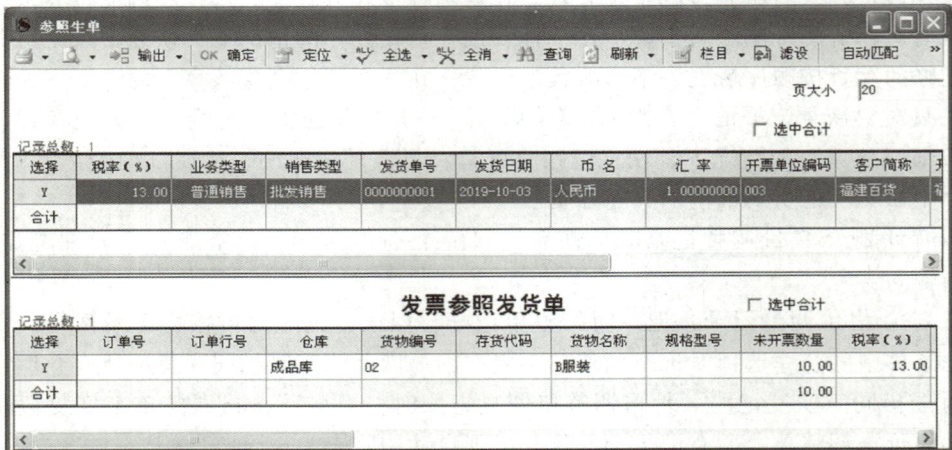

图7-159　参照生单

②根据发货单生成销售专用发票（如图7-160所示）。需要注意的是，由于该业务开发票时收到了货款，因此发票存盘以后要先办理现金结算，结算完成以后再复核，否则无法进行现结。

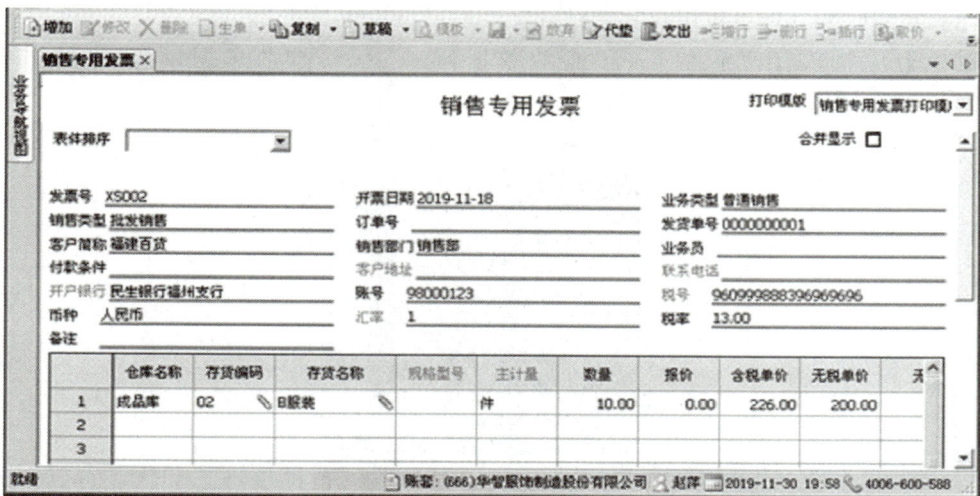

图 7-160　生成销售专用发票

（2）销售现结。执行销售专用发票上的"现结"功能，完成货款结算。

①输入结算相关信息（如图7-161所示）。

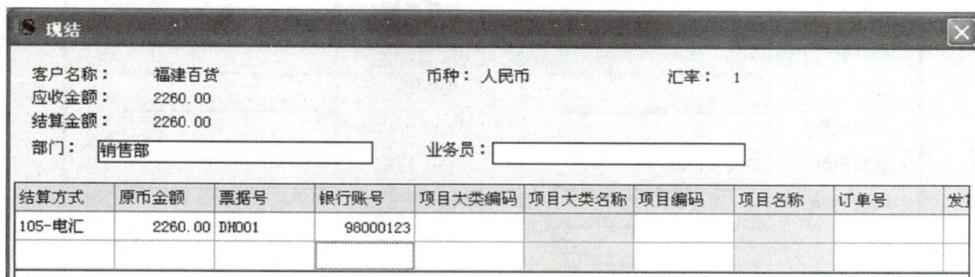

图 7-161　输入结算信息

②完成现结以后系统自动盖章（如图7-162所示），然后进行发票复核。

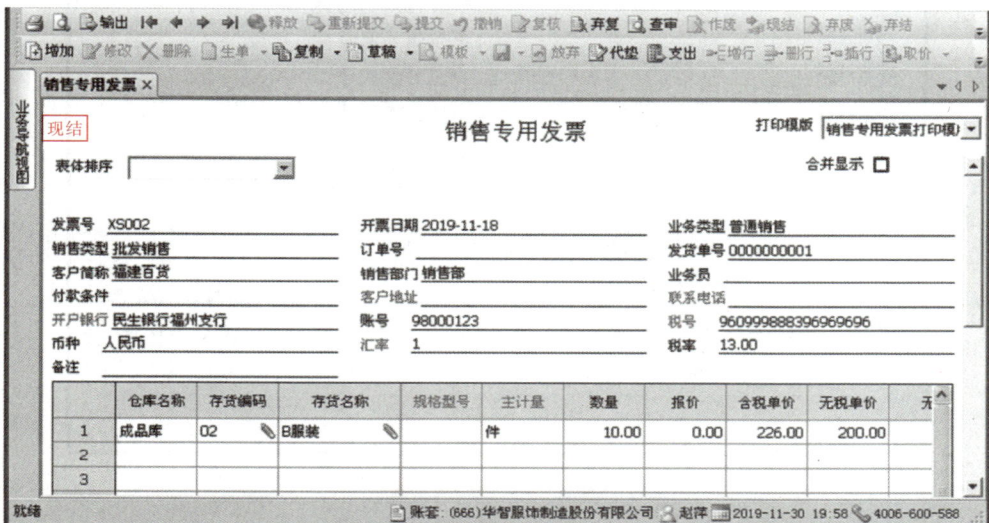

图 7-162　加盖"现结"戳记

（3）在应收款管理系统中核算现结款项。

①执行应收款管理系统菜单"应收单据处理"—"应收单据审核"（如图7-163所示）。

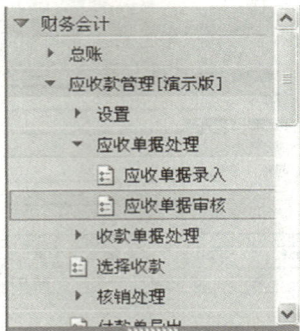

图7-163 执行应收单据审核功能

②选择"包含已现结发票"选项，完成单据过滤（如图7-164所示）。

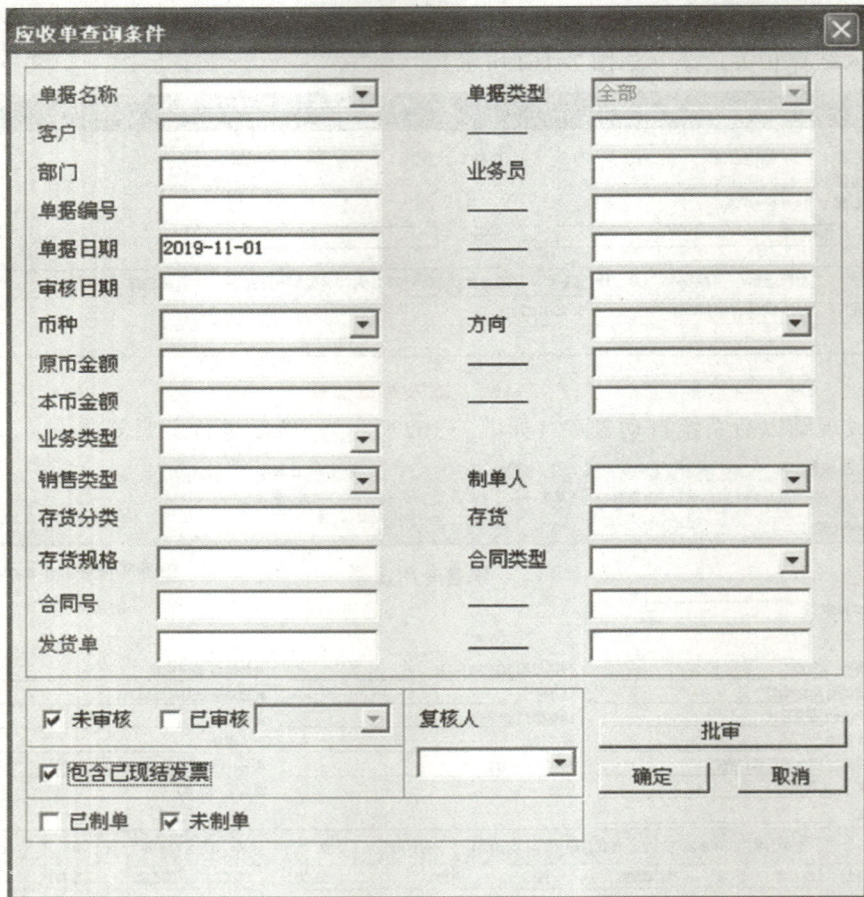

图7-164 单据过滤

③单据审核（如图7-165所示）。选择需要审核的应收单据。

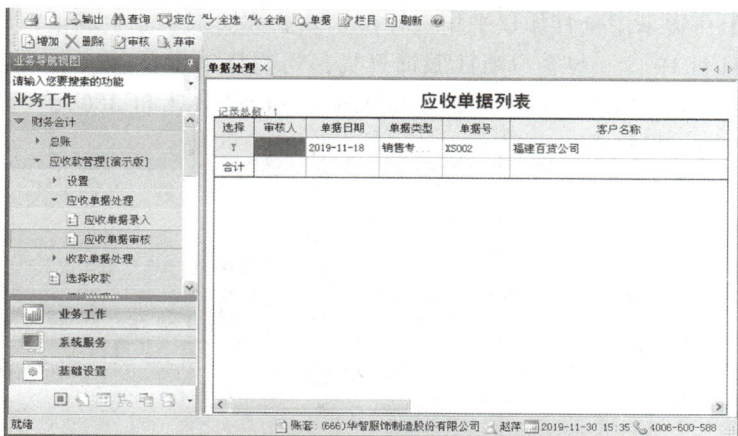

图7-165　单据审核

④选择"现结制单"（如图7-166所示）。

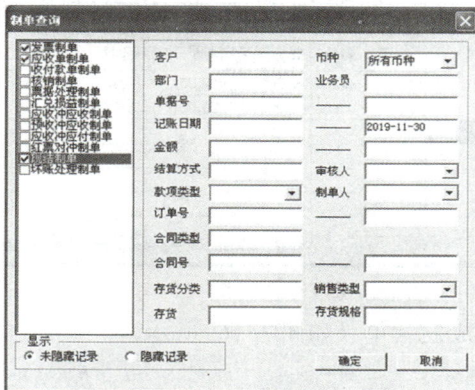

图7-166　选择现结制单

⑤系统生成收款凭证（如图7-167所示）。

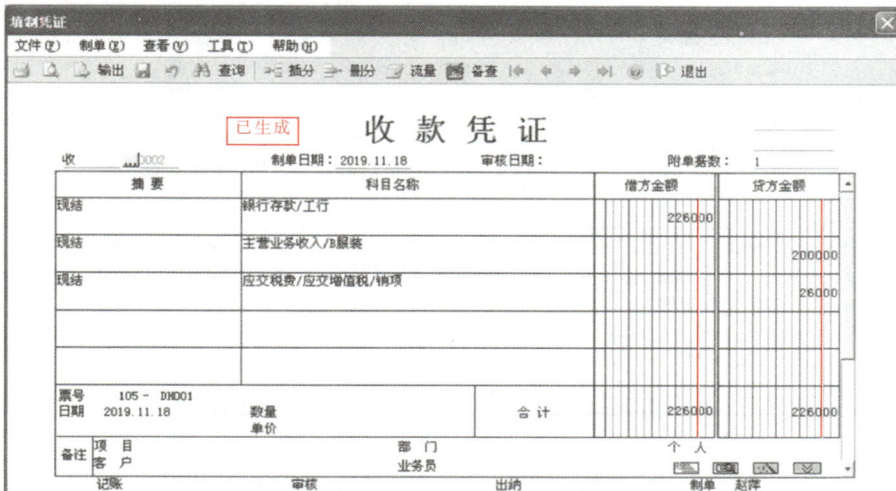

图7-167　生成收款凭证

同理，由于存货采用全月加权平均法计价，该业务期末才能生成销售成本结转凭证。

3.2019年11月19日，与客户浙江服饰百货公司签订销售合同，A服装20件，每件含税售价452元，B服装10件，每件含税售价226元，价税共计11 300元。商品已出库并开出销售发票XS003，货款尚未收到。

该业务操作步骤如下：

（1）填制并审核销售订单（如图7-168所示）。

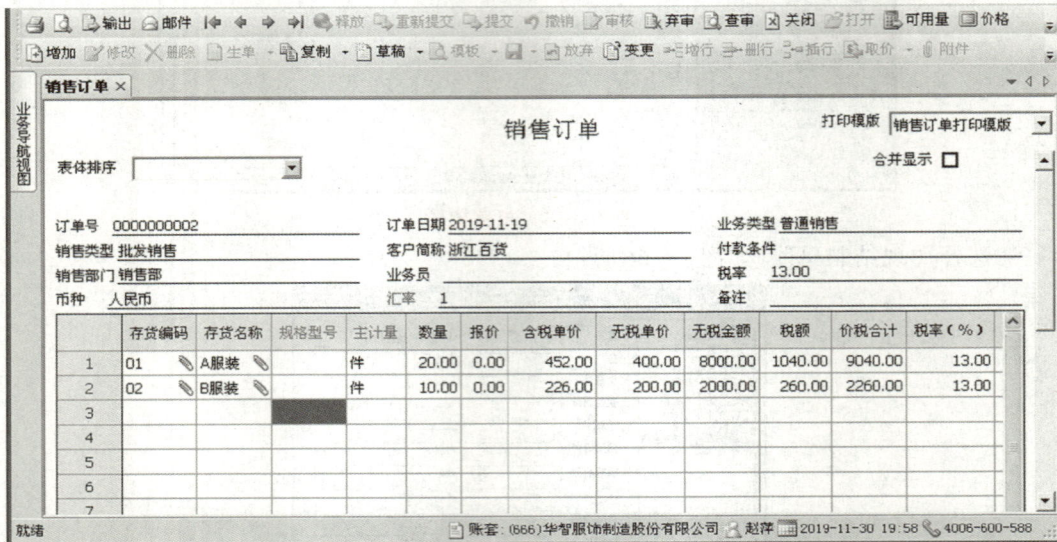

图7-168 销售订单

（2）参照销售订单生成发货单（如图7-169所示）。

图7-169 发货单

（3）在库存管理系统生成销售出库单（如图7-170所示）。

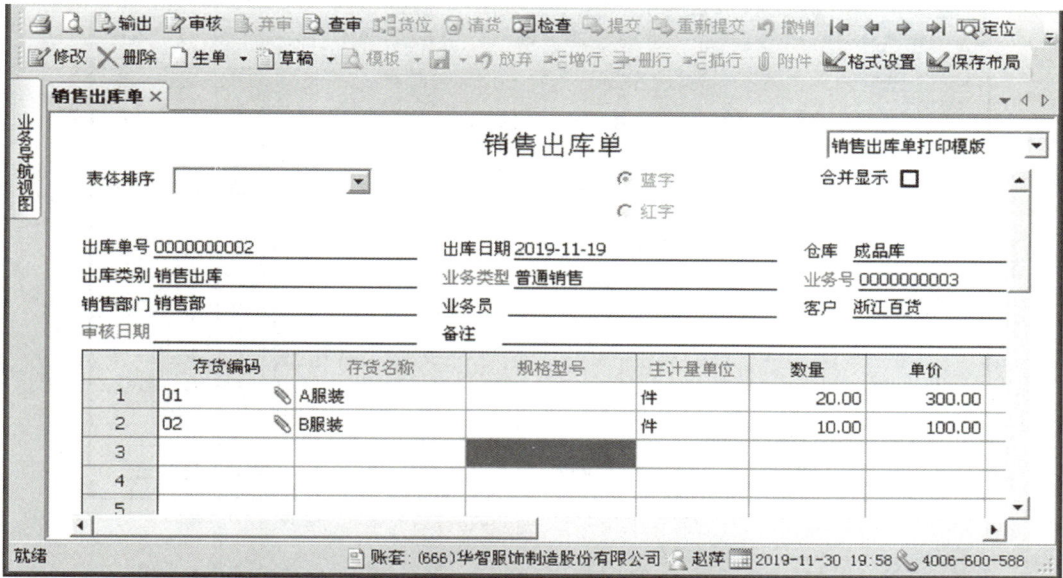

图 7-170　销售出库单

（4）开具销售专用发票（如图 7-171 所示）。

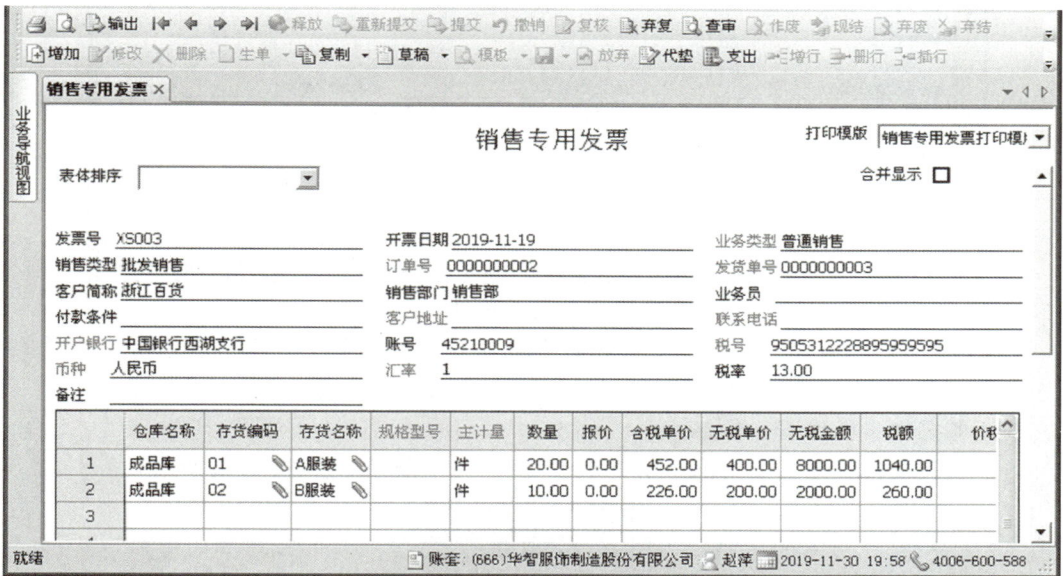

图 7-171　销售专用发票

（5）在应收款系统核算应收款项（如图 7-172 所示）。

（6）在存货核算系统核算销售成本。

在存货核算系统完成正常单据记账，期末填制销售成本结转凭证。

4.2019 年 11 月 20 日，经协商与客户浙江服饰百货公司签订销售合同，采用分期收款方式销售 B 服装 5 件，含税单价 226 元/件。

填制并审核销售订单（如图 7-173 所示）。业务类型选择"分期收款"。

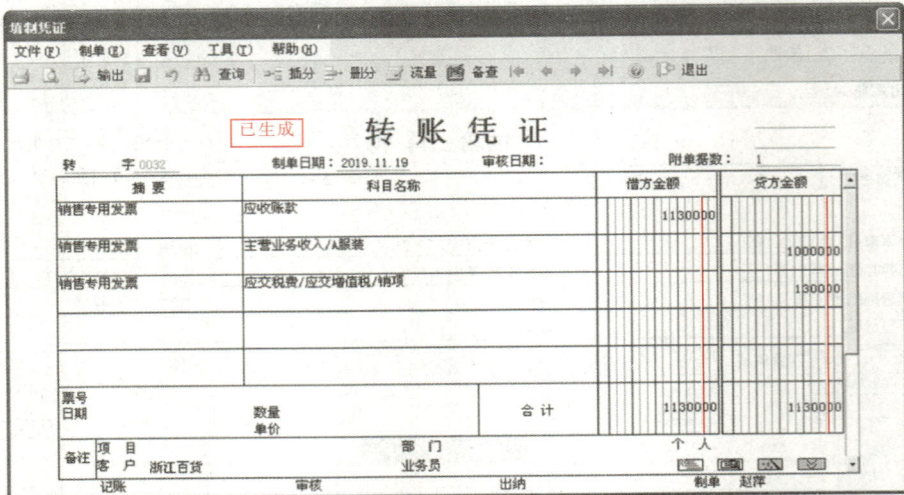

图7-172 应收单据凭证

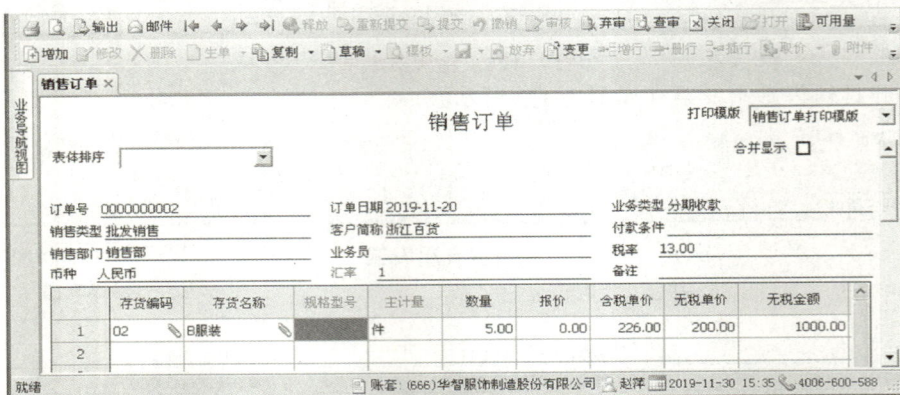

图7-173 填制销售订单

5.2019年11月30日，江苏百货公司将存在质量问题的4件A服装退还给公司，进行入库处理。公司开具红字销售发票XT001，载明4件A服装，含税单价452元/件。

该业务操作步骤如下：

（1）执行销售管理系统菜单"销售发货"—"退货单"（如图7-174所示）。

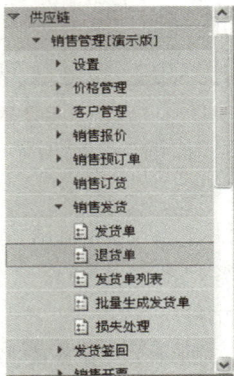

图7-174 执行退货单功能

（2）退货单查询条件选择（如图7-175所示），退货类型选择"已开发票退货"。

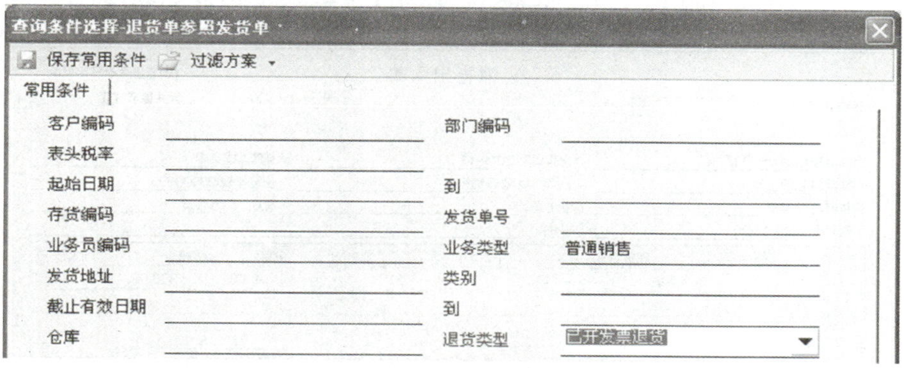

图7-175　查询条件选择

（3）选择参照发货单（如图7-176所示）。

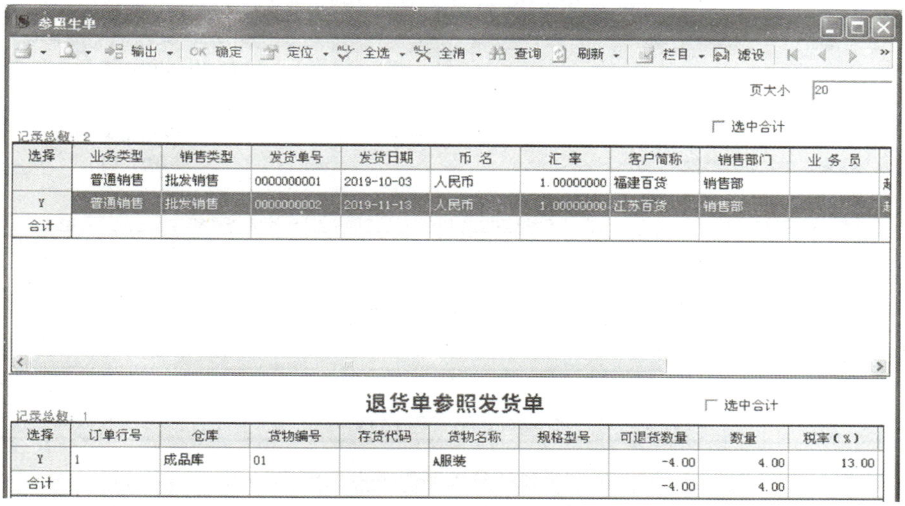

图7-176　选择参照发货单

（4）填制并审核退货单（如图7-177所示）。

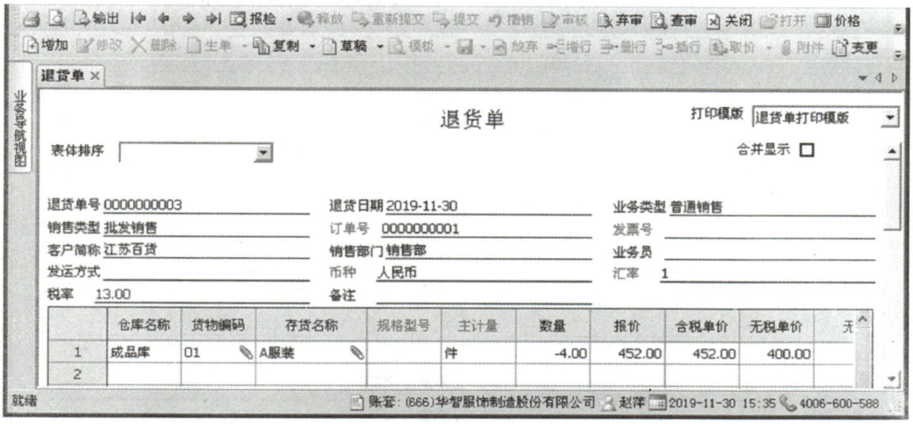

图7-177　填制退货单

（5）在库存管理中填制并审核红字销售出库单（如图7-178所示）。

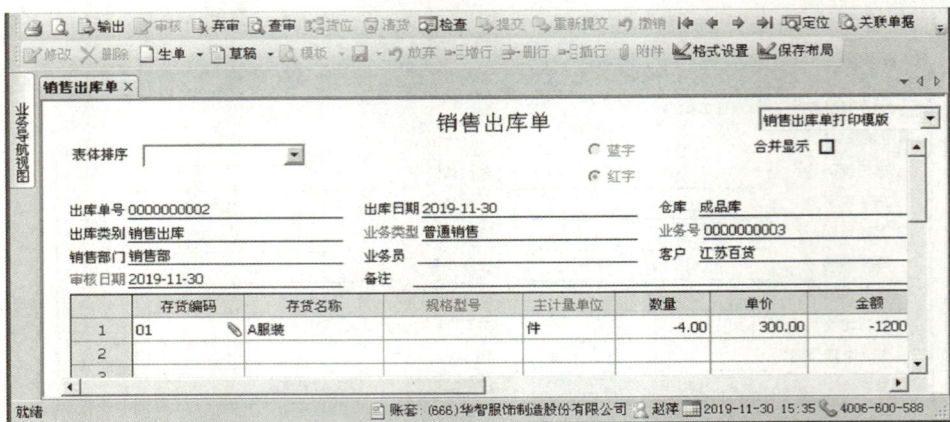

图7-178　填制红字销售出库单

（6）执行填制红字专用销售发票功能（如图7-179所示）。

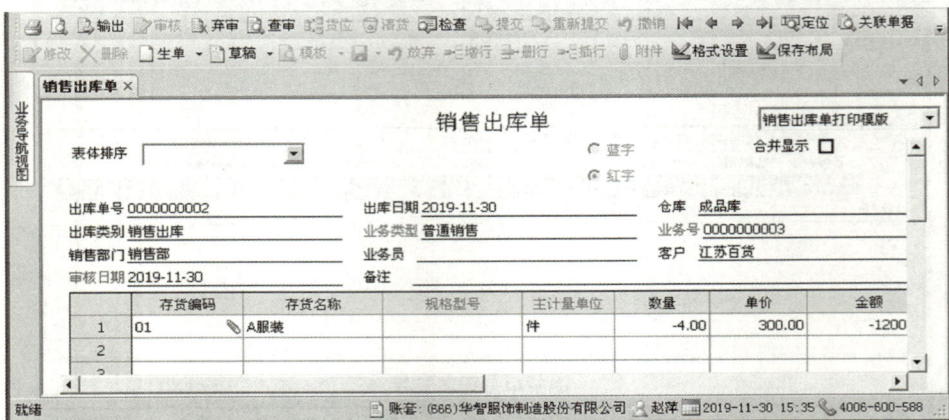

图7-179　执行红字专用销售发票功能

（7）查询条件选择，发货单类型选择"红字记录"，参照生成红字销售专用发票（如图7-180至图7-182所示）。

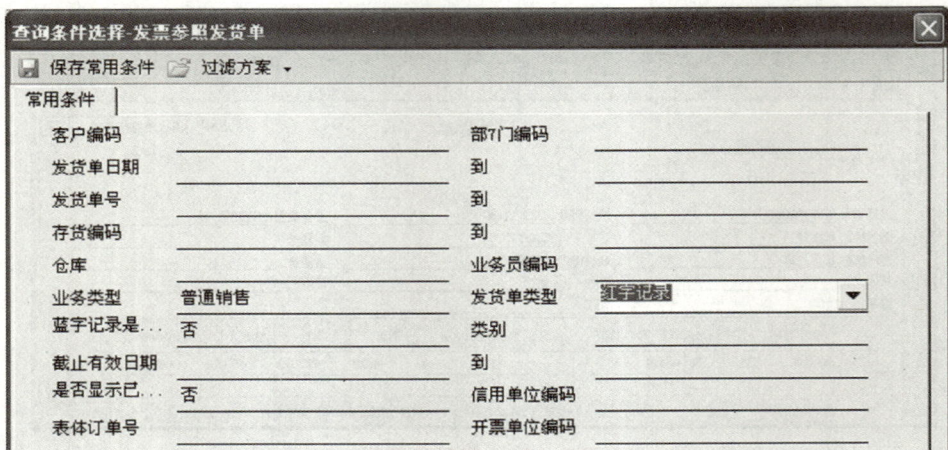

图7-180　选择发货单类型

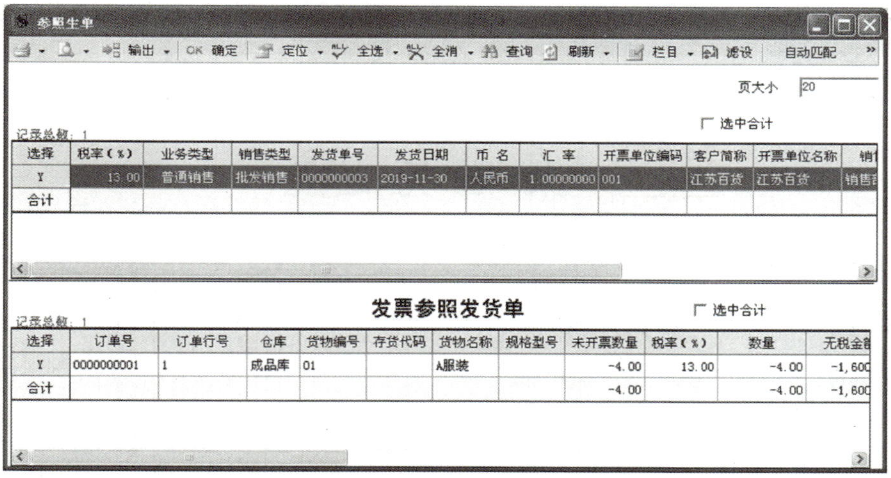

图7-181 参照生单

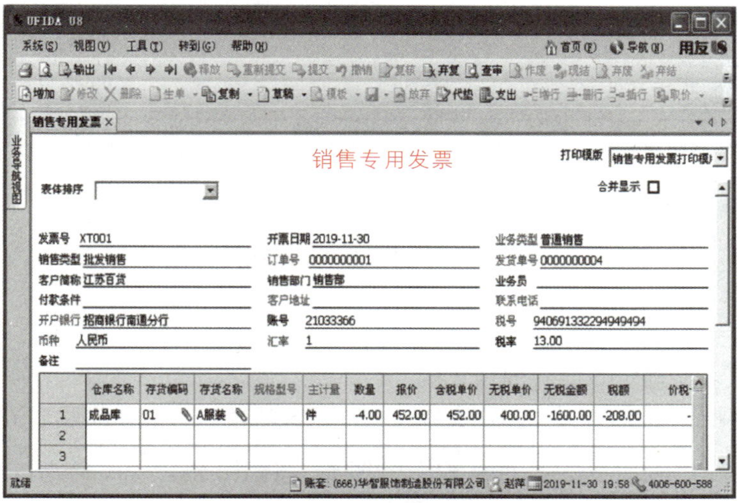

图7-182 生成红字销售专用发票

（8）应收款管理系统审核退货发票，确定应收款项并生成凭证，该凭证中的金额为红字（如图7-183和图7-184所示）。

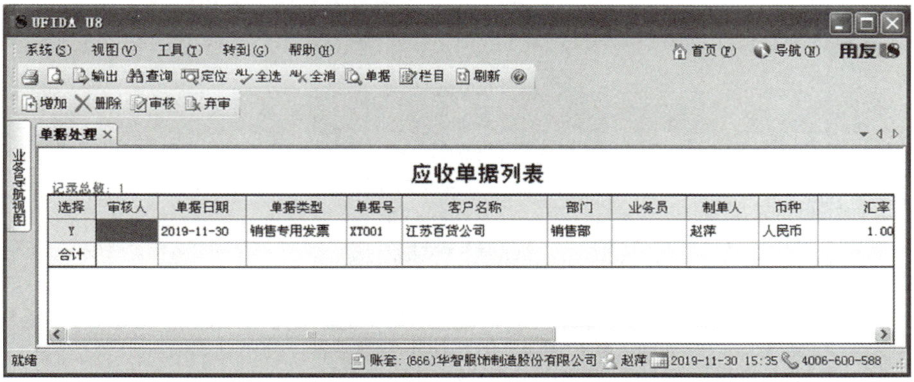

图7-183 应收单据列表

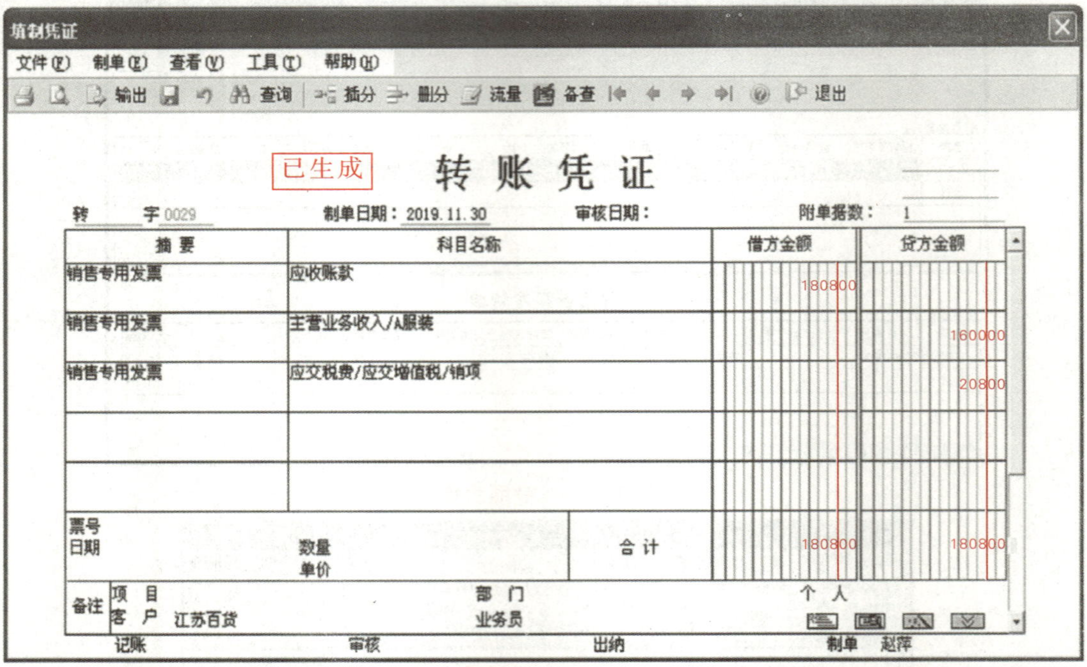

图7-184 退货凭证

二、存货核算期末处理

由于成品库采用全月加权平均法核算产品销售成本，因此，只有到月末进行存货核算期末处理以后，才能确定各存货的销售成本。

1.执行存货核算系统菜单"业务核算"—"期末处理"功能（如图7-185所示）。

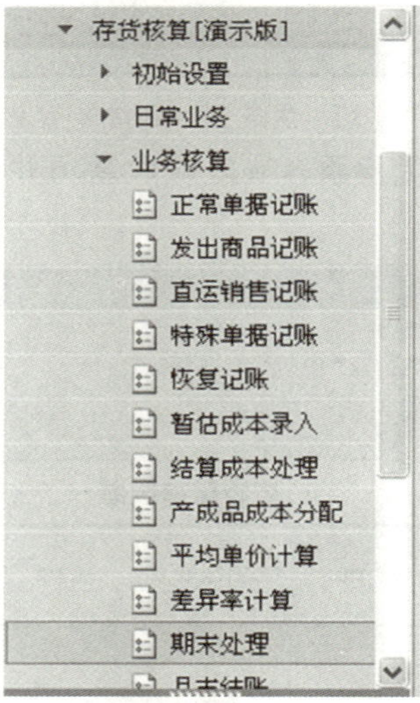

图7-185 执行期末处理功能

2.选择"未期末处理仓库"（如图7-186所示）。

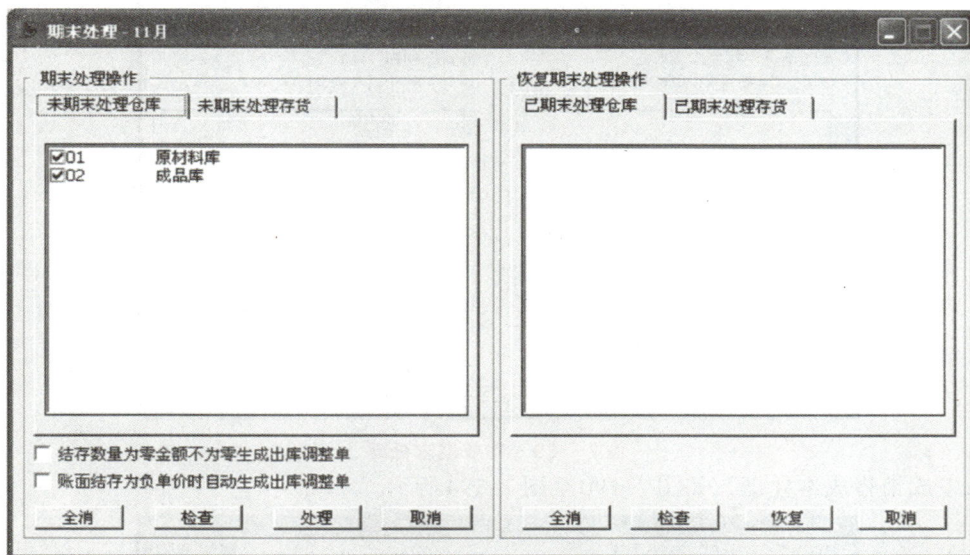

图7-186　存货核算期末处理

3.如果出现提示信息"期末处理有未记账单据,是否继续?"(如图7-187所示),说明存货核算中还有单据未记账,需要选择"否"。执行"正常单据记账"功能将所有单据记账。如果选择"是",则期末处理以后这些未记账单据将无法记账。

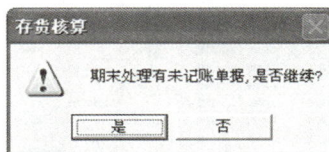

图7-187　未记账单据选择

4.系统自动计算仓库中存货的平均单价,为确定销售成本提供依据(如图7-188所示)。

图7-188　仓库平均单价计算表

5.完成仓库期末处理,如图7-189所示。

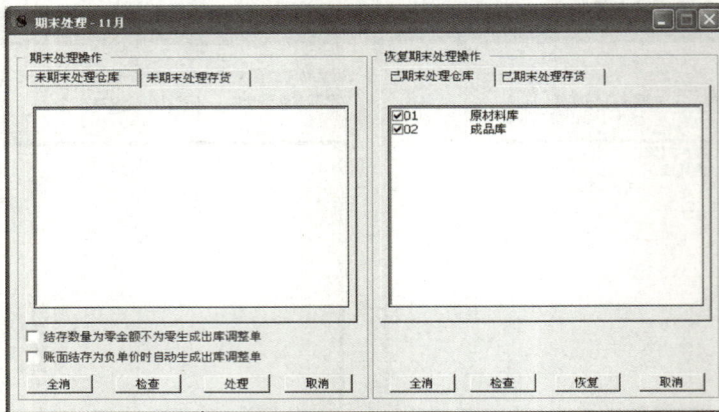

图7-189 完成期末处理

6.生成销售成本凭证，如图7-190至图7-194所示。

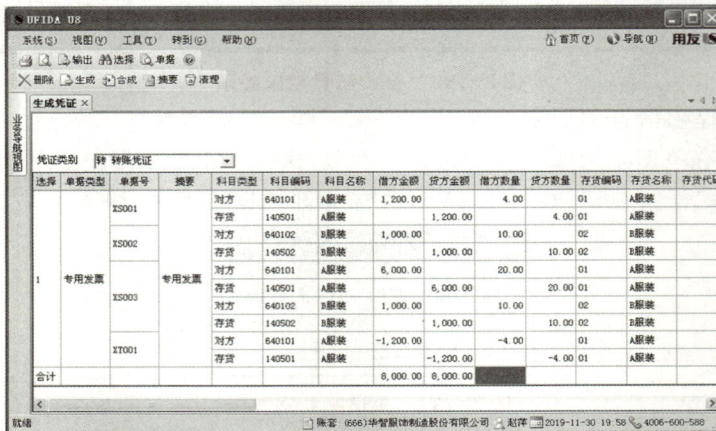

图7-190 凭证定义

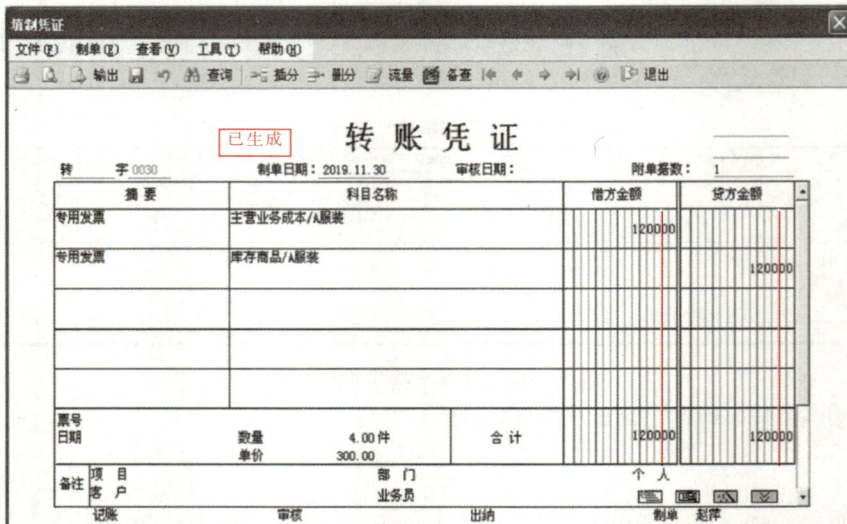

图7-191 A服装销售成本

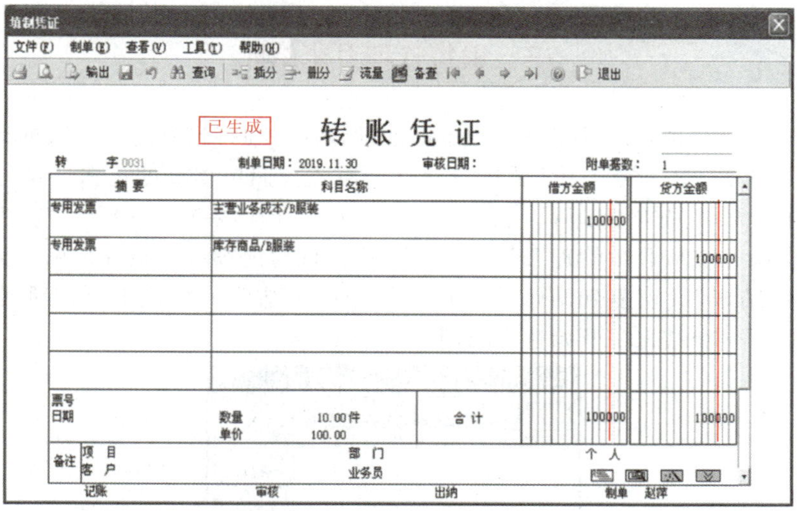

图7-192　B服装销售成本

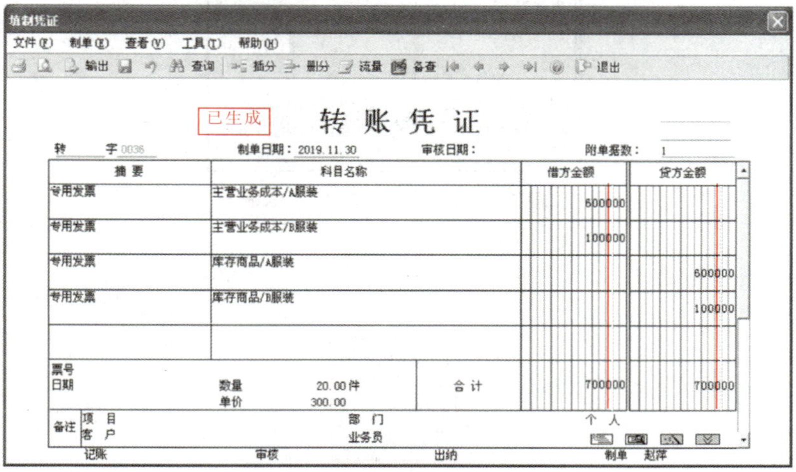

图7-193　A服装和B服装销售成本

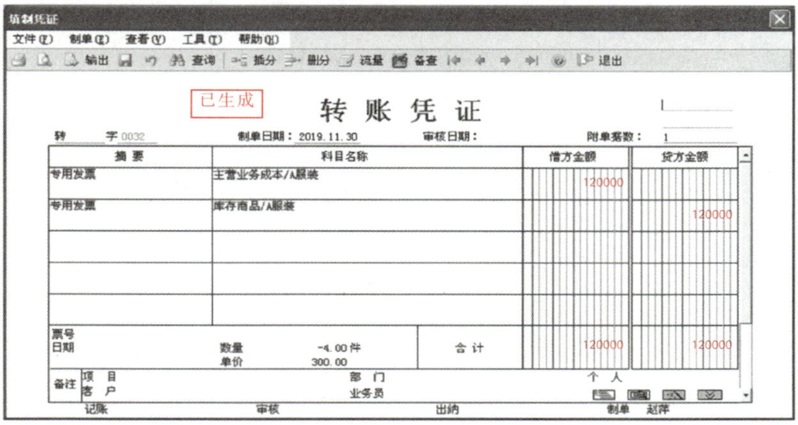

图7-194　A服装退货销售成本

三、销售管理月末结账

销售管理月末结账是逐月将每月的单据数据封存，并将当月的销售数据记入有关报表中的过程（如图7-195所示）。如果应收款管理系统按照单据日期记账，销售管理系统本月有未复核的发票，月末结账后，这些未复核的发票在应收款管理系统中就不能按照单据日期记账了，除非在应收款管理系统中改成按业务日期记账。当某月结账发生错误时，可以执行"取消结账"，恢复到结账前，正确处理后再结账。系统不允许跳月取消月末结账，只能从最后一个结账月开始逐月取消。

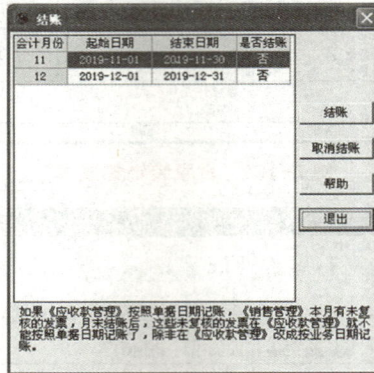

图7-195 销售管理月末结账

理论练习

参考文献

［1］国务院. "十三五"国家信息化规划［Z］. 2016.

［2］财政部，国家档案局. 会计档案管理办法［Z］. 2015.

［3］财政部. 企业会计信息化工作规范［Z］. 2013.

［4］财政部. 会计改革与发展"十四五"规划纲要［Z］. 2021.

［5］陈福军，刘景忠. 会计电算化［M］. 4版. 大连：东北财经大学出版社，2019.

［6］张瑞君，蒋砚章，殷建红. 会计信息系统［M］. 8版. 北京：中国人民大学出版社，2019.

［7］艾文国，孙洁，张华. 会计信息化［M］. 3版. 北京：高等教育出版社，2015.

［8］沈文华，吴扬俊. 会计信息系统教程［M］. 5版. 北京：电子工业出版社，2015.

［9］罗姆尼，施泰因巴特. 会计信息系统［M］. 张瑞君，程玲莎，译. 12版. 北京：中国人民大学出版社，2013.

［10］王新玲，房琳琳，吕志明. 新编会计信息系统实验教程（用友ERP-U8版）［M］. 北京：清华大学出版社，2012.

［11］房琳琳，王志文，张霞. 用友ERP供应链管理系统实验教程［M］. 北京：清华大学出版社，2009.

［12］黄梯云，李一军. 管理信息系统［M］. 6版. 北京：高等教育出版社，2016.